中國學術思想 研究輯刊

二 編

林慶彰 主編

第20冊

道德實踐與歷史性——關於蕺山學的討論

廖俊裕 著

花木蘭文化出版社

國家圖書館出版品預行編目資料

道德實踐與歷史性——關於蕺山學的討論／廖俊裕 著—初版
—台北縣永和市：花木蘭文化出版社，2008〔民97〕

目 4+310 面；19×26 公分

（中國學術思想研究輯刊 二編：第20冊）

ISBN：978-986-6528-21-7（精裝）

1.（明）劉宗周　2.學術思想　3.中國哲學

126.94　　　　　　　　　　　　　　　97016626

ISBN-978-986-6528-21-7

中國學術思想研究輯刊

二 編 第二十冊　　　　　　　ISBN：978-986-6528-21-7

道德實踐與歷史性——關於蕺山學的討論

作　　者　廖俊裕
主　　編　林慶彰
總 編 輯　杜潔祥
出　　版　花木蘭文化出版社
發 行 所　花木蘭文化出版社
發 行 人　高小娟
聯絡地址　台北縣永和市中正路五九五號七樓之三
　　　　　電話：02-2923-1455／傳真：02-2923-1452
網　　址　http://www.huamulan.tw 信箱 sut81518@ms59.hinet.net
印　　刷　普羅文化出版廣告事業
封面設計　劉開工作室
初　　版　2008年9月
定　　價　二編28冊（精裝）新台幣46,000元

道德實踐與歷史性——關於蕺山學的討論

廖俊裕　著

作者簡介

廖俊裕，台灣大學機械系學士，中央大學中文所碩士，中正大學中文所博士。現任教於南華大學。大學早期遊於愛新覺羅毓鋆之天德黌舍，稍知儒學外王達用之學。大學後期得內聖證體之學於當代新儒學中唐君毅曾昭旭一脈，於儒學「愛與自由」中得安身立命之處（仁）。期以儒學己立立人、己達達人，老者安之、朋友信之、少者懷之。讓愛傳出去，讓世界更美好。

提　要

　　本論文主要的用意在於將海德格（Martin Heidegger，1889-1976）的「歷史性」（historicity）概念與「道德實踐」結合起來，藉此論述明儒劉蕺山的道德實踐學體系。之所以如此，是因為劉蕺山的道德實踐學是為了要解決陽明後學所造成的「情識而肆、虛玄而蕩」的流弊，因此他非常重視一個脫離不了具體歷史時空中的道德實踐者之修養狀況，而這正是海德格的「歷史性」概念，是故用「歷史性」這個概念正好可以恰當地呈現劉蕺山的道德實踐學。

　　首先檢討一般蕺山學的研究者認為蕺山學中充滿「矛盾」、「錯雜」、「無實義」的批評，試圖用「契機說」、「階段論」與「辯證觀」來回應這些批評都是不能成立的，並由此確立蕺山的思維模式是「『一本而萬殊，會眾以合一』的辯證綜合」之「天理與人欲同體依」。

　　由上文的消除蕺山學的雜音為基礎，展開對於蕺山道德實踐學的「歷程論」與「存有論」（本體論）的討論。這樣的展開是因為蕺山由於要對治陽明後學流弊，所以發展出重視道德實踐歷程中的每一步驟的真偽辯正，分辨其中的天理與人欲。但這種次第性蕺山又蘊含一種「無次第性」，每一歷程步驟，都是本體的呈現「歷程即本體」、「歷程與本體不二」。

　　在道德實踐歷程方面，本文區分因位起修與果位起修。在因位方面，藉著〈聖學喫緊三關〉（人己關、敬肆關、迷悟關）、《人譜》（含「六事功課」）與《人譜雜記》來展開討論。在果位方面，本文由蕺山的「親切體認法」與「人以天地萬物為一體」來立論。

　　在道德實踐存有論方面，本文由蕺山「天理人欲同體依」的觀念出發，首先展開「天理流行下的存有論」，由此論述蕺山很特殊的「音樂性的時間觀」，和萬物一體的「時空證量」「當下就是過去、現在、未來；當體就是十方世界」。其次，討論「人欲作用下的存有論」，在「需要」與「欲望」的區分下，闡述蕺山特殊的「在『欲』中現身」的理論，繼而站在蕺山的立場，針對現代社會中很熱門的生死學提出蕺山的「死亡意識：不必理會，但要知道」的命題。

　　接著，討論蕺山的外王學，這部分是蕺山學中普遍受到忽略的一部分，本文在此揭其「經世治績」部分，並探討其「鄉保」、「鄉約」理論，發現其具體可行有其現實成效，並非迂腐不堪者，最後討論蕺山的「天理在歷史中現身」的「天理史觀」。

　　結論分成「回顧」與「展望」，在回顧部分，本文檢討全文寫作，其成果與限制所在，成果有如上述，限制則在於對於蕺山的外王學只能「描而不論」、「述而不議」，未能批判地考察。在「展望」方面，奠立日後蕺山學的可能發展面向，一是在明末清初的儒學史中，蕺山的承上啟下的不可或缺的地位；一是在「後現代」的社會中，蕺山學發展的可能性，這展現在蕺山「氣即性、性即氣」對於後現代「性」（sex）論述當道的融攝，以及蕺山在明末超克現在還很流行的《了凡四訓》「功過格」修法而發展出來的《人譜》實踐體系。

目次

凡　例

一、本文格式參考《清華學報》與《中國文哲研究集刊》之規範，修訂而成，不使用「同前註」、「同上註」、「同註幾」。

二、本文凡引用大陸文獻，其單引號＂　＂全部改爲台灣通用的「　」，雙引號＇　＇全部改爲台灣通用的『　』，另外大陸的書名號與篇名號不分，本文亦依台灣通用的《　》〈　〉取代之。

三、文獻資料以書面資料爲主，網際網路（Internet）資料變遷太快，故不輕易引用，在本文撰寫其間，經半年以上查詢仍存在者，方予引用。

四、本文關於劉蕺山的文獻版本以戴璉璋、吳光主編：《劉宗周全集》五冊六本（台北：中央研究院中國文哲研究所籌備處，1997）爲主，文中以《全集》稱之，獨立引文（有關此書者）均隨文注明出處，各冊簡稱爲《全集》一、《全集》二、《全集》三上、《全集》三下、《全集》四、《全集》五。《全集》中劉汋所著之〈年譜〉簡稱爲〈劉譜〉，姚名達所著之《劉宗周年譜》簡稱爲《姚譜》。

五、本文對於現代人稱謂，一律以中性的「先生」尊稱之。

第一章 導 論

1.1 前 言

現在要進入一篇叫做《道德實踐與歷史性——關於蕺山學的討論》的論文，在解釋論文題目意義之前，先讓筆者回答一個問題。

在當下的時空中，任何人想寫一篇關於劉蕺山（劉宗周，原名憲章，字起東，號念臺，學者稱蕺山先生，1578～1645）的論文，都必須先回答這個問題：現實上，已經有這麼多的蕺山論文（包含博碩士論文）〔註1〕，為什麼還需要再寫呢？

這當然有些許主客觀上的理由。

撇開主觀因素〔註2〕，就客觀因素而論，茲分點敘述如下：

一、諸家對於蕺山之詮釋分歧：在這些已有的蕺山研究中，對於蕺山屬性的分判，差異性頗大。例如：

勞思光：「蕺山所立之系統，乃陽明一支思想中最後出亦最徹底之系統；只此一點，已足使學者瞭解蕺山學說之重要，……梨洲學案中於蕺山，而視蕺山之學為能決千古之疑者，就『心性論』而言，梨洲之說亦非過譽。」〔註3〕

〔註1〕 參本論文後之參考書目（尤其是碩博士論文），即可得知。
〔註2〕 關於筆者個人生命的主觀因素，可參廖俊裕：〈作為宗教修持次第的儒學實踐——以蕺山學為例〉（宗教修持與宗教研究論文集），第四屆紀念涵靜老人學術研討會（南投：中華民國宗教哲學研究社，2001.12.21～23），頁174，該處有簡短的說明。
〔註3〕 勞思光：《新編中國哲學史》（三下）（台北：三民書局，1986），頁623。

　　錢　穆：「蕺山論有明一代儒統不廢薛胡，其論有明一代道統治統之
　　　　　　合一，則尤拳拳於東林之顧高，此乃其論治論學之最大著
　　　　　　眼處，而以講朱子講紫陽爲終極，故並不有絲毫朱王門戶
　　　　　　流俗之見存其心中也。」〔註4〕

　　牟宗三：「宋明理學應有三系：陸、王是一系，伊川、朱子是一系，
　　　　　　胡五峰、劉蕺山又是一系。」〔註5〕

　　唐君毅：「宋明儒學之言心性之精微與高明，至蕺山而鞭辟入裡，披
　　　　　　露至盡。」〔註6〕

　　李澤厚：「劉宗周把心學最終歸結於追求所謂至善本體的『誠意』，
　　　　　　由『理』到『心』，由『心』到『意』，路便愈走愈窄愈內
　　　　　　向，走入準宗教式的禁欲主義，而完全失去任何豐滿的客
　　　　　　觀內容，成爲異常枯槁的戒律教條，毫無生意。」〔註7〕

在這裡，筆者先不評論諸家的理論模型，而只就形式上看各家最後的結論。
由前三者，可知對於蕺山的分派，有認爲是屬於陸王一派（勞思光），也有
認爲是朱子一脈（錢穆），也有認爲是獨立於前兩者之外，另屬一系（牟宗
三）；而由後二者，對於蕺山的心性功夫更有「精微高明」與「枯槁教條毫
無生意」天壤之別的評價。以上五者，都是學術界赫赫有名的大家，其評論
蕺山差異若此，如果再加上其他人的說法〔註8〕，眞是讓筆者有「劉宗周如
癡人說夢，論者如解夢囈」〔註9〕的感嘆。本來，對於一個學者的研究，諸
家的研究不盡相同，這是學術的常態，但是相較於陽明學的現在學術研究成

〔註4〕 錢穆：〈讀劉蕺山集〉，《中國學術思想史論叢》（七）（台北：東大圖書公司，
　　　　1986），頁270。
〔註5〕 牟宗三：《中國哲學十九講》（台北：台灣學生書局，1983），頁413～414。
〔註6〕 唐君毅：《中國哲學原論原性篇》（台北：台灣學生書局，1989），頁502。
〔註7〕 李澤厚：〈宋明理學片論〉，《中國古代思想史論》（台北：漢京文化公司，1987），
　　　　頁251。此書同頁的註2中，李澤厚更以「腐朽不堪之至」來形容劉蕺山之《人
　　　　譜》一書。
〔註8〕 例如陶清：「劉宗周的哲學思想，既非王學（包括主流派和修正派），又不能
　　　　直接歸結於唯物論哲學（包括『氣本論』和自然人性論），而是一種以批判理
　　　　學、辨明儒釋爲手段，以『性』爲研究對象的新哲學思想理論體系──性學
　　　　思想體系。」見陶清：《明遺民九大家哲學思想研究》（台北：洪葉文化有限
　　　　公司，1997），頁162。陶清的這個見解很獨特，但討論蕺山學的學者，幾乎
　　　　都沒注意到。
〔註9〕 任文利：《心學的形上學問題探本》（鄭州：中州古籍出版社，2005），頁237。

果而言〔註10〕，對於蕺山的對比性結論實在太大。而如果再加上近年來關於蕺山是否爲「氣本論」的爭議〔註11〕，不禁令筆者好奇，何以至此？這其中是否有可解的線索？

　　二、個別研究者詮釋上的責難：上文第一點是就個別研究者的評論相比較，第二點則是個別研究者本身對蕺山的評論而言，和其他被研究者（如陽明）相比較，這些評論中，幾乎有一個普遍的特色，就是指責蕺山思想「矛盾」、「無實義」。試看：

　　　　熊十力：「念台談義理，不迷謬者甚稀。」〔註12〕、「蕺山誤處甚多，
　　　　　　　　吾欲辨正之而未暇。」〔註13〕

　　　　侯外廬：「劉宗周的理學思想是一個充滿自相矛盾的體系。」〔註14〕

　　　　于化民：「劉宗周的本體論思想是令人眩惑的，因爲他的著作中常有
　　　　　　　　一些互相矛盾的觀點並出。」〔註15〕

　　　　勞思光：「詞意欠明，……蕺山自身未能另立一套較明確之語言以表
　　　　　　　　其所持之主體義，故解說時每每只能彷彿佛教雙是雙非說
　　　　　　　　法，頗見吃力。」〔註16〕

　　　　牟宗三：「蕺山之辯駁言論多不如理，或多無實義，時不免明末秀才
　　　　　　　　故作驚人之筆之陋習；其說法多滯辭，……此則完全穿鑿，
　　　　　　　　無一是處。……此皆是穿鑿，不通之甚！……此書所言尤
　　　　　　　　荒謬！」〔註17〕

〔註10〕　所以勞思光先生才會說有所謂對陽明學的「通解」，見勞思光：〈王門功夫問
　　　　　題之爭議及儒學精神之特色〉，《思辯錄》（台北：東大圖書公司，1996），頁
　　　　　92。

〔註11〕　參李明輝：〈劉蕺山對朱子理氣論的批判──兼論蕺山學的定位問題〉，「朱子
　　　　　與宋明理學」學術研討會（台北：鵝湖月刊雜誌社，2000.12.23～25），或吳幸
　　　　　姬：《劉蕺山的氣論思想──從本體宇宙論的進路談起》（嘉義：中正大學中
　　　　　文所 2001 年博士論文）第一章，頁 1～18。

〔註12〕　見熊十力：〈答唐生〉，《十力語要初續》（台北：明文書局，1990），頁 255。

〔註13〕　熊十力：《讀經示要》（台北：明文書局，1984），頁 171。

〔註14〕　見侯外廬、邱漢生、張豈之主編：《宋明理學史》（北京：人民出版社，1997），
　　　　　下卷，頁 609。

〔註15〕　見于化民：《明中晚期理學的對峙與合流》（台北：文津出版社，1993），頁 169。

〔註16〕　見勞思光：《新編中國哲學史》（三下）（台北：三民書局，1986），頁 596。

〔註17〕　見牟宗三：《從陸象山到劉蕺山》（台北：台灣學生書局，1984），頁 458～467。
　　　　　由於牟先生這些評價影響甚大，所以此處所錄稍多，原文此類話語更多。

牟宗三：「劉蕺山之智亦可謂鑿而死，往而不返者矣！」〔註18〕

傅小凡：「『獨體』是劉宗周使用的一個重要範疇，是他的自我觀的
　　　　重要理論，其內涵複雜、混亂而且自相矛盾……」〔註19〕

莊耀郎：「不知蕺山何故反對？……徒顯其思路之混漫，……他的
　　　　思路並不是非常一致的，……不知其理據何居？」〔註20〕

黃宣民：「蕺山上承千聖，思想博大，然又多有矛盾和含混之處。」
　　　　〔註21〕

步近智：「〈劉宗周的思想矛盾和「慎獨」、「誠意」之說〉」〔註22〕

曾錦坤：「發生歧義……未明理論分界……構成他〔蕺山〕理論的
　　　　困難，這不折不扣地是蕺山理論的缺失。在建立理論時，
　　　　必然地不可以發生詞語的歧義及理論界限的混淆。」〔註23〕

胡森永：「蕺山著書立說系統龐雜，論心性之學每有重出矛盾之
　　　　處。」〔註24〕

林繼平：「劉蕺山汲取佛老思想，把《中庸》理學化了，……又站在
　　　　衛道精神立場，大力排斥佛老思想，填補儒家思想，遂造
　　　　成理學的怪胎。於是理學真相晦暗不明，這不能不說是劉
　　　　蕺山排斥佛老思想的惡果。」〔註25〕

鄭宗義：「〔蕺山〕這樣混淆了圓融說與分別說的不同層次，遂可以

〔註18〕牟宗三：《心體與性體》第一冊（台北：正中書局，1985），頁396。

〔註19〕傅小凡：〈論劉宗周的自我觀〉，《廈門大學學報·哲學社會科學版》，2000年
　　　　第2期（總第142期），頁43。

〔註20〕莊耀郎：〈劉蕺山的氣論〉，收入鍾彩鈞主編：《劉蕺山學術思想論集》（台北：
　　　　中央研究院中國文哲所籌備處，1998），頁22～25。原文此類負面評價亦多。

〔註21〕黃宣民：〈蕺山心學與晚明思潮〉，收入鍾彩鈞主編：《劉蕺山學術思想論集》
　　　　（台北：中央研究院中國文哲所籌備處，1998），頁218。

〔註22〕步近智：〈劉宗周的思想矛盾和「慎獨」、「誠意」之說〉，《浙江學刊》1986
　　　　年第3期（總第38期）。和其他人不一樣的是步先生在論文名稱上就直標「思
　　　　想矛盾」。

〔註23〕曾錦坤：《劉蕺山思想研究》（台北：台灣師大國文研究所1983年碩士論文），
　　　　頁102～103，或《台灣師範大學國文研究所集刊》第28號，1984.6，頁640
　　　　～641。

〔註24〕胡森永：《從理本論到氣本論》（台北：台灣大學中研所1991年碩士論文），
　　　　頁115。

〔註25〕林繼平：《王學探微十講》（台北：蘭台出版社，2001），頁162。

說出一些極不稱理之言。……明顯於此室礙不通。」〔註26〕
「作爲一個詮釋者，豈應如此輕易地便將任何成熟的思想家扣上矛盾的帽子
呢？」〔註27〕本來，研究一家學說的方法論言，實不應屢次指責研究對象之
語言無實義，或多滯辭，或充滿矛盾，因爲這似乎只顯示研究者對研究對象
應該更換另一義理架構，以解決這些被吾人認爲矛盾或無實義的語言。蕺山
可以用什麼樣的觀點詮釋，而免除這些「矛盾」的指責？

　　三、蕺山可爲當代台灣生命教育提供一個具體可行的方法：近數十年，
台灣由於經濟富裕，體會到前所未有的富足生活，隨著衣食之滿足，再加以
社會快速的變遷，人們也漸感到「意義的危機」（道德迷失、存在迷失、形上
迷失）之逼迫〔註28〕，是故，邇來，宗教與各種講究身心靈成長之修練團體
大盛。例如達賴喇嘛來台弘法，幾達萬人空巷，西藏密宗之仁波切（rinpoche）
亦絡繹不絕地來台常駐或短期弘法；王季慶、胡茵夢等人倡導之「新時代運
動」（new age movement）亦頗受歡迎（新時代運動一般也包括奧修Osho1931
～1990的新門徒運動），各地也有讀書會或靜心中心；法輪功、妙天、大乘禪
功、眞佛宗……之信徒亦皆不可小觀〔註29〕。儒學如何能以其現世的性格參
與其中、攝受這些法門，以提供一個可能的修行的方式？蕺山以其身處明末
三教合一思潮的情境，而以儒學超克當時流行的教法（如現在還很流行的《了
凡四訓》，並由此引來的「功過格」的修法），是很可以爲人所借鏡的〔註30〕。

〔註26〕鄭宗義：《明清儒學轉型探析～從劉蕺山到戴東原》（香港：中文大學出版社，
　　　　2000），頁60。

〔註27〕謝大寧師：《儒家圓教底再詮釋》（台北：台灣學生書局，1996），頁44。李明
　　　　輝先生在評論張亨之關於蕺山的文章時曾指出：「依這種詮釋，蕺山的思想豈
　　　　非混亂不清、自相矛盾？這是很難讓人接受的結論，因爲他太廉價了。」見
　　　　李明輝：〈劉蕺山對朱子理氣論的批判──兼論蕺山學的定位問題〉，「朱子與
　　　　宋明理學」學術研討會（台北：鵝湖月刊雜誌社，2000.12.23～25）。李先生
　　　　的評語也適用於這裡。

〔註28〕參張灝：〈新儒家與當代中國的思想危機〉，收入氏著：《幽暗意識與民主傳統》
　　　　（台北：聯經出版公司，1989），頁86～87。

〔註29〕參考鄭志明：《當代新興宗教──修行團體篇》（嘉義：南華大學宗教文化研
　　　　究中心，2000），或鄭志明：《台灣當代新興佛教──禪教篇》（嘉義：南華大
　　　　學宗教文化研究中心，1998）。

〔註30〕詳細的討論見廖俊裕：〈論儒學在當代台灣的生命教育之實踐方式〉，「2002
　　　　生命教育與終身學習研討會」（台北：台北商業技術學院2002.1.6）。或參林月
　　　　惠：〈劉蕺山「愼獨」之學的超越向度〉，「兩岸青年學者論壇──中華傳統文
　　　　化的現代價值研討會」（台北：法鼓人文社會學院，2002.9.16～17），此文說

　　四、蕺山可提供一個不同於釋、道、耶的儒學本身處理生死學課題的方法：已故傅偉勳（1933～1997）先生，在兩岸的文化現象中，一直都是個帶動話題的學者，從「批判的繼承」、「創造的詮釋學」……到「文化中國」等等，莫不傳誦一時。尤其晚年基於他自己與淋巴腺癌搏鬥的生死體驗，寫成《死亡的尊嚴與生命的尊嚴──從臨終精神醫學到現代生死學》乙書〔註31〕，提出「現代生死學」的領域，更是蔚爲風潮，影響迄今不衰，造成「此亦一生死學、彼亦一生死學」的現象。在此「生死學」成爲「當道語言」之際，以儒學本身的「經世」性格，永遠兼具社會關懷的面向，自也不宜忽略此主流話題。一般說來，儒學有兩種解決生死問題的方法：「本無生死」與「生生不息」，前者和佛學的涅槃觀念相似，後者很能凸顯儒學的特殊觀點，蕺山在此恰巧亦能提供此特殊觀點的實踐途徑〔註32〕。

　　五、蕺山可爲「學統（知識之學，包含科學）與政統（政體發展的統緒，包含民主）」〔註33〕的開出奠立學術上的基礎：眾所周知，百年來，中國學術的時代任務就是發展中國的「學統與政統」（包含科學與民主），這其中最有名的理論就是牟宗三先生提出的「良知的坎陷以成主體的對列格局」，但依牟先生自己的理論，他這個理論是建立在王陽明的良知學以迄王龍溪的「四無」思想上，而王龍溪的「四無句」之先天正心之學，在牟先生的理論中，只能是相當於華嚴宗「緣理斷九」的「別圓」，還不是眞正的「不斷斷」的「圓教」，這必須建立在胡五峰、劉蕺山的思路上（「天理人欲同體而異用，同行而異情」）才能圓滿達成。〔註34〕

<hr>

到：「如何『安身立命』？仍是前現代、現代、後現代中的人們，無可迴避的存在課題。爲此，本文即以劉蕺山『愼獨』之學爲例，闡發其義蘊，揭示其超越向度；冀望能汲取傳統文化的思想資源，指出現代生活的精神方向。」

〔註31〕傅偉勳：《死亡的尊嚴與生命的尊嚴──從臨終精神醫學到現代生死學》（台北：正中書局，1998）

〔註32〕詳細的討論見廖俊裕：〈從本無生死到生生不息──論晚明理學如何解決生死問題〉，「第八屆全國中文研究所研究生論文研討會」（中壢：中央大學，2001.12.8）。由此文亦可得知筆者並不同意傅偉勳先生談及儒釋道三教的心性體認的生死學時，將儒家的生死學置於陽明學上。

〔註33〕參牟宗三：〈略論道統、學統、政統〉，《生命的學問》（台北：三民書局，1989），頁60～71。

〔註34〕參謝大寧師：《儒家圓教底再詮釋》（台北：台灣學生書局，1996），尤其是第五章第三節。不過此書比較偏重胡五峰的詮釋，文獻上的分析，也以胡五峰爲主。關於牟先生的理論，可參看牟宗三：《圓善論》（台北：台灣學生書局，

　　以上五點，前兩點是關於劉蕺山理論的詮釋，後三點是關於在現代生活的面向中，如何展現劉蕺山理論的生命力〔註 35〕。後三點的說明是奠基在前兩點的解釋上，因此前兩點的解決顯得相當重要，而充滿歧異與責難的前兩點，以往並沒有學者專門措意於此，因此當下的時空中，有此需要再有一篇關於劉蕺山的論文來解決這些問題，因此本文先把重心放在前兩點的討論上，再由此展開蕺山學的討論。

1.2　釋　名

　　現在解釋本論文之名稱：《道德實踐與歷史性──關於蕺山學的討論》。

　　所謂「道德實踐」，主要的意義是放在儒家的討論背景下，道德主體（或說「人」，一個具體的人）如何完成其「內聖外王」之學，因而這又可區分爲兩部分，一爲內聖學，一爲外王學。「此『內聖之學』亦曰『成德之教』。『成德』之最高目標是聖、是仁者、是大人，而其眞實意義則在於個人有限之生命中取得一無限而圓滿之意義」〔註 36〕，也就是說，如何完成一個人之所以

1985）、《政道與治道》（台北：台灣學生書局，1980）、《心體與性體》（台北：正中書局，1985）等書，或謝師此書也有詳實的敘述。

〔註35〕關於蕺山學在現代生活的生命力之展現，論者甚少，大都以其「太緊」、「太清苦」，而缺乏活力。如姚才剛：「他雖然使心學變得極爲精微、幽深，但卻走向極端，使人覺得他的學說有過於緊縮之感，尤其是他的工夫論，讓人望而生畏，讀後陡增幾分抑鬱之情，難以有『鳶飛魚躍』的和樂境界。這種過緊的內聖之學，不利於制度層面的建構。而且，劉蕺山異常嚴謹的個人氣質使得他無法對所處社會的時代精神加以回應，他的過份強烈的道德使命感也使他無法體認到當時思想解放潮流所應具有的價值。」（姚才剛：〈論劉蕺山對王學的修正〉，《武漢大學學報‧人文社會科學版》，第 53 卷第 6 期 2000.11，頁 758）但很弔詭的，日本學者難波征男卻引史實（黃梨洲和日本儒者兼政治家春日潛庵 1811～1878），認爲：「歐美文化已露缺點，而在宣傳脫歐復亞的當代，正企盼著有新的人生觀與身心一如的哲學，那麼，可以說，將身心的主宰從知善知惡轉回到好善惡惡的念台學，他再度繁榮的時代該是快到了。」（難波征男：〈劉念台思想的展開──其中日比較〉，收入方祖猷、滕復主編：《論浙東學術》，北京：中國社會科學出版社，1995，頁 230。）這牽涉到的不只是客觀的評價問題，還涉及研究者在蕺山學中的「受用」問題，參難波征男在該文對春日潛庵的敘述。說來很諷刺的，蕺山學卻是日本幕末的維新思想家的重要精神資源，參難波征男：〈明末の新陽明學者──劉念台について〉，收入岡田武彥編著《陽明學の世界》（東京：明德出版社，1986），或岡田武彥著、吳光、錢明、屠承先譯：《王陽明與明末儒學》（上海：上海古籍出版社，2000），頁 363～364。

〔註36〕牟宗三：《心體與性體》第一冊（台北：正中書局，1985），頁 6。

爲人的本質——人雖有限而能無限以發展他自己的德行人格；就外王學而言，就是個人以外達於外界之客觀面的實踐（牟宗三先生所說的「盡倫盡制」——盡倫常盡文制〔註37〕），以淑世濟民成就天下萬物爲目標。

　　所謂「歷史性」（historicity）筆者所取的是近於早期海德格（Martin Heidegger，1889～1976）所用的意義，但不必然是以海德格哲學爲背景下來談論這個詞語。這個意思是說將不再只是把個人視爲「向死籌畫著」而在其間「操心」（sorge 或譯爲煩）的存在，而將其轉換爲儒家道德實踐的背景〔註38〕。海德格的「歷史性」就是時間性的具體化，時間性是人存在的基本條件，而他認爲有兩種時間：「鐘錶的時間」與「存在的時間」，鐘錶的時間就是一般流俗的時間觀——單向的、流逝的、一去永不返的，過去是不再眞實的，未來是仍未眞實的，人的一生就是「許多的現在」所組成，是客觀的、量化的、可以科學地計算的時間。海德格認爲，這種時間恰是不眞實的時間，對人而言，眞正的時間是存在的時間，存在的時間是個整體——過去、現在、未來不可分割，過去是仍然眞實的，未來是已經眞實的，就此而言，過去未過去，未來早已來〔註39〕。對人存在的處境而言，海德格這個說法無疑是眞實的陳述，只要想想過去〔的某些事件〕還令現在的我魂縈夢繞，或者現在的我如何爲未來（包含「死」、「怕死」）在籌畫著想就可得知。海德格認爲通過「存在的時間」，人們可以對人的「歷史性」有一個本體論（存有論）上的理解，人總是一個歷史的存在，人的存在總是歷史的〔註40〕。

〔註37〕 牟宗三：《心體與性體》第一冊（台北：正中書局，1985），頁 14。

〔註38〕 晚明儒者和宋代儒者有一大不同之處，即「死亡意識」常常成爲他們首出的觀念，如何了生死成爲主要的問題，參呂妙芬〈儒釋交融的聖人觀：從晚明儒家聖人與菩薩形象相似處及對生死議題的關注談起〉，《中央研究院近代史研究所集刊》第 32 期，1999.12，頁 165～207。或參楊正顯：《陶望齡與晚明思想》（台中：東海大學史研所碩士論文，2000），第三、四章有關「良知了生死」思潮部分的闡述，頁 50～94。就了生死而言，連蕺山也不免受到影響，所以他說「學問勘到生死關始眞」（〈立志說〉，《全集二》頁 375），在 54 歲證人社時期，與學生也多次討論生死問題。就此點而言，海德格此觀點是適用的，只不過可以範圍周海門此類儒者，並不能完全含攝蕺山，蕺山對此非常敏感，義利之辨比生死意識更爲首出，參本文第四章 4.3.2「死亡意識：不必理會，但要知道」一節。

〔註39〕 海德格的這個觀點和錢穆的歷史觀頗似，錢穆：「眞時間則不如我們所想像，過去的過去了，未來的沒有來，……我說過去者未過去，未來者早已來。」見錢穆：《史學導言》（台北：中央日報社，1981），頁 44～45。

〔註40〕 參海德格著，王慶節、陳嘉映譯：《存在與時間》（台北：桂冠圖書公司，1998），

　　海德格的「歷史性」有兩個基本的區分，一個是「存有者」與「存有」本身的區分，這是個最基本的區分，海德格認爲以往西方哲學探討存有都走了歧路，從存有者來探索存有，把存有規定爲某種永恆的實體，這樣的形上學，將存有推出去而探討一個存有者，透過「思維與存在的一致性」，人們理智地在一個主客對立的情形下去探索存有，恰巧是「遺忘」了存有，海德格認爲，應該要從「此有」（Dasein，或譯爲此在）來探索存有，即不推出去，而是「存有在這裡」來探索，先於一切知識，先於主體與客體之分化，「直接地面對事實本身」，直接地從當下的境遇來探索，不是邏輯的推論和預設，而是一種「呈現」。這樣的人，是一個「具體的存在」，是一個「過去未過去、未來早已來」的人。〔註41〕第二個區分是本眞的（eigentlich）和不是本眞的區分（或譯爲眞正切身的和不眞正切身的），什麼是本眞的存在？海德格說：

> 此有是一種存在者，但並不僅僅是置於衆存在者之中的一種存在
> 者。從存在者狀態上來看，這個存在者的與衆不同處在於：這個存
> 在者爲他的存在本身而存在。〔註42〕

「爲他的存在本身而存在」，而不是僅僅在於許多存在者中的一種存在者，這就是本眞的（眞正切己的）存在狀態，反之，即是不本眞的。海德格論人的存在很重視「個體性」，重視活出自我，所以不能看做是某一類的份子，〔註43〕因此他重視本眞與否區分，但人因爲是個怕死的存在，所以常常會沉淪在不是本眞的狀態中逃離自己，以逃避怕死的存在，海德格用「閒談」、「好奇」、「兩可」等現象來說明個人隨波逐流的逃離自己。〔註44〕人如何回到眞正本眞的存在呢？這不是一種血氣之勇地說我就是這樣即可達成，必須靜聽良知的召喚，海德格說：

　　　　第 72〜81 節。或李天命：《存在主義概論》（台北：台灣學生書局，1986），
　　　　頁 86〜92。

〔註41〕參海德格著，王慶節、陳嘉映譯：《存在與時間》（台北：桂冠圖書公司，1998），
　　　　〈導論〉部分，頁 5〜55。由此他又發展其他次要的區分，如現成在手的／當
　　　　下上手的（das Vorhandene/das Zuhandene）等等，見該書第 15 節，頁 98〜104。

〔註42〕海德格著，王慶節、陳嘉映譯：《存在與時間》（台北：桂冠圖書公司，1998），
　　　　頁 17。「此有」該書翻譯爲「此在」。

〔註43〕勞思光：《存在主義哲學新編》（香港：中文大學出版社，1998），頁 54。

〔註44〕海德格著，王慶節、陳嘉映譯：《存在與時間》（台北：桂冠圖書公司，1998），
　　　　頁 229〜238。

> 這種與眾不同的、在此有本身之中由其良知加以見證的本真的展開
> 狀態，這種緘默的，時刻準備畏的，向著最本真的罪責存在的自身
> 籌劃，我們稱之為決斷（Entschlossenheit 或譯為「決心」），決斷是
> 此有在展開狀態的一種突出樣式。〔註45〕

換言之，不能人云亦云地隨波逐流，必須活出自我，這種活出自我而達本真
的存在，就要緘默地、時刻準備畏的，傾聽良知的召喚，而有一「決斷」。隨
時地「決斷」正是此有在展開其自我時一個很重要的特色。

因此所謂《道德實踐與歷史性──關於蕺山學的討論》，就是在「歷史性」
中討論道德實踐的相關問題，就每個道德實踐的過程而言，他總是在一個歷
史的時空之中，無法脫離，有其具體性。道德實踐一定就在歷史性中，隨著
這「歷史性」的先天限制（命運），因此在每一個當下的瞬間，道德實踐者就
充滿著一種「決斷」的可能性。〔註46〕就此歷史性配合道德實踐的內聖與外
王兩部分來說，首先，從道德實踐的內聖學，不管是道德實踐者的證體（逆
覺體證）還是發用，它都是有其歷史性，當下的道德實踐者的歷史性永遠具
有存有論的優先性，而隨時隨地充滿「決斷」，而「戒慎恐懼」、「憂勤惕厲」；
從道德實踐的外王學來說，可以就歷史上的實踐檢討盡倫盡制上進展的歷
程。副標題「關於蕺山學的討論」就在於表明這個道德實踐的歷史性恰巧是
劉蕺山思想的特色，對比於陽明學，陽明學剛好於此較為欠缺，因為陽明的
道德實踐落在「良知」這超越的主體性上，現實實踐並沒有改變任何「超越
主體性」，「超越的主體性」是個「常」，因此就缺乏決斷上的選擇性，只有將
人放在歷史性中，隨時隨地都是一個個的「決斷」、「選擇」，而每一個選擇都
是對「天理」、「人欲」的一種可能，沒有一個「常」。這樣的道德實踐才有時
間性、歷史性。這也是一般蕺山學的研究者很難搞清楚蕺山學之原因所在，
因此筆者以他為討論的核心，這樣並且可以突顯出以往蕺山學的研究者所忽
略的特色。例如有學者說：「劉宗周以道德實踐為依歸的面向上，促使劉宗周
在思想體系的建構中形成『優入聖域』的階梯。」〔註47〕說蕺山很重視道德

〔註45〕 海德格著，王慶節、陳嘉映譯：《存在與時間》（台北：桂冠圖書公司，1998），
頁 395，譯文有經筆者潤飾。

〔註46〕 參海德格著，王慶節、陳嘉映譯：《存在與時間》（台北：桂冠圖書公司，1998），
第 60 節，頁 393〜400。或葉秀山：《思‧史‧詩──現象學和存在哲學研究》
（北京：人民出版社，1995），頁 169〜170。

〔註47〕 孫中曾：〈證人會、白馬會與劉宗周思想之發展〉，收入鍾彩鈞主編：《劉蕺山

實踐，而以道德實踐爲依歸，是對的，這可以從他一再要求「證人」，連講學也要以「證人社」名之而得知，可是放在陽明身上，陽明也莫不以道德實踐爲依歸，所以一聽了朱子的「格物窮理」之說法，陽明馬上跑去格竹七日而病。但陽明卻沒有走上極度的縝密和艱苦之途或是形成「優入聖域」的階梯，反而是走入另面的發展，重視灑落與和樂，〔註 48〕是故「促使」蕺山之所以走上縝密和艱苦之途並不只是他的道德實踐之學重視道德實踐，關鍵還在於他的道德實踐之學是和歷史性結合在一起。〔註 49〕

1.3　本文之研究方法

一般學界中所謂的「本文之研究方法」有兩個意思，一個是指外在於論文的研究方法，這指的比較像是處理文獻的態度；一個是指內在於論文之論文研究的線索或是詮釋基點的選擇之敘述。本小節指的是第一個意思〔註 50〕。

本文的研究方法基本上建立於熊十力先生的洞見「哲學爲思修交盡之學」、謝大寧先生的論證「德之象徵的憂患現象學」與林安梧先生的例證「《存有‧意識與實踐──熊十力體用哲學的詮釋與重建》一書」，本文凡有關蕺山學的所有論說都建立在這個基礎上而有所陳述，茲說明如下。

熊十力先生以爲「哲學爲思修交盡之學」〔註 51〕（思者，思辨；修者，修養體證也），熊先生這個哲學的定義當是理想性的定義，所以他常提及，且有時還加上一個「應」字而成爲「哲學應爲思修交盡之學」〔註 52〕，但他並非不知就現實上，這個定義對於西方哲學（尤其古典哲學）並不適用，他說：

> 哲學，大別有兩個路向。一個是知識的、一個是超知識的。……西洋哲學大概屬於前者。中國與印度哲學，大概屬後者。〔註 53〕

學術思想論集》（台北：中央研究院中國文哲所籌備處，1998），頁 511。

〔註 48〕參陳來：《有無之境──王陽明哲學的精神》（北京：人民出版社，1991）第一章第二節「戒慎與和樂」，頁 9～12。

〔註 49〕詳細的說明在第二章。

〔註 50〕在比較早期的書籍或論文中，就此點而言，還常可看到研究者說他用的是「歸納法」、「比較法」、「分析法」、「綜合法」……等，現在則以爲此種論述抽象而普遍且缺乏方法論意識而不論之矣。

〔註 51〕熊十力：〈仲光記語之二〉，《十力語要初續》（台北：明文書局，1990），頁 245。

〔註 52〕熊十力：〈答牟宗三〉，《十力語要初續》（台北：明文書局，1990），頁 11。又如：熊十力：《原儒》（台北：明文書局，1988），頁 14。

〔註 53〕熊十力：《十力語要》（台北：明文書局，1990），頁 504。標點有改動，下文

超知識者，不廢知識而又超越知識，因而可以融攝知識，因此熊先生以為可以以東方哲學融攝西方哲學，故他有此定義。如就現實的外延定義而言，依熊先生的意思當可指印度哲學與中國傳統的儒釋道三教。

把這個定義放在現在筆者想研究的宋明理學上面，熊先生言：

> 聞近讀理學書，不知如何讀法，若不善抉擇，恐難獲益也。治宋明理學，於其反己體驗之真切處，固宜以之自勘，於其許多精理名言，卻宜再三尋繹，得其調貫與體系，而後衡其得失。〔註54〕

換言之，熊先生以為讀宋明理學之書時，一方面生命與經典辯證的交會在一起，將經典放在我的生命中，也將我的生命放進經典中，是即所謂的「反己體驗」，在此可得一調適生命、潤澤生命的作用。他認為「學問與生活分離，此乃淺夫俗子，所以終身戲論，自誤而誤人。」〔註55〕因此在這裡面，學問與生命恰成為一個兩端而一致的交流過程，他以為「淺夫俗子」才將學問與生活互相獨立而不相干，所成就的只是「終身戲論」而已。當然這也不是把經典當教條，永遠都是正確的，所以另一方面也要起一個對立的作用，將經典與我對立起來，思辨其體系之優劣得失。〔註56〕

這樣的「思修交盡」如何可能？以下筆者將以謝大寧先生的一篇大作〈言與意的辯證——先秦漢魏易經詮釋的幾種類型〉（以下簡稱〈言〉文）來做說明〔註57〕。

凡引熊先生之文亦同此。

〔註54〕 熊十力：〈與薛興奎〉，《十力語要》（台北：明文書局，1990），頁 128。

〔註55〕 熊十力：〈答劉公純〉，《十力語要》（台北：明文書局，1990），頁 129。

〔註56〕 熊先生這個觀點並非「孤明」，日本國際名學者岡田武彥所強調的「內在研究法」即是如此，岡田說：「大約四十年前，我曾立志對傳統中國哲學的研究方法加以深刻反省。結果使我痛感到，如果忽略體認自得的實踐而空談理論，那就不可能把握宋明哲學的真諦。……當今中國哲學研究者中，仍不乏醉心于依據西歐思潮和西洋學風解釋中國哲學的人，他們還自以為這種方法是『創造的』、『嶄新的』方法。然而，這和真正的『創新』相差十萬八千里。……所謂『內在研究法』，就是在研究一個人的哲學思想時，把他的體驗移入自身，然後設身處地地加以體驗的方法論，而不僅僅是在科學的實證中弄清楚他的哲學思想。」見岡田武彥著、吳光等譯《王陽明與明末儒學》（上海：上海古籍出版社，2000）〈中文版序〉，頁 1～3。

〔註57〕 謝大寧師：〈言與意的辯證——先秦漢魏易經詮釋的幾種類型〉，發表於「中國傳統經典詮釋研討會」（北京：國際儒學聯合會，2000.4.4～5），亦收錄在台灣大學「中國經典詮釋傳統」研究計畫所出版的論文集，見李明輝編：《中國傳統經典詮釋傳統（二）儒學篇》（台北：喜瑪拉雅基金會，2002）。又：

　　謝先生此文頗爲重要，可以爲傳統經學之所以爲經學的可能性奠定普遍的基礎，並且可以爲中國人傳統的經典詮釋做一個方法論上的證成，因此，筆者在此引用來作爲研究方法論上的基礎，恰有其合理性。首先，概述其論述的要點，其次，檢討其可能的缺失，最後，轉化成爲本文之研究方法的論證基礎。

　　〈言〉文爲什麼從《易經》的詮釋類型著手呢？這是因爲《易經》的詮釋類型解決了，其他的經典文本和詮釋文本間的關係就解決了。爲什麼？

　　因爲比較《詩》、《書》、《易》、《禮》、《春秋》五經的經典文本和詮釋文本間的關係，不管是《詩》的齊魯韓毛四家、《書》的今古文之爭、《春秋》的三傳，這其中的關係都還是很明顯的，至少詮釋文本和經典文本間的線索關係還有跡可循，相干性甚強，以《春秋》三傳爲例，不管是重史事還是義法義例，和《春秋》經本身的關係還是清晰可見的，唯獨《易經》，不只在詮釋上，有所謂的儒家易（〈易傳〉）、道家易（王弼的易注）和陰陽家易（漢易）（這是詮釋《易經》的三個典範），而且和前面幾種經典不一樣的是，這些詮釋文本的重要性，在閱讀上，似乎來得比經典文本更爲重要，因此〈言〉文選擇了《易經》作爲主要探討的對象，這樣就有其代表性。〔註58〕

　　確定了從《易經》入手後，要從哪一點開始？〈言〉文以爲，就《易經》而言，發生意義的起點是卦畫所成的「象」上（所謂「天垂象，見吉凶」），因而可以引入里克爾（Paul Ricoeur,1913～）所謂的「原初的象徵符號」來理解，而由此遂蘊含了一套「意向性」結構的現象學來事實的描述其中詮釋的進行。

　　在學界中，措意於此的甚少，唯蔣年豐先生「興的現象學」，所以〈言〉文接著檢討蔣先生的業績，發現蔣先生有其十分敏銳處，可是有兩個很大的

闡述這思修交盡之方法頗不容易，觀熊十力一生念茲在茲的要完成其《量論》，而未能成，可見一斑。

〔註58〕　見李明輝編：《中國傳統經典詮釋傳統（二）儒學篇》（台北：喜瑪拉雅基金會，2002），頁66～67。在這裡當然不是說，討論這些文本的問題一定要從《易經》著手，例如蔣年豐先生從孟子詩教和《春秋》經傳著手，見〈從「興」的精神現象論《春秋》經傳的解釋學基礎〉或〈從「興」的觀點論孟子的詩教思想〉，兩文皆收入蔣年豐：《文本與實踐（一）——儒家思想的當代詮釋》（台北：桂冠圖書公司，2000）。但以《易經》著手，其階梯更爲穩固，可說畢其功於一役。又：儒家易（〈易傳〉）、道家易（王弼的易注）和陰陽家易（漢易）並不是原文的字眼，是筆者歸納〈言〉文所用之類型而用的，原文是用〈易傳〉、漢易（李鼎祚：《周易集解》）與王弼易（《周易王弼注》）來稱呼，見李明輝先生所編書，頁85。

致命傷：一是他文中所顯然存在的「興」的歧義問題；二是不能說明爲何「興」用在經典上（不只是《易經》）總是會往道德義上起興的現象，所以〈言〉文以爲有必要另尋爐灶。〔註59〕

這個爐灶建立在一個細密的上古文化史（包含神話）之考證上，〈言〉文發現，就對比於里克爾所說的西方文化中的「惡的象徵」而言，「德」這個概念是中國文化中最原初的象徵符號〔註60〕，而由德與失德之意向性作用，就可以因之建立起一套適合中國儒家文化的「憂患的現象學」，而這個「德之象徵的憂患現象學」便可做爲中國傳統經典的詮釋學基礎。於是便可以依此思路來處理《易經》的詮釋問題。〔註61〕

接著，〈言〉文站在里克爾的「象徵的準則學」說明易象的意義，這意義就是必須被放在德與失德的象徵符號的意向性中來理解，在這樣的理解中，〈言〉文進入詮釋《易經》的三個典範中，並以「艮」卦爲例，發現「這些不同的詮釋文本，其詮釋的的模式都事先經由取象，然後再將此象通過某種修辭學上的手段，以想像、聯想等方式而關聯到『德』的問題上去」〔註62〕，所以這些詮釋文本並非像以往所以爲的不相干，他們之中其實有其內在統一性。只不過在這「同」之外，也還有差異的存在，這差異就是在取象的態度和聯繫於「德」的方式上，〈言〉文在此用「譬喻」、「譬喻的實指化」和「象徵的實指化」來說明其中的差異。〔註63〕

概述至此，好像已經可以告一段落，似乎已達到筆者先前所說的「德之象徵的憂患現象學」之建立的任務了。就靜態上的說明，的確已經足夠，在這點上，〈言〉文已有超越以往學界的成績，但它更深刻的是，它依三個詮釋《易經》的典範，而說明其中的動態過程。

這個動態過程建立在里克爾的「象徵三層次」（最原始的象徵符號、神話

〔註59〕見李明輝編：《中國傳統經典詮釋傳統（二）儒學篇》（台北：喜瑪拉雅基金會，2002），頁67～75。

〔註60〕在此必須另參謝大寧師：〈儒學的基源問題——「德」的哲學史意涵〉，《鵝湖學誌》第16期1996.6。

〔註61〕見李明輝編：《中國傳統經典詮釋傳統（二）儒學篇》（台北：喜瑪拉雅基金會，2002），頁75～85。

〔註62〕見李明輝編：《中國傳統經典詮釋傳統（二）儒學篇》（台北：喜瑪拉雅基金會，2002），頁86～87。

〔註63〕見李明輝編：《中國傳統經典詮釋傳統（二）儒學篇》（台北：喜瑪拉雅基金會，2002），頁97～109。

的、理性的）上，說明在詮釋經典的時候，不是只是像理解微積分似的只拘
泥在擬似知識概念的「理性象徵」層次，只做純理性思辯的思考，這樣所得
的知識，是一種「假知識」，如何能不得到這種假知識？「我們唯有通過一種
所謂的『對概念進行解構』，也就是它必須經由一種『知識的挫敗』，然後才
能還原出這概念的眞實意義。」〔註64〕

什麼是「知識的挫敗」、「對概念進行解構」？這就是說不能只是純認知
的，而必須把「生命體驗」放進去，這才是一種所謂的「眞知識」，〈言〉文
在結論說的非常清楚：「所有的詮釋文本皆是對君子之德所做的某種『象徵的
詮釋學』，或說即是在君子之德的規範下所做的某種起興。這種起興意味著每
個詮釋事實上並不是在對經典進行任何理性的解析，而是在對之進行一種『生
命體驗』也。」〔註65〕、「經典是一個文化體其命脈之所繫，理解經典決不是
個學究式的理性思辯上的事，它必須是一種生命上的體驗與實踐。」〔註66〕

至此，可以知道〈言〉文所以能夠作爲熊十力先生的洞見「哲學爲思修
交盡之學」的論證基礎，因爲熊先生基本上只是說出他的意見，至於其中的
過程就有賴於〈言〉文來支撐。

不過，在此必須檢討〈言〉文可能的缺失並試著加以補充，以使這個論
證基礎更加的穩固。

第一、《易經》詮釋文本的類型沒有窮盡：〈言〉文可能是發表時的篇幅
所限，所以它只探討先秦漢魏的《易經》的幾種詮釋文本類型，並因此把它
區分爲三種：儒家易、道家易與陰陽家易。這就忽略了《易經》一直以來的
和修眞導氣配合的另一個典範，爲了方便簡稱爲「修眞易」，這在東漢時，就
有魏伯陽的《周易參同契》，一直延續到清朝都還有劉一明的《周易闡眞》、《孔
易闡眞》〔註67〕等書。除了這類型以外，在先秦漢魏以後，還有一種是用佛
學來解易的，如明代蕅益大師的《周易禪解》〔註68〕，爲了方便簡稱爲「佛

〔註64〕見李明輝編：《中國傳統經典詮釋傳統（二）儒學篇》（台北：喜瑪拉雅基金
　　　　會，2002），頁92。
〔註65〕見李明輝編：《中國傳統經典詮釋傳統（二）儒學篇》（台北：喜瑪拉雅基金
　　　　會，2002），頁110。
〔註66〕見李明輝編：《中國傳統經典詮釋傳統（二）儒學篇》（台北：喜瑪拉雅基金
　　　　會，2002），頁111。
〔註67〕見劉一明著、李豐楙等編：《道家修丹秘法大全》（台北：氣功文化出版社，
　　　　1994）。
〔註68〕見蕅益著、陳德述注《周易·四書禪解》（北京：團結出版社，1996）。

家易」，佛家易和〈言〉文所說的三種類型比較有「家族相似性」，都可以說是在「德之象徵」下，重視修心養性，故以下以「修真易」來論述。以〈言〉文所用的艮卦為例，修真易的解釋可為「艮為止，即極端注意，可視為運氣的停駐、意守。卦辭『艮其背』，只意守背部命門穴，強調意守自身，而不是意守外景，神不外馳。『不獲其身』描述入靜後不知身在何處，有飄然空濛之感。」〔註69〕這裡面全部都是用運氣的觀點來解釋卦辭，似乎很難與「德之原始象徵」有何關聯，也不容易像《易經》術數部分把它歸入陰陽家易，這就形成了表面上的漏洞。

但是這個表面上的漏洞並非無法填補，只是沒有那麼直接性吧了。這可以從兩方面來說。一是一般來說，修真易的論點通常是建立在「身心一如」上面，所以除了「修命」外，莫不強調「修性」，而主張「性命雙修」，既然也要修性，就連上「德」了。二是修真易一般把人體視為小宇宙，修行的目的就是要和大宇宙合一，而「與天地合德」。在這兩點上，修真易還是具有在〈言〉文的論述效準之內的合法性。

不過，要注意的是：在做這種修真易的的詮釋《易經》時，雖然也是像其他四種《易經》的詮釋類型一樣，要把「生命體驗」放進去，但已經不同其他四種類型「將此象通過某種修辭學上的手段，以想像、聯想等方式而關聯到「德」的問題上去」，這裡面還多了一個「練氣修真」的中介。這其中想像、聯想的自由度已經大大降低。

第二、關於如何進行「生命體驗」並沒有充分展開：這點恐怕也是〈言〉文受限於發表的篇幅的關係。底下，本文想針對此點稍做補充。

在上文已經提到這樣的「體驗」是「知識的挫敗」、「對概念進行解構」之下的動作，也就是不能只是純認知的，而且是在「德之象徵的憂患現象學」下的「體驗」，這樣恰好可以在此引用狄爾泰（W.Dilthey1833～1911）的「體驗」概念來作為初步的說明。因為狄爾泰正是想為精神科學（有別於自然科學）奠定認識論的基礎〔註70〕，「體驗為宗教、藝術、人類學和形而上學提供了基礎。」〔註71〕而「德之象徵的憂患現象學」恰巧正表現了儒學在宗教向

〔註69〕張其成主編：《易經應用大百科》（南京：東南大學出版社，1994）頁472。
〔註70〕狄爾泰的此處的認識論並不是傳統西方只限於感官與知覺的認識論或是主客對立的認識論。
〔註71〕Dilthey:《狄爾泰全集》第6卷（Gesammelte Schriften, VI.Band, Leipzig Berlin 1924），頁313。

度上的特色與功能，所以這裡的引用正有其合法性。〔註72〕

狄爾泰說到：

> 體驗活動是一種特殊的、獨一無二的方式，在這種方式下，實在爲
> 我地存在著。體驗並非如一種感覺或表象物那樣對立於我們：它並
> 非被給予我們，相反地，只是由於我們內省到了它只是由於我們將
> 它看做在某種意義上屬於我們的東西，從而直接據有它，實在體驗
> 才爲我們地存在著。只是在思維中，它才成爲對象性的。〔註73〕

> 體驗是一個統一體，它的諸成分因爲一種共同的意義而聯合在一
> 起。〔註74〕

在這兩段話中，筆者先從第一段最後一句話「只是在思維中，它才成爲對象
性的」看起，這說明這種體驗是在上文所說的「對概念進行解構」的一個動
作，因爲在思維中，主體（人）與對象二分，並沒有體驗。體驗是存在於體
驗的對象（實在）和體驗的主體有一種直接性的連結，透過「內省」，「直接
據有它」，這裡存在著一種「直接性」，換句話說，我和我所體驗的對象這樣
的說法只能是屬於方便地權宜說，事實上，他們形成一個不是主客對立的「統
一體」，高達美（Hans-Georg Gadamer, 1900～2002）把這個統一體叫做「意義
統一體」〔註75〕，而這個「意義統一體」是就著「生命」而言，這個「生命」
並不是生物學上的意義，而是精神科學裡的生命概念，在本文的脈絡裡，正
是「德之象徵」的意義。

這樣說明了體驗的第一個特色是它並不是主客對立的，是在一個意義統
一體中，透過內省對實在有一種「直接的親證性」，好像他（實在）就像是我
們自己似的。但狄爾泰的這個「體驗」概念是要「爲宗教、藝術、人類學和
形而上學提供了基礎。」所以此處體驗的概念還是較爲籠統的，而不一定是

〔註72〕 在此，本文不想涉入儒學是否爲宗教的大問題，只需瞭解儒學有宗教向度上
的功能與性質即可，其討論過程請參廖俊裕：〈作爲宗教修持次第的儒學實踐
——以蕺山學爲例〉第四屆紀念涵靜老人學術研討會（南投：中華民國宗教
哲學研究社，2001.12.21～23）。

〔註73〕 Dilthey：《詩歌與體驗》英譯本（Rudolf Makkreel and Frithjof Roid ed ,Poetry and
Experience University Press, Princeton, New Jersey,1985）頁 223。

〔註74〕 Dilthey：《狄爾泰全集》第 7 卷（Gesammelte Schriften, VI.Band, Leipzig Berlin
1927），頁 389。

〔註75〕 高達美著、洪漢鼎譯：《眞理與方法》第一卷（台北：時報出版公司，1999），
頁 101。

緊扣著儒學的道德實踐學而說，因此也有學者就審美意義的體驗而和中國詩歌中「興」的傳統結合著說〔註76〕，所以它的適用性只到這裡為止，接下來，藉著杜維明先生的「體知」（杜先生把「體驗」稱為「體知」）來說明體驗的第二個特色。因著這個第二個特色也可以說明道德的體驗和審美的體驗其中的差異。

杜維明先生為何把體驗稱為體知？因為他也和狄爾泰一樣，把「體驗」當作是一個廣義的認識論的方法，「它是一個認知問題，但不是西方意義上的認知。」〔註77〕杜先生從宋明理學的聞見之知與德性之知的區分開始，他認為：

> 淺顯地說，德性之知與聞見之知最大的不同是聞見之知不必體之於身，而德性之知必須有所受用，也就是說，德性之知必須有體之於身的實踐意義。〔註78〕

像我知道「一加一等於二」、「昨晚氣象說：今天會下雨」這樣的判斷，都是屬於「聞見之知」，這種聞見之知不必然和生命的體驗有關係，但像張載的「大其心則能體天下之物」〔註79〕，或是程灝的「仁者以天地萬物為一體，莫非己也」〔註80〕這樣的德性之知的判斷，就和生命體驗有關係，杜先生在此說明區別就是「體之於身」，而由「體之於身」帶來的就是「有所受用」，什麼叫做「有所受用」？杜先生說：

> 這種體知預設了一個很奇特的東西，我稱之為 knowing as a transformative act，了解同時又是轉化行為。這就是受用，是一種對人有轉化功能的認知，如張載所說的「變化氣質」。〔註81〕

在這段話中，杜先生清楚地說明，所謂德性之知的「有所受用」就是傳統上所謂的「變化氣質」，就是會帶來「行為的轉化」，這裡面也包括人生境界的提升。

所以可以得到「德之象徵」下的「體驗」的第二個特色，就是「變化氣

〔註76〕 參王一川：《審美體驗論》（天津：百花文藝出版社，1999）。
〔註77〕 參杜維明：〈儒家「體知」傳統的現代詮釋〉，《東亞價值與多元現代性》（北京：中國社會科學出版社，2001），頁65。
〔註78〕 參杜維明：〈儒家「體知」傳統的現代詮釋〉，《東亞價值與多元現代性》（北京：中國社會科學出版社，2001），頁57。
〔註79〕 張載：《張載集》（台北：漢京文化公司，1983），頁24。
〔註80〕 程灝、程頤：《二程集一》（台北：漢京文化公司，1983），頁15。
〔註81〕 參杜維明：〈儒家「體知」傳統的現代詮釋〉，《東亞價值與多元現代性》（北京：中國社會科學出版社，2001），頁64。

質」，境界的提升，行爲的轉化。尤其重點在「行爲的轉化」，這也清楚的區分出道德的體驗和其他文學、美學上的體驗之不同。〔註82〕

以上只是靜態的說明「體驗」的特色，尤其是「道德的體驗」的特色是什麼——一是對實在非主客對立的「直接親證性」；一是知道即改變下帶來的行爲之轉化「變化氣質」。但是這樣的體驗如何進行？這就很難回答，因爲它既是非主客對立的合一，所以好像就只能直覺，現在卻要用思維來處理它，而思維總是主客二分的，於是困難性就出現了，好像這種體驗對思維來說，就是一種「跳躍」——突然之間它發生了。

所以現在筆者想直接面對一般發生的過程描述一番。幸運的是，謝大寧先生在另一篇文章〈比興的現象學——詩經詮釋進路底再檢討〉〔註83〕中（以下簡稱〈比文〉），將此過程展現出來，恰可爲閱讀文獻時所借鏡。〈比文〉中先檢討吾人對經典的兩種意識：一種是經典原初的「生命價值的具體實踐與體驗」，一種是某種「文化遺產」，將其推出生命外視爲一「認知對象」。〔註84〕在上文已經說到「認知」所得到的是一種抽象的「假知識」，正是要將其挫敗的，所以不能選擇第二種經典意識。這裡牽涉眞理觀的問題，〈比文〉引用海德格的眞理觀，認爲要回到第一種經典意識就「應以一種在場的存在之思來尋求與經典文本進行某種歷史性的對話」〔註85〕，這句話有兩個意思，第一個是「在場的存在之思」，第二個是「進行某種歷史性的對話」，就第一個意思而言，謝先生曰：

> 首先是以活的、現身在場的，與經典成立之初的人們底生命緊密相連的，同其呼吸的方式而確立的。在其中，眞理就不只是通過經典而自行揭示了自己的這種「純然的設置」，而是進一步的「神聖作爲神聖開啓出來」。我以爲原初人們的經典意識正是如此，對他們而言，不是由他們選擇某種東西、標準作品以爲經典，而根本是眞理

〔註82〕 明顯的例子，如作家三毛，在其作品與演講中歌頌生命的美好與自由，最後卻在醫院以絲襪上吊自殺身亡。

〔註83〕 謝大寧師：〈比興的現象學——詩經詮釋進路底再檢討〉，發表於「孔學與二十一世紀」國際學術研討會（台北：政治大學文學院，2001.9.28～29），10月27日集結成書出版，政治大學文學院編輯：《「孔學與二十一世紀」國際學術研討會論文集》（台北：政治大學文學院，2001）。

〔註84〕 政治大學文學院編輯：《「孔學與二十一世紀」國際學術研討會論文集》（台北：政治大學文學院，2001），頁80。

〔註85〕 政治大學文學院編輯：《「孔學與二十一世紀」國際學術研討會論文集》（台北：政治大學文學院，2001），頁89。

> 通過經典而照亮了他們的世界。換言之，經典不是被哪個人創作出
> 來的，也不是被什麼力量規定出來的，他現實上有沒有具體的作者，
> 也沒有那麼相干，它就只是讓真理在場而已，而人們也就因著這個
> 在場，乃建立了他們的世界，所以這當中沒有懸隔。〔註86〕

換言之，必須以「活的」、「在場的」的來觀看經典，而讓真理在此在場中呈現出來，這時不是像「認知」般地好像是去捕捉真理，如果是純認知般主客對立的閱讀，所得的，不會超過所原已有的（邏輯的結論蘊含在前提之中），因為只能藉著所原理解的東西來解讀經典，生命並不會有所提升增長而「神聖」，活的、在場的存在之思是「存在之自我流出」，是人「保持著對存在呼喚之靜聽」〔註87〕。

　　就第二個「進行某種歷史性的對話」的意思就是要進入「德之象徵」之一種情境之中。在上文已經知道，「象徵」代表著一個意向性的概念，現在所謂進行某種歷史性的對話的意思就是要進入這個「德」的意向性中，這樣便進入一種「德」的體驗，而將其展開，謝先生曰：

> 我以為在對德的憂患中，毫無疑問的，他也有一個最高位的體驗，
> 此即「無德」之感，這是一種未受照顧，或者甚至是受到拋棄而生
> 的無價值之感。此種無德之感同樣也暗示了一種更基本的「畏命」
> 的體驗，天命對每個人而言都是神秘的，對每個人都有決定性的，
> 必須敬畏，不可挑戰的。當然，這種畏命的體驗尚有其更原始的體
> 驗，這應該是和褻瀆一致，有著人類學上初民之共通性體驗的一種
> 「冒犯」的體驗，正是由這種體驗的種種不同體會，乃有種種不同
> 的禁忌系統。以此，我乃可以讓無德、畏命和冒犯構成一組原始的
> 象徵系列，從而據此展開憂患現象學的描述工作。〔註88〕

這就是說，當在讀中國經典時，必須扣緊「德之象徵」來閱讀，進入其典籍之中，不在認知的範疇內，是個「在場」中，而體會其中的「德」、「無德」、「畏命」和「冒犯」之種種心理狀態。

〔註86〕政治大學文學院編輯：《「孔學與二十一世紀」國際學術研討會論文集》（台北：政治大學文學院，2001），頁86。

〔註87〕政治大學文學院編輯：《「孔學與二十一世紀」國際學術研討會論文集》（台北：政治大學文學院，2001），頁88。

〔註88〕政治大學文學院編輯：《「孔學與二十一世紀」國際學術研討會論文集》（台北：政治大學文學院，2001），頁108。

　　以上，略述了謝先生〈言〉文的大意，並稍微檢討之，說明其可爲本文之研究方法的論證基礎，現在就可以來看，有否以此爲文之例。舉此爲例，只是更充分說明此方法的合法性而已，其實如果沒有，就單單上述所言之說明，應亦足以爲之矣。

　　這個例證是林安梧先生之《存有·意識與實踐——熊十力體用哲學的詮釋與重建》一書〔註89〕。此書並不是有意識地基於〈言〉文所謂的「德之象徵的憂患現象學」而做的，此書是基於熊十力的「哲學爲思修交盡之學」而成的，但思修交盡過程沒有〈言〉文說得那麼詳盡。

　　林安梧先生在此書中的第一章說明該書的方法時，說到：

> 筆者以爲對於哲學的研究是必須建立在客觀的理解之上的，但所謂的客觀理解並不是一死屍的解剖，並不是對象化的認知，而是全幅生命的進入與經過，這是將作品與我人的生活世界渾成一體而做爲吾人存在的基底（horizon of existence），此存在的基底同時是吾人理解的基底（horizon of understanding）。或者，我們亦可以說這是由活生生的實存而有這樣具有主體能動性的人進到一世界中，而開啓了一活生生實存的生活世界，即此生活世界做爲吾人理解的基底。〔註90〕

在這裡，顯然看到〈言〉文所說的「知識的挫敗」、「對概念進行解構」的動作的進行，知識變成活生生的知識，而不是死屍似的知識，因爲「生命體驗」就在其中，「知識」與「道德」恰好辯證的關連成一體，「值得注意的是這裡所說辯證的關連成一體不只是一辯證的銷融，重要的是辯證的開展，銷融與開展是不二的，即銷融、即開展，即開展、即銷融。體用一源、顯微無間，這裡隱含著詮釋學上的循環與實踐上的循環。」〔註91〕因此這便是熊十力的「思修交盡」辯證的展開一個實存的生活世界，這樣《存有·意識與實踐——熊十力體用哲學的詮釋與重建》一書便可成爲本文研究方法上的一個例證了。〔註92〕

〔註89〕林安梧：《存有·意識與實踐——熊十力體用哲學的詮釋與重建》（台北：東大圖書公司，1993）。

〔註90〕林安梧：《存有·意識與實踐——熊十力體用哲學的詮釋與重建》（台北：東大圖書公司，1993），頁9。

〔註91〕林安梧：《存有·意識與實踐——熊十力體用哲學的詮釋與重建》（台北：東大圖書公司，1993），頁15。

〔註92〕早在林先生寫《王船山人性史哲學之研究》（台北：東大圖書公司，1991再版，1987發行初版）時，他便使用上了這個方法，只是沒有在書中說明，但從該書

1.4　論文大綱

　　說明完本文的研究方法後，接下來要說明本文的大綱。

　　首先，在第二章要回到 1.1 節所說的蕺山學研究中的一種普遍責難情形，即以「矛盾」、「混亂」、「無實義」等負面評論加在蕺山身上，本文在第二章想終結矛盾與混亂的蕺山學狀況，而提出「契機說」、「階段論」與「辯證觀」嘗試來回答與解決這種情形，並由此取得一個進入蕺山學的許可證（即不輕易草率地評論蕺山為「矛盾」、「混亂」、「無實義」下而取得一個詮釋的基點）：「『一本而萬殊，會眾以合一』的辯證綜合」之「天理與人欲同體依」。

　　在第三章將扣緊「歷史性」而內在地言道德實踐，在此要用一個「證量」的觀念來貫穿全章。首先說明蕺山以「要求證量」來解決陽明後學流弊，由此「要求證量」，先明白蕺山「次第與無次第的圓融」觀念。在「次第」方面，蕺山以縱貫和水平兩面向「十字打開」道德實踐歷程，而由凡人到聖人之次第，細密無遺。「無次第」方面，蕺山提供一種「圓頓」的起修方法。

　　在第四章要站在「證量」觀點下，由「天理」與「人欲」兩方面來展開蕺山的「存有論」，在「天理」方面，本文要突顯出蕺山「音樂性的時間觀」，然後再說明蕺山「歷程即本體」的概念。在「人欲」方面，本文要介紹蕺山的天理「在欲中現身」的特殊理念，並順帶地針對現代社會中很熱門的生死學，讓蕺山來發言一番。

　　在第五章將站在外王學之歷史性實踐觀點，談論蕺山的外王治績、某些制度上的設計及其天理史觀，這些都是一般人所忽略的地方。

　　在第六章要做一個「回顧與展望」的結論。在「回顧」方面，先整理本文對於蕺山的一些重要命題，其成果與限制之所在。在「展望」方面，首先從哲學史來說明在明末清初之儒學史上，蕺山有承上啓下的不可或缺的地位。然後再從現代社會中（後現代的價值體系）來論述蕺山學發展的可能性，這個可能性放在對於後現代的接引與提升、「性」（sex）以及當代台灣身心靈提升的一個管道上。

　　　的〈卷後語〉可以得知：「於我而言，知識不只是一種『靜態的攝受』，而是『動態的辯證』；『知識』必須融攝到『生命』中成為一個活生生的根芽，經由澆灌培育而成長。」見頁 189。

第二章　混亂矛盾的蕺山學之終結的可能

2.1　前　言

　　在第一章（1.1）中談到學界中人每每研究蕺山學都容易有個判斷：蕺山思想有矛盾與混亂或無實義，現在要著手解決這個現象。因爲筆者想要普遍的解決這個問題，所以先就形式上解決矛盾或混亂的方法來立論，並不就現實外延上有哪些人曾經認爲蕺山有哪些矛盾處而予以特定的解決。只有在闡述形式上解決矛盾混亂之方法時，於現實上有學者剛好與此相關處，予以點出。之所以這樣，是因爲即使現實上相關學者認爲的矛盾混亂處解決了，它還不是窮盡的，明天也許又產生一個，會有疲於奔命、煩不勝煩的現象產生。

　　關於蕺山思想之矛盾與混亂或無實義的現象，在其全集中，如果從「依文解義」的角度，實在很容易見到，例如：

1. 「性情之德有即心而見者，有離心而見者。即心而言，則寂然不動，感而遂通，當喜而喜，當怒而怒，當哀而哀，當樂而樂。由中導和，有前後際，而實非判然分爲二時。離心而言，則維天於穆，一氣流行，自喜而樂，自樂而怒，自怒而哀，自哀而復喜。由中導和，有顯微際，而亦非截然分爲兩在。」（〈學言中〉，《全集》二，頁 487，60 歲。）

2. 「夫性無性也，況可以善惡言？然則性善之說，蓋爲時人下藥云。……然則性果無性乎？夫性因心而名者也。盈天地間一性也，而在人則專以心言，性者，心之性也。……則謂性本無性

　　　焉亦可。」(〈原性〉,《全集》二,頁 328～330,65 歲。)

3.「惻隱,心動貌,即性之生機,故屬喜,非哀傷也。辭讓,心秩
　　貌,即性之長機,故屬樂,非嚴肅也。羞惡,心克貌,即性之
　　收機,故屬怒,非奮發也。是非,心湛貌,即性之藏機,故屬
　　哀,非分辨也。有四德相爲表裏,生中有克,克中有生,發中
　　有藏,藏中有發。」(〈學言中〉,《全集》二,頁 496,60 歲。)

4.「性者,心之理。心以氣言,而性其條理也。」(〈復沈石臣進士〉,
　　《全集》三上,頁 426～427,63 歲。)
　　「心之所同然者,理也。生而有此理之謂性,非性爲心之理也。」
　　(〈原性〉,《全集》二,頁 328,65 歲。)

5.「《大學》之言心也,曰忿懥、恐懼、好樂、憂患而已。此四者
　　心之體也。」(〈學言上〉,《全集》二,頁 457,59 歲。)
　　「《大學》言正心,以忿懥、恐懼、好樂、憂患證之,是指其所
　　發言也。中以體言,正以用言。」(〈學言中〉,《全集》二,頁
　　496,60 歲。)

6.「一向放失在外,一旦反求,欲從腔子內覓歸根,又是將心覓心,
　　唯有一敬焉爲操存之法。隨處流行,隨處靜定,無有動靜、顯
　　微、前後、巨細之岐,是千聖相傳心法也。」(〈學言上〉,《全
　　集》二,頁 441,57 歲〔註1〕。)

〔註1〕按此條依《全集》二,〈學言上〉的記載,並無法確切斷定其年代,因爲在這
　　　　條之前,頁 438,「多事不如省事」條下註明「新本註『以上乙丑、丙寅』,在
　　　　這條之後,頁 443,「動中有靜,靜中有動者」條下註明「一本註『以下甲戌』」,
　　　　剛好第 438～443 頁之〈學言上〉的幾條文獻漏過,查京都版中文出版社之《劉
　　　　子全書及遺編》之文字亦然,表示原刻本即是如此。筆者懷疑原刻本之「以
　　　　下甲戌」應爲「以上甲戌」之誤,因爲在〈學言上〉、〈學言中〉或〈學言下〉
　　　　中,記錄年代皆以「以上某某年」爲主,僅有在〈學言上〉有兩條:頁 443,
　　　　「動中有靜,靜中有動者」條下註明「一本註『以下甲戌』」:和頁 445,「正
　　　　諦當時,切忌又起爐灶。」條下註明「一本註『以下丙子京邸錄』」,而後一
　　　　條和頁 465 之「或曰:慎獨是第二義」條下註明「以上丙子〈獨證篇〉」相吻
　　　　合,由於董瑒和黃宗羲在處理劉蕺山全書時,已經遭蕺山子劉汋等人的竄改
　　　　更動,故有註明「一本……」之説,故筆者懷疑此應爲「以上甲戌」之誤,
　　　　所以此條註明爲 57 歲之作。關於蕺山全書之編纂與遭竄改情形可參下文「2.3.3
　　　　蕺山思想發展的階段論」中開始的説明,或王汎森:〈清初思想趨向與《劉子
　　　　節要》──兼論清初蕺山學派的分裂〉,《歷史語言研究所集刊》第 68 本
　　　　1997.9。以下凡有關此部分文獻的年歲即依此處的理由而標明爲 57 歲所作,

「伊、洛拈出敬字，本《中庸》戒慎恐懼來。然敬字只是死工夫，不若《中庸》説得有著落。以戒慎屬不睹，以恐懼屬不聞，總只爲這些子討消息，胸中實無箇敬字。故主靜立極之説，最爲無弊。」（〈學言上〉，《全集》二，頁 446，59 歲。）

7. 「僕平生服膺許師（按：許孚遠、敬菴，1535～1604）者也，於周師（按：周海門、汝登，1547～1629）之言，望門而不敢入焉。」（〈與履思十〉，《全集》三上，頁 376，57 歲。）

「冀先生（按：周海門）有知，終不外我於門牆，庶幾竊附雙江之於陽明，少逌區區萬一。」（〈祭周海門先生文〉，《全集》三下，頁 1061，52 歲。）

8. 「盈天地間一氣而已矣」（〈學言中〉，《全集》二，頁 480，60 歲，此頁有二語錄論及此，但另一句爲「盈天地間一氣也」；或〈原性〉，《全集》二，頁 328～329，65 歲；或〈讀易圖説〉，《全集》二，頁 149，66 歲；或〈聖學宗要〉，《全集》二，頁 328，57 歲，但爲「天地間一氣而已」；或〈遺編學言〉，《全集》二，頁 565，歲不詳；或〈遺編學言〉，《全集》二，頁 567，歲不詳，但爲「盈天地間只是一點太和元氣流行」。）

「盈天地間一性也」（〈原性〉，《全集》二，頁 328，65 歲。）

「盈天地間皆性也」（〈張蓬玄玄塵序〉，《全集》三下，頁 750，63 歲；或〈四庫本劉子遺書學言拾遺〉，《全集》二，頁 568，63 歲。）

「盈天地間皆心也」（〈讀易圖説〉，《全集》二，頁 143，66 歲；或《五子連珠》，《全集》二，頁 219，58 歲。）

「盈天地間只是此理，無我無物，此理只是一個。」（〈答右仲二〉《全集》二，頁 391，60 歲。）

「盈天地間，凡道理皆從形器而立，絕不是理生氣也。」（〈答劉乾所學憲〉，《全集》三上，頁 431，64 歲。）

「盈天地間皆物也。人其生而最靈者也。」（〈原心〉，《全集》二，頁 327，65 歲。首句亦見於〈大學古記約義〉，《全集》一，頁 759，52 歲。）

不另作説明。

「盈天地間皆道也」（〈學言上〉，《全集》二，頁 428，43 歲；或
〈學言中〉，《全集》二，頁 479，60 歲。）

「盈天地間一道也」（〈古小學通記序〉，《全集》三下，頁 746，
64 歲。）

「盈天地間一學也」（〈古小學通記序〉，《全集》三下，頁 746，
64 歲。）

「盈天地間一數也」（〈古小學記小序〉，《全集》三下，頁 744，
63 歲。）

「盈天地間，皆仁也」（〈與王右仲問答〉，《全集》二，頁 390，
60 歲。）

這些話從表面上的「依文解義」、「文從字順」來看都是很有矛盾與混亂的。
在第 1 段引文中，蕺山說到「由中導和，有顯微際，而亦非截然分為兩在。」
這句話還比較好懂，「顯微」不是截然分為兩在，而是一體，這可以理解，可
是「由中導和，有前後際，而實非判然分為二時。」就令人頗傷腦筋。既然
有前後，就是可分為二時，但蕺山在後面卻馬上加了一句「實非判然分為二
時」，這實在很矛盾。在第 2 段引文中，蕺山一下說「性無性」，一下說「然
則性果無性乎」，最後又說「則為性本無性焉亦可」，簡直思想混亂。第 3 段
引文「生中有克，克中有生，發中有藏，藏中有發」中，藏跟發本是不同的
概念，甚至是對立的概念，藏就不是發，發就不是藏，蕺山卻說「發中有藏，
藏中有發」，根本是無實義。

而第 4、5、6、7、8 段引文各羅列蕺山對相同對象的不同看法，甚至是對
比的看法，也都是很矛盾的，如第 4 段中，一下說「性者心之理」，一下說「非
性為心之理」，而這兩者是對立的說法。第 5 段引文是對「忿懥、恐懼、好樂、
憂患」的看法，一下說是「心之體」，一下卻說是「用」。第 6 段引文是對「敬」
的相反評價。第 7 段引文是對蕺山自己與周海門關係的看法，兩者也有天壤之
別。第 8 段引文是蕺山的研究學者最常注意到的現象之一〔註2〕，看了第 8 段

〔註 2〕 如李明輝：〈劉蕺山對朱子理氣論的批判──兼論蕺山學的定位問題〉，「朱子
與宋明理學」學術研討會（台北：鵝湖月刊雜誌社，200012.23～25）。又如：
林月惠：〈劉蕺山論「未發已發」──從觀念史的考察談起〉，收入鍾彩鈞主
編：《劉蕺山學術思想論集》（台北：中央研究院中國文哲所籌備處，1998），
頁 313～314。又如：李振剛〈道德理性本體的重建──蕺山哲學論綱〉，《哲
學研究》1999 年第 1 期，頁 40（或李振剛：《證人之境──劉宗周哲學的宗

的幾處引文，實在很容易有牟宗三先生所謂的「蕺山之辯駁言論多不如理，或多無實義，時不免明末秀才故作驚人之筆之陋習」〔註3〕的感覺，覺得蕺山老是愛說「盈天地間，如何如何」的大話。

但是，是這樣嗎？

秉持著「同情的理解」與「不輕易將任何成熟的思想家扣上矛盾的帽子」的原則〔註4〕，底下嘗試做一些解說。

一般來說解決矛盾或混亂的方法有幾種：「契機說」、「階段論」、「辯證觀」〔註5〕。

旨》（北京：人民出版社，2000），頁40）。又如：張學智：《明代哲學史》（北京：北京大學出版社，2000），頁437。又如：張立文：《氣》（台北：漢興書局，1994），頁232～233。

〔註3〕 見牟宗三：《從陸象山到劉蕺山》（台北：台灣學生書局，1984），頁458。牟先生對蕺山的「秀才習氣」很有微詞，所以屢次指責蕺山這個現象，如在另一書也說：「他（蕺山）的工夫很深，不過在說法（文字的表達）上有駁雜、有滯辭，有時故作驚人之語，帶有明朝秀才的習氣。明朝的秀才囂張得很！」（牟宗三：《中國哲學十九講》，台北：台灣學生書局，1983，頁417。）類似的言論亦可見參牟宗三：《心體與性體》第一冊（台北：正中書局，1985），頁401。但是蕺山自己對「秀才習氣」倒很自覺且認為是修養工夫的重點，他說：「今但得每事便將平日窮酸秀才氣味置在目前，一味與之冷落、與之消減，便討了無限便宜。而終身遠大之業，亦便不外此。」（〈與永俟族姪〉，《全集》三上，頁544，64歲），又說：「人但知昏夜乞哀為壟斷之富貴可恥，乃其病根實自作秀才時呈身有司來。若作秀才時行徑已壞，欲異日為賢士大夫，未之聞也。」（《證人會約》，《全集》二，頁580～581，54歲。）蕺山這裡的「秀才氣」（窮酸乞憐）或許和牟先生所謂的好「作驚人之語」的「秀才氣」不同，但可以知道蕺山對「秀才氣」是很重視的。杜維明先生以為在所研究的諸儒當中，牟先生對蕺山的處理「最草率」，見杜維明、東方朔：《杜維明學術專題訪談錄──宗周哲學之精神》（上海：復旦大學出版社，2001），頁22～23。

〔註4〕 這兩個原則應該要同時成立，在第一章所論及認為蕺山思想混亂、矛盾與不一致的學者中，莊耀郎先生正是以為他對蕺山的評論「不知蕺山何故反對？……徒顯其思路之混漫，……他的思路並不是非常一致的，……不知其理據何居？」是基於「同情的理解」，見莊耀郎：〈劉蕺山的氣論〉，收入鍾彩鈞主編：《劉蕺山學術思想論集》（台北：中央研究院中國文哲所籌備處，1998），頁33。

〔註5〕 後二者參勞思光：〈反共問題縱橫談〉，《知己與知彼》（台北：時報文化公司，1986），頁9～47，尤其頁24～25。又：關於此章的說明，曾以極簡短的說明來討論之，見廖俊裕：〈從本無生死到生生不息──論晚明理學如何解決生死問題〉，「第八屆全國中文研究所研究生論文研討會」（中壢：中央大學，2001.12.8），該文第四節「劉蕺山的『生生不息』生死觀」因為發表篇幅的限制，曾簡短的說明這個問題的解決方法。

　　所謂的「契機說」是指論述者說話是針對對話者的環境或是生命境界所說的，不一定是從了義的第一義諦來立論（何況第一義諦常常還是不可說的），這是儒學從孔子之《論語》以來就延續不斷的傳統。因為儒學本就是「生命的學問」，立說者常常是針對象而予以指點而使其生命產生調整或潤澤的作用〔註6〕，而非抽象的無關乎生命的純知識的討論。如《論語》中，弟子問仁、問孝、問政，孔子的答案完全不同；孔子自己有說明何以如此，在《論語‧先進》中，子路和冉有同樣問「聞斯行諸」（聽到真理是否馬上去做），孔子回答不同，公西華聽了覺得納悶，孔子才說：「求也退，故進之；由也兼人，故退之。」〔註7〕原來孔子不是單純針對問題而回答，而是針對問題者而回答，問題者的具體性永遠來得比問題的抽象性更具優先性，所以在考慮問題者的的生命氣質後，就得出不同的答案。這種首重問題者的契機式回答，在現在習於西方抽象式的思考者來說，已不容易掌握，這樣的思考者，頭腦裡面容易充滿抽象的問題，並由此解讀文獻也重視某些「問題」的解答，而不容易有相應的詮釋，所以著名如黑格爾（G.W.F.Hegel，1770～1831），在研讀《論語》後，對《論語》下了個結論：「只有一些善良的、老練的、道德的教訓，從裡面我們不能獲得什麼特殊的東西。……可以斷言：為了保持孔子的名聲，假使他的書從來不曾有過翻譯，那倒是更好的事。」〔註8〕

　　所謂「階段論」是指一個人學說可能是慢慢發展的，不能忽略前後的階段的不同，而一體平鋪，加以把前後階段的意見比較論述。不可諱言，在哲學史上，有早慧的學者，如王弼、陸象山，甚至連有「學成前三變，學成後三變」之評的王陽明也有此傾向，他們的學問一出場後，幾乎就已定了（陽明在37歲龍場驛一悟後，變的只是教法上的方式，宗旨不變〔註9〕），這樣的學者，可以不用考慮他們學說的發展，而予以論述之，但對於晚成的學者，「階段論」對他們就很重要，於此必須看看蕺山的學說是否有階段性可言？

　　所謂「辯證觀」，就是這個人的思路是否是屬於「辯證的綜合」思路，而

〔註6〕　參牟宗三：《中國哲學的特質》（台北：台灣學生書局，1990）第二、三講，頁13～23。

〔註7〕　見《論語‧先進》，朱熹：《四書章句集注》（台北：大安出版社，1999），頁176。

〔註8〕　見黑格爾著、賀麟、王太慶譯：《哲學史講演錄》（台北：谷風出版社，1987），第一冊，頁119～120

〔註9〕　參蔡仁厚：《王陽明哲學》（台北：三民書局，1992）第一章，頁1～20。

不是一般人所習慣的「分解的」思路？一般人擅長於分析式的思路，從前提的提出，到結論的演繹，是適合思維的，這分解式的，不管是「經驗的分解」，還是「超越的分解」〔註10〕，都還是比較好理解（雖然相對起來，「超越的分解」比起「經驗的分解」已經算是不容易理解了），在這個層次上，可以講論證分析。但如果是屬於「辯證的綜合」思路，一般人就不容易理解了，因為思維容易掌握二分，「辯證的綜合」思路恰巧要把這二分統攝起來，不管這二分是「對立的二分」（opposites）（黑格爾），還是「有所差異的二分」（distincts）（克羅齊 B.Croce，1866～1952）〔註11〕，在這個層次上，論證分析常常無效，覺得矛盾與混亂，比較適合「描述」〔註12〕。在此也必須看看蕺山思想中是否含有辯證性？

2.2　契機說

2.2.1　對個人的契機

　　劉蕺山是明末的大儒，他認為什麼叫做儒？「學以持世教之謂儒，蓋素王之業也。」〔註13〕他給自己的人生任務就是「司世教者」，他在〈證學雜解‧解二十五〉中有他對道統的簡短說明，他說：

> 嗟乎！人心之晦也，我思先覺。其人者曰孔氏。孔氏之言道也，約
> 其旨曰「中庸」。……則吾道之一大覺也。歷春秋而戰國，楊、墨橫
> 議，孟子起而言孔子之道以勝之，約其旨曰「性善」。……則吾道之
> 一大覺也。……又千餘載，濂溪乃倡「無極」之說，……則吾道之

〔註10〕　「經驗的分解」是只就經驗的現象而言，分析其中的關係脈絡，普通還有所謂的「邏輯的分析」也是「經驗的分解」中的一種，「超越的分解」則探討經驗之所以可能的先驗原理。見牟宗三：《認識心之批判》上冊（台北：台灣學生書局，1990），頁149。

〔註11〕　B. Croce（克羅齊）：What is Living and What is Dead of the Philosophy of Hegel. Ainslie D. tr. London: Macmillan &Co. Ltd. 1915，頁10。

〔註12〕　參林安梧：〈論劉蕺山哲學中「善之意向性」——以「答董標心意十問」為核心的展開〉，《國立編譯館館刊》第19卷第1期1990.6，頁108。或廖俊裕：〈論唐君毅哲學的合法性起點與發展性〉第二節「辯證的綜合不必要預設超越的分解」，《研究與動態》第二輯（彰化：大葉大學共同教學中心，2000.1）頁16～20。

〔註13〕　《論語學案‧君子儒》，《全集》一，頁402。

> 一覺也。嗣後辨說日繁，支離轉甚，浸流而爲詞章訓詁，於是陽明
> 子起而救之以「良知」。一時喚醒沈迷，如長夜之旦，則吾道之又一
> 覺也。今天下爭言良知矣，及其弊也，猖狂者參之以情識，而一是
> 皆良；超潔者蕩之以玄虛，而夷良於賊，亦用之者之過也。……司
> 世教者又起而言誠意之學，直以《大學》還《大學》耳。……予蓋
> 有志焉，而未之逮也。（〈證學雜解·解二十五〉，《全集》二，頁324
> ～325，66歲。）

在這段引文中，可以知道蕺山對於他自己的人生使命是極其看重的。蕺山說
到，歷來儒者對人心之晦冥起的是個「覺」的歷史任務，他列舉了孔子、孟
子、濂溪、陽明和「司世教者」，對於「司世教者」，他最後一句話說「予蓋
有志焉，而未之逮也」，換句話說，這個「起而言誠意之學，直以《大學》還
《大學》耳」以救治陽明後學之「情識而肆，虛玄而蕩」〔註14〕流風的人就
是蕺山自己，蕺山認爲是他這個「司世教者」的時代任務。

　　既然是個「司世教者」的角色，在立說時，當要針對對話者的情境與問題，
這在濃厚淑世情懷的儒家是個典型的特色。是故在解讀他們的文章時，不能只
是抽象的看，必須具體的連同對象的生命情境一起看。這樣說，不只是像一般
解讀文獻時，要注意文字意義外，還要注意脈絡意義，除了強調脈絡意義外，
這種意義還要更突顯出一種「情境意義」。不能不管這「情境意義」，而只從文
字意義上來解讀，否則各個文獻就容易矛盾、混亂。例如：蕺山晚年思想圓熟，
幾達化境，故常隨來問之學者之問題，而做應機的回應，並非像牟宗三先生所
說的「此其義理不純熟，故『文字般若』不足也」〔註15〕，試看：

> 承教，首及「精」「密」二義，便是反身一著到頭地。凡學而求之身
> 以外，總屬郭廓，總屬象貌，安往而不離且漏乎？苟識吾身焉，善
> 反之，反之又反，以至於盡。《易》稱「精義入神」，精此而已。又
> 云「以此洗心，退藏於密」，密此而已。神是何物？即此身之眞歸宿；
> 此亦何名？即此理之眞面目。即精即密、即身即反，推勘至此，事
> 心之功于斯爲至。（〈復沈石臣二〉，《全集》三上，頁428，64歲。）

〔註14〕這是牟宗三先生的綜合語，見牟宗三：《從陸象山到劉蕺山》（台北：台灣學
　　　　生書局，1984），頁454。

〔註15〕牟宗三：〈陸王一系之心性之學（三）——劉蕺山誠意之學〉，《自由學人》第
　　　　一卷第三期（1956.10.1），頁12。

在這段文字當中，蕺山顯然非常重視「精密」的工夫要求，而且以爲是「事心之功」的最極致。說蕺山非常重視精密的工夫，是沒有錯，這也是他工夫論的特色之一〔註16〕，但在解讀此段時，正是要小心，這「精密」二字，其實是沈石臣首先寫信給蕺山所提出的，蕺山是隨著沈石臣的信而做此說的，並非是蕺山自覺得提出「精密」二字。再看：

> 「力行」二字甚佳，而所該亦詳以盡。如體認是力行第一義，存養是力行第二義，省察是力行第三義，踐履是力行第四義，應事接物是力行第五義。善反之，則應事接物正是踐履之實，踐履正是省察之實，省察正是存養之實，存養正是體認之實。歸到「體認」二字，只致良知足以盡之，此正所謂力行之實也。（〈答錢生欽之〉，《全集》三上，頁437，65歲。）

看了這一段，是否可以說蕺山思想是一種「力行哲學」呢？因爲在這引文中，蕺山用「力行」二字來統攝所有的功夫，包括體認、存養、省察、踐履、應事接物與致良知，其重視「力行」可知矣。但其實蕺山這樣的說法，正如同上條引文一樣，是隨著錢欽之的來信而說的。蕺山這樣的說法，在《全集》中俯拾皆是〔註17〕，不可不察。

2.2.2　對學派的契機

以上是蕺山針對個人而立論的契機，容易理解，現在要說明的是蕺山有時還是針對一個學派而方便的契機說，這大概是一般研究蕺山學者沒注意到的地方，而也因爲這沒注意，所以常常對蕺山思想性質的屬性判斷錯誤，以爲蕺山是陽明良知之心學系統——這個沒注意的地方就是關於陽明後學流弊的解決與接引上，尤其是「接引」上面的關注〔註18〕。關於陽明後學流弊的解決，本文將放在第三章來詳細說明，本小節只要說明蕺山契機地因欲解決陽明後學流弊而接引陽明後學的苦心與委曲，雖然其結果好像沒有很成功。

〔註16〕參看第三章。

〔註17〕如在〈答嘉善令〉之強調「求放心」，《全集》三上，頁432～433，64歲。在〈復曹遠思進士〉中之強調「知恥近乎勇」，《全集》三上，頁425～426，63歲等等。

〔註18〕如陳來由黃梨洲之論蕺山對陽明的態度：「始而疑，中而信，終而辯難不遺餘力。」（〈子劉子行狀〉，《全集》五，頁50。）說到「他（蕺山）的思想基本上仍屬於王學一系的心學。」見陳來：《宋明理學》（台北：洪葉文化公司，1994），頁379。

當西元 1625 年，首善書院被詔毀後，天下講學之風凋弊，學者正爲講學
所帶來的政治危險躊躇之際，蕺山認爲「天地晦冥，人心滅息，吾輩惟有講
學明倫，庶幾留民彝於一線乎！」〔註19〕，於是首先在天啓五年（西元 1625
年），48 歲時會講於解吟軒〔註20〕。其後蕺山在崇禎四年（西元 1631 年），54
歲時，和陶奭齡（字君奭，又字公望，號石梁，又號小柴桑老人，1571～1639）
共同成立「證人社」於陶文簡公祠（石簣祠、石簣書院），劉汋（伯繩，1613
～1664）在〈年譜〉五十四歲條下云：

> 海內自鄒南皋（元標，1551～1624）、馮少墟（從吾，1556～1627）、
> 高景逸（攀龍，1562～1626）三先生卒後，士大夫爭以講學爲諱。此
> 道不絕如線，爲先生歸然靈光，久而彌信，家居之暇，門人謀所以壽
> 斯道者。先生於三月三日率同志大會於石簣先生祠，縉紳學士可二百
> 餘人，同主事者爲石梁先生（名奭齡）。石梁，石簣先生之介弟也。
> 初登講習，先生首謂學者曰：「此學不講久矣。文成指出良知二字，
> 直爲後人拔去自暴自棄病根。今日開口第一義，需信我輩人人是箇
> 人，人便是聖人之人，聖人人人可做。於此信得及，方是良知眼孔。
> 因以證人名其社。（〈劉譜〉五十四歲，《全集》五，頁 294～295。）

在劉汋的此段記載中，可以知道蕺山和奭齡共同主持成立「證人社」，在第一
次聚會時，蕺山在會上就以陽明良知爲主要的對象而說「文成指出良知二字，
直爲後人拔去自暴自棄病根。……於此信得及，方是良知眼孔」，爲什麼呢？
因爲證人社的成立，是蕺山首先向奭齡提議，講學的方向是「衍文成公良知
一脈」〔註21〕，於是奭齡欣然同意。奭齡何以欣然同意？因爲奭齡的學脈正
是陽明、龍溪、海門一脈相傳，奭齡和他的哥哥陶望齡都師事海門爲師，而
在浙東一地頗有影響力，蕺山曰：

> 吾鄉自陽明先生倡道龍山時，則有錢（緒山）、王（龍溪）諸君子並
> 起爲之羽翼，嗣此流風不絕者百年。至海門、石簣兩先生，復沿其
> 緒論，爲學者師。迨二先生歿，主盟無人，此道不絕如線，而陶先
> 生有弟石梁子，於時稱二難，士心屬望之久矣。頃者，辭濟陽之檄，

〔註19〕 〈劉譜〉48 歲，《全集》五，頁 206，48 歲。
〔註20〕 參〈劉譜〉48 歲，《全集》五，頁 206，48 歲。
〔註21〕 王汎森：〈清初的講經會〉，《中央研究院歷史語言所集刊》1997 年 6 月，第
　　　　68 本第 2 分，頁 517。

席機林下，予偶過之，謀所以壽斯道者，石梁子不鄙余，而欣然許
諾，因進余於先生之祠，商訂舊聞，二三子從焉，於是有上巳之會。

（〈會約書後〉，《全集》二，頁588，54歲。）

在這段引文中，依劉蕺山的觀察，浙東陽明學風不絕（但現況為「不絕如線」），
而陶望齡與陶奭齡在當時士人心中，頗有名望，雖然陶望齡已去世，但號為「二
難」中之一難的陶奭齡仍健在〔註22〕，蕺山此時雖然也頗有名聲〔註23〕，但仍
不能不遷就這個事實——奭齡是陽明三傳弟子與浙東陽明學的勢力仍大，而與
奭齡相期倡揚陽明學風，所以有學者以「闖入敵人的大本營」來形容〔註24〕。
事實上，蕺山並不是像一般人認為的那麼「迂腐」，在這裡，他表現出他的重視
現實，除了借用本有的勢力這個用意外，最主要的是，蕺山想要由此而契機地
救正陽明後學的流弊，尤其是越地的陽明後學。他一直強調什麼才是真正的陽
明的良知說，正是如此，甚至不惜重編錄陽明的《傳習錄》為《陽明傳信錄》，
之所以要標榜《陽明傳「信」錄》，正是要告訴浙東的學者，這才是陽明的「真
意」。因此，他便屢說「良知」。而董標與史子復等人也正是看了《陽明傳信錄》，
覺得其說甚異，而與蕺山產生一串的辯論。〔註25〕

蕺山在此非常權宜。越地的陽明後學，以陶奭齡及其弟子王金如（朝式，
1602～1640）、秦弘祐（履思，山陰人，生卒年不詳）等人為代表，這些人正是
「援釋入儒」、「以佛詮儒」、「學佛知儒」思想的擁護者，蕺山當時對此即明言：
「或疑先生（按：奭齡）學近禪，先生固不諱禪也。」〔註26〕，事實上，奭齡
認為佛學根本是儒學的基本，一定要學得佛學，儒學才實踐得更好，他說：

〔註22〕此二難的難當讀平聲，難得之意也。

〔註23〕蕺山在當時，「直聲」動天下，而在順天府京兆尹任內，又頗有治積，化解首
　　　都被圍之「己巳之變」之險。前者是因蕺山是明末第一個不怕死而上疏彈劾
　　　魏忠賢，見〈感激天恩敬修官守懇乞天子躬禮教以端法宮之則以化天下疏〉
　　　（《全集》三上，頁24～28，44歲），及其後之一系列的有關奏疏，後者參〈劉
　　　譜〉52、53歲，或參詹海雲：〈劉宗周的實學〉，收入鍾彩鈞主編：《劉蕺山學
　　　術思想論集》（台北：中央研究院中國文哲所籌備處，1998），頁437～438。

〔註24〕見王汎森：〈清初的講經會〉，《中央研究院歷史語言所集刊》1997年6月，第
　　　68本第2分，頁516。

〔註25〕參劉蕺山：〈答董生心意十問〉與〈商疑十則，答史子復〉，《全集》二，頁396
　　　～410。或參孫中曾：〈證人會、白馬會與劉宗周思想之發展〉，收入鍾彩鈞主
　　　編：《劉蕺山學術思想論集》（台北：中央研究院中國文哲所籌備處，1998），
　　　頁520。

〔註26〕劉蕺山：〈陶石梁今是堂文集序〉，《全集》三下，頁764。

世儒疑出世之士，未免遺棄倫物，不知學得出世法，纔能入世。莊生有言：「若夫沒人則未嘗見舟，而便操之也。」夫出世之士，沒人也，於涉世乎何有？〔註27〕

這些意見對於對佛學頗為忌諱或強調儒釋之別的蕺山是非常刺眼的，但蕺山並不因此而與之決裂。反而是奭齡等人不能容受蕺山，所以在「證人社」聚會後第三個月（崇禎四年六月），陶奭齡就提議分裂，而在別地另行舉行講會，蕺山寫信回答曰：

前承示，欲避城囂而另尋閒寂之地，以求同志。此於坐下甚有益，第恐朋友無相從者，不令此會便成虛名乎？吾輩論坐下工夫，即晤言一室亦足了當，而必切切於求友，非徒借友以自鞭，亦與人同歸於善耳。弟愚見，姑再舉數會，俟朋友中有興起者，或可延數十年命脈。此時而隨意去留，則無處非行教之地矣。（〈與陶石梁〉，《全集》三上，頁493，54歲）

蕺山在此實苦口婆心，希望陶奭齡有耐性點，姑且再舉行數次的講會，等待朋友中有因此而「興起」者，再說吧。可惜蕺山的婆心不能奏效，在「證人社」成立的第二年（1632年，崇禎五年二月，成立不到一年），奭齡便率著他的學生另外成立講會於「白馬巖居」（或稱白馬山房），為了方便簡稱「白馬別會」，雖然如此，蕺山仍然不時過往白馬別會，參加其活動，並且與其諸學人往返書信以討論學問。〔註28〕

陶奭齡和蕺山的分裂，事實上也是在所難免，因為他們的思想差異性太大，常常在回答學生的問題中，二人的答案幾乎是針鋒相對，例如在證人社「第二會」時，祁世培（彪佳，1602～1645）問到：「功夫在素位處，還在不陵不援處？」奭齡先說「易險」觀念，再說：「吾儕且莫說素位，只說素位前一段功夫。」沒想到同為主持的劉蕺山覺得這個「只說」不妥，馬上接著說：「吾儕實踐功夫，只當就坐下求之。立如齋，立時是學；坐如尸，坐時是學。捨現在之位，另尋一種先此功夫，恐無是處。」陶、劉兩人意見南轅北轍。〔註29〕又例如第九會蕺山贊同學生章明德（晉侯，會稽人，1634前歿）所言之由

〔註27〕陶奭齡：《小柴桑喃喃錄》卷下，明崇禎年間，吳寧、李為芝校刊本，頁39，（國家圖書館藏）。

〔註28〕劉汋在〈年譜〉55歲條下，紀錄白馬別會成立後，蕺山仍「間嘗過從」，《全集》五，頁311。

〔註29〕文獻俱在〈證人社語錄‧第二會〉，《全集》二，頁654～655。

「心之官則思，思則得之」之「思」來致良知，第九會的紀錄者記錄說：「陶
先生則深不然之，謂：『不慮而知者良知也，……』」。然後學生討論「生死」
問題，蕺山認為「理會生死之說，本出於禪門。……自聖學不明，學者每從
形器起見，看得一身生死事極大，將天地萬物都置之膜外，此心生生之機蚤
已斷滅種子了。」奭齡卻說：「學何事？窮理、盡性、致命焉而已。窮理者，
知生死者也；盡性者，善生死者也；致命者，無生死者也。」蕺山認為根本
就不用從生死起念，奭齡卻認為學問所學的就是要扣緊「生死」，兩者見解對
立〔註30〕。

　　因此忠實於蕺山的學生也常常要求蕺山與白馬別會的分際要更清楚些，
如王業洵（士美，餘姚人）、王毓蓍（元趾，？～1645）、朱昌祚（綿之，山
陰人，1634 前歿）、胡嶽（嵩高，會稽人）、黃宗羲（梨洲，1610～1695）等
人皆是如此主張，蕺山曾因此而數次辯解他何以如此。他的思路是這樣的，
首先蕺山體會到，晚明儒釋道三教合一論思潮盛行〔註31〕，甚至「三一教」
也出現了〔註32〕，儒釋一起共論的情勢已無法避免，因此學人出入其中是常
見的事，為了接引諸學子，不得不容受此局勢，他說：

　　又三百餘年而陽明子出，始故嘗求之二氏之說矣，久而無所得，……
　　繇今讀其恢復之辭，如曰：「佛氏本來面目，即吾聖人所謂良知。」
　　又曰：「工夫本體，大略相似，只佛氏有箇自私自利之心，所以不同。」
　　又曰：「佛氏外人倫、遺物理，固不得謂之明心。」可謂良工苦心。……
　　僕嘗私慨，以為居今之世，誠欲學者學聖人之道，而不聽其出入於
　　佛、老，是欲其入而閉之門也；譬之溺者，與之以一瓠而濟，一瓠
　　亦津梁也。學者患不真讀佛書耳，苟其真讀佛氏書，將必有不安於
　　佛氏之說者，而後乃喟然於聖人之道，直取一間而達也。審如是，

〔註30〕　文獻在《全集》二，頁681～687。
〔註31〕　明末「三教合一」思潮，頗多學者談及，但大多數句話而已，如錢穆：〈說良
　　　　知四句教與三教合一〉，收入錢穆：《中國學術思想史論叢》（七）（台北：東
　　　　大圖書公司，1986），頁149。比較有整體研究的，可參酒井忠夫：《中國善書
　　　　の研究》（東京：弘文堂，1960）第三章。唐大潮：《明清之際道教「三教合
　　　　一」思想論》（北京：宗教文化出版社，2000）。或荒木見悟：《陽明學の開展
　　　　と佛教》（東京：研文出版社，1984）。這三教合一的具體實踐方式便是蕺山
　　　　反對的功過格，參酒井忠夫：〈功過格研究〉，收入《日本學者研究中國史論
　　　　著選譯》（北京：中華書局，1993）第七卷，頁497～542，尤其是537～538。
〔註32〕　參鄭志明：《明代三一教主研究》（台北：台灣學生書局，1988）。

佛亦何病於儒？治病者，清則正治，甚乃從攻；熱因熱用，寒因寒用，不亦可乎？……若求如（沈國模，1575～1656）之斬截、霞標（管宗聖，1578～1641）之篤實、子虛（史孝咸，1582～1659）之明快，樸皆自視欿然，以爲不可及，因而往還論道，十餘年如一日，不問其爲儒與禪也。……然而世眼悠悠，不能無疑矣，曰：「諸君子言禪言、行禪行、律禪律、遊禪遊，何以道學爲哉？且子而與其從學佛之士，寧若從吾流俗士？」僕聞之，笑而不答。諸君子自信愈堅，其教亦愈行，而其爲世眼之悠悠愈甚。噫嘻！今而後將永拒人於流俗之外，不得一聞聖人之道者，是亦諸君子之過也。（〈答王金如三〉，《全集》三上，頁 406～407，61 歲。）

這段引文是蕺山寫給陶奭齡的學生王金如（朝式）的，在這段引文中，蕺山表現出他對儒學的信心，認爲即使在現實上儒佛相提並論的局勢下，要想使學者入於聖人之門，不能不方便的任學人出入佛、老，但只要學者認眞讀佛書，一定會有像陽明的經驗──「佛氏外人倫、遺物理，固不得謂之明心」，而有所「不安」，所以最後還是會回到聖人之道。因此讓學者讀佛書只是一種遷就現實的「治病」的方便法。蕺山對儒學肯定人倫物理的濃厚現世愛的這一套學問很有信心〔註33〕，所以他告訴王金如說，對於你們的爲儒爲釋，我是一點也不問的。但蕺山不問，別人卻不一定不問，蕺山在此並沒有明言是誰，只說「世眼悠悠」，在下文便可知道其實正是他的弟子，蕺山弟子的疑慮也有道理，所以蕺山在最後也委婉地指責王金如說是「諸君子之過也」，蕺山弟子的疑慮爲何？弟子的疑慮是說，以陶奭齡、王金如等人「援釋入儒」、「以佛詮儒」、「學佛知儒」思想，會使世人認爲佛學就是儒學之聖人之道，造成的後果就是將「永拒人於流俗之外，不得一聞聖人之道」，以爲學佛就是學儒。這對於蕺山弟子是無法忍受的，蕺山弟子當時反應應是很激烈，黃宗羲在劉汋死後，曾爲其寫〈劉伯繩先生墓誌銘〉說到這個情景：

當子劉子講學之時，吾越之承風接響者，以想像爲本體，權謀爲作用，子劉子之言，格於浸淫之僻說而不相下，先生（引者按：指劉汋）憂之，曰：「此禪門種草，寧可移植於吾室乎！」於是推擇王業

〔註33〕 勞思光先生以爲「儒家有濃烈的現世愛，他們以實現價值於實然中爲目的。」是儒學的本質，參勞思光：〈中國文化之未來與儒學精神之重建〉，《儒學精神與世界文化路向》（台北：時報文化公司，1986），頁 169～173。

洵，王毓蓍及予等數十人者，進之爲弟子。諸弟子進而受子劉子之
教有未達者，退而私於先生，未嘗不冰釋也。〔註34〕

在這段引文中，黃宗羲說到是劉汋對於當時的「援釋入儒」、「以佛詮儒」之
風不滿，甚憂慮「此禪門種草，寧可移植於吾室乎！」，於是糾集數十位弟子，
共同欲以蕺山爲師，這在當時蕺山弟子中，是一種普遍的情緒，所以宗羲在
另一處說到是宗羲自己所發起，他說：

始雖與陶石梁同講席，爲證人之會，而學不同。石梁之門人皆學佛，
後且流於因果。分會於白馬山，義嘗聽講。石梁言一名臣轉身爲馬，
引其族姑證之，義甚不然其言。退而與王業洵，王毓蓍著推擇一輩時
名之士四十餘人，執贄先生門下。此四十餘人者，皆喜闢佛，然而
無有根柢。於學問之事，亦浮慕而已。反資學佛者之口實。先生有
憂之，兩者交譏，故傳先生之學者，未易一二也。〔註35〕

由這兩段引文可以知道，多達四十餘人，不滿於這種現象，並非是單一個別
情緒，這四十餘人因此皆喜歡「闢佛」，但又恐自己學問浮淺，故才聚會欲以
蕺山爲師。所以蕺山寫信先安撫學生的情緒，告訴他們要「願足下偃旗息鼓，
反其分別異同之見，而告自邑焉，於以尊所聞而行所知，日進於高明廣大之
地，則天下之士必有聞風而興起者。」〔註36〕並且謙辭弟子們的拜師納贄之
意——「至於往來之禮，終望諸君子止用後輩稱呼」〔註37〕，再解釋說明他
爲何如此，他說：

吾鄉陶石梁子，雅爲吾黨推重，特其入門不免借途於釋氏，一時從
遊之士多以禪起家，卒難驟返於正，亦其弊也。僕與石梁持論，每
有異同，或至水窮山盡之日，將有廢然而反者，未可知也。夫以陽
明先生之明睿，而迴環出入於二氏者二十年，及其覺其非，而猶恨
舊習之纏繞，卒難擺脫，且又若干年，況後之君子乎？吾輩於此姑
且從容商訂，時取其有益於坐下者，而韋弦配之，且徐用涵育薰陶
之法，以聽其自化，安知無陽明先生其人出焉。計不出此，而驟主

〔註34〕〈劉伯繩先生墓誌銘〉，黃宗羲：《黃宗羲全集》第一冊，（杭州：浙江古籍出
版社，1985），頁305。
〔註35〕《明儒學案下・蕺山學案》，黃宗羲：《黃宗羲全集》第八冊，（台北：里仁書
局，1987），頁1512。
〔註36〕〈答胡嵩高朱綿之張奠夫諸生〉，《全集》三上，頁412，61歲
〔註37〕〈答王生士美〉，《全集》三上，頁414，61歲。

分別之見，至以異端擯同儕，不亦絕人已甚乎？（〈答王生士美〉，《全集》三上，頁 413，61 歲。）

在這段引文中，蕺山首先贊同弟子的說法以平弟子的情緒，認爲奭齡借途於禪，使其徒很難再回到儒家的路上來，的確是奭齡的弊端。但蕺山提醒弟子不要忘了聰明睿聖的陽明也出入佛、老二十年，更何況根器不如陽明的奭齡弟子，所以應該用一緩兵之計的計策——「從容商訂」，不只這樣，還要不以人廢言，把對方有益的言論，謹記於心，而且「韋弦配之」，不急不徐，這樣對方不會很強烈的排斥我們，再慢慢地用「涵育薰陶之法，以聽其自化」，如果這樣，也許正有陽明之類的人物在其中出現。否則，太快採取分裂的方式，並且視對方爲「異端」，不也斷絕得太過份了點，而把可能有出現陽明這類的人推向佛氏。在這裡可以看出蕺山身爲一個「司世教者」的接引苦心，這個苦心也很合乎現代的教育原理，所以蕺山不主張分裂，那蕺山準備用什麼來接引奭齡及其弟子這些人（甚至包括佛子）呢？蕺山找了找，就發現了陽明的「良知」，他說：

今之言佛氏之學者，大都盛言陽明子，止因良知之說於性覺爲近，故不得不服膺其說，以廣其教門，而衲子之徒亦浸假而良知矣。……今之言佛氏學者，既莫不言陽明子，吾亦言陽明子而已矣。……今之言佛氏之學者，招之以孔、孟而不得，招之以程、朱而不得，請即以陽明子招之。佛氏言宗也，而吾以陽明之宗宗之；佛氏喜頓也，而吾以陽明之頓頓之；佛氏喜言功德也，而吾以陽明之德德之，亦曰良知而已矣。孟子曰：「無是非是心，非人也。」夫學者而不知有良知之說則已，使知有良知之說，而稍稍求知，久之而或有見焉。則雖口不離佛氏之說，足不離佛氏之堂，而心已醒而爲吾儒之心，從前種種迷惑一朝而破，又何患其不爲吾儒之徒乎？此僕之所以誦言陽明子而不容已也。（〈答胡嵩高朱綿之張奠夫諸生〉，《全集》三上，頁 411，61 歲）

蕺山發現如何使當時「言佛氏之學者」（指奭齡等白馬別會諸友）成爲「吾儒之徒」，他發現用孔、孟、程、朱都無法達到這個目的，因爲孔、孟、程、朱的話語系統並無法進入對方的生命之中，只有用「陽明」才能達到這個目的，這些人都盛言「陽明」、暢論「良知」，蕺山認爲這是因爲陽明的「良知」和佛學的「佛性」（性覺）觀念相近的緣故，也正因爲這緣故，所以恰巧可以用

陽明的「良知」來接引他們，是故對方喜歡說「宗下」、「頓」、「功德」，蕺山便皆以陽明「良知」來當接引的工具，於是蕺山就只好「誦言陽明子而不容已」了。

　　經過以上的說明，可以明瞭蕺山對於「契機」的掌握是很重視的，尤其是對於陽明「良知」的強調與使用的緣故——也是基於「契機」，所以他在 61 歲，才要作《陽明傳信錄》來救治當時王學末流的弊端（包括奭齡及其弟子）。只是後來他發現這個契機的接引，經過反覆的論辯〔註 38〕，並沒有成功，於是後來（65 歲）才標榜「誠意之學」來對抗良知教，這並非不容易理解而令人感到困惑。〔註 39〕

2.3　階段論

2.3.1　關於「階段論」的忽視與注意之現象舉隅

　　接下來，準備進入「階段論」這一階段。相對於「契機說」而言，「階段論」和下一節的「辯證觀」明顯地屬於「契理說」的範圍，就不是針對蕺山牽就於說法的對象作為關懷的重點，而是直接進入蕺山思想的本質部分。

　　扣緊一般人所認為的「混亂矛盾或語詞無實義的蕺山學」之終結的可能而言，就蕺山思想本質部分有兩種解決的方式，一種是牽涉時間因素在內之

〔註 38〕蕺山與白馬別會諸友論辯幾至逝世前仍在進行，參《全集》三上，蕺山的一系列與白馬別會諸友的書信。

〔註 39〕關於蕺山企圖由良知教內部來救治良知教的流弊沒有成功，前人已言及，參古清美：〈劉蕺山對周濂溪誠體思想的開展及其慎獨之學〉，《幼獅學誌》第 19 卷第 2 期 1986.1，頁 102。或姚才剛：〈論劉蕺山對王學的修正〉，《武漢大學學報‧人文社會科學版》，第 53 卷第 6 期，2000.11，頁 758。或東方朔：《劉蕺山哲學研究》（上海：上海人民出版社，1997），頁 263。但三先生皆忽略了蕺山用良知說的「契機性」。又：楊祖漢先生曾引用蕺山的〈原學中〉來說明蕺山「基本上，對陽明是甚為推尊與肯定的。既然對陽明之學有如是之肯定，何以第二年即作〈良知說〉（引者按：原文作〈良知〉說，疑誤，改為〈良知說〉）而大加抨擊？此是不能不令人感到困惑的。」見楊祖漢：〈從劉蕺山對王陽明的批評看蕺山學的特色〉，收入鍾彩鈞主編：《劉蕺山學術思想論集》（台北：中央研究院中國文哲所籌備處，1998），頁 39～41。牟宗三先生也說：「是則〈良知說〉與此〈原學〉中之作相差一年。一年之間似不應有如此重大之轉變。」見牟宗三：《從陸象山到劉蕺山》（台北：台灣學生書局，1984），頁 501。這些其實並非不容易理解或不應有的。

「歷時性」的研究，另一種是不包含時間因素在內而將時間全部打成一片的「共時性」的研究。就歷時性的研究而探索蕺山思想的本質而言，其實還是比較屬於外緣的研究，因爲它還是在一種「發展」的觀點下看蕺山的思想，不過，對於要解決所謂的「混亂矛盾或語詞無實義的蕺山學」有實質上直接的助益。所謂「實質上直接的助益」，就是以蕺山學說的「發展」來看，「也許」可以分爲幾個「階段」（也許沒有），每一階段也許是前一階段的變化而有所差異，變化包含對立或是一致的深化，如果是對立的發展，那麼在研究蕺山思想時，就必須特別的注意他的哪些話是在什麼時候說的，而不能將時間的因素取消，這樣就可以說蕺山的思想是有發展的，卻不混亂或矛盾。例如以掌握文獻著名的學者黃宣民先生由蕺山的兩段文獻：

> 人心之體，存發一機也。心無存發，意無存發也。蓋此心中一點虛靈不昧之主宰，嘗嘗存，亦嘗嘗發。所謂靜而未始淪於無，動而未始滯於有也。（〈問答・答董生心意十問〉，《全集》二，頁 398，65歲。）〔註40〕

> 喜怒哀樂，所性者也，未發爲中，其體也；已發爲和，其用也；合而言之，心也。（〈大學古記約義〉，《劉子全書》，卷 38，52歲）〔註41〕

爲依據，而說：「但在這裡蕺山既言心無存發，同時又言心合中和而有存發，表現出其心學體系中的矛盾之處。」〔註42〕解讀這兩段文獻，必須先考慮在上一節中所說的「契機說」，因爲其中第一段引文正是蕺山回答董標個人之書信，在這點上，可以排除像 2.2 節所言的契機式言論，蕺山是因爲董標對於蕺山「心與意」之間的關係的命題產生疑問而回答董標的，因此「契機說」的考慮可以排除。除了「契機說」以外，可以注意到黃先生用「同時又言」四個字，因爲他把這兩段文獻當作是同時成立，所以他以爲是蕺山思想體系

〔註40〕按此條文獻，黃先生所引與《劉宗周全集》中之文字有些微差異（語氣詞之有無），黃先生所依爲道光十五年刻本之《劉子全書》本，今爲查閱方便之故，改爲中央研究院中國文哲研究所籌備處之《劉宗周全集》版之文字。

〔註41〕此條查《全集》一之〈大學古記約義〉，並無此文獻，經再查黃先生所用之道光十五年刻本亦無，恐有誤，不知黃先生所用的版本是否爲筆者所查的道光十五年吳傑刻本，或是另有版本（黃先生只註明「道光十五年刻本」），或出於他處，但可以確定的是，並不是出於上段引文之〈問答・答董生心意十問〉中，故茲仍以黃先生所論爲據論之。

〔註42〕黃宣民：〈蕺山心學與晚明思潮〉，收入鍾彩鈞主編：《劉蕺山學術思想論集》（台北：中央研究院中國文哲所籌備處，1998），頁 250～251。

中的「矛盾之處」〔註43〕，事實上，這兩段引文前後相差 13 年，而這 13 年
當中還牽涉到一般學者認爲蕺山提出蕺山思想中重要的「誠意說」的那一階
段〔註44〕，所以怎麼可以如此比論呢？因此在做蕺山思想的研究時，其學行
年譜可說非常重要，各著作在何時所做，也是需注意的要點，在這方面，最
有自覺的大概是杜保瑞與鍾彩鈞先生，杜先生在他的論文《劉蕺山功夫理論
與形上思想》〔註45〕一文中，對於蕺山的每一條資料的均註明其爲蕺山幾歲
時所寫，這樣就不容易犯上黃宣民先生的誤失，本文亦因此在每條所引蕺山
文獻後面註明爲蕺山幾歲時所寫，以防止此種錯誤的發生。年歲判斷的依
據，基本上是以劉汋〈年譜〉爲主，劉汋〈年譜〉（簡稱〈劉譜〉）有疏略處，
則參考姚名達《劉宗周年譜》〔註46〕（簡稱《姚譜》），此書考訂頗詳，凡所
言皆有所出，最具參考性，其不足處，則以其他相關資料爲輔助。而鍾彩鈞
先生在研究蕺山的《孟子》學之後，作了一個結論：

> 然而對於蕺山心性論說的繁複與偶見矛盾，也可從蕺山思想的發展
> 及所處立場的變遷而得到一種解釋。蕺山的矛盾出於站在不同的立
> 場，因而不害其並存。牟宗三先生詮釋蕺山思想，提出心與性並立，
> 性形著於心，而心又超越客觀地攝歸於性，也是針對蕺山論說的繁
> 複矛盾問題提出的。筆者的解說在深入透闢上自不能及，然而提出
> 發展與立場變換的觀點，以及在心性之外加上氣的立場，也未嘗不
> 可供讀者參考。〔註47〕

〔註43〕 其實，即使同時成立，也「可能」可以不矛盾的，這牽涉到 2.4 節的「辯證觀」，
　　　　詳下文。
〔註44〕 關於「誠意說」的提出，學者意見並不一致，大部分的學者贊同劉汋在〈年
　　　　譜〉59 歲條下之敘述以爲是 59 歲作〈獨證篇〉時，如王瑞昌、黃敏浩，但也
　　　　有認爲是 65 歲的，如古清美。見黃敏浩：〈劉宗周「四句」的詮釋〉，《中國
　　　　文哲研究通訊》第 8 卷第三期，1998.9，頁 105。王瑞昌：〈劉蕺山格物致知
　　　　說析論〉，《中國哲學史》2000 年第 2 期，頁 97。古清美：〈劉蕺山對周濂溪
　　　　誠體思想的開展及其愼獨之學〉，《幼獅學誌》第 19 卷第 2 期 1986.1，頁 102。
〔註45〕 杜保瑞：《劉蕺山功夫理論與形上思想》，台北：台灣大學哲學研究所 1989 年
　　　　碩士論文。
〔註46〕 姚名達：《劉宗周年譜》，（上海：上海書店，1992 據商務印書館 1931 年版影
　　　　印，民國叢書第四編第 85 冊），此書亦收入台灣：中央研究院中國文哲研究
　　　　所所出版的《劉宗周全集》第五冊，故引用時，亦以《全集》五稱之。
〔註47〕 鍾彩鈞：〈劉蕺山與黃梨洲的孟子學〉，收入鍾彩鈞主編：《劉蕺山學術思想論
　　　　集》（台北：中央研究院中國文哲所籌備處，1998），頁 408。

眾所皆知，牟宗三先生對於蕺山學的研究有巨大的影響，並且創下了「典範」，範圍了許多後人對於蕺山的研究，許多的論文也是秉持著「重複即創造」的原則訴說著牟先生的觀點〔註48〕，鍾先生在此也讚揚了牟先生的理論深度（以心著性，歸顯於密），但認爲仍有兩點可以補充的空間，第一是關於牟先生忽略的「氣」的問題，第二是關於以「發展」的觀點來解決一些蕺山被認爲繁複矛盾的思想。鍾先生在此做的補充非常重要，關於第一點「氣」的問題，本文要在 2.4 節論述，在本節 2.3 中只要以蕺山思想發展的「階段論」來做說明就算圓滿。

2.3.2　蕺山的學行年譜

現在就進入蕺山思想發展的階段性。不能先假設蕺山思想有階段性，一方面因爲也許他也是早熟的學者，一方面是爲了避免先入爲主的成見（即也許他思想沒有階段，硬把他說成有階段），或一方面避免爲了解決「混亂矛盾的蕺山學」而解決（即也許蕺山思想本身眞如一般學者所研究的是矛盾的或混亂的），爲了愼重，並表示這個問題的重要性，所以本文不把蕺山學行或著作的年表放入附錄〔註49〕，而在這裡討論。討論的次序，即依蕺山著作或發生某事的時間而定，說明的主要依據爲〈劉譜〉與《姚譜》，凡引號處，皆出自此二譜。

　　一歲（萬曆 6 年戊寅，1578）　　出生，遺腹子，祖父劉兼峰無謀生能力，

〔註48〕　參鍾彩鈞：〈台灣學者對劉蕺山學術思想的研究──哲學理論與其他〉，收入鍾彩鈞主編：《劉蕺山學術思想論集》（台北：中央研究院中國文哲所籌備處，1998），頁 581～583。陳啓文：《劉蕺山之「道德主體理論」分析》，台北：台灣師範大學國文研究所 2000 年碩士論文，頁 27，在該論文的最後，陳先生還表示出對於蕺山「意根」、「獨體」、「誠意」、「愼獨」幾個概念，無法提出不同於牟先生之看法的苦惱，參頁 125。或參謝大寧師：《儒家圓教底再詮釋》（台北：台灣學生書局，1996），頁 329。

〔註49〕　在所見的論文或書籍中，將蕺山的學行年表放入附錄大概是一致的作法，如杜保瑞：《劉蕺山功夫理論與形上思想》，台北：台灣大學哲學研究所 1989 年碩士論文，附錄二〈劉蕺山著作年代簡表〉；余建中：《劉蕺山哲學研究》，中壢：中央大學哲學研究所 1992 年碩士論文，附錄一〈蕺山學行事略及著作簡表〉；林宏星：《劉蕺山哲學研究》，上海：復旦大學哲學系 1995 博士論文，附錄一〈蕺山年表要略〉（此論文後成書出版，東方朔：《劉蕺山哲學研究》，上海：上海人民出版社，1997）；詹海雲：《劉蕺山的生平及其學術思想》，台北：台灣大學中文研究所 1979 年碩士論文，附：〈蕺山學行年表〉。大多是「簡表」或「事略」，只有詹海雲先生之〈蕺山學行年表〉最爲詳盡。

蕺山母子依外祖父章穎於道墟。

按：蕺山幾近終身家貧，這是許多儒者的常態，但窮不是儒者的必要條件。

七歲（萬曆 12 年甲申，1584）　開始讀書，師事趙某。

八歲（萬曆 13 年乙酉，1585）　學《論語》於叔劉秦屏。秦屏性急，設科嚴，同學時被夏楚，蕺山率教，目不轉睛，日無曠課，獨蒙憐愛。

九歲（萬曆 14 年丙戌，1586）　從學於族舅章某，往來蕭躬而行，不他顧，不疾趨，見者異之。

按：蕺山從小自我教育即以嚴肅為主。

十歲（萬曆 15 年丁亥〔註50〕，1587）　從外祖父章穎讀書，章穎好談古人忠孝節義，蕺山心竊慕之，並恥為干祿之學。

十二歲（萬曆 17 年己丑，1589）　至壽昌學於外祖父，酷暑中一日步行 90 里，一足無法伸直（攣），五個月皆晝夜痛楚之中，不得已，冬天，回道墟。

按：蕺山一生幾乎皆在病中。

十三歲（萬曆 18 年庚寅，1590）　春，足疾稍瘳，眼睛又病，久不瘳。

十五歲（萬曆 20 年壬辰，1592）　〈劉譜〉記曰：「先生嘗曰：『吾自少於道理恍從天啟，有不煩解說而自明者。』」

十八歲（萬曆 23 年乙未，1595）　應童子試，納卷者誤以字為名，遂易名宗周，曾與祖父兼峰公參加水澄故里祖廟的祭祀，見多不合禮，有更定之志。

按：蕺山少時即很重視「禮」。

十九歲（萬曆 24 年丙申，1596）　與章氏結婚。

二十歲（萬曆 25 年丁酉，1597）　鄉試 42 名。

二十一歲（萬曆 26 年戊戌，1598）　生長女祖愛。

二十四歲（萬曆 29 年辛丑，1601）　成進士。母卒，蕺山守喪，一依古禮。甫釋褐，誓不妄交，與非同志士，雖邂逅遇之，必趨而避。

按：「誓不妄交」，蕺山一生對其交友非常慎重，凡所交皆以生死道義相期許之友，其重視友道若此。這就讓人可以理解為何在蕺山 48 歲天啟五年時就想自殺，因 48 歲三月其知交丁長孺因病而亡，七月

〔註50〕《全集》五，頁 90，「丁亥」誤登為「辛亥」。

楊漣、左光斗、袁化中、魏大中、周朝瑞、顧大章六君子先後被魏忠賢殺於鎮撫司獄中，八月詔毀東林及其他書院，蕺山九月得知魏大中死訊，悲憤不已，思以「旦暮從而遊者」，寫信給高攀龍，透露此意，這才有在明末頗為有名，流傳甚廣的高攀龍回信：「死是盡道而死，非立巖牆而死也。……不可著一分怕死意思以害世教，不可著一分不怕死意思以害世事。」〔註51〕

二十六歲（萬曆31年癸卯，1603）　至德清師事許孚遠（敬菴）〔註52〕，問為學之要，並請為蕺山母作傳，孚遠告以「存天理、去人欲」，並以「敬身之孝」勉蕺山。蕺山侍師月餘，但終身守師說不變。「自此勵志聖賢之學，謂入道莫如敬，從整齊嚴肅入。自貌言之細，以至事為之著，念慮之微，隨處謹凜，以致存理遏欲之教。每有私意起，必痛加省克，而勘到前所繇來為如何？又勘明後決裂更當如何？終日端坐讀書曰：『吾心於理欲之介，非不恍然。古人復從而指之曰：「此若何而理，彼若何而欲。」則其存之遏之也，不亦恢恢有餘地乎？』。」是年，撰〈讀鄭風〉一文，以為孔子之所以惡鄭聲的原因，在其「惡似而非者，惡鄭聲，恐其亂雅樂也」（〈讀鄭風〉，《全集》三下，頁1181）。

按：從此二段可知，蕺山的道德實踐，非常重視「勘驗」，「勘」是他喜歡用的字眼〔註53〕。蕺山早年的文獻幾已亡佚，〈讀鄭風〉一文為蕺山現存早年少數幾篇文獻之一，但研究蕺山的學者幾乎沒有談過，但筆者以為此篇正可以見出蕺山道德實踐學的特色，就是惡「似是而非」，所以在他26歲師事許孚遠後，他所做的工夫基本上都是反省意識狀態的來龍去脈，私意的起源與克制，尤其是理與欲的分

〔註51〕楊儒賓：〈死生與義理——劉宗周與高攀龍的承諾〉，收入鍾彩鈞主編：《劉蕺山學術思想論集》（台北：中央研究院文哲所籌備處，1998），頁524～529。及《姚譜》48歲條，《全集》五，頁211～212。

〔註52〕按：台灣：中央研究院中國文哲所之1997《劉宗周全集》版採道光四年王宗炎校刊的本子為底本，此版本記錄蕺山謁許孚遠於24歲，故《全集》本亦記錄此事於24歲，查道光15年吳傑刻本記錄此事為26歲，疑《全集》本為誤，因為現可確定為24歲萬曆29年辛丑3月蕺山母親逝世，4月蕺山得知消息，8月蕺山上〈哀陳母節懇恩照例旌表以伸子情以利世風揭〉（《姚譜》24歲條），到26歲萬曆31年癸卯3月朝廷下詔，蕺山奉詔旌表母節，乞傳於許孚遠，故蕺山謁許孚遠當為26歲。

〔註53〕如：《全集》一，頁353、355、377、424、459、461等處。

別，這樣的工夫實踐，對於陽明後學的混良知與情識（情識而肆）之流弊剛好有針砭的效果。

二十七歲（萬曆 32 年甲辰，1604）　春三月，赴京謁選，過德清，拜別許師孚遠，「許先生論爲學不在虛知，要歸實踐，因追溯平生酒色財氣分數消長，以自考功力之進退，先生（蕺山）得之猛省。」和劉永澄（靜之）定交，日以學行相切劘。七月許師孚遠卒。

按：蕺山「猛省」什麼？當然是聽到「許先生論爲學不在虛知，要歸實踐，因追溯平生酒色財氣分數消長，以自考功力之進退。」這段話之後的震撼，意思是說，道德實踐之學，尤其在內聖學方面，如何知道自己的進步與退步，關鍵不是在一種「境界的體會」（「虛知」），而是要把「境界」往下拉到現實，看是否「得力」〔註54〕，所謂「得力」就是道德主體的應然意識是否能貫徹的現實事物之上，在這裡就是由許孚遠的「追溯平生酒色財氣分數消長，以自考功力之進退」來表現，換言之，道德實踐的工夫就在於酒色財氣的分數消長上面驗其成果。這樣的工夫實踐，對於陽明後學的流於「境界」、「光景」的「玄虛而蕩」之弊剛好也有針砭的效果。

二十八歲（萬曆 33 年乙巳，1605）　祖父劉兼峰、外祖父章穎逝世。「先生〈日記〉自此年以後，至於乙酉（按：即蕺山 68 歲弘光元年，1645 絕食而亡之年），完備無缺。」

按：蕺山〈日記〉目前尚未得見。〔註55〕

三十歲（萬曆 35 年丁未，1607）　開始教書，「督課甚勤，曠業則令長跪，有不率教者，則夏楚之，成童以上弗恕也。末世師道凌夷，見先生嚴毅，咸驚異焉。」三餐不繼，借貸於大善寺，達二十載。

三十一歲（萬曆 36 年戊申，1608）　五月因病無法教書，「浸就危篤」，夫人亦病，兩人因病臥榻相對凡三年，「投以藥餌，俱不效，遂專事靜養，久之漸瘳。」

按：蕺山此段治病經驗對其影響甚大，直到晚年，他建議學生祝淵

〔註54〕「得力」也是蕺山喜用的字眼，如：《全集》一，頁 321、355、395、424、445、452；《全集》二，頁 358、359、420；《全集》三下，頁 717 等處。

〔註55〕蕺山〈日記〉，董瑒《劉子全書抄述》中有提及，但似乎沒有刻本（或抄本、影本），筆者嘗於網路上查詢海峽兩岸三地之圖書館，未見之，不知仍存於世否？若有，可能於浙江省境內之祠或圖書館。

（開美，1611～1645）如何治病亦是此見〔註 56〕。

三十四歲（萬曆 39 年辛亥，1611）　與丁元薦（長孺，1563～1624）定交。與劉永澄（靜之，1576～1612）相會，各出證數年學力深淺，相與究求仁之旨，析主靜之說，辨修悟異同，纚纚三日不倦。永澄爽然自失曰：「予學猶未乎？」已而曰：「子所論說第險耳，如躡懸崖，幾難試一武。」先生得知瞿然。時方習靜，以存養之功與永澄言之也。

按：蕺山所交往者甚少，但幾乎每個所交朋友對他都影響很大，劉永澄亦然，此處蕺山瞿然，而有所反省，其反省者在 36 歲所撰祭文有所說明。

三十五歲（萬曆 40 年壬子，1612）　謁高攀龍，有問學三書，一論方寸，二論窮理，三論儒釋異同與主敬之功，皆佚。正月訪劉永澄，永澄病，與論養心之旨，五月永澄卒。「先生生平爲道交者，爲周應中（寧宇，1540～1630）、高攀龍，丁元薦、劉永澄、魏大中（廓園）五人而已。」

三十六歲（萬曆 41 年癸丑，1613）　弔劉永澄，撰祭文〈祭年兄劉靜之文〉與〈淮南賦〉以誄之。上疏數封，最重要者爲〈修正學以淑人心以培國家元氣疏〉，又有〈與陸以建年友書〉五通，「以建論學先提主腦，不喜言功夫邊事，一涉省察，必掃除之。」生子劉汋。

按：36 歲的文獻都屬重要，關於劉永澄的文獻，除了劉汋〈年譜〉34 歲的記載外，蕺山還有此處的祭文與賦，與 45 歲的揭〈請兵部職方司主事劉永澄謚典揭〉，對劉永澄的情意可見之深，在祭文中，蕺山說其與永澄論學，「漫說靜、漫說生死」，永澄還以攻曰：「第險耳，如躡懸崖，幾難試一武。」蕺山通身得汗，不覺其身之再造也，因爲「靜之自是從戰兢危厲中來，由實以致虛，而予自喟其倒行逆施。」再次強調重視「實修」。〈修正學以淑人心以培國家元氣疏〉提到如何解決學派間的爭論，是蕺山思維模式的起源式解答。與陸以建的書中更是第一次提出蕺山哲學的重點「愼獨」。

三十七歲（萬曆 42 年甲寅，1614）　閉門讀書，久之，悟天下無心外之理，無心外之學，著〈心論〉。

〔註 56〕參〈與開美四〉，《全集》三上，頁 449，68 歲。

按：〈心論〉是蕺山常被引用爲其乃心學派別的文獻〔註57〕，但要注意，蕺山此論乃是自己悟見心爲萬化之本，在此之前，蕺山只言及濂溪、伊川、朱子等人，其對於陽明良知的接受是在 49 歲天啓六年遍讀有明諸儒文錄而成《皇明道統錄》之際。〔註58〕

三十八歲（萬曆 43 年乙卯，1615）　國人無不信蕺山爲眞儒，陳堯年率諸生二十餘人納贄北面，蕺山教授於解吟軒，「教學者先行誼而後文章，本經之外，兼舉一經，旁閱子史性理諸書，有暇則令習禮歌詩。」設教一以嚴肅爲主，規模較 30 歲時更爲宏闊。

三十九歲（萬曆 44 年丙辰，1616）　教授於石家池，著酒色財氣「四箴」，統名「學戒四箴」示學者，「今約爾諸生，善則相傳，過則相規。值月輪掌，美惡必書於冊，聞過不舉者罰之，輕重與犯者同科，仍責首座生提頜，無忽。」

四十歲（萬曆 45 年丁巳，1617）　教授於韓山講堂，著〈座右銘〉，成《論語學案》，又有〈王年台年友書〉等書。

按：《論語學案》爲早年蕺山重要文獻，其中有其貫穿一生之重要觀念，如愼獨〔註59〕、義理之性與氣質之性爲一〔註60〕、人心與道心爲一。〔註61〕

四十二歲（萬曆 47 年己未，1619）　撰《曾子章句》。

按：《曾子章句》中的〈天圓第十〉一篇，是蕺山早年的重要文獻，包含「氣」的觀念，開始以「一氣之化」去統攝天地人，蕺山在章

〔註57〕如黃宣民：〈蕺山心學與晚明思潮〉，收入鍾彩鈞主編：《劉蕺山學術思想論集》（台北：中央研究院中國文哲所籌備處，1998），頁 231。楊祖漢：〈從劉蕺山對王陽明的批評看蕺山學的特色〉，收入鍾彩鈞主編：《劉蕺山學術思想論集》（台北：中央研究院中國文哲所籌備處，1998），頁 37。東方朔：《劉蕺山哲學研究》，上海：上海人民出版社，1997，頁 42.43。

〔註58〕參東方朔：《劉蕺山哲學研究》（上海：上海人民出版社，1997），頁 43。勞思光：《新編中國哲學史》三下（台北：三民書局，1987）頁 568。鄭宗義：《明清儒學轉型探析——從劉蕺山到戴東原》（香港：中文大學出版社，2000），頁 41。

〔註59〕參陳思吟：《從《論語學案》和《人譜》論劉宗周的成人思想之研究》，彰化：彰化師範大學國文研究所 2002 年碩士論文，頁 61～63。

〔註60〕《論語學案》，《全集》一，頁 599～601。但這並非說此年蕺山即確定這個命題，見下文「2.3.3.2 中年成熟期」小節。

〔註61〕《論語學案》，《全集》一，頁 643～644。

句的最後加上一個按語：「〈天圓〉一篇與《易》道相發明，其《中庸》、《太極圖說》、《正蒙》之祖與！」〔註62〕

四十三歲（萬曆 48 年庚申，1620）　部分《學言上》之語錄成於此時。

四十四歲（天啟元年辛酉，1621）　上疏首彈宦官魏忠賢。有數疏。

四十五歲（天啟 2 年壬戌，1622）　廣寧之變，疏討王化貞、熊廷弼。上〈修學中興第一要義疏〉。

四十六歲（天啟 3 年癸亥，1623）　有〈謁孟子廟〉等詩。

四十七歲（天啟 4 年甲子，1624）　輯方孝孺先生《正學錄》，撰〈重刻尹和靖先生文集序〉，再標「慎獨」為後世傳心之旨。

四十八歲（天啟五年乙丑，1625）　因上疏被革職為民，追奪誥命。丁元薦卒，蕺山有祭文。會講於解吟軒曰：「天地晦冥，人心滅息，吾輩惟有講學明倫，庶幾留民彝於一線乎」。於是有「慎獨」之說焉。九月與周應中、朱錦知、吳薇垣及婿陳剛遊禹穴。「歸舟與應中論學，驚嘆其學直窺前聖所不到處，遂作〈遊禹穴記事〉。」傷楊、左等六君子之死，作〈弔六君子賦〉，有一起殉道之意，高攀龍止之，遂輟講遁跡，一意韜晦。

按：〈遊禹穴記事〉是一篇早期的重要文獻，蕺山當時曾言：「先生（指周應中）平日不講學，不聚徒，起居食息，只是尋常一等人，而超然見道乃爾，只為胸中無一點欲氣，所以養得一點原陽光潔潔地，直以一字包千古，吾今乃知學問之要矣。」〔註63〕這個包千古學問之要的一「字」為何？「炁」字是也。這是蕺山早年文字中再次注意到「氣」字（即「炁」）的文獻。

四十九歲（天啟 6 年丙寅，1626）　高攀龍自沈死。攜子劉汋讀書於韓山草堂，專用慎獨之功。因信濂溪主靜立極之說。半日靜坐、半日讀書，久之勿忘勿助，漸見浩然天地氣象，平生嚴毅之意，一旦銷融，每日取有明諸儒文集傳記考定，擬撰為《道統錄》。著《孔孟合璧》、《聖學喫緊三關》（但病其割裂）。是時，禍在不測，蕺山悉以平生著述寄其友人。其後黨禁解，先生不之索，友人亦不送歸。故 49 歲丙寅以前，筆札無一存者。其間行事之始末，學力之淺深，不可盡考。

〔註62〕《曾子章句》，《全集》一，頁709，42 歲。
〔註63〕〈遊禹穴記事〉，《全集》三下，頁859。

五十歲（天啓七年丁卯，1627）　自春至夏，無事則終日靜坐，有事則隨感隨應。每事過，自審此中不作將迎否，不作將迎而獨體淵然否？蓋自是專歸涵養一路。《皇明道統錄》成。蕺山自此細讀陽明文集，確立其為聖學。撰〈做人說〉、〈讀書說〉示汋，後者駁陽明〈拔本塞源論〉「以博古今事變為亂天下之本」一語而做，以為君子立教不可不慎。

按：隨感隨應，但亦還有事後反省。蕺山對陽明立教一直持保留態度。

五十一歲（崇禎元年戊辰，1628）　撰〈書高景逸先生帖後〉救正攀龍遺言「心如太虛，本無生死」乃為後人貪生者解惑云，其真意為「盡其道而生，盡其道而死，是謂無生死。非佛氏所謂無生死。」有語錄於《學言上》。黃承昊等人薦蕺山任順天府府尹。

五十二歲（崇禎 2 年己巳，1629）　撰〈大學古記約義〉。因久病屢上疏請辭府尹職，不果。九月上任，逢清兵入侵，京師震驚而戒嚴，為「己巳之變」，蕺山處置得宜，化解危難。周汝登、周應中卒，蕺山皆有祭文。有〈靜坐〉詩數首。

按：〈靜坐〉詩四首可以考見蕺山早期對於靜坐的態度，雖然蕺山 34 歲習靜坐，49 歲半日靜坐、半日讀書，50 歲無事終日靜坐，但此之前並無對靜坐之專門言論。

五十三歲（崇禎 3 年庚午，1630）　任府尹頗有治績，百姓呼曰「劉順天」（順天愛民），然因久病上疏辭府尹職。

五十四歲（崇禎 4 年辛未，1631）　與陶奭齡成立「證人社」，撰有〈證人社約〉、〈獨箴〉、〈中庸首章說〉。

五十五歲（崇禎 5 年壬申，1632）　陶奭齡成立白馬別會。蕺山撰〈第一義說〉等九篇、〈家塾規〉、〈小學約〉。

五十六歲（崇禎 6 年癸酉，1633）　秦弘祐（履思）欲效法袁了凡《功過冊》而著《遷改格》一書，來書請教，蕺山意不謂然，答書希望弘祐能依其意記過不記功作之，弘祐不從。

五十七歲（崇禎 7 年甲戌，1634）　撰〈胡松菴先生錄序〉，輯《聖學宗要》，著《證人小譜》，後改名《人譜》。

按：〈胡松菴先生錄序〉中，蕺山有說明其「獨知」這個概念是要來防止「玄虛」與「猖狂」的流弊，所以關於陽明的良知，蕺山總是

強調陽明的一句話：「良知只是獨知時」。〔註64〕

五十八歲（崇禎 8 年乙亥，1635）　輯《五子連珠》，患瘧疾，奉欽召，因病而上疏欲延或辭，上不准。50 至 58 歲之著述，此次欽召時被竊。有〈靜坐述意詩〉。

五十九歲（崇禎 9 年丙子，1636）　撰〈獨證篇〉，以〈大學〉誠意，〈中庸〉已未發之說示學者。部分《學言上》之語錄成於此時。

六十歲（崇禎 10 年丁丑，1637）　大量書信（論學），辯解太極無極之意，發明〈學〉、〈庸〉大意，收於《學言中》。

六十一歲（崇禎 11 年戊寅，1638）　成《陽明先生傳信錄》、《劉氏宗譜》。王業洵等人欲請蕺山主持另成立講會以別白馬別會。

六十二歲（崇禎 12 年己卯，1639）　定《經籍考》，撰〈讀大學〉〔註65〕，《學言中》十條語錄，作〈重刻王陽明先生傳習錄序〉。

〔註64〕〈胡松菴先生錄序〉，《全集》三下，頁 716～718。

〔註65〕〈讀大學〉是一篇短文，《劉譜》繫於蕺山 62 歲條下，按〈劉譜〉的習慣，某年的著作皆繫於某年之下，若有在某年條下論及其他年代著作，則會予以標明年代，如〈大學古記約義〉即是如此，故劉汋應是認為此文為蕺山 62 歲所作，《姚譜》亦然，但林月惠先生從文句的類似性比對，以為是和確定為 68 歲所作之〈大學古文參疑〉同一時期的作品，林先生的論據建立在以下兩段文辭的相似性：

意外無善，獨外無善也。故誠意者，《大學》之專義也，前此不必在致知，後此不必在正心也；亦《大學》之完（一作「了」）義也。後此無正心之功，並無修齊治平之功也。（〈讀大學〉，《全集》三下，頁 1182。）

止言「必誠其意」以應首句，更不言「先致其知」，正以見誠意之為專義也，亦了義也。（〈大學古文參疑〉，《全集》一，頁 719，68 歲。）

此可備一說。但在還沒有更積極性的證據出現前，筆者採取劉汋的說法，因為林先生的做法建立在蕺山每一時期或每一年的思想文字皆不同的前提上，這樣的做法就有其有效性；若蕺山的思想是有其一致性的發展，則可斟酌一二。同樣的情形，可見於林先生在論述關於確定為 52 歲的《大學古記》與 68 歲的《大學古文參疑》二書，林先生說：「儘管《大學古記》與《大學古文參疑》所根據的《大學》改本，略有不同，但就形式結構的章節排列來看，不分經傳、『格致』未嘗缺傳的主張相同，而三綱八目的詮釋架構亦相同。只是蕺山在《大學古文參疑》未在分出一章，……更重要的是，在義理內容的詮釋分析上，以『知止』、『知本』為詮釋主軸，《大學古記》與《大學古文參疑》也前後相承，基調一致。」若按林先生判斷〈讀大學〉與〈大學古文參疑〉的方法來看，《大學古記》與《大學古文參疑》應該也是同年的作品，但現在確知此二書相差 16 年。參林月惠：〈劉蕺山對《大學》〈誠意〉章的詮釋〉，《中國文哲研究集刊》第 19 期 2001.9，頁 410～415。

六十三歲（崇禎 13 年庚辰，1640）〔註66〕　陶奭齡卒，有祭文。古小學
　　修成，撰〈古小學約〉、〈重修古小學記〉，輯《古小學集記》。寫〈答
　　韓參夫書〉論陽明之弊、〈答文燈巖司理書〉。《學言中》十三條語錄。
　　按：〈答文燈巖司理書〉爲 65 歲之〈治念說〉的前身。

六十四歲（崇禎 14 年辛巳，1641）　輯《古小學通記》以明慎獨學之全
　　體大用，撰〈答陳生紀常書〉。崇禎復詔起。

六十五歲（崇禎 15 年壬午，1642）　上疏以病辭，不准，左目失明。著
　　〈原旨〉七篇及〈治念說〉、〈答董生心意十問〉、《學言下》部分語
　　錄。祝淵（開美）納贄於蕺山。

六十六歲（崇禎 16 年癸未，1643）　著《讀易圖說》、《易衍》、《古文易抄》
　　（又名《周易古文抄》、《古易鈔義》）、《大學誠意章章句》（現不存）、
　　《證學雜解》、〈存疑雜著〉、〈十商〉、〈良知說〉、《學言下》部分語錄。
　　按：《讀易圖說》本爲補《人極圖說》之不足，可知蕺山是認爲《人
　　極圖說》本是不足的。

六十七歲（崇禎 17 年甲申即福王監國南京之年，1644）　李自成陷北京，
　　崇禎自縊。蕺山努力輔佐福王，群小在側，不得，辭官。有答祝淵
　　書信數封，謂「時命之窮，只合待死」。

六十八歲（弘光元年乙酉即魯王監國之年，1645）　與門人輯成《中興
　　金鑑錄》欲呈給福王弘光作爲中興明朝之用。撰成《大學古文參疑》，
　　但嫌過于割裂，臨終時，命與 64 歲所成之《古小學通記》一同削之。
　　改訂《人譜》，撰《人譜雜記》，未成，臨終命劉汋補之。福王被捕
　　遇害，慟哭曰：「此予正命時也」，絕食而亡。

2.3.3　蕺山思想發展的階段論

　　說到蕺山思想的發展，一般大多都以劉汋的〈年譜〉爲主要的依據，這
「主要的依據」包括兩部分的意思，第一部分是有關蕺山著作的年代的說明；
第二部分是劉汋關於蕺山思想的個人意見（或是按語）。例如，勞思光先生就
說：「案〈年譜〉乃劉氏之子劉汋所作。其中記劉氏思想著作甚詳。茲取其重
要者分列於後。」〔註67〕或如黃敏浩先生所說：「要了解宗周思想的發展，我

〔註66〕《全集》本本年以下之西元年份皆誤，逕改之。
〔註67〕勞思光：《新編中國哲學》三下（台北：三民書局，1987），頁 568。

們可以劉汋的兩段話作爲綱領。」〔註68〕或如陳思吟先生所說:「要了解宗周思想的發展,可以從其子劉汋的一段話來入手。」〔註69〕

　　基本上,由於劉汋在蕺山身旁甚久,蕺山學算是劉汋的家學,蕺山晚年講學,劉汋也是得力的助教,再加上蕺山絕食後,劉汋獨居小樓二十年,絕交息遊,雖通家故舊亦所竣拒,他一心一意所要完成的就是蕺山的著作收集與蕺山年譜的撰述〔註70〕,所以劉汋對於蕺山的理解應有其權威性,但他的這個權威性在當時就引起甚大的懷疑,主要是當時發現劉汋有刪改蕺山原稿的情形,例如,黃宗羲說:

> 當伯繩輯遺書之時,其言與雒、閩齟齬者,相與移書請刪削之,若唯恐先師失言,爲後來所指摘。嗟乎,多見其不知量也。〔註71〕

陳確說:

> 年譜出繩兄手筆,自另成一書,不妨參以己見,然關係先生(指蕺山)學術處亦自宜過慎,至於遺集言理之書,或去或留,正未易言。無論弟之淺學不敢任臆,即如繩兄之家學淵源,表裡洞徹,恐亦邊難裁定……,與我見合者留之,不合者去之,然則豈復爲先生之學乎?以繩兄之明睿,萬萬無此慮,而弟猶不敢鰓鰓過慮者,只見其不知量耳,而不能自已。〔註72〕

從黃宗羲與陳確的這兩段話可以得知,當時劉汋刪改蕺山原稿的範圍恐怕不是只是限於字詞的訂正增刪,還是主要意旨的全面刪改,這才會讓宗羲在〈劉子全書序〉中對劉汋刪改蕺山原稿之事大書一筆,而陳確也要寫信給劉汋提

〔註68〕 黃敏浩:《劉宗周及其慎獨哲學》(台北:台灣學生書局,2001),頁23。這兩段話即:「先君子學聖人之誠者也。始致力於主敬,中操功於慎獨,而晚歸本於誠意。誠緣敬入。」(《全集》五,頁528,68歲條)、「先生於陽明之學凡三變:始疑之,中信之,終而辨難不遺餘力。」(《全集》五,頁480,66歲條)

〔註69〕 陳思吟:《從《論語學案》和《人譜》論劉宗周的成人思想之研究》,彰化:彰化師範大學國文研究所2002年碩士論文,頁24。陳先生所說的劉汋的一段話就是:「先君子學聖人之誠者也。始致力於主敬,中操功於慎獨,而晚歸本於誠意。誠緣敬入。」(《全集》五,頁528,68歲條),和黃敏浩先生的第一段話相同。

〔註70〕 王汎森:〈清初思想趨向與《劉子節要》——兼論清初蕺山學派的分裂〉,《歷史語言研究所集刊》第68本1997.9,頁425~426。

〔註71〕 黃宗羲:〈劉子全書序〉,《全集》五,頁757。

〔註72〕 陳確:〈寄張奠夫劉伯繩兩兄書〉,《陳確集》一(台北:漢京文化公司,1984),頁77。

醒他這樣的行為，「豈復為先生之學乎？」

　　問題是劉汋為什麼要這樣做呢？

　　黃宗羲在上面的引文已經回答了一部分，宗羲認為是劉汋唯恐蕺山失言，為後人所指謫。那劉汋認為蕺山哪些失言呢？宗羲也回答了，即蕺山言論中，不合乎雒、閩者皆屬失言，也就是主要以程朱思想為主。宗羲的這段記載是正確的，因為可以從劉汋的言行中得到證明。劉汋閉居小樓二十年，並非所有來訪者都不見的，有幾個人是常見的，如惲仲昇（日初，1601～1678），史孝咸等人，而惲仲昇正是當時刪去蕺山著作中有關「意」的資料而成《劉子節要》一書的人，當仿朱子《近思錄》而成的《劉子節要》寫成之後，惲仲昇請黃宗羲為《劉子節要》寫序，黃宗羲亦因其不錄蕺山之有關「意」的材料而拒絕之〔註73〕。另一方面，劉汋對於蕺山的資料常常密不示人（以利於從事他刪改的動作），但卻幾乎把所有資料都給張履祥（楊園、考夫，1611～1674）或是吳蕃（仲木）參閱。張履祥34歲受業蕺山，自信有得後，以《人譜》與《證人社約》示門人，但後來卻覺得蕺山慎獨之學，和陽明學沒有差異，於是也和惲仲昇一樣對蕺山著作作節錄的工夫，採取蕺山說法合於朱子者，編成《劉子粹言》，他對於蕺山最重視而可傳為家訓的《人譜》甚至認為是有悖於程朱，而不輯入《劉子粹言》。〔註74〕

　　吳蕃、張履祥、惲仲昇都是蕺山學生中轉向程朱的代表人物，劉汋正是在程朱的思想背景下改造蕺山的著作資料〔註75〕。因此他總有意的把蕺山導向朱子方向的詮釋，包括蕺山師承許孚遠的詮釋上，許孚遠是蕺山少數納贄拜師的老師，蕺山對其一生宗仰。劉汋在談到蕺山執贄孚遠時，就帶上一筆：「許先生名孚遠，學宗紫陽，敦篤真儒也。」〔註76〕可是以《劉譜》為重要依據的姚名達在寫作《劉宗周年譜》時，卻把這段話刪掉，這正有箇中玄機在也。

〔註73〕《明儒學案下‧蕺山學案》，黃宗羲：《黃宗羲全集》第八冊，（台北：里仁書局，1987），頁1507～1508。

〔註74〕參何明穎：〈明末清初程朱學派儒者張履祥〉，《孔孟月刊》第28卷第6期（總330期）1990.2，頁23～24。張履祥對《人譜》的意見參看謝國楨：《增訂晚明史籍考》（上海：上海古籍出版社，1981），頁807，有關《張楊園先生年譜》部分。

〔註75〕參王汎森：〈清初思想趨向與《劉子節要》——兼論清初蕺山學派的分裂〉，《歷史語言研究所集刊》第68本1997.9，頁425～428。

〔註76〕《全集》五，頁106。

　　所幸後來資料流到蕺山的長孫劉茂林（子本）身上，劉茂林正是黃宗羲的女婿，因而包括蕺山的原稿和劉汋的改稿才都流到黃宗羲的手上，因而黃宗羲和董瑒、姜希轍三人才在這基礎上，努力將蕺山的著作還原。〔註77〕

　　因此，在劉汋寫的〈年譜〉上，最可運用的是有關蕺山著作的年代標示，至於有關思想的意見，則可以有參考的價值，而不能是主要的依據。

　　除了上面這點以外，另一方面，也要考慮蕺山著作上的一些特色。

　　以下先說明蕺山對於著作的態度，再說明蕺山對於持世教者的看法，然後論述本文取捨的標準，最後討論蕺山思想的發展。

　　蕺山對於著作的發表刊刻是非常慎重的，他生前刊刻過《人譜》、《證人會約》、《證人社語錄》〔註78〕，相較於《劉宗周全集》中的著作實在是太少，為什麼呢？有兩個原因。第一個原因是蕺山認為輕易刊刻是一種「浮誇」、「名心」，請看：

> 先生著述多不存稿。即存稿，不以示人。子汋私抄筆札，先生知，必切責之。蓋平生無一毫名心。臨沒，猶戒以勿刻文集，勿倩人做葬文。（〈姚譜逸事〉，《全集》五，頁583，68歲）

> 先生絕食中，謂汋曰：「《易抄》一書有心得之解，再錄楊止菴精者，〈象傳〉、〈小象〉俱降一字書之。《人譜雜記》屬垂絕之筆，尚多殘闕、宜輯補完之。《小學集記》亦有未盡處，若《通記》、《大學參疑》，削之可也，慎勿以示人。凡人作書輒以示人者，此即浮誇，浮誇即欺周也。」（〈劉譜錄遺〉，《全集》五，頁566，68歲）

在這兩段引文中，第一段引文前半部分說明蕺山平常對於他自己著作的態度，是絕不輕易示人，藉以作為「名心」（好名之心）的去除之勘驗，這應該是相當合理的，因為不可諱言的，在現實中，的確有許多人，發表著作要出

〔註77〕關於還原的部分實況可以參董瑒：〈劉子全書抄述〉，《全集》五，頁796～797。

〔註78〕有學者認為《人譜》是蕺山「唯一在生前就已刊行的作品」，見古清美：〈劉蕺山實踐功夫探微〉，收入鍾彩鈞主編：《劉蕺山學術思想論集》（台北：中央研究院中國文哲所籌備處，1998），頁68，寬泛地說，是可商榷的。因為在《證人社語錄》，有陶奭齡的題辭：「證人社自崇禎辛未三月三日始，每月衣冠少長咸集，……卒歲紀錄成帙，遂付之梓。」（《全集》二，頁650）可知當時已刊刻《證人社語錄》。而《證人會約》亦有刊行，蕺山在61歲時寫信給魏子一說到：「《會約》數本奉覽正」（〈復魏子一二〉，《全集》三上，頁401，61歲）在學海本《證人會約》最後面有蕺山之跋曰：「仍合刻以示同社」（見《全集》二，頁647。），即可得知。

書是基於「爲名」（當也有是「爲利」）。在第一段後半部份和第二段，都是屬於臨終絕食其中的叮嚀語，人之將死，其言也善，故有相當的可信度，蕺山在臨終對於劉汋的叮嚀竟然是——不要刻文集以及哪些書該廢該削（如蕺山所言之《古小學通記》與《大學古文參疑》），哪些書該補（如《人譜雜記》），哪些書是未盡理想（如《古小學集記》），哪些書是蕺山有心得之作品（如《周易古文抄》），並呼應第一段前半的話，認爲寫書每每就要拿給他人欣賞，實在是「浮誇與欺罔」的毛病。

　　不能輕易刊刻著作的第一個原因是就自己個人而說，第二個原因是對於社會大眾而說的，就是要考慮著作對於社會的影響，這是因爲蕺山認爲儒者是個「持世教者」，所以在立說上，一定要「君子立教不可不愼」〔註79〕，不能「妄開方便」。〔註80〕因此造成蕺山所刊刻著作甚少的現象。

　　由於蕺山對於著作的愼重，因此對於蕺山著作當以其生前已刊刻者爲優先性〔註81〕，再以其認爲比較重要者，如《周易古文抄》、《讀易圖說》〔註82〕爲次，而其認爲該刪者，爲最後，如《古小學通記》與《大學古文參疑》。其他著作則在最後之前。

　　有著以上的基礎，現在終於可以進入論述蕺山思想的發展過程。

　　依照劉汋〈年譜〉有關蕺山著作的年代標示，及蕺山講學與著作之內容，本文將其分爲三階段：早年奠基期、中年成熟期、晚年擴大深化期，各分述如下。

〔註79〕〈讀書說（示兒）〉，《全集》二，頁350，50歲。蕺山這一篇著作，就是因爲讀到陽明的〈拔本塞源論〉中的「以博古今事變爲亂天下之本」，感慨「君子立教不可不愼」而作的。

〔註80〕參《論語學案‧子以四教》，《全集》一，頁431，40歲。

〔註81〕雖然蕺山對於其已刊刻者，常常也在刊刻後表示不滿意或再三修訂，如《人譜》，劉汋在《人譜》最後加了按語：「《人譜》作於甲戌（57歲），重訂於丁丑（60歲），而是譜則乙酉（68歲）五月之絕筆也。一句一字，皆經在三參訂而成。向吳繼穉初刻於湖，鮑長孺再刻於杭，俱舊本也。讀者辨諸，無負先君子臨岐苦心。」（《全集》一，頁24）。蕺山自己在61歲時也說：「向偶著《人譜》編，多屬未定之見，是以未敢示人。去年所示仲木者，別後思之，亦多瞀語。俟少遲日，另作抄本以奉正。」（〈復魏子一二〉，《全集》三上，頁401，61歲）。

〔註82〕《讀易圖說》可以視爲重要著作，是因爲蕺山認爲可以補〈人極圖說〉之不足（參「蕺山的學行年譜」66歲條），而〈人極圖說〉在《人譜》內，《人譜》是屬於已刊刻之著作。

2.3.3.1 早年奠基期

　　早年奠基期是指蕺山 48 歲前。這個時期的著作如上節「蕺山的學行年譜」所述。

　　為什麼訂為 48 歲前呢？在前文，說到蕺山對於「世教」的慎重，「君子立教不可不慎」，因此蕺山從 30 歲開始教書授徒即以「嚴肅齋莊」之門風為主，講學更是慎重，在 48 歲講學解吟軒時，蕺山終於標出他的學問宗旨「慎獨」，為什麼說「終於」呢？因為這是他多年的追尋，現在終於找到一個「入手」的「巴鼻」（「把柄」），而可以是貫穿學問的綱領。這要從他為學的要求開始講起，蕺山為學講求「宗旨」。「講求宗旨」可說是明代理學的特色之一，王汎森先生即曾引用盛朗西先生的觀察說：

> 宋元諸儒所習，「多務闡明經子，不專提倡數字，以為講學宗旨。明儒則一家有一家宗旨，各標數字以為的。白沙之宗旨曰靜中養出端倪，甘泉之宗旨曰隨處體認天理，陽明之宗旨曰致良知，又曰知行合一。其後鄒守益主戒懼慎獨，羅洪先主靜無欲，李材主止靜，王畿、周汝登主無善無惡，高攀龍主靜坐，劉宗周主慎獨，紛然如禪宗之傳授衣缽，標舉宗風者。」〔註83〕

在這段引文中，所舉的例子甚多，似乎可以為是，因為在宋儒這可能只是個別現象，如象山總是「先立其大」，別人說他只會一句「先立其大」，他也回答說「誠然」，但他的頭腦裏並沒有宗旨意識而把「先立其大」標榜成為「宗旨」〔註84〕，他也有「辨志」、「明本心」等常用的指點語。〔註85〕但到了明儒卻成了普遍的特色，但是為什麼宋儒不如此，明儒卻如此呢？在這段引文中說到這種現象「像是」禪宗的標榜宗風，還只是「像是」而已，熊琬先生就直接說是受到禪宗的影響而興起的〔註86〕，這還是起源式的回答，沒說到問題的本質，王汎森先生認為這種立宗旨的風氣，「反映一種簡易直截的風氣，為的是盡可能空諸依傍，擺脫龐大的經典與注疏的拘束而談道德實踐。」

〔註83〕王汎森：〈明末清初思想中之「宗旨」〉，《大陸雜誌》第 94 卷第 4 期 1997.4，頁 1。

〔註84〕陸九淵：《象山先生全集》（台北：台灣商務印書館，1979），頁 399。

〔註85〕參牟宗三：《從陸象山到劉蕺山》（台北：台灣學生書局，1984），頁 4～5，牟先生標出六點為象山較常用之指點語。

〔註86〕參熊琬：〈明代理學與禪〉，《國文天地》第 74 期（1991.7），頁 38。

〔註87〕王先生的意見脫胎自黃宗羲，黃宗羲說：

> 大凡學有宗旨，是其人之得力處，亦是學者之入門處。天下之義理
> 無窮，苟非定以一二字，如何約之，使其在我。故講學而無宗旨，
> 即有嘉言，是無頭緒之亂絲也。學者而不能得其人之宗旨，即讀其
> 書，亦猶張騫初至大夏，不能得月氏要領也。〔註88〕

黃宗羲這樣的說法是扣緊道德實踐而立論，故較上文所言之受禪宗影響的起源式回答要佳，因為若內在沒如此的要求與需要，外在環境再如何的刺激，也是沒此回應的，就像是宋儒，也是在禪宗盛行的唐朝之後，為何就沒像明儒這樣講求「宗旨」的現象呢？黃宗羲認為這首先是因為天下之義理無窮，義理無窮（尤其指儒學義理）放在宋代，尤其是宋初，對於在隋唐佛學盛行之後的儒門淡薄現象而言，有關身心性命之儒學義理正百廢待舉，所以只能以《四書》、《易傳》為主要的經典文本，好好的對其詮釋〔註89〕，到了明代，這些詮釋經典所構成的詮釋文本也多了，對於一個道德實踐者而言，就切於當下的道德實踐立論，的確可說無窮，因此「宗旨」的需要就產生了，但這「宗旨」並非懸想而得出，所以宗羲在引文一開始，就說：「大凡學有宗旨，是其人之得力處，亦是學者之入門處。」是一個儒者在做道德實踐時有所得力受用，而可為學者的入手功夫。

　　就蕺山而言，對於為學的宗旨而言，一直是他試圖建立的方向，這可以從蕺山為學很反對「支離」、「割裂」談起。蕺山的「支離」意義和牟宗三先生由陸象山處而來的「支離」意義不一樣。牟先生曰：「『支離』者，歧出而不相干之謂。此是但對相應道德本性而為道德的實踐言為支離，並不是寡頭泛言博文為支離也。」〔註90〕牟先生此處言支離，是針對是否相應於道德的本性——本心而言，蕺山在此並不取此義，蕺山的支離意義很簡單，就是即使是扣緊本心而言，如果有兩個以上的原則（同層次）作為道德實踐的工夫準則，這樣就是支離、割裂。所以蕺山解「非禮勿視、非禮勿聽、非禮勿言、非禮勿動」就強調「視、聽、言、動，一心也。……禮只是一禮，己只是一

〔註87〕王汎森：〈明末清初思想中之「宗旨」〉，《大陸雜誌》第94卷第4期（1997.4），頁1。

〔註88〕黃宗羲：《明儒學案‧發凡》，《黃宗羲全集》第七冊（台北：里仁書局，1987），頁17。

〔註89〕參牟宗三：《心體與性體》（台北：正中書局，1985）第一冊，頁13～19。

〔註90〕牟宗三：《從陸象山到劉蕺山》（台北：台灣學生書局，1984），頁87。

己，若言視思明、聽思聰、言思忠、動思敬，猶近支離。」〔註91〕意思是，如果在做道德實踐時，面臨到視、聽、言、動時，再去考慮明、聰、忠、敬，這樣就是支離。甚至爲何蕺山在絕食時，命劉汋刪掉《大學古文參疑》，理由也是「過於割裂」〔註92〕，這是個貫穿蕺山一生的原則，所以在66歲時說：

> 《大學》是一貫底血脈，不是循序底工夫。今人以循序求《大學》，
> 故爲格致之後，另有誠意工夫；誠意之後，另有正心工夫。豈正心
> 之後，又有修齊治平工夫邪？（〈學言下〉，《全集》二，頁534，66
> 歲，標點有改動。）

> 從來學問只有一個工夫，凡夫內外、分動分靜、說有說無，劈成兩
> 下，總屬支離。（〈學言下〉，《全集》二，頁534，66歲）

所謂「一貫底血脈」正是第二段引文中的「一個工夫」貫到底，而非循序的，先格物，格物完畢，再用致知的工夫，然後再誠意、正心……，這樣多個工夫，就屬支離、割裂。這樣對於道德實踐而言，必然有「落後一著」的現象發生，因爲必須先知道現在發生什麼，再分判屬於何者，再思以對策，早已不當機了（「用在將發處，便落後著也。」）〔註93〕，所以對於蕺山而言，「從來學問只有一個工夫」，這是他爲學的起點，也是終點。

蕺山49歲前的著作大多已失，劉汋曰：

> 是時，禍在不測，蕺山悉以平生著述寄其友人。其後黨禁解，先生
> 不之索，友人亦不送歸。故丙寅以前（49歲），筆札無一存者。其
> 間行事之始末，學力之淺深，不可盡考。（〈年譜〉49歲條，《全集》
> 五，頁216。）

因此，現在要考察這個時期的思路發展，已經無法詳述，所以無從得知蕺山如何在眾多的義理綱領中，如何抉擇比較，〔註94〕而得出學問當以「愼獨」

〔註91〕《論語學案‧顏淵問仁》，《全集》一，頁501，40歲。同樣的意思亦可參〈復沈石臣二〉，《全集》三上，頁429，64歲，在此處，蕺山說如果沒有「主敬」貫穿行爲之中，只要求「如何而容止？如何而人倫？如何而日用？」便有「夾雜」、「竇漏」之事。

〔註92〕《全集》五，頁516。

〔註93〕〈答史子虛〉，《全集》三上，頁445，66歲。

〔註94〕張學智先生曾提出他的觀察：「蕺山初年曾沿諸子主敬之說，但終覺主敬與格物爲二事，功夫尚不能打成一片。而後以愼獨爲宗，愼則敬，敬則誠，功夫本體融成一片。」見張學智：〈論劉蕺山「愼獨」之學〉，《中國文化月刊》第170期1993.12，頁29。張先生的這項觀察並沒有提出他的論據，依筆者見，

為宗旨。但從已留的著作中，仍可以知道一點點蛛絲馬跡。

上文說到蕺山在 49 歲講學解吟軒，始標「慎獨」，事實上，在 49 歲前現存的著作、書信、奏疏與語錄中，並非沒有標明「慎獨」的重要性或是優先性。例如：

1.1 聖學要旨攝入在克己，即《大》、《中》之旨攝入在慎獨，更不說知說行。周子「學聖有要」一段，亦最簡截。與克己慎獨之說相印證，此千古相傳心法也。(〈與陸以建年友一〉，《全集》三上，頁 351，36 歲)〔註95〕

1.2 君子學以慎獨，直從聲臭外立根基。(《論語學案・為政以德章》，《全集》一，頁 319，40 歲。)

1.3 聞道不廢尋求，亦不關尋求；不廢解悟，亦不關解悟；不廢躬行，亦不關躬行；不廢真積力久，亦不關真積力久。道只是本來人，即「率性」之謂。……然其要只是一念慎獨來。(《論語學案・朝聞道章》，《全集》一，頁 359，40 歲。)

1.4 學者只從「慎獨」入，斯得。(《論語學案・子絕四章》，《全集》一，頁 462，40 歲。)

1.5 為仁者不諱言克復也，惟慎獨而早圖之，其庶幾矣。(《論語學案・克伐怨欲章》，《全集》一，頁 536，40 歲。)

1.6 學者深察乎此而致力焉，於以存天理之本然，遏人欲於將萌，則學問之功思過半矣。故君子必慎其獨也。(《論語學案・益者三樂章》，《全集》一，頁 592，40 歲。)

1.7 灑掃、應對、進退，須是誠心中流出方是道，慎獨工夫便做在此處。(《論語學案・子夏之門人小子章》，《全集》一，頁 634，40 歲。)

1.8 絕惡必務盡，拔本塞源之謂也。此為慎獨之君子能之。(《曾子章句・君子之於不善也章》，《全集》一，頁 662，42 歲。)

恐怕也不太成立，因為在 48 歲提出「慎獨」之前，以現存文獻來看，蕺山對於「主敬」沒有任何微辭，到了蕺山 49 歲才第一次對「敬」有批判，「吾儒專言『敬』字亦有弊」，見〈迷悟關〉，《全集》二，頁 253，49 歲。

〔註95〕同樣的話，也見於〈與陸以建二〉，《全集》三上，頁 354，36 歲。又：本處獨立引文的編號的意義是這樣的，1.2 的 1 表同一宗旨種類，2 表同類的第 2 次。

1.9 聖學之要，只在慎獨。獨者，靜之神、動之機也。動而無妄，曰靜，慎之至也。是謂主靜立人極。(〈學言上〉，《全集》二，頁 424，43 歲。)

1.10 聖人原不曾動些子，學聖者宜如何？曰：「慎獨。」(〈學言上〉，《全集》二，頁 428，43 歲。)

1.11 聖人之道即聖人之心是已。……是心也，仲尼傳之子思子，以作《中庸》，則曰「君子戒慎乎其所不睹，恐懼乎其所不聞」，而約之曰「慎獨」，遂爲後世傳心的旨。(〈重刻尹和靖先生文集序〉，《全集》三下，頁 699，47 歲。)

這十一段引文是蕺山在 48 歲前有關「慎獨」的言論，這些言論大都是強調慎獨的重要性，各引文後有年歲的記載。其中第 1.1 段引文在 36 歲，由引文看來，慎獨和「克己」似乎是並重的工夫，其實細究起來，恐怕「慎獨」較爲所重，因爲這段話是蕺山寫給其年友陸以建的信，而陸以建的論學主張是「以建論學先提主腦，不喜言工夫邊事。一涉省察克治，必掃除之。」〔註 96〕，也就是說其中克己是順著陸以建的思路「反對克治」而來的契機式的回應，而慎獨則是蕺山在此因緣下主動提出的，故「慎獨」似乎來的較爲重視。類似的情形在第 1.2、1.3、1.4、1.5、1.6、1.7、1.8 段引文也可看出，以第 1.2 段爲例，第 1.2 段引文是蕺山疏解〈爲政以德章〉的文字，原文「爲政以德，譬如北辰，居其所而眾星共之。」蕺山認爲這段引文可從「君道」來解，也可從「心學」來解〔註 97〕。若從君道來解，「大君無爲而能無不爲，故萬化自理。」〔註 98〕若從心學上來解，則是「心君無思而能無不思，故百體從令。」〔註 99〕，蕺山整章顯然著重在心學上的詮解，而他在心學上的詮釋，一開始幾句話就標出第 1.2 段引文來，可知「慎獨」在他的心目中，是非比尋常的，也就是說，他基於道德實踐而提出首要的「慎獨」。第 1.2 至 1.8 段的引文都是同樣的情形，都是針對某段經文的疏解而主動地提到「慎獨」。到了 43 歲的第 1.9、1.10 段引文，似乎蕺山已經找到他爲學的「宗旨」了，因爲 1.9、1.10 是語錄，表示蕺山平常在與學生論學時，就已經重視「慎獨」，到了 47

〔註 96〕〈與陸以建年友一〉，《全集》三上，頁 351，36 歲。

〔註 97〕蕺山這裡的「心學」並不是一般所常說的「陸王心學」的心學，而只是蕺山的泛稱，即「有關心的學問」。

〔註 98〕《論語學案‧爲政以德章》，《全集》一，頁 320，40 歲。

〔註 99〕《論語學案‧爲政以德章》，《全集》一，頁 320，40 歲。

歲的 1.11 條更直標「慎獨」爲「後世傳心的旨」，和 1.1 條中慎獨和克己並列爲「千古相傳心法」不同了。事實上，這其中是個漸進而多元的考慮過程，蕺山在這段期間，也有強調其他工夫的重要性，例如：

2.1 是故君子即形色以求天性，而致吾戒懼之功焉。在〈虞書〉所謂「精一」，在孔門所謂「克己」，在《易》所謂「洗心」，在《大》、《中》所謂「慎獨」，一也。後儒所謂「一」，所謂「主敬」、「立大本」、「致良知」，一也。(〈與以建二〉，《全集》三上，頁 352，36 歲)

3.1 敬者，聖學終始之要，修己之心法也。……古來無偷惰放逸的學問，故下一「敬」字，攝入諸義。就中大題目，只是克己復禮、忠恕、一貫、擇善固執、慎獨、求放心便是。後儒將敬死看，轉入註腳去，便是矜持把捉，反爲道病。(《論語學案·子路問君子章》，《全集》一，頁 560～561，40 歲)

3.2 君子由博學而要於能讓，爲守約地也。由約而守之，於言行有先後法焉，又首此言行於持久，……凡若此者，所守不一端，而守之之法惟一敬，且愈守而愈嚴焉，斯可謂守約也已。(《曾子章句·君子博學而屢守之章》，《全集》一，頁 653，42 歲)

4.1 此章論仁是學問全局。……學者明克復之旨而《六經》無餘蘊矣。(《論語學案·顏淵問仁章》，《全集》一，頁 502，40 歲)

4.2 求仁是聖學第一義，克復是求仁第一義也。(〈學言上〉，《全集》二，頁 426，43 歲。)

現在參照這幾段引文，就更可以知道蕺山在這段時間內對於「宗旨」的猶疑，而慢慢的歸宗於「慎獨」。第 3.1、3.2 兩段是說明「敬」工夫的重要；第 4.1、4.2 兩段是說明「克復」（克己復禮）工夫爲第一義，但和上面強調「慎獨」不同的是第 3.1、4.1 條的「敬」和「克復」都是所疏解的經典本文中本來就有的，而非是蕺山主動在經文外提出的。第 2.1 段引文則強調「精一」、「克己」、「洗心」、「慎獨」，「主敬」、「立大本」、「致良知」在工夫上都是一致的，都是表示「即形色以求天性」的某種戒懼之工夫，這當然也是對治陸以建的「先單提主腦，不言克治工夫」的弊端。從 2.1 段引文可以知道蕺山在這裡已經把幾種工夫放在同一層次上去比較，比較有同與異的比較，蕺山在 2.1 中是重視這些工夫的「同」的部分，故說「一也」，在第 3.1 段引文中蕺山就在考慮是

哪一種工夫的統攝性較大，在 40 歲寫的 3.1 中，他的考慮是「敬」，「敬」可以統攝其他諸如克己復禮、忠恕、一貫、擇善固執、慎獨、求放心等等工夫，但蕺山並不是很確定，所以在 43 歲的 1.9、1.10 或 4.2 中，蕺山分別又強調慎獨與克復。可以說到了 48 歲時，經過多年的實踐與思索，蕺山終於可以下個結論：「慎獨」可以擔任這個任務。

由於蕺山此時期的文獻大部分已亡佚，立論時就要格外的小心，就現在可見的文獻部分，可以考之如上。至於其間的思想變化就難得知了。〔註100〕又因爲蕺山對其立言持論非常愼重，因此從蕺山強調某些工夫條目的次數上也許也可以得知某些意涵。數量上的統計本不一定有何意義，因爲數量多的並不一定就比較重要，「口頭禪」就是一個明顯的例子。但對於蕺山立言的愼重來看，也許有其意義。如果是這樣，則可以轉而來看劉汋或黃宗羲的有名記載，劉汋說：

> 先君子學聖人之誠者也。始致力於主敬，中操功於愼獨，而晚歸本於誠意。誠繇敬入。（《全集》五，頁 528，68 歲條）

黃宗羲說：

> 先生（蕺山）宗旨爲「愼獨」。始從主敬入門，中年專用愼獨工夫。愼則敬，敬則誠。（〈子劉子行狀〉，《全集》五，頁 45。）

在這兩段記載中，劉、黃都說蕺山是由主敬入門，考察文獻，兩人的判斷是有可能，例如由上文之第 3.1 條引文來看，以「敬」來統攝諸義，是可能成立的。但如果由現存文獻所提及的次數來看，這個可能性就不高，反而是「愼獨」較爲可能，雖然對於蕺山來說，主敬與愼獨都是屬於「戒愼恐懼」的同類工夫。或者保守地說，由主敬入手後，蕺山很快地就轉移了，而期間最常考慮的是「愼獨」。〔註101〕

2.3.3.2 中年成熟期

中年成熟期是指蕺山 49 至 58 歲之時。這個時期的著作如上節「蕺山的

〔註100〕也許參考蕺山的日記是有幫助的，可惜不得見。

〔註101〕由提及的次數來推論蕺山早期工夫的路數，還有一點需要考慮，即他所說的就是他所行的嗎？由「蕺山的學行年譜」一小節中 26、27 歲的記載，可以知道蕺山非常重視「以身證之」，故可以的，另參楊儒賓：「如果劉宗周相信了某一原則，他即會強烈的要求自己證成此項原則，生不成，則死以繼之。」（楊儒賓：〈死生與義理——劉宗周與高攀龍的承諾〉，收入鍾彩鈞主編：《劉蕺山學術思想論集》，台北：中央研究院文哲所籌備處，1998，頁 528。）

學行年譜」中所述。所謂的成熟期，就是在奠基期「找到『慎獨』爲宗旨」
的基礎上，以「慎獨」去回答理學中的基本問題，例如本體論中的心性論（理
氣論必須到第三期中才正式解決）與工夫論，並以慎獨去統攝各個層次的理
論與各大家的學說。

首先，在 49 歲時，攜子劉汋讀書於韓山草堂，專用慎獨之功。在慎獨的
原則下，蕺山開始融攝理學各大家，第一個融攝的是周濂溪，因爲體悟到「獨
只在靜存，靜時不得力，動時如何用工夫」〔註102〕，而信濂溪主靜立極之說。
蕺山從此對於濂溪的「主靜立人極」終身無違，所以約在 59 歲時認爲「濂溪、
明道之語，純而無弊，餘亦便須善會」〔註103〕，在 66 歲時說：「孔、孟之後，
論性學惟濂溪爲是」〔註104〕，在這裡，並不是「慎獨」在「主靜立人極」的
基礎上發揮的，而是剛好相反，「主靜立人極」是在「慎獨」的基礎上發揮的。
〔註105〕

〔註102〕〈劉譜〉或《姚譜》49 歲條，《全集》五，頁 214 或 220。
〔註103〕〈會錄〉，《全集》二，頁 610，約 59 歲。關於〈會錄〉中的文獻紀錄的年代，
　　　　由於部分的文獻都沒注明年代，因此此部分的文獻資料年代不清楚，所以以
　　　　上文提及的最重視文獻年代的杜保瑞先生而言，在所引有關〈會錄〉的文字
　　　　最後的年歲，皆付之闕如。但其實從〈會錄〉的內容與其他資料相比對後，
　　　　是可以加以判斷其年歲的。從內容可以得知〈會錄〉是劉汋在蕺山逝世後，
　　　　在編輯蕺山全集的資料收集時，當時蕺山學生將其平日有關聽講的紀錄交給
　　　　劉汋，而劉汋將這些資料刪去，董瑒在收到蕺山遺稿時，再將其按年代依次
　　　　編列，董瑒在〈劉子全書抄述〉中說到這是「證人之會……司記者登載講語
　　　　曰〈會錄〉。憶十四年中（按：即蕺山 54 歲至 68 歲），子里居日錄語甚多。」
　　　　（《全集》五，頁 768），所以〈會錄〉的第一條就出現在《證人社語錄》的
　　　　第一會，第二條就出現在《證人社語錄》的第二會，第三、四條就出現在《證
　　　　人社語錄》的第三會，第五條就出現在《證人社語錄》的第六會，……類似
　　　　的情形頗多，其中還有部分的資料是有注明年歲的，例如秦弘祐記的，注明
　　　　「以上廿五條，甲戌八月秦弘祐記」（《全集》二，頁 605），可知是蕺山 57
　　　　歲時所記；又有祝淵在蕺山 66 歲時所記的資料（《全集》二，頁 619～642）；
　　　　以及最後絕食中之語（《全集》二，頁 644～646），這些都是可確定的。由這
　　　　些可確定的條文可知董瑒是按年歲編次的。大抵來說，〈會錄〉的文獻是蕺山
　　　　在 54 歲到 68 歲時的論學資料，由此本文推定此條引文約爲蕺山 59 歲時之資
　　　　料，因爲在此條文附近之「先生愛舉『天下何思何慮』、『誠無爲』、『無欲故
　　　　靜』、『有所向便是欲』等語」可以確定是蕺山 59 歲時的行爲，見〈劉譜〉59
　　　　歲條（《全集》五，頁 354）。
〔註104〕〈會錄〉，《全集》二，頁 619，66 歲。
〔註105〕杜保瑞先生：「蕺山既自始即以主靜立人極爲功夫的標準，則與此義格局相若
　　　　之慎獨理論亦因此早受重視，且配合慎獨理論在《大學》、《中庸》典籍中的
　　　　義理詮釋，使慎獨理論成爲宋明儒學工夫理論中首次被儒學家當做最重要的

接著再加上 34 歲就已開始的「靜坐」工夫，採取「半日靜坐、半日讀書」的修養方式，「久之勿忘勿助，漸見浩然天地氣象，平生嚴毅之意，一旦銷融」〔註106〕，蕺山在此時期對於「靜坐」有深刻的受用，確定了他的「靜坐」的重視，所以在這個階段也教學生靜坐〔註107〕，他的重要著作《人譜》中也專列兩目有關靜坐，其一就是〈靜坐法〉後改名叫〈訟過法〉，在〈訟過法〉的篇後有一按語說到：

> 或咎予此說近禪者，予已廢之矣。繼而思之曰：此靜坐法也。靜坐非學乎？程子每見人靜坐，便嘆其善學。後人又曰：「不是教人坐禪入定，蓋借以補小學一段求放心工夫。」旨哉言乎！……故仍存其說而不廢，因補注曰〈靜坐法〉。（《人譜》，《全集》二，頁 19，57歲，但此段按語是在 57 歲後所加。）

在 2.2.1 節中，已經知道蕺山非常重視「世教」，他也很重視自己的「儒釋之別」，曾對他的學生說：「蓋己之取途不可不正，而待人不可不寬；己之儒、釋不可不辨，而人之儒、釋可置之而不問。」〔註108〕現在有人懷疑蕺山《人譜》中的〈靜坐法〉是「近禪者」，對於重視「世教」和己之儒釋之別的蕺山當是無法接受的，所以他曾將之廢之，這個「廢之」的理由是屬於外緣的，因而依於他的靜坐經驗和程子等人的說法，讓他覺得不可廢，因此換湯不換藥地改名為〈訟過法〉，再加以一個補注曰〈靜坐法〉。

另一個就是在《人譜》中的〈證人要旨〉中的「無極太極」階段「凜閒居以體獨」，原名是「主靜坐以體獨」〔註109〕，在 56 歲時，他就答覆正在撰寫〈遷改格〉的秦弘祐之相關功過格問題，以為「〈功過冊〉條件，僕意先書

工夫理論者。」（杜保瑞：《劉蕺山功夫理論與形上思想》，台北：台灣大學哲研所 1989 年碩士論文，頁 5，類似的言論在頁 7、169 重複出現），這對蕺山學說的前期發展之論述剛好相反。杜先生之所以如此，可能有兩個因素，一是忽略〈會錄〉中相關文字的年歲（參杜文，頁 169 之引文）；一是他把〈劉譜〉49 歲條中的記載：「遂攜子劉汋讀書於韓山草堂，專用慎獨之功。謂獨只在靜存，靜時不得力，動時如何用工夫，因信濂溪主靜立極之說。」（《全集》五，頁 214）中的「因」解讀為「因為」而非「因而」，這樣的解讀不合語法（因前面有一「謂」字），且不合目前蕺山在 49 歲前之文獻（幾乎沒有提到濂溪的「主靜立人極」），故應當解讀為「因而」。

〔註106〕《姚譜》49 歲條，《全集》五，頁 220。
〔註107〕〈會錄〉，《全集》二，頁 598，54 歲。
〔註108〕〈答王生士美〉，《全集》三上，頁 414，61 歲。
〔註109〕〈劉譜錄遺〉，《全集》五，頁 555，年歲不詳，當在 57 歲後。

一圓圈，當太極，象未發之中，以靜坐法當之，此則爲元善。」〔註110〕只是蕺山後來也是因爲同樣原因，「以爲落偏」〔註111〕，才改爲今名「凜閒居以體獨」。蕺山強調靜坐，提供了具體可行的道德實踐的入手處。

蕺山著手發展他自己的「優入聖域」之途徑或階梯《聖學喫緊三關》（人己關、敬肆關、迷悟關），但「病其割裂」〔註112〕，可知還在學術宗旨確立後的初期嘗試階段，對於成聖的階梯並還沒有完全的把握。

50歲《皇明道統錄》成，此書後來成爲《明儒學案》卷首的〈師說〉數十條的基礎，蕺山發現可以以「愼獨」融攝朱子與陽明。曰：「然詳二先生所最喫緊處，皆不越愼獨一關。」〔註113〕尤其是在與陽明良知學上的通郵，相通的關鍵在於蕺山發現陽明曾說過「良知即是獨知時」一句話。〔註114〕

大約在52歲前是強調愼獨工夫的「靜存」、「涵養」面向，到了52歲之《大學古記約義》，蕺山再將「愼獨」滲入《大學》之中，配合著《大學》中的「知止」、「格物」，而說愼獨，認爲「《大學》之道，一言以蔽之曰：愼獨而已矣。」〔註115〕

54、55歲的「證人社」時期，更是「專揭愼獨之旨教學者」〔註116〕，蕺山此時應是認爲「愼獨」作爲「立教」的「教法」，較無後遺症。

54歲著〈中庸首章大義〉，利用「愼獨」將「人心與道心」、「心與性」、「義理之性與氣質之性」、「工夫與本體」、「靜存與動察」等全部「一之」，將其統一起來，蕺山的本體論中的心性學到此幾近成熟。

55歲著〈第一義說〉等11篇，接續54歲所得再擴充到「靜坐與應事」、「靜坐與讀書」的統一。

57歲著《人譜》，蕺山在50歲未能圓滿完成的「優入聖域」之階梯或途徑終於成熟。王汎森先生認爲：「既然是以一個宗旨貫串修身的一切，則便沖

〔註110〕〈答履思十〉，《全集》三上，頁373，56歲。
〔註111〕〈劉譜錄遺〉，《全集》五，頁555，年歲不詳，當在57歲後。
〔註112〕《孔孟合璧　五子連珠・小序》，《全集》二，頁183，58歲。
〔註113〕《明儒學案上・師說》，黃宗羲：《黃宗羲全集》第七冊，（台北：里仁書局，1987），頁7。
〔註114〕《明儒學案上・師說》，黃宗羲：《黃宗羲全集》第七冊，（台北：里仁書局，1987），頁7。
〔註115〕《大學古記約義・愼獨》，《全集》一，頁762，52歲。
〔註116〕〈劉譜〉54歲條，《全集》五，頁295，54歲。

垮了所有層次及步驟之分。」〔註117〕對於重視道德實踐的真偽之分的蕺山，是不適用的，蕺山雖然有其宗旨「慎獨」，但因其心思細密剛好在此能發展〈聖學喫緊三關〉和《人譜》來展開其間成聖的次第與步驟。

2.3.3.3 晚年擴大深化期

晚年擴大深化期是指蕺山 59 至 68 歲時。所謂「晚年的擴大深化期」是說在中期的成熟期下，開始展開與先哲之間的辯難與差異，所強調的是與先哲的不同，而不是如中年的將各大家融攝在自己的「慎獨」宗旨下，而顯出與先哲的同。這樣的劃分其實是就特色而言，就其思想宗旨來說，已定於成熟期，因此「晚年擴大深化期」並不是思想產生改變，而是在其原有的枝幹下，繼續發展，這個發展包含兩部分「擴大與深化」。

就深化方面，展開「慎獨」的誠意面向（相較於 49 歲時之「靜存」、「涵養」面向；與 52 歲時的「知止」、「格物」面向；與 54 歲之「合一」面向。），標榜出與先哲非常不同的「意」的理論，再發展出獨特的「氣」論，「喜怒哀樂是四德」之說，換言之，蕺山此階段的重點在發展他的理論體系中的「理氣論」，因此在這階段有大量的「理氣論」文獻。〔註118〕從此處看，全祖望（謝山，1705～1755）所說的「蕺山之學，專言心性」〔註119〕，或是朱舜水（之瑜，1600～1682）所說的「劉念台盛談道學，專言正心誠意」〔註120〕，強調對於心性的「專」義，顯然都只是一偏之言。

〔註117〕王汎森：〈明末清初思想中之「宗旨」〉，《大陸雜誌》第 94 卷第 4 期 1997.4，頁 2。勞思光先生持與王先生相反意見，見勞思光：〈王門功夫問題之爭論及儒學精神之特色〉，收入勞思光：《思辯錄》（台北：東大圖書公司，1996），頁 81。勞先生的意見是正確的，參本文第三章。

〔註118〕在「中年成熟期」時並非沒有此類理氣論文獻，只是比起晚期，相差太多，中期時之文獻如《五子連珠》，《全集》二，頁 217，58 歲，但乃是對朱子之「天只有箇春夏秋冬，人只有箇仁義禮智，此四者，便是那四者。」加按語曰：「此箇物事以上，更不容說在。」又如：「獨中具有喜怒哀樂四者，即仁義禮智之別名。在天為春夏秋冬，在人為喜怒哀樂，分明一氣之通復，吾少差別。」見《聖學宗要》，《全集》二，頁 302，57 歲，此條分明是晚年論理氣論之語，但卻是 57 歲所說。又如在《人譜》中，〈證人要旨〉中，將五倫配上五行，再配上喜怒哀樂中五者，參《全集》二，頁 8～9，57 歲。

〔註119〕全祖望：〈梨洲先生神道碑文〉，《鮚埼亭集》（上）卷 11（台北：華世出版社，1977），頁 133。

〔註120〕朱舜水：〈答野節問三十一條〉，《朱舜水集》卷 11（台北：漢京文化公司，1984），頁 389。

就擴大方面，是指蕺山的慎獨思想放在外王方面的實踐，這一部分，一般說來是蕺山學的弱點，也是較被詬病的地方，例如姚才剛先生認爲：「蕺山這種過緊的內聖之學，不利於制度層面的建構。」〔註121〕實情眞是這樣嗎？從這一時期的思想發展，似乎剛好可以給一個回應。茲分述如下：

59 歲有〈獨證篇〉與〈學言上〉若干語錄，其中提出蕺山著名的「意」理論──「意蘊於心，非心之所發也。……知藏於意，非意之所起也。〔註122〕」、「意者，心之所存，非所發也」〔註123〕。董標、史孝復等人「驚爲異說」〔註124〕，反覆論辯不已。

〈劉譜〉59 歲條記載：「始以《大學》誠意、《中庸》已未發之說示學者。……自此專舉立誠之旨，即慎獨姑置第二義矣。」〔註125〕劉汋此說沒有完全正確，前半段是對的，後句「專舉立誠之旨，即慎獨姑置第二義矣」，可能只是爲了突顯蕺山晚期立「誠意」之說的不同，而來的修辭性的用語，因爲考察蕺山此後的言論，強調慎獨之處，實在很多，而且常都是重要的強調話，並非是可有可無的話語，〔註126〕因此才可說是「慎獨」的「誠意」面向的發揮。事實上，蕺山在某些地方即表明誠意即慎獨，如：

> 大道之道，誠意而已矣；誠意之功，慎獨而已矣。意也者，至善歸
> 宿之地，其爲物不二，故曰「獨」。……《大學》之道，「慎獨」而
> 已矣；《中庸》之道，「慎獨」而已矣；《論》、《孟》、《六經》之道，

〔註121〕姚才剛：〈論劉蕺山對王學的修正〉，《武漢大學學報‧人文社會科學版》，第53 卷第 6 期，2000.11，頁 758。

〔註122〕〈學言上〉，《全集》二，頁 457～458，59 歲。

〔註123〕〈學言上〉，《全集》二，頁 459，59 歲。

〔註124〕董瑒：〈劉子全書抄述〉，《全集》五，頁 765。

〔註125〕《全集》五，頁 352～354。

〔註126〕爲了方便起見，茲將所見在此之後強調慎獨的文獻約略記錄於此（沒有包括蕺山論「獨」、「獨體」），但省略原文，只將出處之頁數行數記之於下（沒有行數表示通篇數行或數次皆論慎獨）：

60 歲之「慎獨」處：《全集》三上，頁 380 倒行 4、頁 396 倒行 5；《全集》三下，頁 830 行 2、頁 1182～1183、；《全集》二，頁 490 行 3、頁 495、；《全集》五，頁 385 倒行 1。

62 歲：《全集》三下，頁 1182～1183。

63 歲：《全集》二，頁 509 行 3。

65 歲：《全集》三上，頁 180、頁 441 倒行 5；《全集》二，頁 515。

66 歲：《全集》二，頁 160、頁 307 行 1、頁 308 倒行 1、頁 312 行 3、頁 453～455、頁 522、頁 524 行 4、頁 533、頁 539、頁 540。

「愼獨」而已矣。「愼獨」而天下之能事畢矣。(〈讀大學〉,《全集》
三下,頁 1182～1183,62 歲)

隱且微矣,隱微之地,是名曰獨。其爲何物乎?本無一物之中而物
物具焉,此至善之所統會也。(〈大學古記約義‧愼獨〉,《全集》一,
頁 761,52 歲。)

「誠者,天之道也」,獨之體也。「誠之者,人之道也」,愼獨之功也。
(〈學言中〉,《全集》二,頁 495,60 歲)

在第一段引文中,蕺山說:「《大學》之道,誠意而已矣;誠意之功,愼獨而
已矣。」這是蕺山 62 歲時所說,和蕺山在 52 歲時所說的:「《大學》之道,
一言以蔽之曰:愼獨而已矣。」〔註 127〕非常類似,但可以在字面上看出是強
調愼獨的誠意面向,和 52 歲時由「知止」來說明不同,但誠意和愼獨還是相
當密切的。第一段引文配合第二段引文,可知「獨」與「意」都是「至善歸
宿之地」,二者是相同的。第三段引文則是愼獨配合誠意中的「誠」、「誠之」
的工夫來立論的。由此可知劉汋所說的「自此專舉立誠之旨,即愼獨姑置第
二義矣」是不太正確的說法。〔註 128〕

60 歲有〈學言中〉若干語錄,繼續發展「意」理論〔註 129〕,並指出《中
庸》「喜怒哀樂是四德」的特殊命題〔註 130〕,然後開始強調「氣」——蕺山「獨
特的氣論」〔註 121〕,喜怒哀樂配上仁義禮智與惻隱羞惡辭讓是非,皆爲四德,
亦爲四氣,而爲一氣之流行。〔註 122〕

61 歲,撰成《陽明先生傳信錄》,企圖由良知學的內部來救治良知學的弊
端。

〔註 127〕《大學古記約義‧愼獨》,《全集》一,頁 762,52 歲。

〔註 128〕勞思光亦由工夫論的立場說其「實則未確」,參勞思光:《新編中國哲學》三
下(台北:三民書局,1987)頁 575。東方朔先生亦認爲劉汋的說法,「將愼
獨與誠意兩者分得太開,蓋蕺山誠意說時未嘗離開愼獨而言,而愼獨在蕺山
總是總攝一切工夫之工夫,至蕺山 65 歲答葉潤山問『誠意』實,仍標明『愼
獨之功必於斯焉至』,誠意即愼獨,兩者一而二,二而一。」見東方朔:《劉
蕺山哲學研究》(上海:上海人民出版社,1997),頁 260。

〔註 129〕〈學言中〉,《全集》二,頁 480、485 等,60 歲。

〔註 130〕〈學言中〉,《全集》二,頁 486～488,60 歲。

〔註 121〕「獨特的氣論」是賴賢宗先生對於蕺山氣論的用語,這個獨特在於「心、氣、
理是一」,參賴賢宗:〈唐君毅早期哲學與德意志觀念論〉,《體用與心性——
當代新儒家哲學新論》(台北:台灣學生書局,2001),頁 54。

〔註 122〕〈學言中〉,《全集》二,頁 488,60 歲。

63 歲，輯《古小學集記》，爲蕺山對於小學的全面設計，「首〈學的〉，示所本；次〈躬行〉，示所重；次〈六藝〉，示所習也；終之以〈聖統〉，望的而趨，赴的而止也。」〔註123〕

64 歲，輯《古小學通記》，以明治天下之大經大法。「凡分四編，編若干卷。首〈政本〉，仍言學也；次〈問官〉，即以官學也；次進以〈入官〉，即學即政也；終之以〈王道〉，則學之大成。」〔註124〕此書即展現蕺山如何由愼獨學到外王之客觀面的設計，恰巧可以反駁前文姚才剛先生所持的「這種過緊的內聖之學，不利於制度層面的建構。」之說法。

65 歲著〈原旨〉七篇及〈治念說〉，繼續闡述「獨特的氣論」（尤其在〈原性〉中），及如何「化念歸思」。

66 歲著《讀易圖說》、《易衍》、《古文易抄》、《證學雜解》、〈存疑雜著〉與《學言下》部分語錄，喜怒哀樂配上元亨利貞，德性秩序與宇宙秩序合一，「獨特的氣論」徹底完成，心、理、氣、性、情、欲全辯證的綜合在一起。作〈良知說〉爲陽明良知學的最後定論，認爲陽明「將意字認壞，……將知字認粗」〔註125〕。

「氣」，在 48 歲九月蕺山與與周應中、朱錦知、吳薇垣及婿陳剛遊禹穴。在歸途中與周應中論學，驚嘆其學直窺前聖所不到處，遂作〈遊禹穴記事〉，在此文中，蕺山說到周應中以一「氣」字包千古，而使得蕺山領悟到學問之要〔註126〕，也就是說蕺山開始注意到「氣」，但在第二個階段，蕺山全力發展他的工夫論與本體論中的心性論，還沒有把心力放在「氣」上，到了晚年，蕺山主要的工夫論皆成熟了，他才有心思把注意力放在「氣」上，而將性氣理心結合而爲一在「氣」上，這樣他的「獨特的氣論」就完成了。

68 歲輯成《中興金鑑錄》，「心法、治法合爲一源」〔註127〕，這也是屬

〔註123〕〈古小學集記序〉，《全集》三下，頁 736，63 歲。此書現不存，僅能在〈古小學記小序〉見其大概，參《全集》三下，頁 739～745，63 歲

〔註124〕〈古小學通記序〉，《全集》三下，頁 746，64 歲。此書完成十之八九，絕食時，令劉汋將此書與《大學古文參疑》刪之，理由是過於割裂，參〈劉譜錄遺〉，《全集》五，頁 566，68 歲的記載，現僅能在〈古小學通記小序〉見其大概，但即使是僅能見其大概，對蕺山學來說，也是非常重要，因爲可以稍稍得知蕺山的外王學，參《全集》三下，頁 747～750，64 歲。

〔註125〕〈良知說〉，《全集》二，頁 373，66 歲。

〔註126〕〈遊禹穴記事〉，《全集》三下，頁 859。

〔註127〕〈劉譜〉68 歲條，《全集》五，頁 516。

於蕺山的外王學部分。改訂《人譜》，撰《人譜雜記》，未成，臨終命劉汋補之。

2.4　辯證觀

2.4.1　前賢關於「辯證觀」的評論舉隅

　　現在要進入蕺山學很重要的一個特色——就是蕺山喜歡將以往前賢的區分將之統一起來（例如人心與道心、已發與未發、義理之性與氣質之性、理與氣等等），歷來學者莫不注意及此，從蕺山子劉汋就開始注意到，蕺山的這個特色在形式上太明顯，問題在這個特色的詮釋上的歧異，蕺山這個特色對於他自己而言，到底他要表達些什麼？要達成什麼功效？

　　關於蕺山這個特色的命名，勞思光先生曾以「合一觀」形容之，以其「將一切分立或對立之觀念合而爲一」〔註128〕。張永儁先生反對用「合一」兩字，而要用「統一法」形容之，因爲「這種『統一法』不能稱之爲『合一法』。因爲統一是內在的性質的統一，不是外延式的兩端合一。」〔註129〕強調蕺山原本就認爲兩者是一，而非是二的合一。吳幸姬先生轉而以「一元觀」形容之〔註130〕，這就比較缺乏前兩者所含的「多」的意思。林月惠先生則以「圓融性思維」稱之，較前數者，此似較爲理想，因爲就「同情的理解」之詮釋原則而言，這個「圓融性思維」就不一定如勞思光先生認爲「合一觀」有「大弊」、是「極脆弱的論點」等評論，〔註131〕但林先生又說：「至於『圓融性思維』的確切意涵，在筆者還未深入探究蕺山心性論與理氣關係之前，實無法闡明。」〔註132〕筆者昔日曾綜合林安梧先生的看法與吳光先生的用語，稱之爲「『一本而萬殊，會眾以合一』之辯證綜合」〔註133〕，目前看來，尚可堪用〔註134〕，只是稍嫌太長，

〔註128〕勞思光：《新編中國哲學史》（三下）（台北：三民書局，1986），頁602。

〔註129〕張永儁：〈蕺山心學之特質及其歷史意義〉，《哲學與文化》第27卷第11期2000.11，頁1007。

〔註130〕吳幸姬：《劉蕺山的氣論思想——從本體宇宙論的進路談起》，嘉義：中正大學中文所2001年博士論文，頁166。

〔註131〕勞思光：《新編中國哲學史》（三下）（台北：三民書局，1986），頁621～622。

〔註132〕林月惠：〈劉蕺山論「未發已發」——從觀念史的考察談起〉，收入鍾彩鈞主編：《劉蕺山學術思想論集》（台北：中央研究院中國文哲所籌備處，1998），頁313。

〔註133〕廖俊裕：〈從本無生死到生生不息——論晚明理學如何解決生死問題〉，「第八

故簡稱爲「辯證觀」形容之。

　　底下筆者的敘述進程是這樣的，首先說明部份學者注意到這個特色，他們的評價如何？然後再試著評論這些評價，接著要嘗試說明蕺山這個「辯證觀」成立的可能性及其精義之所在。

　　就目前的文獻，劉汋因爲掌握蕺山文獻的優先性，所以他很早就發現蕺山這個特色。劉汋在〈劉譜〉66歲條寫下：

> 先生平日所見，一一與先儒牴牾。晚年信筆直書，姑存疑案，仍不越誠意、已未發、氣質義理、無極太極之說，於是斷言之曰：「從來學問只有一個工夫，凡夫內外、分動分靜、說有說無，劈成兩下，總屬支離。」又曰：「夫道，一而已矣。知、行分言，自子思子始；誠、明分言，亦自子思子始；已、未發分言，亦自子思子始；仁、義分言，自孟子始；心性分言，亦自孟子始；動靜、有無分言，自周子始。氣質、義理分言，自程子始。存心、致知分言，自朱子始。聞見、德性分言，自陽明子始；頓漸分言，亦自陽明子始。凡此皆吾夫子所不道也。嗚呼，吾舍仲尼奚適乎？」（〈劉譜〉66歲條，《全集》五，頁481，66歲，標點符號有改動。）

劉汋基本上只是描述，沒有評論。牟宗三先生曾以「此種說法即無實義，乃

居全國中文研究所研究生論文研討會」（中壢：中央大學，2001.12.8），當時因爲字數的限制，因而並沒有充分的展開討論。林安梧先生言：「蕺山語言之繁複夾雜，這是極難避免的，因爲他是一個辯證性的思想家，不是一分解性的思想家。蕺山是將心、意、知、物等層次從陽明四句教轉而爲辯證之統合。」見林安梧：〈論劉蕺山哲學中「善之意向性」──以〈答董標心意十問〉爲核心的疏解與展開〉，《國立編譯館館刊》第十九卷第一期1990.6，頁115。吳光先生用「一個堅持『一本而萬殊，會眾以合一』辯證方法的思想史家」來形容蕺山的學生黃梨洲，其實這也適用蕺山，蕺山曾曰：「萬物統於我矣，萬形統於身矣，萬化統於心矣，萬心統於一矣。」問：「一何統乎？」曰：「統於萬。一統於萬，一故無一。萬統於一，萬故無萬。無一之一是謂一本，無萬之萬是謂萬殊，致一者體仁之功，匯萬者強恕之說。二乎？一乎？安乎？勉乎？」萬統於一，其理易見；一統於萬，旨奧難明。（〈學言中〉，《全集》二，頁507，63歲。）
這段話正是「一本而萬殊，會眾以合一」之意，故借用之。參吳光：〈論黃梨洲對陽明心學的批判繼承與理論修正〉（下），《鵝湖月刊》第223期1994.1，頁33。
〔註134〕參考下文的討論。

故作驚人之筆之險語，而且亦有不合事實者。故此類話可置之也。」〔註 135〕
評論之，牟先生此評的後半段「亦有不合事實者」是正確的，因爲「德性之
知」與「見聞之知」之分始於張載〔註 136〕，而非陽明；「義理之性」與「氣質
之性」的區分也是始於張載〔註 137〕，而非程子等等。但此評的前半段「無實
義」到底是什麼實義，一般來說，說某東西沒實義通常是針對什麼東西而言，
也就是說，牟先生是基於什麼立場、什麼基點而說蕺山這樣的說法是「沒實
義」的，牟先生此處沒有說明。劉汋在此段文字之後，加上按語曰：

> 先儒言道分析者，至先生悉統而一之。先儒心與性對，先生曰「性
> 者心之性」；性與情對，先生曰「情者性之情」；心統性情，先生曰
> 「心之性情」。分人欲爲人心，天理爲道心，先生曰「心只有人心，
> 道心者，人心之所以爲心」。分性爲氣質、義理，先生曰「性只有氣
> 質，義理者氣質之所以爲性」；未發爲靜，已發爲動，先生曰「存發
> 只是一機，動靜只是一理」。推之存心、致知、聞見、德性之知，莫
> 不歸之於一。（〈劉譜〉66 歲條下，《全集》五，頁 481。）

牟先生在民國 57 年（1968）對此按語評論說：「本體論地即體即用之一滾地
說，……言之極爲精彩。」〔註 138〕不過有趣的是，到了民國 68 年（1979）之
《從陸象山到劉蕺山》中，牟先生對此段的評語變成「此亦無實義。即使可
以這樣一之，又何礙於分別說耶？若膠著於此而講其學之性格，必迷失旨歸
而至於面目全非。劉汋非能知其父者也。」〔註 139〕這兩段評論表面上是對立
的，前一段說「極爲精彩」，後一段中「無實義」的批評又出現了，茲先從前
一段評論著手，「極爲精彩」是在什麼地方？牟先生以爲將種種分別區分皆統
而一之，恰能提供一種「圓融化境」的呈現，牟先生說：

> 此是形而上下緊收緊吸下的圓融化境，不能視作主張上的陳述。即使
> 視作一種陳述，亦不能視作主張上的陳述之對遮。即使在發展中各陳
> 述對遮相對相消相融以期最後之圓融而化，亦不能滯在此圓融而化中
> 之「無太極之可言」而反對彼言有太極者。蓋圓融而化即預設著一種

〔註 135〕牟宗三：《從陸象山到劉蕺山》（台北：台灣學生書局，1984），頁 460。
〔註 136〕張載：《張載集・大心篇》（台北：漢京文化公司，1983），頁 24。
〔註 137〕張載：《張載集・誠明篇》（台北：漢京文化公司，1983），頁 23。張載原文
　　　　是「天地之性」取代「義理之性」。
〔註 138〕牟宗三：《心體與性體》（第一冊）（台北：正中書局，1985），頁 394～395。
〔註 139〕牟宗三：《從陸象山到劉蕺山》（台北：台灣學生書局，1984），頁 460。

分解歷程之分別言。……劉蕺山之滯礙不通處即在常不自覺地將圓融
而化是作一特定之主張（陳述）而以此遮彼，將圓融而化中之「無言」
特定化、視作與彼分別言之各種陳述爲同一層次上相對立之陳述。此
則反降低自己，乃是以不熟不圓之心智談圓義者。〔註140〕

從這一段敘述，就可以理解爲何在1968、1979年牟先生對蕺山的同一段言辭
似乎有表面上對立的意思，其實並沒有對立，而是相當一致的。牟先生以爲
精采處在於呈現一種「圓融化境」，此是不可掩的，但問題在蕺山對這種圓融
化境的處理上，蕺山將之視爲一種正面的陳述，而與之前被融化的諸分別言
之歷程放在同一層次立論，牟先生認爲種種的不通言論與滯辭或者無實義都
出自於此。「圓融而化即預設著一種分解歷程之分別言」就是牟先生最重要的
前提，在這個前提下，蕺山許多的話語全部成爲滯辭、無實義、「只是閉眼瞎
說而已」、「誤解栽贓」，〔註141〕而劉蕺山亦成爲牟先生筆下所謂的「劉蕺山之
智亦可謂鑿而死，往而不返者矣！」〔註142〕這也是牟先生在1979年中的評論
會有「即使可以這樣一之，又何礙於分別說耶？」一句的理由，牟先生是非
常重視有「分別說」的分解作爲前提的。

　　首先，這種圓融化境可否視爲一種正面的陳述，牟先生持否定意見，但
他又有點保留，所以他接著說「即使視作一種陳述」，現在的問題就是，那圓
融化境可否視爲一種「正面的主張上的陳述」〔註143〕？在什麼立場上，可以
成立？本文以爲是可以成立的，關鍵在於是否有「證量」與「證量相傳」這
些觀念，關於「證量」與「證量相傳」本文將留在第三章來正式處理。

　　其次，關於「圓融而化即預設著一種分解歷程之分別言」，「辯證的綜合
要預設超越的分解」一直都是牟先生所強力主張的命題〔註144〕，這個命題的

〔註140〕牟宗三：《心體與性體》（第一冊）（台北：正中書局，1985），頁396。

〔註141〕均見牟宗三：《心體與性體》（第一冊）（台北：正中書局，1985），頁 392～
393。

〔註142〕牟宗三：《心體與性體》（第一冊）（台北：正中書局，1985），頁398。

〔註143〕牟先生沒有正面的解釋什麼叫做「主張上的陳述」？本文將之理解爲「一種
有目的性的行爲」，這便可和前面牟先生所謂的「圓融化境」有所差異。

〔註144〕參見牟宗三：〈超越的分解與辯証的綜合〉，《鵝湖》220期1993.10，頁1～4。
〈論黑格爾的辯証法〉、〈黑格爾與王船山〉此二文俱收入牟宗三：《生命的學
問》（台北：三民書局，1989）。〈辯証法〉，牟宗三：《理則學》（台北：正中
書局，1968）。牟先生在其他地方也有述及，但都是指涉式的說明，如華嚴是
超越的分解，天台是詭譎的綜合，但皆無觸及其間預設關係，故不論之，如
《現象與物自身》（台北：台灣學生書局，1990），第七章，第十節。

堅實性也並沒有那麼可靠，但在此，本文仍要跳過，等到下文藉著謝大寧先生對於牟先生儒家圓教的反省，而予以討論，以免支節散漫。〔註145〕

現在，討論勞思光先生對於蕺山「辯證觀」（勞先生稱為「合一觀」）的評論。勞思光先生曰：

> 蕺山之思路有一最大特色，即喜消滅理論上種種區分。此點原未必是病；蓋一切區分原依語言思辯中之功能而立，非有自存之實在性也。然立說中必不能不取某種區分，故若於應作區分處強去此區分，則結果必有大弊。蕺山忽視之區分，最重要者在於經驗意義與超驗意義一層。欲說明此點，最佳證據莫過於蕺山論「四情」之說。……今蕺山以「四時」配「四情」，顯然混亂「經驗」與「超驗」之區分；憑空多出一極脆弱之論點矣。朱熹以其宇宙論立場，亦曾有此種四四相配之說，正是其理論弊病之一；蕺山採取心性論立場，更不應承此錯誤觀點而立說也。〔註146〕

在勞先生這段評論中，說到區分本身並無「自存之實在性」，一切區分是「依語言思辯中之功能而立」，也就是說，區分有它本身的方便的契機性、隨緣性、暫時性。勞先生這裡有關「區分」的功能說明是正確的。不過關鍵在下面「若於應作區分處強去此區分，則結果必有大弊」這句話，換句話說，勞先生以為蕺山在「經驗意義與超驗意義」此處是一定要做區分的，而蕺山沒有，故造成蕺山理論的「大弊」、「極脆弱之論點」，勞先生並以蕺山非常喜歡用的「四時」春夏秋冬配上「四情」喜怒哀樂的論述來作證據。最後認為蕺山既採心性論的立場，就不該犯上此錯誤。本文覺得勞先生似乎應從蕺山非常喜歡強調「四時」配上「四情」來檢討勞先生認為的「蕺山既採心性論的立場」的這個立場，而不是反其道而行。其次，「經驗意義與超驗意義」在此是否一定要做區分，以蕺山喜用之的程度來看，蕺山顯然不如此認為。關於「經驗意義與超驗意義」區分的必要性，本文以為可以從兩部分來解決，

〔註145〕東方朔先生從「學問風格之分析與統合」來反駁牟先生之論說：「劉汋之言大體上當是實語，是對著蕺山學術性格而發的，那麼，何以採取此統合方式就一定會使學術迷失旨歸？看來此非『劉汋非能知其父者』，而實乃蕺山之學問風格全然不合乎牟先生之偏好。」見東方朔：《劉蕺山哲學研究》（上海：上海人民出版社，1997），頁157，東方先生所見確然。可是沒能說出牟先生所重的是其間的「預設」關係。

〔註146〕勞思光：《新編中國哲學史》（三下）（台北：三民書局，1986），頁621～622。

第一部分就是從上文「辯證的綜合要預設超越的分解」的商榷上來著手，就這一點而言，勞先生和牟先生是一致的，因爲牟先生的超越分解中的最基本的分解就是「超越層與感性層」（有時又用「超越層與經驗層」）的區分，牟先生正是在這個區分上去理解王陽明和劉蕺山或說是整個宋明理學的〔註147〕，和勞先生的意見相同，這仍等待下文來解決。第二部分就是從神祕主義（mysticism）〔註148〕來理解，在此，本文希望引入神祕主義的觀點是合法允許的，因爲這是蕺山文獻中所透露出來的，蕺山的文獻中「神祕主義」氣息非常濃厚，例如：

> 「萬物統於我矣，萬形統於身矣，萬化統於心矣，萬心統於一矣。」問：「一何統乎？」曰：「統於萬。一統於萬，一故無一。萬統於一，萬故無萬。無一之一是謂一本，無萬之萬是謂萬殊，致一者體仁之功，匯萬者強恕之說。二乎？一乎？安乎？勉乎？」萬統於一，其理易見；一統於萬，旨奧難明。（〈學言中〉，《全集》二，頁507，63歲。）

> 不二不測，只是一箇。不二言實有是理，體即用；不測言本無是事，用即體。不測云者，隱微之至也。昭昭撮土，卷石一勺，總言不盈一些子，正爲物不二之眞情狀。及其無窮，及其不測，只在昭昭撮土中看出。（〈學言下〉，《全集》二，頁544，66歲。）

> 喜怒哀樂即仁義禮智之別名，……喜怒哀樂即天之春夏秋冬。……四氣在人，無物不有，無時不然，即一言一動皆備。（〈易衍〉，《全集》二，頁160～161，66歲。）

蕺山這類文獻實在太多，都是非常合乎 W.T.Stace（1886～1967）所謂的神祕主義的特徵〔註149〕。這種「神祕主義」氣息並不是說好像有種「神祕兮兮」

〔註147〕參牟宗三：《從陸象山到劉蕺山》（台北：台灣學生書局，1984），第三章與第六章等處。或參謝大寧師：《儒家圓教底再詮釋》（台北：台灣學生書局，1996），第三章。

〔註148〕Mysticism 或譯爲冥契主義、冥證主義、神祕教、密契主義、神契主義，衆譯紛紜皆各成一理，本文採陳來先生的意見而用「神祕主義」，陳來先生以爲「語言乃約定俗成，人創其說，徒增其亂，所以也就無須改譯。」見陳來：〈神祕主義與儒學傳統〉，《文化：中國與世界》第五輯（北京：三聯書店，1988），後改名〈心學傳統中的神秘主義問題〉，收入陳來：《有無之境——王陽明的哲學精神》（北京：人民出版社，1991）附錄，頁394。又神祕主義之「神祕」有些人寫成「神秘」，二詞相通，本文皆以「神祕」代之。

〔註149〕W.T.Stace 認爲神祕經驗有兩種：內向型與外向型。外向型的神祕經驗有七點

的味道〔註150〕，而正是強調去除種種區分的合一感〔註151〕，因此便有四時春夏秋冬與四情喜怒哀樂的說法，蕺山在晚年常常強調這個說法，也引起很多學者的批評，例如楊國榮先生的「比附，可撇開不議」〔註152〕、李振綱先生的「無實義」〔註153〕、劉述先先生的「實不足取」〔註154〕、張立文先生的「粗淺的比附」〔註155〕、東方朔先生的「甚覺好笑」、「幼稚難懂」、「難以原諒的錯誤」〔註156〕等等。筆者卻以為這是蕺山重視「以身證之」的原則，並在 37 歲著〈心論〉，體會「天下無心外之理、無心外之學」，再配合上晚年「獨特的氣論」之「氣」（心、氣、理是一的「氣」），必然會有的說法，這個說法充滿著「神祕主義的冥契」味道〔註157〕，正是在這裡可以成立的。試看 W.T.Stace

特色：一、「萬物為一」，憑藉感官，並在雜多的物象中見出；二、一有內在的主體性，他遍佈在萬物之中；三、有真實客觀感；四、感到幸福自在；五、感到放眼所見就是神聖；六、矛盾性；七、不可說性（但此點 W.T.Stace 較為保留）。內向型的神祕經驗有七點特色：一、一體之感，但所有的感性、智性、以及經驗內容之雜多，全部消散無蹤；二、無時空性；三、四、五、六、七與外向型相同。見 W.T.Stace 著、楊儒賓譯：《冥契主義與哲學》（台北：正中書局，1998），頁 90、131～132。蕺山兩種類型皆包含在內。又黃敏浩先生曰：「〔蕺山〕這種與天地同流的意識也許會讓我們想到一種獨特的、並非人人可有的宗教冥契經驗。」見黃敏浩：《劉宗周及其慎獨哲學》（台北：台灣學生書局，2001），頁 22。蕺山對於此經驗的不可說性有二態度，一是、「人生而靜以上不容說」（見〈證學雜解・解二〉，《全集》二，頁 305，66 歲）；一是、利用詭辭，此見下文關於詭辭的討論。

〔註150〕W.T.Stace 著、楊儒賓譯：《冥契主義與哲學》（台北：正中書局，1998）〈譯序〉，頁 9。楊先生以為一般人正是對「神祕主義」有「神祕兮兮」的感覺，所以他用「冥契主義」來翻譯。

〔註151〕參楊儒賓：《儒家身體觀》（台北：中央研究院中國文哲所，1996），頁 162～163，對孟子神祕主義的解釋。

〔註152〕楊國榮：〈理性本體的重建——劉宗周與心性之辯〉，收入鍾彩鈞主編：《劉蕺山學術思想論集》（台北：中央研究院中國文哲所籌備處，1998），頁 268。

〔註153〕李振綱：《證人之境——劉宗周哲學的宗旨》（北京：人民出版社，2000），頁 78。

〔註154〕劉述先：《黃宗羲心學的定位》（台北：允晨文化公司，1986），頁 25。

〔註155〕張立文：《氣》（台北：漢興書局，1994），頁 232。

〔註156〕東方朔：《劉蕺山哲學研究》（上海：上海人民出版社，1997），頁 143，尾句見頁 149。

〔註157〕凡「氣」有「神」義，就容易有「神祕主義」的味道，例如侯外盧曰：「張載在本體論中的唯物主義是很不徹底的，他雖然以物質狀態的『氣』作為宇宙本體和世界各種物質形式的最基本的狀態，但『氣』所具有的運動變化功能『神』，卻明顯地帶有神祕主義的色彩。」見侯外盧、邱漢生、張豈之主編《宋明理學史》（北京：北京人民出版社，1987），頁 104。蕺山的「氣」恰有「神」

有關神祕主義的探討，他說：

> 我們的探討在某方面與底下的問題類似：我的顏色感覺等等的感官
> 經驗與宇宙的本性及結構，究竟有何關係？〔註158〕

這樣的提問和蕺山喜怒哀樂與春夏秋冬相配的相關命題是一致的，在蕺山這樣的觀點下，一一目擊道存，處處逢景皆春，到處鳶飛魚躍，所見的宇宙不是只有經驗性的物質存在，而是有著精神的特色。〔註159〕

以上重在說明蕺山的理論中存在著一種很明顯的特色「辯證觀」，以及討論牟宗三先生與勞思光先生關於蕺山「辯證觀」的評論，以下，筆者在這個基礎上展開說明這個「辯證觀」成立的可能性在哪裡。

2.4.2　「辯證的綜合」要不要預設「超越的分解」

現在回到上文檢討牟宗三先生有關蕺山「辯證觀」之評論時所說的「辯證的綜合要預設超越的分解」，本文現在要著手處理這個論點。首先，本文藉著謝大寧先生反省牟先生有關「儒家圓教」理論，說明在現實上，正有「辯證的綜合不必要預設超越的分解」，此表現在天台宗「一念無明法性心」的思路上，而這又和蕺山的思路有其類似性。然後再試著說明蕺山為什麼會有如此的「辯證觀」的主張，接著說明這個「辯證綜合」的起點在「氣」上，而

義，如蕺山曰：「神尊而形為役矣，形神相抱，妙合無倫，生生不窮，推是道也。」（《易衍》第六章，《全集》二，頁159，66歲。）或參徐成俊：《劉蕺山「慎獨說」及其道德形上學基礎之研究》（台北：台灣大學哲研所1990年碩士論文），頁30。

〔註158〕W.T.Stace著、楊儒賓譯：《冥契主義與哲學》（台北：正中書局，1998）前言，頁15。

〔註159〕關於「四四相配」之說，另參第四章。又：如此去解釋勞思光先生對於蕺山「辯證觀」所犯下的「喜消滅理論上種種區分」的「極脆弱之論點」之「大弊」的評論，事實上也合乎勞先生的學思發展歷程，勞先生在寫下上面有關蕺山「辯證觀」評論的數年後，他即已反省於此點，他在反省唐君毅先生的哲學體系時說到：「唐先生的方法是把每一層的區分都步步化掉。我們凡說到一種理論的時候，都需要有某種劃分，不劃分不能討論問題。可是我們也要明白，每一個劃分都並非是外在地存在的，這只是我們表述一個問題、把握一個問題、處理一個問題時的思想路數，換句話說，是我們為了使用語言時的需要、表達上的需要，才作這樣的劃分、那樣的劃分。唐先生的方法不是意義理論的方法，唐先生的方法，據我的了解，主要是華嚴宗的方法，就是『一攝一切、一切攝一』這個觀點。」見勞思光：《思光人物論集》（香港：中文大學出版社，2001），頁85～86。這恰巧和此處的詮釋是一致的。

結束本節。〔註160〕

　　謝大寧先生的《儒家圓教底再詮釋》〔註161〕一書是針對牟宗三先生的「儒家圓教」（就存有論而言，最圓滿的義理型態）而作的反省，謝先生的思路主要是針對牟先生理論的內部矛盾而予以解決，他從牟先生有關佛教圓教的理論放在天台宗而非華嚴宗的立論上，檢討牟先生講儒家圓教時，常將其擺在依王陽明、王龍溪而來的四有、四無的思路上，而陽明、龍溪的思想是由良知出發以到達「四無」的圓融化境，這是和華嚴宗的「稱法本教」、「稱性而談」的思路一致，這恰巧和前面牟先生以為的天台是真正的圓教，而華嚴是別圓的說法成為矛盾，接著他檢討圓教的主要模型只能有一種〔註162〕，就是天台的思路，謝先生並利用海德格的存有論思想予以證成，謝先生說：

> 在筆者看來，真正的圓教基型，似應包含著兩層次，一是依類似一念心的建立方式，建立一個足以依「無明無住」、「法性無住」之方式而開展出的存有論，其次復依「同體依」的方式，以真正建立圓教的存有論意義上的不二法門。〔註163〕

於是他考察「密教型範」下的儒家圓教是否有此詮釋方向的可能空間。首先，考察了從濂溪、張載、明道、五峰和蕺山關於「心」的意義，結論是不必要有「超越的主體」、「超越的道德本心」之詮釋意義（如果往此詮釋，則就有對蕺山的部分文獻要作出錯雜、無實義等評論，這是不合乎詮釋的原則的）。接著配

〔註160〕 至於在理論上的說明，可以參見筆者往昔考察唐君毅先生的哲學體系之合法性時（在理論上的被接受性與允許性）的說明，參廖俊裕：〈論唐君毅哲學的合法性起點與發展性〉第二節「辯證的綜合不必要預設超越的分解」，《研究與動態》第二輯（彰化：大葉大學共同教學中心，2000.1）。在該文中，筆者曾經檢討牟宗三先生的「辯證的綜合要預設超越的分解」命題的文獻，發覺並沒有堅強的證據證實，然後再藉著黑格爾在其名著《精神現象學》中之〈導論〉部分來說明牟先生的「辯證的綜合」不要有任何的預設，包含「超越的分解」的預設，而只要在當下的具體存在的「這一個」辯證起即可。該處的說明在此依然有效，故不重複，但又很重要，故於此處注明。

〔註161〕 謝大寧師：《儒家圓教底再詮釋》（台北：台灣學生書局，1996）。

〔註162〕 注意：這裡說的是「模型」、「基型」。牟先生的這個現象，賴賢宗先生也有發現，賴先生曰：「似乎奇怪的是：牟宗三在佛學中歸心『天台圓教』，批評華嚴是『緣理斷九』。但他在儒學中歸宗的卻是『華嚴學性格』的即用顯體的孟子心學。」見賴賢宗：〈朱子哲學論易體與心統性情的交涉及劉蕺山的心之性情對此的批評〉，《世界中國哲學學報》第 2 期 2001.1，頁 254。

〔註163〕 謝大寧師：《儒家圓教底再詮釋》（台北：台灣學生書局，1996），頁 154。以上的綜述，請參考該書之第二、三、四章。

合著胡五峰、劉蕺山的文獻「天理人欲同體而異用，同行而異情」〔註164〕上之
詮釋（類比地說「天理無住」、「人欲無住」），於是儒家圓教之真正的圓教於此
建立。〔註165〕而在其中，他論述天台的「一念心」：

> 所謂一念心，我們故亦可說他的真實意思乃是「無明無住」和「法
> 性無住」，但此處所謂的無明和法性，牟先生也常說它們既不是如唯
> 識般由經驗分解而說的識心，也不是由超越分解而說的真心；甚至
> 他根本不能說是分解，也不能說它預設著分解。而且這個依無明無
> 住和法性無住而說的一念心，天台也總說它是陰妄心、刹那心、煩
> 惱心，這更不能說是什麼超越的主體性、無限智心，然則我們能說
> 它是分解的表象，或是預設著分解的表象嗎？牟先生也表明它不是
> 另立一種分解的表示，而只是純由心之相即上說之詭譎的表示，但
> 牟先生話中之意，顯然是在這說法的背後預設著一個超越之分解
> 的，否則他也不會在其他地方將一念心當成是個無限智心了。但他
> 這麼說，豈不是和一念心之性格相衝突嗎？至於就「辯證的綜合」
> 這面來看，天台是有一種詭譎的表示，所以它說無明法性有一種「同
> 體依即」的關係。〔註166〕

謝先生在此說明了牟先生總是「辯證的綜合要預設超越的分解」，而這正是和
天台的「一念心」相衝突，天台的「一念心」正是不要有這個預設的，而就
當下「同體依」的「法性無住」與「無明無住」來說「一念心」。

　　了解了「辯證的綜合不必要預設超越的分解」，現在可以回到上節關於牟
先生對蕺山「辯證觀」評論上面。就可以將牟先生在上文評論蕺山「無實義」、
「滯辭」、「閉眼瞎說」、「劉蕺山之智亦可謂鑿而死，往而不返者矣！」等之
激烈情緒性字眼放入括號。〔註167〕

　　經過筆者細心地考察，發覺謝先生的論證是繁瑣、繚繞而又嚴謹的，其

〔註164〕「天理人欲同體而異用，同行而異情」出自《知言》，見胡宏：《胡宏集》（北
　　　　京：中華書局，1987），頁329。巧的是，一般都認為劉蕺山沒有讀過胡五峰
　　　　的《知言》，筆者在蕺山的《全集》中，發現有一極類似的話：「天理人欲，
　　　　同行而異情，故即欲可以還理。」見〈學言上〉，《全集》二，頁454，59歲。
〔註165〕此書後續還有討論「圓教與現代化」問題，因無關於此，暫略。
〔註166〕謝大寧師：《儒家圓教底再詮釋》（台北：台灣學生書局，1996），頁144～145。
〔註167〕同樣的方法也可以回應到上文對於勞思光先生關於蕺山的評論。吳汝鈞先生
　　　　在批評勞思光先生的佛學研究時，也有同樣的看法，參吳汝鈞：《苦痛現象學》
　　　　（台北：台灣學生書局，2002），頁103。

證成效力是可成立的，是研究蕺山學不可缺少的資源〔註168〕，因此可以在他的研究成果上往上發展，茲再回到上段引文，以作爲研究的墊腳石。上段引文說到：「至於就『辯證的綜合』這面來看，天台是有一種詭譎的表示，所以它說無明法性有一種『同體依即』的關係。」，也就是說這「一念心」就「辯證的綜合」上說，所呈現的是一種「詭譎的表示」，這種「詭譎的表示」就是一種「詭辭」（弔詭的語式），謝先生再藉著海德格「崩解的語言」概念來論證「詭辭」之有「存有論的意涵」，而不是只有工夫上「無執無著」的「無相原則」的意義（有如牟宗三先生詮釋龍溪之「無心之心、無知之知、無意之意、無物之物」中之「無」的工夫）〔註169〕，這也是一個重大的命題，可以使得某些人對於蕺山的許多語言感到矛盾、混亂之處得解，何謂「詭辭」（弔詭的語式），謝先生曰：

> 這種語式基本上可簡併爲兩種形式：其一可名之曰「恢詭憰怪」之語式，它的基本語言結構乃是一種矛盾句式，例如《老子》中一切正言若反的詭辭，和《莊子》以「非指喻指之非指」的形式皆是。其二則可名之曰「道通爲一」之語式，它的基本語言結構則爲一種「任一項皆同時即是整全及整全的每一項」的句式，所謂「天地與我並生，萬物與我爲一」是也。後一形式也存在另一變式，即前述句式的反對命題（引者按：指「亦有亦無」、「非有非無」）。〔註170〕

謝先生在此言詭辭基本上有兩種，而皆有其存有論的意涵。就第一種而言，

〔註168〕就筆者所知，目前研究蕺山學之學者，幾乎都沒有利用這個資源，這是很可惜的地方，研究蕺山的學者，常把此書列入「參考書目」，但還沒有人把它提升到「引用書目」，在一篇名爲〈海峽兩岸劉蕺山思想研究綜述〉的文章裡，對此亦無一言提及，見許珠武：〈海峽兩岸劉蕺山思想研究綜述〉，《中國文哲研究通訊》第11卷第4期（總第44期）2001.12。大都運用的是牟宗三先生和勞思光先生的資源，於是對於蕺山普遍責難的現象就此發生，此可參鍾彩鈞：〈台灣學者對劉蕺山學術思想的研究──哲學理論與其他〉，收入鍾彩鈞主編：《劉蕺山學術思想論集》（台北：中央研究院中國文哲所籌備處，1998），頁581～583。

〔註169〕見牟宗三：《從陸象山到劉蕺山》（台北：台灣學生書局，1984），頁270～273。

〔註170〕見謝大寧師：《儒家圓教底再詮釋》（台北：台灣學生書局，1996），頁265，但原文有缺字，「後一形式」後之字句亦缺，此所引乃再參考原引文之原始出處而得，見謝大寧師：〈中國的美感境界及其存有論的意涵〉，收入淡江大學中文所主編：《文學與美學》第五集（台北：文史哲出版社，1995），頁338。引文中的按語，是筆者參該文之註16所加，加上的理由是因爲蕺山這種「亦有亦無」、「非有非無」的句式也很多。

是有如「甲是甲又等於非甲」，如蕺山文獻中：「性無性」〔註171〕、「性本無性」〔註172〕、「存發總是一機，動靜總是一理。」〔註173〕、「欲與天理，只是一個。」〔註174〕、「果復藏仁，仁復藏果。」〔註175〕。

就第二種而言，是有如「仁者與天地萬物爲一體」，如蕺山文獻中有名的「體認親切法」：「身在天地萬物之中，非有我之得私；心包天地萬物之外，非一膜之能圍。通天地萬物爲一心，更無中外可言；體天地萬物爲一本，更無本之可覓。」〔註176〕、「心中有意，意中有知，知中有物，物有身與家國天下，是心知無盡藏處。性中有命，命中有天，天合道，道合教，教合天地萬物，是性之無盡藏處。」〔註177〕

就第二種的變式而言，是有如佛教有名的「雙是雙非」語式，如蕺山文獻中：「只此動靜之理，分言之是陰陽，合言之是太極，故曰：『一陰一陽之謂道。』即分即合是太極，非分非合是無極。」〔註178〕、「非有非無之間，而即有即無，是謂太虛，又表而尊之曰太極。」〔註179〕

凡此些文獻皆是在「辯證的綜合」下，而展現「弔詭的語式」之詭辭相貌，而有其存有論的意義。於是在「辯證的綜合不必要預設超越的分解」與「圓教」的觀點下，謝先生做了一個詮釋上的轉換，謝先生結論說：

> 這樣一種轉換，哲學地說，也就是將性體概念即視爲海德格所謂的「存有」，而以存有之即解蔽即隱蔽來理解「天理無住」和「人欲無住」，意即性體乃是以在迷在事而論，它不再被視爲是超越的存有者，而只是不斷通過解蔽其自己，在世界中顯示爲某種意義。性體之解蔽自己，乃是將自己顯示於歷史之向度中，而它即以人心爲具體的落實和持存處，此猶存有之具體落實而持存於此有，從而它可

〔註171〕〈原性〉，《全集》二，頁328，65歲。
〔註172〕〈原性〉，《全集》二，頁330，65歲。
〔註173〕〈劉譜〉66歲條下，《全集》五，頁481，66歲。
〔註174〕〈學言上〉，《全集》二，頁428，43歲。
〔註175〕〈學言下〉，《全集》二，頁556，66歲。
〔註176〕〈學言上〉，《全集》二，頁463，59歲。
〔註177〕〈學言中〉，《全集》二，頁491，60歲。
〔註178〕〈學言上〉，《全集》二，頁443，51歲。
〔註179〕〈學言中〉，《全集》二，頁480，60歲。
　　　　以上這些蕺山的文獻，在蕺山的全集中，都是常常可見的，但對於一般習於感官經驗的或分解的思路的人而言，皆是不好理解的。

以通過此有的「本質思考」以返歸而彰顯性體。〔註180〕

此一新的詮釋方式，只要求性體這概念是一超越者，但它亦非指超越的實體，而心不再是一個超越之主體性，它只是性體在時間、歷史這一向度中之一個有限性的承載者，也就是說心不能脫離開有限的實存情境來考慮。〔註181〕

這兩段的說法，扣緊上文有關蕺山的「天理人欲，同行而異情，故即欲可以還理。」文獻（此時是作為存有論的論述，而不是只從工夫的去執來說），可以將性體和天理等同起來，但這個等同起來的東西，不可以把它視作某種「超越的實體」，在這兩段引文中，第一段中說性體是以「在迷在事而論，它不再被視為是超越的存有者」，第二段卻說「只要求性體這概念是一超越者」，好像說法有不同，其實沒有，在此處，「超越者」和「超越的存有者」並不一樣，因為在第二段的「只要求性體這概念是一超越者」後面馬上接著說「但它亦非指超越的實體」，換言之，性體或天理的呈現不能視作是「超越的實體」的實現，有如先預設一個「超越的分解」下的「實體」，但卻可以視作某種「超越者」，那這個「超越者」是什麼意思？這超越者正是第一段引文中所謂的「存有之即解蔽即隱蔽」之即隱蔽而言，意思是天理解蔽其自己的時候，並不會就限定在這個「解蔽」，而是馬上就可以超越之（隱蔽），就此而言，天理是個超越者（這個「超越者」之所以為「者」只是個姿態、樣子），但不是個超越的實體，天理是不斷地解蔽其自己、呈現其自己（「其自己」三字其實是贅語，其實是不可以出現的，但這是使用語言之限制），而這個解蔽一定要在一個具體時空的歷史向度中來解蔽，不能外此，如此在天理即解蔽即隱蔽時，即是「天理無住」、「人欲無住」的「同體依即」的關係，也是為何蕺山可以馬上接著說「即欲可以還理」的理由。其次，此時要注意到「心」的地位，心是個在具體時空中的性體的落實之「此有」的承載者，不能離開有限的實存情境來考慮，因此就道德實踐而言，道德實踐也必定要在一個具體時空的歷史向度之中而隨時隨地做抉擇，對於劉蕺山而言，這恰是他最重要的特色，也是本文為何命名為「道德實踐與歷史性——關於蕺山學的討論」之基本原因。〔註182〕

〔註180〕謝大寧師：《儒家圓教底再詮釋》（台北：台灣學生書局，1996），頁212。
〔註181〕謝大寧師：《儒家圓教底再詮釋》（台北：台灣學生書局，1996），頁216。
〔註182〕謝師此說，事實上，已有唐君毅先生之說為先導，唐君毅曰：「必言氣質之性者，其旨正在說此性之體之『無時不能自呈其用於變化氣質之偏蔽，已成一元氣之周流之中。』緣性不離氣質，而蕺山亦反對一切離心言性、離情見性

2.4.3　辯證綜合的起點：氣 (此有)

　　以上是由理論上來說，現在扣緊蕺山的生命特色，由「道德實踐」的觀點，來說明為什麼蕺山重視「辯證的綜合」，而有一種「詭譎地說性」，然後再由此說明這個辯證綜合的方式——「一本而萬殊，會眾以合一」之辯證綜合，與辯證綜合的起點——「氣」。

　　上文在 2.3.2 節「蕺山的學行年譜」的 26、27 歲中，說到蕺山的道德實踐非常重視「勘驗」，重視理欲之間的區別，以及在酒色財氣等日常生活中，如何查驗道德實踐「功力之進退」，這就是說他一定要注意「當下生命的具體存在情境」（即「此有」），是要在與具體情境交會中自我查考，而不是某種境界的體會，就這是說他不會單單只注意生命中的某一特殊性質來立論，而是綜合的來看，造就他「詭譎地說性」，而不是單提一點而「分解地說性」。所謂「分解地說性」，就是在具體存在的人性中，提鍊出某一通性而強調之、凸顯之的意思。如此一般可提鍊出兩種通性，就是即心而說的無限性與即生而說的有限性。所謂「詭譎地說性」，就是將前人提鍊出來的這兩種性重新還原給具體存在、妙運自然而不可說的生命，而即此存在的生命以說性的意思。〔註183〕在此還原中，為一「有差別性的統一」，即「辯證」。即存在的生命以說性，或詭譎地說性，本來就是詭譎而難說的，因為真還原到具體存在，便是不可說，不可說而又要說，所以便產生不可免的詭譎。這是詭譎地說性之不清楚處，而不如「即心說性」、「即生說性」等分解說之清楚了。所以林安梧先生即言：「蕺山語言之繁複夾雜，這是極難避免的，因為他是一個辯證性的思想家，不是一分解性的思想家。蕺山是將心、意、知、物等層次從陽明四句教轉而為辯證之統合。」〔註184〕而蕺山這樣的說法的方式都是方便說、權說，即在實存的具體存在中姑為分析，其分

　　之說，而恆即心即情以言性。」見唐君毅：《中國哲學原論‧原性篇》（台北：台灣學生書局，1989），頁 492，但唐先生並沒有先論證其成立之基礎，唐先生的論證恐怕是放在黑格爾的《精神現象學》上，參廖俊裕：〈論唐君毅哲學的合法性起點與發展性〉，《研究與動態》第二輯（彰化：大葉大學共同教學中心，2000.1）。

〔註183〕關於分解地說性與詭譎地說性的區分，見曾昭旭師：〈性之說統新探〉，收入曾昭旭師：《道德與道德實踐》（台北：漢光文化公司，1985），頁 45～76。在此文中，曾師恰巧認為蕺山和天台都是屬於「即人為心、身相結合之存在而說性」的「詭譎地說性」之代表。

〔註184〕見林安梧：〈論劉蕺山哲學中「善之意向性」——以〈答董標心意十問〉為核心的疏解與展開〉，《國立編譯館館刊》1990 年 6 月，第十九卷第一期，頁 115。

也不是相對的二分，而是屬於一體之兩面向之二分，仍是不一不異、分無分相的，他說：「性一心耳，心一知耳，許多名色，皆隨指而異。」〔註185〕就是這個意思。在這方式說性情、體用，都是一說體便含用，而全用在體；一說用便含體，而全體在用。故蕺山的思想，不是一分析的系統，諸性說不是一系統中之諸元素，而是經由一辯證的歷程貫串統一起來的理路。蕺山這種思路可以稱作「一本而萬殊，會眾以合一」之辯證綜合。因爲蕺山的這種辯證思路，有時自兩端立論，有時又自多端立論。所謂「一本而萬殊，會眾以合一」就是說蕺山所重原爲當下之具體實存之此有，但一涉及言說，則必須展開，有時展開爲兩端，有時則多端。最後再將這些言說的區分予以消除，回歸具體的當下實存之此有。例如蕺山云：

> 心無體，以意爲體；意無體，以知爲體；知無體，以物爲體；物無用，以知爲用；知無用，以意爲用；意無用，以心爲用。此之謂體用一源、此之謂顯微無間。（〈學言下〉，《全集》二，頁531，66歲。）

> 心中有意，意中有知，知中有物，物有身與家國天下，是心之無盡藏處。性中有命，命中有天，天合道，道合教，教合天地萬物，是性之無盡藏處。（〈學言中〉，《全集》二，頁491，60歲。）

> 盈天地間皆性。性一命，命亦天，天即心、即事、即物，渾然一體，無有精粗上下之歧，此所以爲中庸之道也。故學以盡性爲極則。（〈張蓬玄玄塵序〉，《全集》三下，頁750，63歲。）

看到這些文字，可以感覺到牟宗三先生用「滾在一起」來形容，實在很貼切，而蕺山這種展開，也很多元，有時就天、心、事、物；有時就心、意、知、物；有時就性、命、天、道、教、萬物。故可說是「一本而萬殊，會眾以合一」的辯證綜合。問題是蕺山爲何採取這樣的滾在一起，而回歸到具體的當下實存？這就牽涉到他自己給他自己的生命使命——「司世教者」（參2.2.1節），所有的思想正是要起「世教」的責任，因此思想的任務就是「如實知」，而起「眞實行」，而不能只是戲論，而要回歸當下的具體存在情境、當下的此有。〔註186〕

〔註185〕〈復沈石臣進士〉，《全集》三上，頁427，63歲，但《全集》標題有誤。

〔註186〕參唐君毅：《生命存在與心靈境界》（台北：台灣學生書局，1986），頁24～26。或廖俊裕：〈唐君毅的眞實存在論〉，中壢：中央大學中研所1992年碩士論文，頁26～27。

這個當下的具體存在情境、當下的此有，就晚年劉蕺山之體系而言，就名之爲「氣」。關於蕺山的「氣」，在上面 2.3.2「蕺山的學行年譜」和 2.3.3「蕺山思想發展的階段論」中，已稍有談及，在蕺山 42 歲《曾子章句》時，就對其中的〈天圓第十〉大爲讚賞，並且用「一氣之化」去統攝天地人，蕺山曰：

> 陰陽之氣一也，而其精者則曰神與靈，其粗者則物而已。精氣者，純粹以精之氣，道之形而上者是也。神者氣之吐也，靈者氣之含也，一精含吐而神靈分，靈亦神也。人物之生，莫不本乎陰陽之氣，則莫非神之所爲，故以爲品物之本。而人物之中，惟人也得其氣之精者爲最全，故生爲萬物之靈，而禮樂仁義從此出焉。立人之道，仁義是也。禮樂者，仁義之具也。（《曾子章句》，《全集》一，頁 696，42 歲。）

蕺山的這些言論容易讓人有從宇宙論出發來論價值的感覺，所以東方朔先生即言：

> 蕺山上述說法，我們姑且以樸素言之，然而此樸素之進一步發展卻令人感到幼稚可笑，〔註 187〕他從陰陽之氣中去出純粹之精氣來，以精氣來說明仁及人的道德觀念等，這是一種典型的宇宙論模式。〔註 188〕

蕺山的這些言論是否都是一種漢儒典型宇宙論模式，筆者以爲這些文獻都不能單獨地看，而必須奠基在 37 歲的〈心論〉基礎上，〈心論〉本就是「只此一心，散爲萬化，萬化復歸一心」〔註 189〕而「悟天下無心外之理，無心外之學」〔註 190〕。在這樣「只此一心，散爲萬化，萬化復歸一心」的原則下，來看這些文獻，就不會有「幼稚可笑」、「不解」〔註 191〕的評論，因爲這時天地宇宙是有其「心」、「精神」的意義。

　　到了 48 歲與周應中、朱錦知、吳薇垣及婿陳剛遊禹穴。蕺山作〈遊禹穴

〔註 187〕此所謂「進一步發展」東方先生是指蕺山在此文後面引用邵雍之「以一心觀萬心，一身觀萬身，一物觀萬物，一世觀萬世，……進退古今，表裏人物者焉。」來說明〈天圓第十〉中的這一段文字：「毛蟲之精者曰麟，……裸蟲之精者曰聖人」，東方先生有兩點錯誤，第一、他把邵雍的部分文字當成是蕺山的文字。第二、即使這是蕺山的文獻，正表示東方先生不了解蕺山「一統萬、萬統一」的辯證思維模式。

〔註 188〕東方朔：《劉蕺山哲學研究》（上海：上海人民出版社，1997），頁 74。

〔註 189〕〈心論〉，《全集》三下，頁 1083～1084，37 歲。

〔註 190〕〈劉譜〉37 歲條，《全集》五，頁 145。

〔註 191〕東方朔：《劉蕺山哲學研究》（上海：上海人民出版社，1997），頁 122。

記事〉曰：

> 間請周先生近日作何理會，先生曰：「邇來於古人意思並無窒礙，時時融會作一處，千言萬語只是一句，一句只是一字。」余起，請一字是何字，先生嘿然久之，借箸書「炁」字。余又問。先生曰：「此炁是天地人生生之本，聖賢豪傑皆種於此，得之者是先天學問，不落人爲。」曰：「曷不指言心性？」先生曰：「心全是人分上，性雖天所付，而亦以受於人者而言，且無是炁，則心性又安從生？」曰：「一句做恁麼會？」先生曰：「是『神也者妙萬物而爲言者也』一句。此一句又攝入炁字內，故炁爲獨尊。有炁而後有神，然後有理，理合於心爲性，率之爲道。」曰：「同是人，則同稟是炁，何下愚與聖知懸隔？」先生曰：「彼所爲囿於血氣者，故累於妄耳。若孟子浩然之氣，便是此炁眞消息。」……於是座中皆驚嘆先生之學，直是窺前聖所不到處。余謂座友曰：「先生平日不講學，不聚徒，起居食息，只是尋常一等人，而超然見道乃爾，只爲胸中無一點欲氣，所以養得一點原陽光潔潔地，直以一字包千古，吾今乃知學問之要矣。」

（〈遊禹穴記事〉，《全集》三下，頁858～859，48歲）

在蕺山全集中，這是獨獨一篇僅有的「遊記」，蕺山很少爲出遊而作記。這段引文中，好奇的是大家驚嘆周應中之學，以爲是前聖所不到處，而蕺山聽了周應中的話，才知道學問之要的關鍵在哪？這就是那個「炁」字。周應中說「千言萬語只是一句，一句只是一字」，這對於有好綜合特色的蕺山當然是很有興趣的，所以蕺山當然要追問，而當周應中回答是「炁」，而這「炁」也是「天地人生生之本，聖賢豪傑皆種於此，得之者是先天學問，不落人爲。」時，對於37歲悟心而做〈心論〉的蕺山而言，當然是有意見的，因爲在這之前，雖然有《曾子章句》的作品，但那還是順著《曾子》中「一氣之化」的觀念去說，還不是自己主動的提出，有如〈心論〉之作，而以「心」去統攝天地人，所以蕺山就以自己的體悟而說，爲何不以「心性」來論之、來統攝之，周應中的回答顯然蕺山是沒有反對的，周應中說：「心全是人分上，性雖天所付，而亦以受於人者而言，且無是炁，則心性又安從生？……故炁爲獨尊。有炁而後有神，然後有理，理合於心爲性，率之爲道。」換句話說，就心而言，心也是炁所從出的，只是要小心所謂「所從出」不是第二序生出來的意義，而是本身就在辯證綜合的「氣」之中。筆者以爲在這段出遊中，蕺

山特地爲此作記的最主要意義在於周應中給蕺山啓發的「學問之要」之最重要的一點就是，就辯證的綜合而言，「炁」在此比「心」有優先性（雖然這個氣也是心化了的氣〔註192〕，不過心也是氣化的心），這如果再配上蕺山年輕時，就重視從日常生活來勘驗道德實踐的功力而言，毋寧說，就辯證的綜合而言，「氣」比「心」有更強的描述力量。而周應中回答的「有炁而後有神，然後有理，理合於心爲性，率之爲道。」更正好和蕺山晚年思想如出一轍。這個「炁」，在後來的蕺山就用「氣」去統攝，因爲在此引文中，可以知道「炁」是就「氣」的究極意義而說的，孟子的浩然之氣，就是此「炁」的眞消息，故可用「氣」去統攝「炁」，而且蕺山在此段中還以爲這個「氣」是可「包千古」的。〔註193〕但正如上文所說，在「中年成熟期」的第二個階段，蕺山全力發展他的工夫論與本體論中的心性論，還沒有把心力放在「氣」上，到了晚年，蕺山主要的工夫論皆成熟了，他才有心思把注意力放在「氣」上，大量的理氣論文字才產生，此亦正是唐君毅先生以「此心之存在的流行，流行的存在」來詮釋蕺山之「氣」的理由。〔註194〕

　　而剋就道德實踐而言，辯證綜合的發展就在當下的具體存在情境出發——「氣」，沒有比當下情境更爲具體而可作爲道德實踐的起點了。由於蕺山的「氣」是個辯證綜合的當下具體實存，因此在蕺山的文獻中，幾乎可以在其中找出任何東西出來（如心、理、性、欲等等），例如：

1. 人心一氣而已矣，而樞紐至微。（〈學言下〉，《全集》二，頁514，65歲。）

2. 子思子從喜怒哀樂之中和指點天命之性，而率性之道即在其中，分明一元流行氣象。所謂「不識不知，順帝之則」，全不涉人份上。此言性第一義也。（〈證學雜解・解十九〉，《全集》二，頁318，66歲。）

3. 性者，心之理也。心以氣言，而性其條理也。離心無性，離氣無理，雖爲「氣即性，性即氣」，猶二之也。惻隱、羞惡、辭讓、是非，皆指一氣流行之機。（〈復沈石臣進士〉，《全集》三上，頁

〔註192〕陳啓文先生以「德性義之氣」來形容，見陳啓文：《劉蕺山之「道德主體理論」分析》，台北：台灣師範大學國文研究所2000年碩士論文，頁123。
〔註193〕此氣如何包千古，不好懂，但不是不能懂，參下文第四章關於蕺山「道德實踐存有論」部分。
〔註194〕見唐君毅：《中國哲學原論・原教篇》（台北：台灣學生書局，1984），頁479。

第三章 證量要求下的蕺山內聖學之 道德實踐歷程論

3.1 前 言

現在要在第二章的基礎上，正式走入蕺山的體系中。

在第二章，基本上，只是站在消極的立場來闡述蕺山學。所謂消極的立場，就是把目前學術界中認爲「蕺山學充滿矛盾、混亂、無實義、錯雜」的反面詮釋情形，先做個解消與釐清，使得蕺山學有一個出發的基點，這個基點就是「辯證的綜合」不必要預設「超越的分解」的原則下，「心」只是在「氣」中的心，「心」也是「氣」，「心」是一個在當下具體實存情境中的「心」，在「天理」、「性體」即解蔽即隱蔽在一個歷史性的向度中，「心」是一個承載者。而「天理」、「性體」只能在歷史性的向度中，解蔽其自己。由此，說到蕺山「辯證綜合」的起點在「氣」，但這「氣」是個綜合的滾在一起的概念，就是主體與客體在當下時空交流的一個具體的實存情境。對於蕺山的道德實踐學而言，他最重視「氣」中的勘驗。

因爲重視「辯證綜合」下的「氣」，因此就著辯證綜合的歷程而言，蕺山開出了一套道德實踐學的規模。第三章就要積極的進入蕺山學的內部，不再像第二章般地「反反以顯正」，而要正面的來說明蕺山的道德實踐學。筆者在此要提出一個概念來說明蕺山的這個道德實踐學的特色——「證量」（因爲重氣而重視證量）。首先，筆者要先說明「證量」這個概念的意義，說明分兩部分，第一部分由道德實踐學的本質上來說「證量」概念在道德實踐學上的地

位，這部分要藉由熊十力先生的「量論」體系中的觀念來支撐〔註1〕；第二部分由蕺山的文獻來說明蕺山確實有「證量」概念，且非常重視「證量」，只是他沒提出「證量」這兩個字而已。

其次，本文接著說明「證量相傳」這個概念，再說明缺乏「證量」、「證量相傳」概念下的宋明理學研究所容易犯下的錯誤判斷，由此呼應在 2.4.1 節「前賢關於『辯證觀』的評論舉隅」中所遺下的問題。

然後，本文就在蕺山重視「證量」概念下，說明蕺山的道德實踐學體系，這又分成兩部分，第一部分說明人在道德實踐學中，天理在呈現其自己時，因爲必然在一個具體的歷史時空向度中，因而在其解蔽時必然是個有限的存在，因著這個歷史性下所產生的有限性，在道德實踐上，就形成個「歷程」、「次第」。從起手開始，到內聖學的完成，每個細節蕺山無一不注意（就每一當下的證量而言，是天理還是人欲），形成一個嚴密的體系。然後第二部分，本文再由蕺山所說的「天理人欲，同行而異情，故即欲可以還理。」〔註2〕之「天理無住」、「人欲無住」觀念，來說明雖然是有次第，但次第中，也有「無次第」的存在，而當下的圓頓。由此可以融攝天台的「惡修」、「逆修」概念。因此，這兩部分圓融地說，就第一部分可謂「無次第中的有次第」，第二部分可謂「有次第中的無次第」。就第一部分而言，蕺山在中年成熟期完成的《人譜》與晚期未完成的《人譜雜記》是重要資料；就第二部分而言，蕺山集中在晚年擴大深化期的「理氣心性情欲」圓融在一起的論述。蕺山說法常常是這樣的：細密的地方，非常細密、非常細膩；圓融的地方，非常圓融、非常玄妙，甚且簡易直截，不弱於陽明，〔註3〕而這兩者又巧妙的結合在一起，從這裡也可以看出這個特色。

3.2　證量與證量相傳

3.2.1　證量與證量相傳釋義

〔註 1〕 雖然終其一生，熊十力先生都沒把他念茲在茲的《量論》寫出來，但在《原儒》等書中，仍已有清楚的說明。

〔註 2〕 〈學言上〉，《全集》二，頁 454，59 歲，此條文獻在本文中，因爲常常出現，此處以後不再注明出處。

〔註 3〕 參戴君仁：〈心學家論意〉，《大陸雜誌》第 44 卷第 4 期 1972.4，頁 202。但戴先生在同處馬上接著說「但其（蕺山）偏處，亦同陽明。」則忽略了蕺山的另一細密特色。

　　熊十力先生的哲學體系重視「存有的根源的開顯以翕闢成變」，以成就一個「生生不息」的「乾元性海」世界。〔註4〕他認爲人要認識到這樣的一個存有，必須有賴於證量的認識方式，在他晚年著作的《原儒》中，他把人的認識方法分成兩種，他說：

　　《量論》早有端緒，原擬爲兩篇，曰：比量篇。〔比量，見中譯因明書，量猶知也。比者比度，含有推求、簡擇等義。吾人理智，依據實測而作推求，其所得之知曰比量。此與因明不全符，只從寬泛解釋。〕曰：證量篇。〔……吾人固有炯然炤明、離諸雜染之本心。其自明自了，是爲默然內證。孔子爲之默識，佛氏説爲證量，而此證量，無有能所與内外同異等等虛妄分別相，是造乎無對之境也。〕〔註5〕

在這段引文中，可以知道，基本上，熊十力將人的認知分成兩部分：比量與證量，比量是屬於理智上的思維，比度推理；證量則是類似在1.3「本文之研究方法」一節中，所說的沒有主客對立的「體驗」，也是在一個「意義的統一體」中，有一「直接的親證性」（自明自了），這個「證量」一詞，熊先生說來自佛學，「證量」也是一種「現量」（直覺），但並非是屬於五識感官上的「現量」（感性直覺），而是一種「瑜珈現量」〔註6〕或「眞現量」〔註7〕，指的是與存有具體的親證直覺，熊先生常把這「證量」劃歸於「性智」，而把「比量」劃歸於「量智」，但這「性智」、「量智」並不是一種對立的關係，而是一個發用而迷執的關係，熊先生曰：

　　是實證相應者，名爲性智。……在《量論》中説名覺悟，即所謂性智。……這種覺悟雖不離感官經驗，要是不滯於感官經驗而恆自在離繫的。他元是自明自覺，虛靈無礙，圓滿無缺，雖寂寞無形，而秩序眾理已畢具，能爲一切知識根源的。量智，是思量和推度，或明辨事物之理則，及於所行所歷，簡擇得失等等的作用故，故説名量智，亦名理智。此智元是性智的發用，而卒別於性智者，因爲性

〔註4〕　參林安梧：《存有・意識與實踐——熊十力體用哲學的詮釋與重建》（台北：東大圖書公司，1993），第五章，頁107～150。

〔註5〕　熊十力：《原儒》（台北：明文書局，1988），頁2，但標點有改動，以下凡有關熊先生之引文皆同此，茲不贅言。又方括號〔〕內爲熊十力自註，以下亦同此。

〔註6〕　郭齊勇：《熊十力與中國傳統文化》（台北：遠流出版公司，1990），頁168。

〔註7〕　熊十力：〈答謝幼偉〉，《十力語要》（台北：明文書局，1990），頁340。

智作用，依官能而發現，即官能得假之以自用。……迷以逐物，而妄見有外，由此成習。〔註8〕

依佛學而言，熊先生的量智還是一種「識」，還不是轉識成智之後的「妙觀察智」，只是唯識學是從「識」說到「智」，熊先生是由「智」說到「識」，故說是性智的發用，進而產生「迷執」，「迷以迷以逐物，而妄見有外」，故說是一種主客對立下的關係，和「自明自了、默然內證」的證量不同。

如此，爲何不用1.3「本文之研究方法」一節中，所說的沒有主客對立的「體驗」來取代「證量」，而要在原有的論述外，再另用一個「證量」的概念呢？這是因爲「證量者，證得本體故名」〔註9〕（本體即上文之存有），證者有證得之意思，而這恰和蕺山重「氣」的道德實踐要求「證量」相契，尤其是在性智的層次上，雖然說是無分別無能所主客之別，但道德實踐者在「自明自了、默然內證」所證得境界之後，並不是不能以言說去指點出其中的某些特色出來的，道德實踐者還可以從中提出一些「量」（知）出來，以表示這個證得的本體。換言之，「證量」正有「證得之量」的意義，這就比「體驗」來說，對蕺山的道德實踐學有更高的適切性。蕺山曰：

1. 道體無窮，而得之則爲德。故執德者必貴弘，信道者必貴篤，君子所以交致其功也。德不極所性之全，而守一得以自封，則不弘；道不證在我之實，而恃虛見以爲是，則不篤。（《論語學案·執德不弘章》，《全集》一，頁628，40歲。）

2. 夫子方自謂「學而不厭，誨人不倦，何有於我」，而至此又身任之而不辭，何也？曰：夫子未嘗任也。夫子一生學問，實從事此二語而恆覺分量之難盡，又終不敢自諉其難也。（《論語學案·若聖與仁章》，《全集》一，頁437，40歲。）

3. 「生而知之者」，知其性也。聖人純於天道，所性渾然，而亦必待學而後有以滿其分量之實，則古人其印證矣。（《論語學案·我非生而知之者章》，《全集》一，頁428～429，40歲。）

4. 聖賢只就眼前道理，即身證學問，而萬物一體之意，隨大小廣狹，

〔註8〕 熊十力：《新唯識論——熊十力論著集之一》（台北：文津出版社，1986），頁249。

〔註9〕 熊十力：〈略談新論旨要（答牟宗三）〉，《十力語要初續》（台北：明文書局，1990），頁8。

　　即以自見。如人一身，或得一體，或具體而微，而斟酌於元氣之
　　周施，上天下地，往古來今，盡在此間，此是洙、泗家風。(《論
　　語學案・顏淵季路侍章》，《全集》一，頁388，40歲。)

以上這些文獻都在顯示蕺山非常重視「證量」。就第一段文獻而言，蕺山重視
「德不極所性之全、道不證在我之實」，即是說明要「證」道之實，極性所「全」，
這正是證量之觀念。第二段文獻是蕺山詮釋《論語》中的「若聖與仁，則吾
豈敢？抑為之不厭，誨人不倦，則可謂云爾已矣。」一章，從註解來看，可
以知道蕺山把此章和子曰：「默而識之，學而不厭，誨人不倦，何有於我哉！」
一章一同討論，蕺山此處對「何有於我」的解釋是比較異常的，一般來說，
是「何難之有」之承擔，或「除上三事外，何有於我，意謂更無所有」〔註10〕，
蕺山卻解為「沒有於我」(「為之不厭，誨人不倦」我是很難做到的)，故他強
調此章是孔子強調「為之不厭，誨人不倦」之「分量」之難盡，而要往前努
力不懈地道德實踐。第三段文獻也是強調要「學」才能滿其「所性渾然」之
「分量」之實。第四段文獻則是藉孔子、顏淵與子路的對話，而說明即使就
眼前道理而「身證學問」，而「萬物一體」之意，卻有大小廣狹之不同，蕺山
說到，就好像對於身體而言，有人只看到一個身體，有人卻看到「元氣之周
施，上天下地，往古來今，盡在此間」的程度區別。凡此皆說明蕺山是非常
重視「證量」的。

　　接下來，說明「證量相傳」的概念。「證量相傳」其實是「禪宗」的概念，
尤其是用於「祖師禪」的宗風上面，「如來禪」則還有「經教」上的要求，故
此不顯，如五祖弘忍前，從達摩開始，還有傳《楞伽經》來印證的，到了五
祖改為《金剛經》，到了六祖惠能，中國祖師禪大盛，所謂的「正法眼藏，涅
槃妙心，實相無相，微妙法門，不立文字，教外別傳」〔註11〕正是要到六祖
惠能下開五宗 (臨濟、曹洞、潙仰、雲門、法眼) 才真正大顯，這種「不立
文字，教外別傳」到底在棒、喝等機用的作為下，傳什麼東西呢？就是直接
傳祖師已修證而所得的東西 (證量)，故陳健民先生曰：「其實所謂教外別傳，
無異是說在義理的言教之外，別傳證量的身教。」〔註12〕祖師本身已有這個
證量，在接引身心已達成熟的弟子時，將證量相傳以引發弟子，故才說「啐

〔註10〕二解俱見錢穆：《論語新解》(台北：東大圖書公司，1991)，頁228～229。
〔註11〕普濟：《五燈會元》(台北：文津出版社，1991)，頁10。
〔註12〕陳健民：《禪海塔燈》(台北：圓明出版社，1993)，頁11。

啐同時」。〔註13〕事實上，這時經教上所有的教說境界已內化在祖師的證量之中，故才能不立文字，證量相傳。用文字說明好像很抽象，就證量來說，其實是恰當的，拿個比喻來說（不是例證），就像解數學題目：1 加到 100，剛開始老師沒有把高斯（K.F.Gauss 1777～1855）公式告訴我們時，只好慢慢的 1 加 2 加到 100（比喻三大阿僧祇劫而成佛），當老師把高斯公式（上底加下底乘高除以 2）告訴我們時，就像是證量相傳，馬上我們就把 1 加到 100 算出來了（立地成佛）。

就宋明理學而言，陽明學之後的發展，所強調的正是「證量相傳」，蕺山正有此觀念，蕺山曰：

> 二三子以言語求聖人，而終無以見道也，則疑聖道有隱，然不知道亦無容隱也。此道在日用動靜語默之間，森然不隔宇宙，聖人直身體其撰而輸之二三子之身，有餘裕矣，在學者認取何如耳。（《論語學案·二三子以我爲隱乎章》，《全集》一，頁 430，40 歲）

這段話是蕺山在詮釋子曰：「二三子以我爲隱乎？吾無隱乎爾。吾無行而不與二三子者，是丘也。」這段文字時說的，蕺山的意思是，就道體（存有）之呈現於聖人而言，它是在日用動靜語默之中，孔子無住地將其體證在一言一行之中（直身體之撰），而直傳給弟子（輸之二三子之身），可惜弟子尚未能「啐啄同時」，條件還未具足，只能求之於文字語言（二三子以言語求聖人），故無法見道。

3.2.2　證量觀點下的王龍溪與顏鈞

如果具備了「證量」、「證量相傳」的概念背景，就可以順便解決在 2.4.1「前賢關於『辯證觀』的評論舉隅」中所遺下的問題：「圓融化境，可不可以視作主張上的陳述」，就蕺山而言，是可以的。筆者在此處，想借用王龍溪（畿、汝中，1498～1583）和顏鈞（山農，1504～1596）兩人來做說明。

關於王龍溪和錢德洪（緒山，1496～1574）在陽明晚年爭論的「天泉證道紀」，兩人的記載頗爲不同，從其中的不同，可以得見龍溪的眞正意思，錢德洪曰：

> 丁亥年九月，先生起復征思、田，將命行時，德洪與汝中論學，汝

〔註13〕陳健民：《漢譯佛法精要原理實修之體系表》（台北：圓明出版社，1993），頁 193。

中舉先生教言，曰：「無善無惡是心之體，有善有惡是意之動，知善知惡是良知，爲善去惡是格物。」德洪曰：「此意如何？」汝中曰：「此恐未是究竟話頭。若說心體是無善無惡，意亦是無善無惡的意，知亦是無善無惡的知，物是無善無惡的物矣。若說意有善惡，畢竟心體還有善惡在。」德洪曰：「心體是天命之性，原是無善無惡的。但人有習心，意念上有善惡在，格致誠正，修此正是復那性體功夫。若原無善惡，工夫亦不消說矣。」是夕侍坐天泉橋，各舉請正。先生曰：「我今將行，正要你們來講破此意。二君之見正好相資爲用，不可各執一邊。我這裡接人原有此二種。利根之人直從本源上悟入。人心本體原是明瑩無滯的，原是個未發之中。利根之人一悟本體，即是功夫，人己內外，一齊俱透了。其次不免有習心在，本體受蔽，故且教在意念上實落爲善去惡。功夫熟後，渣滓去得盡時，本體亦明盡了，汝中之見，是我這裡接利根人的；德洪之見，是我這裡爲其次立法的。二君相取爲用，則中人上下皆可引入於道。若各執一邊，眼前便有失人，便於道體各有未盡。」既而曰：「已後與朋友講學，切不可失了我的宗旨：無善無惡是心之體，有善有惡是意之動，知善知惡是良知，爲善去惡是格物。只依我這話頭，隨人指點，自沒病痛。此是徹上徹下功夫。利根之人，世亦難遇，本體功夫，一悟盡透。此顏子、明道所不敢承當，豈可輕易望人！人有習心，不教他在良知上實用爲善去惡功夫，只去懸空想個本體，一切事爲俱不著實，不過養成一個虛寂。此個病痛不是小小，不可不早說破。」是日德洪、汝中俱有省。〔註14〕

這段文獻見於《傳習錄》（下）。《傳習錄》一向都是研究陽明的重要文獻，其中最爲可靠的是《傳習錄》（中），因爲皆是陽明親書的書信。《傳習錄》（上）則大都爲陽明早年之語錄，但卻是陽明生前就已刊刻的。相較起來，《傳習錄》（下）則較有爭議，因爲它是陽明死後收集諸弟子所記之語錄經錢德洪刪定而成。〔註15〕此段文獻雖是黃省曾所記，經錢德洪刪定所成，但王龍溪應該

〔註14〕吳光等人編校：《王陽明全集》上（上海：上海古籍出版社，1995）卷三〈語錄三〉（即《傳習錄下》），頁117～118。

〔註15〕錢明：〈陽明全書成書經過考〉，收入吳光等人編校：《王陽明全集》下（上海：上海古籍出版社，1995），頁1640。

是沒意見的,因為相同的紀錄見於錢德洪所成之陽明的《年譜》56歲條,《年譜》雖為錢德洪總其成,但有經眾同門過目,王龍溪並為之作〈序〉,說其中並沒有「假借附會」〔註16〕,可知龍溪是同意錢德洪之記載的,尤其《年譜》中,對於龍溪的補正,其實是更明顯的,如陽明曰:「汝中見得此意,只好默默自修,不可執以接人。」、「二君以後再不可更此四句宗旨,此四句中人上下無不接著。」〔註17〕但討論這個公案一般學者大都以《傳習錄》(下)為依據,為方便計,故茲仍以《傳習錄》(下)之記載立論。

在這段引文中,龍溪與德洪對於「四無句」(「心是無善無惡之心,意亦是無善無惡的意,知亦是無善無惡的知,物是無善無惡的物。」),與「四有句」(「無善無惡是心之體,有善有惡是意之動,知善知惡是良知,為善去惡是格物。」)的爭論,無所裁決。於是請問陽明,陽明的回答有兩個要點,一是龍溪的說法適合利根者「直悟本體」,德洪的說法適合「其次立法」,所謂「為其次立法」,應是指相對於利根的中下根人「本體受蔽」,兩者相合就是上中下三根普被,故陽明要兩者「相資為用」,不可「各執一邊」。但陽明這個說法恐怕是要綜合二者的「權」說,真正的要點是在下面的第二點,陽明接著說,利根的人難遇,故龍溪的四無句不可作為教法來接引人,而要依「四有句」來「隨人指點」,這才是真正的「徹上徹下」功夫,如果扣緊此處的「徹上徹下」一句,顯然陽明真正的意思是:「四有句」才是上中下三根普被的接引人的教法,依「四有句」作功夫也可以到達「四無句」的境界。〔註18〕如果依利根的「四無句」,容易犯上「只去懸空想個本體」,而「養成一個虛寂」。換句話說,陽明對龍溪的「四無句」容易有「玄虛而蕩」的毛病是有警覺的,而且陽明認為這個病痛「不是小小」,故要預先說破。可惜的是,陽明良知學對於龍溪這樣利根的人也只能用此處的「叮嚀法」、「囑咐法」來防止他的學生犯上「玄虛而蕩」的弊病,有學者於此指責東林學派與蕺山屢次攻擊良知學的弊端實辜負陽明此鄭重的囑咐,沒有重視陽明的「提醒」,〔註19〕筆者深感此實有厚誣之嫌,若說有辜負,其實應該算是龍溪,還算不到東林學派與

〔註16〕吳光等人編校:《王陽明全集》下(上海:上海古籍出版社,1995),頁1361。
〔註17〕吳光等人編校:《王陽明全集》下(上海:上海古籍出版社,1995),頁1306～1307。
〔註18〕參牟宗三:《從陸象山到劉蕺山》(台北:台灣學生書局,1984),頁273。
〔註19〕劉哲浩:〈劉蕺山之性有無善惡論〉下,《哲學與文化》第125期1984.10,頁691。

蕺山的頭上，但龍溪之辜負，恐怕不是有意，而實是他的體悟所然，為什麼呢？因為龍溪對於這段話的解讀跟陽明的意思實相差太遠，尤其龍溪把重點放在陽明所說的前半段話，《王龍溪語錄・天泉證道紀》曰：

> 夫子立教隨時，謂之權法，未可執定。體用顯微只是一機，心意知物只是一事。若悟得心是無善無惡之心，意即是無善無惡之意，知即是無善無惡之知，物即是無善無惡之物。蓋無心之心則藏密，無意之意則應圓，無知之知則體寂，無物之物則用神。天命之性粹然至善，神感神應，其機自不容已，無善可名，惡故本無，善亦不可得而有也，是謂無善無惡。……緒山子謂若是壞師門教法，非善學也。先生謂學須自證自悟，不從人腳跟轉，若執著師門權法以為定本，未免滯於言詮，亦非善學也。……夫子曰：「……吾教法原有此兩種，四無之說為上根人立教，四有之說為中根以下人立教，上根之人悟得無善無惡心體，便從無處立根基，意與知物皆從無生，一了百當，即本體便是工夫。易簡直截更無剩欠，頓悟之學也。中根以下之人，未嘗悟得本體，未免在有善有惡上立根基，心與知物皆從有生，須用為善去惡工夫，隨處對治，使之漸漸入悟，從有以歸於無，復還本體，及其成功一也。……汝中所見我久欲發，恐人信不及，徒增躐等之病，故含蓄到今，此是傳心祕藏，顏子明道所不敢言者，今既已說破，亦是天機該發泄時，豈容復祕。然此中不可執著，若執四無之見，不通得眾人之意，只好接上根人，中根以下人無處接授。若執四有之見，認定意是有善有惡的，只好接中根以下人，上根人亦無從接授。但吾人凡心未了，雖已得悟，仍當隨時用漸修工夫，不如此不足以超凡入聖，所謂上乘兼修中下也。汝中此意正好保任，不宜輕以示人，概而言之，反成漏泄。德洪卻須進此一格，始為玄通。……若能互相取益，使吾教法上下皆通，始為善學耳。」〔註20〕

如果對比錢德洪在《年譜》與《傳習錄》（下）的記載，龍溪此處所說，實差異性太大。首先，龍溪把「四有句」當作是「權法」，而四有句在《傳習錄》（下）的記載卻是「徹上徹下」的「宗旨」、「定本」，問題是，為何龍溪會把四有句視為權法？因為陽明本來就已印可四無句是針對上根人而說，四有句

〔註20〕王畿：《王龍溪語錄》（台北：廣文書局，1986），頁1～2。

是針對中下根人而說，而上中下根的分法，對於龍溪來說，不只是契機的說法而已，還有一重要的本質區別——「悟得本體與否」，陽明之學本以體證心體而發用為主，〔註21〕龍溪這樣的區別亦無可厚非，因此他把對於「未嘗悟得本體」的中下根人而施設的四有句當作是權法，而把對於能「一了百當」、「悟得無善無惡心體」之上根人而施設的四無句，當作是「終法」〔註22〕、「實法」，因為龍溪所聽到的陽明說法是，即使中下根人用四有句在有善有惡上立根基而為善去惡，最後還是要到四無句上來，故說「隨處對治，使之漸漸入悟，從有以歸於無，復還本體，及其成功一也。」因此就針對「悟得本體與否」這個問題而言，其實四無句才是真正的「實法」、「終法」，而不是權宜的教法，故他認為錢德洪是「執著師門權法以為定本」，頗不善學。那龍溪如何解釋陽明的「互相取益」呢？龍溪此處的解釋是：對四無句而言，利根人悟得本體後還有凡心未了，故「兼修」四有句，換句話說，還是以四無句為主，否則何必用「兼修」二字呢？至於錢德洪的四句教，依前所說，只是權法，故「須進此一格」，而不是「兼修」，也就是說，其實還是要以四無句為主的，在這裏，龍溪恰是認為四無句是一客觀的教法，〔註23〕因為他把「證得本體」時的當下的「量」予以標出——「無善無惡」而認為證得之當時「天命之性粹然至善，神感神應，其機自不容已，無善可名，惡故本無，善亦不可得而有也，是謂無善無惡。」只是他也首肯陽明所說的「不宜輕以示人」，那什麼時候可以示人呢？依龍溪此段記載，陽明以為剛好要遇到有龍溪這樣體悟狀態而又有所疑之時，才示人以印證，也就是說，不能輕易示人，以免徒增躐等的弊端，正是要到受者身心皆成熟而「啐啄同時」之際，用龍溪的話，就是「徹悟」以至於「忘悟」之際，龍溪〈悟說〉曰：

> 君子之學，貴於得悟。悟門不開，無以徵學。入悟有三：有從言而
> 入者、有從靜坐而入者、有從人情事變鍊習而入者。得於言者，謂

〔註21〕 曾昭旭師：《孔子和他的追隨者》（台北：漢光文化公司出版社，1993），頁166。

〔註22〕 「終法」是劉述先的用語，見劉述先：〈論王陽明的最後定見〉，《中國文哲研究集刊》第十一期1997年9月，頁174。

〔註23〕 牟宗三先生曰：「四無乃是實踐對治所至之化境，似不可作一客觀之教法。」，見牟宗三：《從陸象山到劉蕺山》（台北：台灣學生書局，1984），頁280。牟先生此說，龍溪恐不首肯，牟先生之所以有此說，因為牟先生只把四無當作是一「化境」，無法落實在具體身心時空之中。若把四無落實「化境」，牟先生所說是成立的，因為「化境」可以說是「覺受」，還未提升到「證量」，故不能成為教法，若是「證量」則另當別論。

之解悟，觸發印正，未離言詮，譬之門外之寶，非己家珍。得於靜
坐者，謂之證悟，收攝保聚，猶有待於境，譬之濁水初澄，濁根尚
在，才遇風波，易於淆動。得於鍊習者，謂之徹悟，磨礱鍛鍊，左
右逢源，譬之湛體冷然，本來晶瑩，愈震盪愈凝寂，不可得而澄淆
也。根有大小，故蔽有淺深，而學有難易，及其成功一也。夫悟與
迷對，不迷所以爲悟也。百姓日用而不知，迷也；賢人日用而知，
悟也；聖人亦日用而不知，忘也。學至於忘，悟其機矣乎！〔註24〕

這段話可說把龍溪的眞正意思說出，上文說到龍溪在其口述而由弟子所記的
〈天泉證道紀〉中，談到他認爲的陽明要其「互相取益」的方法是四無「兼
修」四有，以能攝受上中下三根，在此處，龍溪就認爲他的「證得本體」的
「悟」的工夫，是「君子之學」的重要方法，且正是可以含攝各「根有大小」
之人，只是「悟」有三種：解悟、證悟、徹悟，三種悟之進路不同，產生的
作用不同，解悟以言語、讀書爲主；證悟以靜坐爲主；徹悟以事上磨練爲主，
而以「徹悟」的解迷力量最大，亦正是在此時可以示以「四無」以洩此「傳
心祕藏」，並進而達到「忘悟」之聖人階段。

以上藉著「證量」與「證量相傳」的觀念，說明依龍溪的理論而言，「四
無句」的圓融化境是可以成爲一正面的陳述，而成爲一教法的。接下來，再
以顏鈞來說明。

顏鈞是王學中泰州門下繼王艮（心齋，1483～1541）後的健將，曾經先後
師事徐波石（樾，？～1552）和王艮，黃宗羲說：「泰州之後，其人多能以赤手
搏龍蛇，傳至顏山農、何心隱一派，遂復非名教之所能羈絡矣。」〔註25〕若以
「赤手搏龍蛇」而論，顏鈞的確是泰州中的代表，因爲他的文字、學問實在是
在中人之下的，他的忠誠學生羅近溪說他的文字「辭氣不文，其與人札，三四
讀不可句。」〔註26〕余英時先生讀了他的書後也贊成羅近溪的說法，曰：

他的文字的確還沒到達「通順」的程度。……他似乎不能算是思想家
或哲學家，因爲他既沒有自覺地發展一套思想系統，也無意將自己的
某些想法放進當時理學或心學傳統之中。……我讀他的全集，包括不

〔註24〕王畿：《王龍溪全集》三（台北：華文書局，1970），頁1224～1225。

〔註25〕黃宗羲：《明儒學案下・泰州學案一》，黃宗羲：《黃宗羲全集》第八冊，（台
　　　　北：里仁書局，1987），頁703。

〔註26〕見顏鈞著、黃宣民先生點校：《顏鈞集》（北京：中國社會科學出版社，1996），
　　　　頁44。

少詩、歌，差不多全講的是他個人「證道」的宗教經驗。〔註27〕
也就是說，就文字而言，顏鈞的程度算是差的；就學問而言，也沒有深刻的
思想，而可列入思想家或哲學家者流。他自己也沒有自覺要在思想中成一體
系，也正因如此，更能突顯出「赤手之所以為赤手」之處。他所關切的只有
「證道」，他之所以能「搏龍蛇」全憑的是他的「證道經驗」，他如何赤手搏
龍蛇呢？試看：

> 鐸（顏鈞後因避萬曆帝諱，改名鐸）機辯響疾，問難四起，出片語
> 立解。往往於眉睫間得人，元悟稍遲鈍則詬詈。嘗與諸大儒論「天
> 命之謂性」，眾方聚訟，鐸但舞蹈而出。〔註28〕

> 耿老（耿定向）與周（柳塘）書云：「……昔顏山農于講會中，忽起
> 就地打滾，曰：『試看我良知！』士友至今傳為笑柄。」

> （李贄答）……當滾時，內不見己、外不見人：無美於中、無醜於
> 外：不背而身、不獲行庭，而人不見。內外兩忘、身心如一，難矣。……
> 非山農欲于大眾之中，試此機鋒，欲人人信己也，不信亦何害。然
> 果有上根大器默會深契山農，亦未始不樂也，吾又安知其中無聰明
> 善悟者，……則一打滾而西來大意默默接授去矣。安得恐他人傳笑
> 而遂已也。笑者自笑、領者自領，幸有領者，即千笑萬笑、百年笑
> 千年笑，山農不理也。〔註29〕

顏鈞不善文字與學問，但他卻能在片言支語中，利用「機辯」解人疑惑而得
人，這幾乎是泰州派自王艮以下的風格，事實上，所有以往學者所重的理論
泰州派均以「證道」方式而予以內化實證，如王艮從所證悟的「良知」中，
悟出「樂是心之本體」，故提煉之而成為講學宗旨，而「證量相傳」，因此「平
常、自然、灑脫、樂，這種似平常而實是最高的境界變成了泰州派底特殊風
格，亦即成了它的傳統宗旨。」〔註30〕顏鈞在這裏，也有這個特色，「天命之
謂性」、「良知」如何說明？以顏鈞重視「證道」經驗的人，是決不會吊書袋、

〔註27〕余英時：〈士商互動與儒學轉向〉，收入郝延平主編：《近世中國之傳統與蛻變》
　　　　上冊（台北：中央研究院近代史研究所，1998），頁42～47。
〔註28〕〈同治永新縣志人物志列傳〉，收入顏鈞著、黃宣民先生點校：《顏鈞集》（北
　　　　京：中國社會科學出版社，1996），頁87。
〔註29〕李贄：〈答周柳塘〉，見李贄：《李溫陵集》一（台北：文史哲出版社，1971）
　　　　卷4，頁228～240。
〔註30〕牟宗三：《從陸象山到劉蕺山》（台北：台灣學生書局，1984），頁283。

引經據典來回答的，他用「就地打滾」來表現良知，用「舞蹈而出」來表現「天命之謂性」，是重視「證量」必然的表現，士友傳爲笑談，正表示不懂顏鈞必然把道理體現在當下的生命情境，也表示還在口耳之學上，故未能「唪啄同時」而「證量相傳」。在「證量」的要求下，此時正如李贄所回答的是「內不見己、外不見人；無美於中、無醜於外；不背而身、不獲行庭，而人不見。內外兩忘，身心如一」的（正是性智發用下的證量之際），若有上根大器者，洽可接受此機之證量相傳也。在證量的「身心一如」下，「任何身體表現自然也就具有道德的意涵」。〔註31〕

　　由以上，可以知道在「證量」與「證量相傳」的原則下，圓融化境可以作爲一種正面的、主張陳述的、有目的的行爲，這樣就回應了2.4.1小節中所遺留下的問題，而可得知蕺山重視當下的「『一本而萬殊，會眾以合一』之辯證綜合」是合法的、可成立的。〔註32〕

　　如果缺乏「證量」與「證量相傳」概念，則容易犯上牟宗三先生在2.4.1節中對於蕺山的種種負面的指責。不只如此，還容易否定王門諸子的學問或錯誤判斷整個儒學的評價，如勞思光先生曰：

> 王門諸子立論，每每喜歡將體性或境界一面的問題與工夫進程一面的問題合起來講，使得所爭論題飄移不定，於是就多出種種玄談式的話頭，使得問題真象愈說愈不明顯。這個毛病，在龍溪言論中表現得更清楚。〔註33〕

勞先生在此指責陽明後學喜歡將境界與工夫混在一起來說，使得問題越說越不清楚，這個毛病以王龍溪最嚴重。其實在王龍溪的心目中，根本就沒有境界與工夫的區分，作爲「證量」的境界，正是可以爲工夫的，可是勞先生卻反而指責他，這正是因爲他沒有「證量」與「證量相傳」的觀念。勞先生又說：

> 現在我們看另一面以實現理想人格爲學的儒學精神，卻發現另一種流

〔註31〕楊儒賓：《儒家身體觀》（台北：中央研究院中國文哲所，1996），頁331～332。

〔註32〕藉著「證量」與「證量相傳」來說明陽明後學的發展，其中說到「證量相傳」是來自祖師禪，但這只是「證量相傳」的起源意義，而「證量相傳」之證量的內容本質和祖師禪是不同的，它還是儒家的「天理」、「義理之性」，和佛家的「空性空理」是不同的。此意可參楊儒賓：《儒家身體觀》（台北：中央研究院中國文哲所，1996），頁332，但楊先生從身體觀著手，和本文從證量著手不同。

〔註33〕勞思光：〈王門功夫問題之爭論及儒學精神之特色〉，收入勞思光：《思辯錄》（台北：東大圖書公司，1996），頁79。

弊——客觀軌道之缺乏。和西方對照著看，這就很容易明白。確定知識能確定傳達，因之可形成一客觀軌道，有階梯可循；講德性則因德本不是外在關係中的內容，因之每每不能有確定的傳達軌道。儒學重德，爲學者志在實現一理想人格。但此種實現過程，常常是無定軌的。聖賢之境本難描繪，但更難的是如何從常人走向聖賢。換言之，關於如何去爲學，儒家的說法始終不能提供一確定軌道。這一個毛病粗看似乎不很嚴重，但其實是大問題。我們可以指出兩點。第一是僞善問題；第二是〔聖賢或老師〕權威感的束縛。〔註34〕

在勞先生的眼光中，因爲缺乏知識的講求，儒學總是缺乏「由常人走向聖賢」的「客觀軌道」，或是一個「階梯」，其實如果有「證量」、「證量相傳」的觀念，儒學也有客觀的軌道、階梯，來防止產生僞善與權威感的束縛的「大問題」，蕺山的體系恰巧可以作爲一個例證，這點，筆者準備從陽明後學流弊的解決說起。

3.2.3　解決陽明後學流弊的入手處

3.2.3.1　「歸顯於密、以心著性」解決陽明後學流弊的商榷

在上文，本文爲何要舉王龍溪與顏鈞爲例來說明陽明後學之發展？因爲本文想藉此引入蕺山學的起源因素，王龍溪和泰州派之顏鈞皆可視爲是陽明後學流弊的代表，而眾所皆知，蕺山爲學的主要目標就是爲了解決陽明後學所產生的流弊問題，他曾經說：

> 嗟乎！人心之晦也，我思先覺。其人者曰孔氏。孔氏之言道也，約其旨曰「中庸」。……則吾道之一大覺也。歷春秋而戰國，楊、墨橫議，孟子起而言孔子之道以勝之，約其旨曰「性善」。……則吾道之一大覺也。……又千餘載，濂溪乃倡「無極」之說，……則吾道之一覺也。嗣後辨說日繁，支離轉甚，浸流而爲詞章訓詁，於是陽明子起而救之以「良知」。一時喚醒沈迷，如長夜之旦，則吾道之又一覺也。今天下爭言良知矣，及其弊也，猖狂者參之以情識，而一是皆良；超潔者蕩之以玄虛，而夷良於賊，亦用之者之過也。……司世教者又起而言誠意之學，直以《大學》還《大學》耳。……予蓋有志焉，而未之逮也。（〈證學雜解・解二十五〉，《全集》二，頁324

〔註34〕勞思光：《文化問題論集新編》（香港：中文大學出版社，2000），頁107。方括號〔〕中的文字爲引者所加，以利理解。

～325，66 歲。）〔註35〕

在這段文獻中，蕺山把他自己擺在一個道統之中，而由此來衡量他在儒學傳統中的地位。蕺山認爲傳統是個不斷地「覺」人心之晦的過程，在蕺山以前，主要起「覺」任務的有孔子、孟子、濂溪、陽明，接下來就是蕺山，故蕺山自重若此。而他認爲他現在所要起的「覺」的任務是：「今天下爭言良知矣，及其弊也，猖狂者參之以情識，而一是皆良；超潔者蕩之以玄虛，而夷良於賊，亦用之者之過也。」這就是陽明後學流弊問題，也就是說他要解決的是牟宗三先生所綜合而簡稱的「情識而肆，虛玄而蕩」〔註36〕問題。陽明後學爲何有此流弊？依牟宗三先生的看法，這不是陽明良知學的問題，而是後學自己實踐的問題，即是「人病」，不是「法病」，牟先生曰：

> 陽明後，唯王龍溪與羅近溪是王學之調適而上遂者，此可說是眞正屬于王學者。順王龍溪的風格，可誤引至「虛玄而蕩」，順羅近溪之風格（嚴格言之，當說是順泰州派之風格），可誤引至「情識而肆」。然這是人病，並非法病。欲對治此種人病，一須義理分際清楚，二須眞切作無工夫的工夫。〔註37〕

也就是說，依王龍溪的風格，可以導致蕺山所言的「超潔者蕩之以玄虛，而夷良於賊」，這是因爲其所強調的是「四無句」的教法，而來的「無善無惡」；順著泰州派的風格，可以導致蕺山所謂的「猖狂者參之以情識，而一是皆良」，這是因爲其所強調的是道在「百姓日用」間的當下情境——「百姓日用即道」〔註38〕，流風所及，只要「百姓日用」就是道，而不是道在百姓日用間。王龍溪與顏鈞可以是引起「虛玄而蕩，情識而肆」這兩個陽明後學流弊的代表之一。牟先生以爲這是實踐者的「人病」，而非良知學本身的「法病」。這在陽明在世時即有警覺，陽明既怕學者對於良知不肯承當，又怕學者承當太快，而處在兩難之中，錢德洪錄曰：

> 先生（陽明）嘗曰：「吾『良知』二字，自龍場以後，便已不出此意，只是點此二字不出，於學者言，費卻多少辭說。今幸見出此意，一

〔註35〕在第二章，曾引用過此段文獻，但當時重在契機的説明（故重「世教」），現在要重在契理的説明（故重「情識而肆，虛玄而蕩」）。

〔註36〕見牟宗三：《從陸象山到劉蕺山》（台北：台灣學生書局，1984），頁454。

〔註37〕牟宗三：《從陸象山到劉蕺山》（台北：台灣學生書局，1984），頁297～298。

〔註38〕黃宗羲：《明儒學案下・泰州學案一》，黃宗羲：《黃宗羲全集》第八冊，（台北：里仁書局，1987），頁710。

語之下，洞見全體，直是痛快，不覺手舞足蹈。學者聞之，亦省卻
多少尋討功夫。學問頭腦，至此已是說得十分下落，但恐學者不肯
直下承當耳。」又曰：「某於『良知』之說，從百死千難中得來，非
是容易見得到此。此本是學者究竟話頭，可惜此體淪埋已久。學者
苦於聞見障蔽，無入頭處。不得已與人一口說盡。但恐學者得之容
易，只把作一種光景玩弄，辜負此知耳！」〔註39〕

在這段文獻中，陽明既怕學者找不到道德實踐的「入頭處」，而苦於聞見知識的
障蔽，無法逆覺體證道德實踐的本體，故只好「一口說盡」──「良知」，可是
這「良知」是陽明費盡千辛萬苦從「百死千難」中而得來，他又怕學者「學力」
不夠，得之太易，而流於玩弄光景。陽明這樣的考慮是對的，陽明天挺人豪，
都要「百死千難」而得，何況是根器、學力都不如陽明的弟子，〔註40〕故陽明
希望弟子們承當之後，能盡快補足其中的學力差異，而真切地體會此「良知」
來解決這個兩難。可惜的是，陽明只能用如此的「叮嚀法」、「囑咐法」提醒弟
子，這在陽明生前還有效果，因為還有陽明作為防火牆來勘驗弟子，以抵擋流
弊的產生，陽明歿後，弟子程度不足，流弊就產生了。

故嚴格地說，陽明後學道德實踐的流弊的產生是「人病」，而非「法病」
〔註41〕。如果陽明不在，學人如果要以良知學作為實踐的方法，要如何沒有
這個「人病」，故牟先生在上引文中提出兩個方法來對治這個「人病」，一是
「須義理分際清楚」，二是「須真切作無工夫的工夫」，這兩點合起來就是牟
先生的另一段話：

須知此學本不同於一般的專學。只當分解地說之時，始有系統，有
軌道，有格套，亦因而好像是一專學。然而當付之于踐履時，則那
些系統相、軌道相、格套相、專學相，便一齊消化而不見，此時除
那本有而現成的知體流行于日用之間外，便什麼也沒有。〔註42〕

從這裏，可以知道所謂的「義理分際清楚」就是奠基在牟先生「超越的分解」
之下，所開的良知學系統，再真切的作「無工夫的工夫」把這些分解建立下
的系統、格套，一齊化掉，使至達到「四無」的化境。這也是牟先生屢次指

〔註39〕錢德洪：〈刻文錄敍說〉，收入吳光等人編校：《王陽明全集》下（上海：上海
　　　　古籍出版社，1995），頁1575。
〔註40〕參高攀龍：《高子遺書》（台北：台灣商務印書館，1986），卷9，頁35。
〔註41〕寬泛的說，則良知學不一定沒有「法病」，詳下文。
〔註42〕牟宗三：《從陸象山到劉蕺山》（台北：台灣學生書局，1984），頁297。

責聶雙江（豹、文蔚 1487～1563）、羅念菴（洪先，1504～1564）「如此滯笨而又不虛心切認原語之意義，焉能讀王學？」、「不熟習於陽明之義理」、「把陽明之義理弄得七零八碎」〔註43〕的緣故（其實蕺山也被包含在內）。因為對於牟先生來說，「義理分際清楚」是對治這種「人病」的第一步必要的工夫，因為他認為：「分解地有所立足以穩住其氣命。」〔註44〕

牟先生後來以「以心著性、歸顯于密」是蕺山學的特色，並且認為蕺山即以這個特色來解決陽明後學流弊。首先他還是建基在「超越層」與「經驗層」的區分下，認為由超越層的「意根最微」所建立的客觀的「性體密藏、奧藏」來貞定主觀性原則的「心體」實踐（歸顯于密，「將心學之顯教歸于慎獨之密教是也」），心與性是一個「自覺與超自覺」的「形著」關係，以達最後心性是一的化境。〔註45〕

綜合上述兩段，看得出來，牟先生此處對於蕺山能解決王學流弊的「人病」是建立在上述那兩個原則下。

但是真能如此嗎？強調「性體的奧藏」不就像陽明生前強調的「良知只是一個天理自然明覺發見處」〔註46〕中的「天理」意義嗎？這樣果能解決陽明後學流弊？

首先，筆者想指出，凡建立在「超越層與經驗層的區分」上來看蕺山者，由於基點的限制，莫不把蕺山的「意」等同於陽明的「良知」，蕺山的「誠意」（或「慎獨」）等同於陽明的「致良知」，蕺山的「念」等同於陽明的「意」，這是牟先生啓其端，而許多人跟進也，如劉述先、黃宣民、姚才剛、王俊彥、王瑞昌、古清美、李興源、袁光儀、莊淑芬、鄭宗義、曾陽晴諸位先生。〔註47〕

〔註43〕牟宗三：《從陸象山到劉蕺山》（台北：台灣學生書局，1984），頁309。
〔註44〕牟宗三：《從陸象山到劉蕺山》（台北：台灣學生書局，1984），頁23。
〔註45〕牟宗三：《從陸象山到劉蕺山》（台北：台灣學生書局，1984），頁453～456。
〔註46〕王陽明：〈答聶文蔚〉，吳光等人編校：《王陽明全集》上（上海：上海古籍出版社，1995），頁84。
〔註47〕分別見牟宗三：《從陸象山到劉蕺山》（台北：台灣學生書局，1984），頁469。劉述先：《黃宗羲心學的定位》（台北：允晨文化公司，1986），頁19～20。黃宣民：〈蕺山心學與晚明思潮〉，收入鍾彩鈞主編：《劉蕺山學術思想論集》（台北：中央研究院中國文哲所籌備處，1998），頁241。姚才剛：〈論劉蕺山對王學的修正〉，《武漢大學學報‧人文社會科學版》，第53卷第6期2000.11，頁759。王俊彥：〈劉蕺山之成學經過〉，台北：文化大學中研所1984年碩士論文，頁244。王瑞昌：〈論劉蕺山的無善無惡思想〉，《孔子研究》總第62期2000.6，頁77、83。古清美：〈劉蕺山對陽明致良知之繼承與發展〉，收入古清美：《明代理學論

其次，在 2.4 節說到「辯證觀」是蕺山學的特色，用牟先的話說就是「形而上下緊收緊吸下的圓融化境，不能視作主張上的陳述」〔註48〕，這又使得學者在此必須有個抉擇，就是要將蕺山的「四句教」〔註49〕中「心、意、知、物」放在超越層還是經驗層？由於牟先生將此視為「圓融化境，不能視作主張上的陳述」，故只能放在超越層，因此牟先生說：「此則誠意格致以及正心等等都只成分析的，開不出綜和領域。」〔註50〕「此則一往為分析的，此則太緊；而念無交代，而天地萬物亦進不來，此則太狹。」〔註51〕影響所及，李明輝、黃敏浩、李振綱、曾錦坤、莊淇芬諸位先生亦如是觀。〔註52〕

文集》（台北：大安出版社，1990），頁 245。李興源：〈劉蕺山「誠意之學」探析〉，《中國國學》第 17 期 1989.11，頁 295。袁光儀：《晚明之儒家道德哲學與世俗道德範例研究——劉蕺山人譜與了凡四訓、菜根譚之比較》，台北：台灣師大國研所 1997 年碩士論文，頁 88（此文對於蕺山的詮釋奠基於曾錦坤先生的碩士論文上，由其中多次正面引用曾先生之文即可得知，曾先生之文又是主要根據牟宗三先生的說法而立論，參鍾彩鈞：〈台灣學者對劉蕺山學術思想的研究——哲學理論與其他〉，收入鍾彩鈞主編：《劉蕺山學術思想論集》（台北：中央研究院中國文哲所籌備處，1998），頁 582。莊淇芬：《王陽明與劉蕺山工夫論之比較》，台北：台灣師範大學國文研究所 1993 年碩士論文，頁 1，或《台灣師大國文研究所集刊》第 38 號 1994.6，頁 741。鄭宗義：《明清儒學轉型探析～從劉蕺山到戴東原》（香港：中文大學出版社，2000），頁 56。曾陽晴：《無善無惡的理想道德主義》（台北：台灣大學出版委員會，1992），頁 51。

〔註48〕 牟宗三：《心體與性體》（第一冊）（台北：正中書局，1985），頁 396。

〔註49〕 蕺山的「四句教」有三個版本。一是「有善有惡者心之動，好善惡惡者意之靜，知善知惡者是良知，為善去惡者是物則。」（〈學言上〉，《全集》二，頁459，59 歲。）另一是「有善有惡者心之動，好善惡惡者意之靜，知善知惡者是良知，有善無惡者是物則。」（黃宗羲：〈蕺山學案・忠端劉念臺先生宗周・語錄〉，黃宗羲：《明儒學案》下，《黃宗羲全集》第八冊，（台北：里仁書局，1987），卷 62，頁 1517。）兩者可相通，差異在最後一句，一從工夫論說，一從存有論說。第三個版本是《全集》五，頁 371 之《姚譜》，印錯，印成為「有善有惡者心之動，好善惡惡者意之靜，知善知惡者是良知，有善有惡者是物則。」這是個嚴重的錯誤，查姚名達：《劉宗周年譜》，（上海：上海書店，1992 據商務印書館 1931 年版影印，民國叢書第四編第 85 冊）頁 231 之原文亦然，可知姚名達先生即錯，為何可判定他為錯，因為姚名達先生自言所據為《全書》卷 10 及《明儒學案》卷 62（見該書頁 232），而所據根本就不是這樣寫的，故知應是筆誤抄錄錯誤所致。

〔註50〕 牟宗三：《從陸象山到劉蕺山》（台北：台灣學生書局，1984），頁 469。

〔註51〕 牟宗三：《從陸象山到劉蕺山》（台北：台灣學生書局，1984），頁 485。牟先生將蕺山的「心、意、知、物」全視為「超越層」，

〔註52〕 分別見李明輝：〈焦循對孟子心性論的詮釋及其方法論問題〉，收入李明輝：《孟子重探》（台北：聯經出版公司，2001），頁 73。黃敏浩：〈劉宗周「四句」的

綜合以上，可知這樣「歸顯于密」詮釋下的蕺山學顯然也不能解決陽明後學「情識而肆，虛玄而蕩」的流弊，爲什麼呢？誠如曾錦坤先生所說：

> 蕺山將意根收歸心體，先天工夫，全不涉及經驗層，此是其特色，亦其缺失，人不能無氣質之雜，然誠意教於氣質之雜不能有正面的對治，這是其缺陷。良知教開出綜和領域，就對氣質言，顯然超過誠意教。〔註53〕

或如李振綱先生所說：

> 蕺山證人之學反覆闡揚的道德人本主義和理想主義更是依據性善論的先天預設而建立起來的。由於對人性的負面因素估計不足，所以在人的社會控制方式上，始終實現不了由德治轉向法治的轉型。此一癥結是使蕺山之學雖然有心求「實」而終淪于「虛」的重要原因。〔註54〕

關於李振綱先生所說的「所以在人的社會控制方式上，始終實現不了由德治轉向法治的轉型」，本文以爲是他有所感的情緒話、題外話，和蕺山學沒有相干性，（因爲現實上中國是缺乏法治的，所以這段話放在中國的每一個哲學家身上似乎都是可以的。）故置之不論。曾、李兩先生的這兩段話在他們對於蕺山學的研究中，是成立的，因爲他們都把蕺山之「心、意、知、物」皆放

詮釋〉，《中國文哲研究通訊》第 8 卷第三期 1998.9，頁 106（但黃先生以爲「應該都是超越層」，他加上「應該」二字）。李振綱：《證人之境——劉宗周哲學的宗旨》（北京：人民出版社，2000），頁 45。曾錦坤：《劉蕺山思想研究》，台北：台灣師大中研所 1983 年碩士論文，頁 66，或《台灣師大國文研究所集刊》第 28 號 1984.6，頁 604。莊淇芬：《王陽明與劉蕺山工夫論之比較》，台北：台灣師範大學國文研究所 1993 年碩士論文，頁 80，或《台灣師大國文研究所集刊》第 38 號 1994.6，頁 820。

〔註53〕曾錦坤：《劉蕺山思想研究》，台北：台灣師大中研所 1983 年碩士論文，頁 66，或《台灣師大國文研究所集刊》第 28 號 1984.6，頁 604。莊淇芬先生也有一段類似此引文的言論：「意屬超越層，氣質私慾不能干擾它。好善惡惡是先天工夫，全不涉人分上事。這是誠意教的特色，亦是其缺失。人不能無氣質之雜，誠意教於氣質之雜不能有正面對治，且誠欲以意攝知，則經驗層意念的修行必須多加重視，蕺山雖然嚴分意念，但對治氣質的理論則微嫌不足；反觀良知教，就對治氣質言，顯然超過誠意教。」見莊淇芬：《王陽明與劉蕺山工夫論之比較》，台北：台灣師範大學國文研究所 1993 年碩士論文，頁 80～81，或《台灣師大國文研究所集刊》第 38 號 1994.6，頁 820～821。因爲和曾錦坤先生言論類似，故僅以曾先生言論代表之。

〔註54〕李振綱：〈道德理性本體的重建——蕺山哲學論綱〉，《哲學研究》1999 年第 1 期，頁 44。

在超越層，而落實不下來經驗層，所以對於「氣質」，對於「人性負面因素」沒法起正面的對治作用，而開出綜和領域，這樣當然不能抵擋陽明後學的「情識而肆，虛玄而蕩」的流弊，對於良知與情識相混，或流於無善無惡的虛玄而蕩的情形，蕺山學根本就是使不上力的，所以曾錦坤先生乾脆宣布：「良知教開出綜和領域，就對氣質言，顯然超過誠意教。」也就是說，蕺山雖然晚出於陽明，但蕺山的誠意慎獨之學之對治氣質病痛而言（如「情識而肆，虛玄而蕩」）根本就不如良知教，其實是可以取消的。良知教本身對於良知教實踐產生的流弊竟然就有對治的效果。或如李振綱先生說：「蕺山之學雖然有心求『實』而終淪于『虛』。」蕺山之學還是流於蕺山所批評的「虛玄而蕩」，換言之，蕺山解決陽明後學的流弊算是失敗。

可是把他們的話放在蕺山的體系中，實在很不能成立，因為就在《劉宗周全集》卷一的《人譜》與《人譜雜記》就是一個很有力的反證，在這裡面，對於人性正面的擴充，與負面的防治，都有很深入的討論。牟宗三先生曾經這樣評論《人譜》：

> 〈證人要旨〉依圖所說的六步實踐即是成聖底歷程，即，通過格致誠意使心意知物順適地一體呈現也。然於六步實踐中必隨時有反面之過惡以隨之。……此一正反兩面所成之實踐歷程為從來所未有，而蕺山獨發之。……儒家內聖之學成德之教之道德意識至此而完成焉。〔註55〕

> 勿謂儒家偏於樂觀，對於人生之負面感受不深。此皆世俗之論，無真正之道德意識者也。……故吾人若不言負面則已，若欲言之，則必套於道德意識中始能徹底而窮源，清楚明確而真切，而且真能實踐地化除。以往言之不及，亦只是一時之不及，非其本質不能入也。故云至蕺山而完備。〔註56〕

在這裡，牟先生認為就內聖學的圓成而言，正面的道德主體實踐與反面氣質的反省，必須至蕺山才算完成。牟先生以為蕺山之學開不出綜和領域，對於經驗層的重視不夠，卻能使儒家對於負面氣質徹底而窮源地完備揭出，而圓成儒家的內聖學，不能不說是牟先生關於蕺山理論的一個漏洞。

以上，重在說明一般都以「歸顯於密，以心著性」來當作蕺山作為對治

〔註55〕牟宗三：《從陸象山到劉蕺山》（台北：台灣學生書局，1984），頁520。

〔註56〕牟宗三：《從陸象山到劉蕺山》（台北：台灣學生書局，1984），頁538～539。

陽明後學之「情識而肆，虛玄而蕩」的流弊之理論，是無法成功的，這樣的解決對於蕺山的理論也是有缺陷的。

3.2.3.2　蕺山的解決方法：要求證量

現在，要回到本文的論點上，來說明蕺山到底是如何解決他給他自己的時代使命？蕺山之學到底能否解決陽明後學之「情識而肆，虛玄而蕩」的流弊？

上文在 2.3.2 節「蕺山的學行年譜」的 26、27 歲中，說到蕺山的道德實踐非常重視「勘驗」，重視理欲之間的區別，以及在酒色財氣等日常生活中，如何查驗道德實踐「功力之進退」，這就是說他一定要注意「當下生命的具體存在情境」（即「此有」）。然後在 2.4.1 與 2.4.2 節中，說到蕺山因此而發展出他的「『一本而萬殊，會眾以合一』之辯證綜合」思維模型。在 2.4.3 節中，說到這個辯證綜合的起點就在當下就是「氣」，這 「當下生命的具體存在情境」之「此有」。再在 3.2.1 節中，把這些特點放在道德實踐的背景下，說到蕺山因此非常重視「證量」。在 3.2.2 節中，說到「證量」、「證量相傳」也是陽明後學王龍溪與顏鈞等所重的一個特色。

現在要說明對於陽明後學所造成的「情識而肆，虛玄而蕩」的流弊，蕺山的體系是可以解決。〔註57〕

蕺山如何解決？在上文，說到陽明生前對後學可能產生的流弊就有自覺，可惜他用「叮嚀法」、「囑咐法」來提醒學生，他的方法在他死後被證明是無效的。現在再回到牟先生提出的兩個對治實踐良知學的「人病」原則，「一須義理分際清楚，二須真切作無工夫的工夫。」〔註58〕牟先生這兩個原則，嚴格說，是有效的，而且這兩個原則一定要同時做到，才可以達成。因為只有義理分際清楚，實踐起來，不夠真切，道德實踐的動力不足，知道該做，卻又不去做；不該做的，卻又總是誘惑著我們去做，有如朱子所說「知道善我所當為，卻又不十分去為善；知道惡不可作，卻又是自家所愛，舍他不得，這便是自欺。」〔註59〕還是沒法達成。而如果真切去做，義理不清，實踐起

〔註57〕在晚明諸學者中，對於陽明後學所造成的流弊現象，許多人皆有觀察到，如錢德洪、鄒守益、聶雙江、羅念菴、王時槐、張陽和、高攀龍與顧憲成。凡此皆莫不提出自己的解決辦法，這些方法的有效性如何是一個可關注的課題，在此為免論文的枝葉蕪蔓，故不一一探討以顯出蕺山的特色與優點，只探討蕺山的解決方法。

〔註58〕牟宗三：《從陸象山到劉蕺山》（台北：台灣學生書局，1984），頁 297～298。

〔註59〕黎德靖編：《朱子語類》（北京：中華書局，1999），卷 16，頁 327～328。

來顢頇一氣，人欲卻當天理，那越走越遠，也沒辦法。在此，筆者做了一個擴大的詮釋，就是牟先生所謂的「義理分際清楚」並不是在他系統下所指的「分解的清楚」，而是「理欲之間的清楚」，爲何可以這樣的詮釋？因爲這樣也正可以合乎牟先生所說的「分解地有所立足以穩住其氣命。」只是這裡的分解是「理欲之間的分別分解」，當人知道何者是理何者是欲時（證量上的區別，不是順取的認知的區別）〔註60〕，的確是可以穩住氣命，所謂的穩住就是不會一往而下墮。〈劉譜〉26歲條：

> 每有私意起，必痛加省克，而勘到前所繇來爲如何？又勘明後決裂更當如何？終日端坐讀書曰：『吾心於理欲之介，非不恍然。古人復從而指之曰：「此若何而理，彼若何而欲。」則其存之過之也，不亦恢恢有餘地乎？』。」（〈劉譜〉26歲，《全集》五，頁112，26歲。）

蕺山非常重視讀書，讀書對於蕺山來說，有好幾個作用，〔註61〕其中一個就是明白理欲之間的分際。理欲之間必須清楚分別，但這還是解悟上的，〔註62〕故當實踐時還要配上第二個原則：眞切地落實到當下的情境而作無的工夫，將所有理論上的分別，落實爲當下的情境的綜合。

但什麼叫做「眞切」地做道德實踐？「眞切」到底是什麼意思？

在理論上，可不可以像陽明叮嚀他的弟子一樣，說「四有句」是我徹上徹下的教法，「四無句」是適合利根者，不適合當成教法，而說：只要好好「眞切」地做道德實踐，就不會有陽明後學的流弊了。

嚴格說，這只是個指導原則，可以說凡有陽明後學流弊的，都是不眞切做良知學的工夫的，若眞切地做道德實踐，則不會有流弊。故凡有流弊者，皆因爲是「人病」而非「法病」。

對於「教法」而言，這樣的說明，是套套邏輯式的、分析式的指導原則，是不切於道德實踐的。所以寬泛的說，這樣的「教法」是有「法病」的，所謂有「法病」就是這套教法無法提供一個「驗」、「勘驗」的原則，來確定什

〔註60〕「分解地有所立」如果是純認知所建立的「超越的分解」、「經驗的分解」或「邏輯的分解」恐無法穩住氣命，就好像研究「宋明理學」或「佛學」非常有成就，不一定氣命上能貞定得住。

〔註61〕參王汎森：〈心即理說的動搖與明末清初學風的轉變〉，《歷史語言研究所集刊》第65本1994.6，頁362～364。

〔註62〕最多還只是屬於上文所引王龍溪所說的「解悟」，還沒進到「證悟」或是「徹悟」。

麼是「真切」的，〔註63〕而這正是蕺山擅場之處，因為他重視「證量」。

　　陽明在生前就自承是個狂者〔註64〕，再加上他對於良知體會真切，所以他可以說「依我良知一心之申展、一心之遍潤，所行的就是真理」、「我所行的就是真理」，陽明是從道德實踐歷程的最高點來說，這是可成立的。但是對於陽明後學來說，只能說「我所行的還有哪些不是真理」，因此還需要重視「驗」，但對於狂者的陽明來說，他卻忽視這點，他說：

　　　　問：「『一日克己復禮，天下歸仁』，朱子作效驗說，如何？」

　　　　先生曰：「聖賢只是為己之學，重功不重效驗。」〔註65〕

所謂「重功不重效驗」，就是只管切實作工夫，至於其成效或驗證如何就不必管了。嚴格說，陽明這話是對的，如果人真的切切實實地作工夫，則是不必問成效或驗證的，反正到頭他必然可成聖，陽明是真有自信者，所以他可說「我所行的便是真理」。問題是一般道德實踐者並不一定在道德實踐前就如陽明已百死千難、真切地體悟到良知本體，所以在實踐時，易有良知與情識混雜之事，甚至以情識為良知，這就是蕺山所評之「參之以情識，而一是皆良」情形；或者是認為「我所行就是真理」不必修證，將忠孝名節視為是「理障」而陷於蕺山所評的「蕩之以玄虛，而夷良於賊」情形，所以這必須重視驗證的，需要一個檢證的原則。

　　因為蕺山重視「證量」，所以就一步步道德實踐的歷程，他就要求有何「證量」可據，重視「證據」或是「所證得的量」，由此來分辨是「良知」還是「情識」，是「圓融」還是「玄虛」。不從「證量」著手，就會被相似的外相所欺而誤。因此他就必須就整個道德實踐的歷程，條分縷析，一一就其證量而標出，這樣他就開展出他《人譜》、《人譜雜記》或是《聖學喫緊三關》的細密的道德實踐歷程來防止陽明後學流弊的產生了。〔註66〕而這個「證量」的要

〔註63〕依陽明，如何確定是「真切」？他只能說：由良知之自我立法來知道是真切的。這是對的，但又陷入套套邏輯式的說明。

〔註64〕見吳光等人編校：《王陽明全集》（上海：上海古籍出版社，1995）上冊卷三，頁116。

〔註65〕見吳光等人編校：《王陽明全集》（上海：上海古籍出版社，1995）上冊卷三，頁11。。

〔註66〕有學者把這個檢證原則放在蕺山重視「讀書」或「外在規範的禮學」上，並以此說明清初考證之學的興起之起源因素，參王汎森：〈明末清初的人譜與省過會〉，《中央研究院歷史語言所集刊》1993年7月第63本第3分、王汎森：〈「心即理」說的動搖與明末清初學風的轉變〉，《中央研究院歷史語言所集刊》

求可以解決陽明後學流弊的另一個原因是因爲這也是陽明後學所重視的（如上舉之王龍溪與顏鈞），不是從其所重視者外來批評其學（有如東林從性善來攻龍溪之無善無惡），故可以使其心服口服而圓滿解決。

上文說到陽明後學是以「證量」與「證量相傳」來做道德實踐上的「證道」與指導學人，而蕺山也是由此入，那爲何陽明後學有「情識而肆，虛玄而蕩」的流弊？而蕺山沒有？這就牽涉「證量眞不眞」的問題，以天台宗的「六即」修行次第而言，龍溪應是在「相似即」的階位，《摩訶止觀》云：

> 理即者，一念心即如來藏理。如故即空，藏故即假，理故即中。三智一心中具，不可思議。……是名理即，是菩提心。名字即者，……或從知識，或從經卷，聞上所說一實菩提，于名字中通達解了，知一切法皆是佛法。是爲名字即菩提。……觀行即是者，……必須心觀明了，理慧相應，所行如所言，所言如所行。……此心口相應是觀行菩提。……相似即是菩提者，以其逾觀逾明逾止逾寂，如勤射鄰的，名相似觀慧。……分眞即者，……初破無明，見佛性，開寶藏，顯眞如，名發心住，乃至等覺，無明微薄智慧轉著。……究竟即菩提者，等覺一轉入於妙覺，智光圓滿不復可增，名菩提果，大涅槃斷更無可斷，名果果。……故名究竟菩提。〔註67〕

在2.4節中，談到天台和蕺山的哲學模型一致，都是重視當下的具體存在的「一念心」之「法性無住」、「無明無住」（或蕺山的「天理人欲，同行而異情」），由

1994年6月第65本第2分，這樣的說明，就形式意義來說是對的，因爲蕺山的諸多著作皆是整理前人之說的，如《孔孟合璧》、《五子連珠》、《聖學宗傳》、……蕺山也頗重視「讀書」（參下文「凜閒居以體獨」部分）。但就內容意義來說，是不足的，因爲蕺山讀書的讀法是扣緊「德之象徵」的讀法，是知識與道德辯證的讀法（參林安梧：〈知識與道德的辯證性結構〉，收入《現代儒學論衡》（台北：業強出版社，1987）），而非清儒純知識性的讀法，熊十力先生云：「清儒之自負講明經學者，實所以亡經學也。」（熊十力：《讀經示要》（台北：明文書局，1984），頁14）即指此現象也。從蕺山說明明末清初學風的轉變，未嘗不可，筆者以爲應當放在「重氣」上一步步深化，此意可參曾昭旭師：《孔子和他的追隨者》（台北：漢光文化公司，1993），頁166～168。林安梧：〈論劉蕺山哲學中「善之意向性」──以〈答董標心意十問〉爲核心的疏解與展開〉，《國立編譯館館刊》1990年6月第19卷第1期，頁114～115。蔣年豐：〈從朱子與劉蕺山的心性論分析其史學精神〉，收入蔣年豐：《文本與實踐（一）──儒家思想的當代詮釋》（台北：桂冠圖書公司，2000），頁272。

〔註67〕 智者述、灌頂記：《摩訶止觀》卷一下，《大正藏》冊46，頁10，中～下。

當下的辯證綜合展開一套實踐學的規模，因而天台的「六即」剛好可以作爲理論的背景。在這段文獻中，理即就是眾生在理上是與佛爲一的，但百姓日用而不知耳。名字即就是透過言說知識而知此理，不再是百姓日用而不知了。觀行即就是不只是在知識上知道此理，還要在觀行中實踐此理、守此理。相似即者，就是止觀日有所得，漸與法體相應，接近正覺，但還不是，所以稱作「相似」，靜權法師曾以就像黃銅似金來比喻。〔註68〕分眞即又稱分證即，就是已證得部分之眞，但還沒有全部，「分眞」是從客觀的所證方面而言，「分證」是從證者之主觀的能證方面而言。〔註69〕究竟即就是入於最後究竟的覺悟，全證此理。

龍溪爲何似在「相似即」，以所證還未眞也。在龍溪的語錄中，常常都是強調對於良知要「信得及」，如：

> 聖賢之學，惟自信得此及，是是非非，不從外來，故自信而是，斷然必行，雖遯世不見是而無悶，自信而非，斷然不必行，雖行一不義、殺一不辜，而得天下，不爲也，如此方是毋自欺、方謂之王道，何等易簡直截，後世學者不能自信，未免倚靠于外。〔註70〕

但這種自信得及，就自我判定而言，有時也很難，若說「良知自己知道」信得及不及，恐也很難說，也許龍溪又會指責說，這就表示你自信不及，但連龍溪自己有時也懷疑，他在晚年70歲時說（龍溪壽命83歲）：

> 平生心熱，牽於多情。少避形跡，致來多口之憎，自信以爲天下非之而不顧，若無所動於中。自今思之，君子獨立不懼，與小人之無忌憚，所爭只毫髮間，察諸一念其機甚微，凡橫逆拂亂之來，莫非自反以求增益之地，未可概以人言爲盡非也。〔註71〕

在這段引文中，龍溪就不像上段引文中強調自信得及，並且批評別人「後世學者不能自信，未免倚靠于外。」在這段引文中，他退了一步，說到君子之獨立不懼和小人之毫無忌憚，差別甚微，所以「未可概以人言爲盡非也」，還要稍微「倚靠於外」以作爲進德修業的進步之資。

換句話說，依「六即」，龍溪似在「相似即」中，以靜權法師的比喻來說，

〔註68〕靜權：《天台宗綱要》（台北：佛陀教育基金會，1998），頁149。

〔註69〕牟宗三《佛性與般若》（台北：台灣學生書局，1984），下冊，頁921。

〔註70〕王畿：《王龍溪全集・答退齋林子問》（台北：華文書局，1970），卷四，頁286～587。

〔註71〕王畿：《王龍溪全集・自訟長語示兒輩》（台北：華文書局，1970），卷十五，頁1064。

就是黃銅和金是很像的。因此就「證量」而言，不能只是強調「自信得及」，還要「戒慎恐懼」、「戰兢惕厲」〔註72〕、「細密」〔註73〕地來區別有何證據，這正是蕺山的特長，茲以和陽明心學做對比為例做說明。對於當下的道德實踐之「心學」而言，說起來很簡單，但一般人大都以為是很難入手實踐的，稍舉數例：

> 羅念菴：「往年見談學者皆曰知善知惡即是良知，依此行之，即是致知，予嘗從此用力，竟無所入，久而後悔之。」〔註74〕

> （李）伯敏云：「無個下手處。」……（象山）先生云：「此則罪在不常久上，卻如何硬把捉，種種費力，便是有時得意，亦是偶然。」伯敏云：「卻常思量，不把捉，無下手處。」〔註75〕

以上是古人意見，今人意見亦然：

> 何　俊：「王陽明思想重在良知本體的自覺，但致良知工夫卻顯得疏略，使得後來學者無規矩可學，以至於擺去拘束，流於縱欲。」〔註76〕

> 牟宗三：「良知心體圓而神，譬如一露水珠，真難把握。」〔註77〕

> 牟宗三：「吾人說良知是通透於天心仁體之全蘊的『既虛亦實』之本質，而其首先呈現於人之心目中者，則為其虛德，即所謂『虛靈明覺』者是。縱亦知其復為實德，然畢竟是以神用或妙用見，即所為『作用見性』者是。……然人之踐此則甚難。」〔註78〕

> 陳　來：「陸學門徑往往有含混處，如究竟如何發明本心，學者常患

〔註72〕《劉譜》36歲條，《全集》五，頁144。

〔註73〕參2.3.2「蕺山的學行年譜」，26歲條。

〔註74〕黃宗羲：〈江右王門學案三・文恭羅念菴先生洪先・雜著〉，黃宗羲：《明儒學案》上，《黃宗羲全集》第七冊，（台北：里仁書局，1987），頁415。

〔註75〕陸九淵：《象山先生全集》（台北：台灣商務印書館，1979），卷35，頁443～446。

〔註76〕何俊：〈論東林對陽明學的糾彈〉，《浙江大學學報（人文社會科學版）》第30卷第4期2000.8，頁108。亦見何俊：《西學與晚明思想的裂變》（上海：上海人民出版社，1998），頁48。

〔註77〕牟宗三：《從陸象山到劉蕺山》（台北：台灣學生書局，1984），頁291。

〔註78〕牟宗三：〈劉蕺山誠意之學──陸王一系之心性之學（三）〉，《自由學人》第1卷第3期1957.3，頁9。

沒有下手處。」〔註79〕

嵇文甫：「提起這三個字（案：即致良知），常使人覺得一片空靈，不
　　　　可捉摸。不錯，陽明有時候把良知講得的確太玄妙。」〔註
　　　　80〕

就陽明「致良知」而言，正是如此地不容易有下手處，但在具體的現實情境
中，如何「致良知」？致良知的情形如何？便是心思細密而又重氣的蕺山所
重視的，蕺山曰：

此良知之蘊也。然而不能不囿於氣血之中，……或相倍蓰而無算，
不能致其知者也，是以君子貴學焉。學維何？亦曰與心以權，而反
之知，則氣血不足治也。於是順致之以治情，而其為感應酬酢之交
可得而順也；於是逆致之以治欲，而其為天人貞勝之幾可得而決也；
於是精致之以治識，而其為耳目見聞之地可得而清也；於是雜致之
以治行、治器，而其為吉凶修悖之途可得而準也。凡此皆氣血之屬，
而吾既一一有以治之，則氣血皆化為性也。（〈原學中〉，《全集》二，
頁335，65歲。）

陽明所提的「致良知」偏於形式或抽象原則的特質，〔註81〕蕺山卻一定要把
它拉下來到現實面。蕺山的道德實踐必然在「歷史性」中實踐，也就是說，
蕺山的道德實踐學中的良知是一個一定在世界中、情境中而隨時做抉擇的良
知（「不能不囿於氣血之中」），因此對蕺山而言，「致良知」就要看其在情、
欲、識、行、器等項目中實踐的面貌如何，所以蕺山有「順致」、「逆致」、「精
致」、「雜致」等種種不同的「致」的工夫的區分，這在陽明是很難想像的，
依牟宗三先生的詮釋，所謂的「致」就是「一心之朗現，一心之申展，一心
之遍潤」，〔註82〕而不用有如此之「閒議論」的。

　　而且在另一方面就良知一時不顯，而如孟子之「求放心」時該如何求呢？
蕺山首先從放心之所以可能的原因著手，蕺山言：

仔細檢點，或以思維放，或以卜度放，或以安排放，或以知故放，

〔註79〕陳來：《有無之境——王陽明的哲學精神》（北京：人民出版社，1991），頁403。
〔註80〕嵇文甫：《晚明思想史論》（北京：東方出版社，1996），頁4，但嵇先生在稍
　　　　後有就良知的「真誠惻怛」說良知的不玄妙處，參該書頁5。
〔註81〕參謝大寧師：〈「詮釋」與「推證」——朱子格物說的再檢討〉，「朱子與宋明理
　　　　學」學術研討會（台北：鵝湖月刊雜誌社，2000.12.23～25），會議發表文頁6。
〔註82〕牟宗三：《心體與性體》第一冊（台北：正中書局，1985），頁47。

> 或以虛空放，只此心動一下，便是放，所放甚微，而人欲從此而橫
> 流，其究甚大，蓋此心既離自出家，便有無所不至者。……學者只
> 向自家尋底蘊，常做箇體認工夫，放亦只放在這裡，求亦只求在這
> 裡，豈不至易？豈不至簡？（〈求放心說〉，《全集》二，頁 356～
> 357，55 歲。）

蕺山在此處說明人欲橫流的起源是心跑掉了，心如何跑掉？他認為是因為思維、卜度、安排、知故、虛空等理由，這幾個理由都是容易使人忽略心與情境當下辯證綜合的存在實感，而使意識留連過去與思維未來，因此人必須做箇體認的工夫以求放心，這個求放心的體認工夫，蕺山在此雖然說的簡易，但以蕺山的心思細密，他認為也有幾個可能的誤差，蕺山曰：

> 良心之放也，亦既知所以求之矣。初求之事物之交，而得營搆心，……
> 繼求之應感之際，而得緣著心，……又求之念慮之隱，而得起滅
> 心，……又進求之靈覺之地，而得通塞心，……又求之虛空，求之
> 玄漠，而得欣厭心，……吾將縱求之天地萬物，而得心體焉，其惟
> 天理乎？天理何理？歸之日用。日用何用？歸之自然。吾安得操功
> 自然者，而與之語心學也哉！（〈證學雜解·解八〉，《全集》二，頁
> 310～311，66 歲。）

在這裡，蕺山說明求放心的可能誤入情形（營搆心、緣著心、起滅心、通塞心、欣厭心），及最後的正確入處：「天理日用而自然」之處。本來依上文牟先生所說「良知心體圓而神，譬如一露水珠，真難把握。」這就是說，即使初步體證到了良知，也還有一個特色，就是「不獲保證」，〔註83〕那如果良知不顯時該如何？

　　良知為何不顯？依陽明，是因為「物欲」的隔斷，陽明曰：

> 良知即是未發之中，即是廓然大公，寂然不動之本體，人人之所同
> 具者也。但不能不昏蔽於物欲，故須學以去其昏蔽，然於良知之本
> 體，初不能有加損於毫末也。〔註84〕

> 若無有物欲牽蔽，但循著良知發用流行將去，即無不是道。但在常

〔註83〕勞思光：〈王門功夫問題之爭論及儒學精神之特色〉，收入勞思光：《思辯錄》
　　　　（台北：東大圖書公司，1996），頁 77。

〔註84〕吳光等人編校：《王陽明全集》上（上海：上海古籍出版社，1995）卷二〈語
　　　　錄二〉（即《傳習錄中》），頁 62～63。

> 人多爲物欲牽蔽，不能循得良知。如數公者（引者注：指張良、孔
> 明等人）天資既自清明，自少物欲爲之牽蔽，則其良知之發用流行
> 處，自然是多，自然違道不遠。〔註85〕

在此處，陽明說到，當良知不察而爲物欲牽蔽，則良知不顯，但這個良知的昏蔽對於良知本體而言，並沒有絲毫的損傷，只要將其放失之心再度尋回即可，但這個「求放心」的過程對於陽明來說，其實是很難描述和著力的，牟宗三先生有一深刻的體會，他說：

> 若問：即使已通過逆覺體證而肯認之矣，然而私欲氣質以及種種主
> 觀感性條件仍阻隔之，而它亦仍不能順適調暢地貫通下來，則又如
> 何？曰：此亦無繞出去的巧妙辦法。此中本質的關鍵仍在良知本身
> 之力量。良知明覺若眞通過逆覺體證而被肯認，則它本身即是私欲
> 氣質等之大剋星，其本身就有一種不容已地要湧現出來的力量。此
> 即陽明所以言知行合一之故，亦即孟子所言之良知良能也。……本
> 質的工夫唯在逆覺體證，所依靠的本質的根據唯在良知本身之力
> 量，此就道德實踐說乃是必然的。〔註86〕

牟先生在此段中，說到：如果人良知已被昏蔽，則該如何讓良知順適調暢地貫通下來？牟先生認爲並沒有其他的巧妙方法，因爲要調暢地貫通下來的根據力量還是在「良知」身上，原本良知對於氣質病痛來說，就有一種「不容已」的力量來克制氣質病痛，現在沒有這個力量，故說沒有巧妙辦法。

牟先生此說，嚴格說，是對的。但對於一個在道德實踐中受傷的人（受物欲誘惑而下墮的人），是不切的（對但是不切〔註87〕），所謂不切就是說很難起對治的作用，試想：一個滿身病痛的人來到你的面前，請問你說：「我怎樣健康起來？」你告訴他說：「沒有其他辦法，你本身就有治癒能力。」

〔註85〕 吳光等人編校：《王陽明全集》上（上海：上海古籍出版社，1995）卷二〈語錄二〉，頁69。

〔註86〕 牟宗三：《從陸象山到劉蕺山》（台北：台灣學生書局，1984），頁230。

〔註87〕 這就是說契理不契機。但依蕺山，不契機嚴格說就不契理，蕺山在道德實踐上，是很嚴格的，蕺山認爲：「理即是氣之理，斷然不在氣先，不在氣外。」（〈學言中〉，《全集》二，頁483，60歲。）理即在氣中，每一個機中，都有該機中的理，所以蕺山說：「權者道之體也。道體千變萬化，而不離乎中，非權而何？……權之理主常，而準諸事主變，理即事，事即理。……嫂溺援之以手者權也，正是道理合當如此，乃所爲經也。」（《論語學案·可與共事章》，《全集》一，頁476，40歲。）權即經也。

對他來說，是對的但沒有用。牟先生這樣的回答是忠於陽明學的，因爲陽明本身對於病痛的對治就比較忽略的，上文引用陽明文獻說：「良知⋯⋯不能不昏蔽於物欲，故須學以去其昏蔽，然於良知之本體，初不能有加損於毫末也。」陽明這時說對於良知本體沒有絲毫的損傷，這是對的，但沒有絲毫的損傷，爲何會昏蔽？因爲良知本體沒損傷，但發出的力道是不足的，所以應該要追問的是「這時力道爲何不足」，而不是再強調良知本體沒損傷。若就蕺山而言，就先告訴對方，你的病痛是什麼造成，是因爲你的人欲，但心之放、人欲之起是因爲思維、卜度、安排、知故、虛空等理由，所以首先須先防止這幾個理由的產生，再將心找回，而這找回也有幾個可能的差失（營攝心、緣著心、起滅心、通塞心、欣厭心），因此你也不能找錯地方來使你自己健康，由此而病人休養生息，最後再說治癒的藥或方法——「天理日用而自然」。〔註88〕透過這個細密的歷程，良知的力道又恢復了。

　　透過以上的對比，可以肯定的說，在「證量」要求下的蕺山學是可以解決陽明後學「情識而肆，虛玄而蕩」的流弊。就教法而言，就證量而言，「具體詳密原則」是蕺山道德實踐學的特色，這就表示蕺山是個合適的人選。〔註89〕

〔註88〕這還要牽涉到《人譜》中的〈訟過法〉，此處所論是針對上面所引的蕺山文獻，故如此說。《人譜》中的〈訟過法〉參下節的說明。

〔註89〕就教法而言，有達到「證體」階段，並不表示他就能指導人如何證體，例如阿羅漢有兩種：有解脫知見和無解脫知見。無解脫知見之阿羅漢雖已得阿羅漢果，但他是無法教人如何證得阿羅漢果，如周利槃陀伽，印順曰：「佛經說：周利槃陀伽根性暗鈍，教他讀經，他記得前一句，即忘掉後一句。但佛陀是慈悲的，始終慢慢教他，誘發他學習，他在佛陀的慈悲教授策勵下，終於證得了阿羅漢果。雖證聖果，但不會說法，請他開示，他祗會說：『人生無常，是苦』，此外只有現神通了。他的話錯嗎？當然不錯，但他缺乏知識，故證悟了也不會說法。佛弟子中的舍利弗就不同了，他未出家前，即通達吠陀經典；出家證悟眞理後，他爲眾說法，在一個義理上，能滔滔不絕地講七天七夜，還沒有講完。佛讚嘆他：『智慧第一』！『善入法界』。」參見印順：《佛在人間》（台北：正聞出版社，1992），頁285～286。顏鈞在此就稍缺乏。
就「證量」而言，有達到「證體」階段，也並不表示他就能指導人如何證體，因爲還牽涉到他「心思細密」的問題，每一階段的證量是否皆能細密的分別，例如臨濟禪師心思細密，所以可以勾勒「三玄三要」來表示證悟的過程，俱胝禪師就不行了，只能一直以「豎一指」來指導弟子，參元音老人：《佛法修證心要》（台北：法爾出版公司，1996），頁263。陽明和龍溪在此就稍缺乏。在此，順便反省用「證量」來詮釋蕺山學的得失。在上文，已經說明由「證量」觀點可以看出蕺山學的一些特色，如具體詳密地要求整個道德實踐歷程，清楚的判別理欲，這是相應於蕺山學的，但其問題也產生出來，由於寫論文

是知識上的事，因此必須有知識論的懷疑精神，「證量」可以知識化的表達嗎？這問題就是說證量如何獲得的？其檢證基礎何在？關於證量如何獲得問題，還比較好解決，因爲可以以熊十力先生的知識論體系來說明，說明是在「性智」而非「量智」的認知方法，依上文，熊十力的「性智」有兩性質，一是「直接親證下的自明自了、默然內證」、一是「無主客分別與對立」。但問題也跟著這兩性質而來，問題主要是發生在「檢證基礎如何」上面，這是任何講究「證量」者，最大的罩門所在，禪宗亦然，我們可以問臨濟禪師爲何經過你的三玄三要就是成佛了，我如何確定你的三玄三要的可靠度。但禪宗還比較可以解決，因爲她雖然是要「遇佛殺佛、遇魔殺魔」，但這還是就工夫上的不執著而言，她雖然是要「不立文字、教外別傳」，但這只是強調要「眞修實證」，不能說食數飽，她總是屬於佛教，所有的一切有「教典」、「教主」來規範（雖然「依文解義，三世佛冤」，但還是「離經一字，即是魔說」，所以禪宗的典籍很多，而很多典籍都是整理佛說或其他祖師說法而成，如永明壽的《宗鏡錄》）。但是由儒學而來所謂的「人文教」而言，孔子的「教主」氣息是最不顯的，某些話語「我就是道路、眞理、生命」、「天上天下，唯我獨尊」是不會從孔子口中說出的，因此無法像佛教徒一般標榜經典的「聖教量」之尊貴性（聖教量主要還是奠基在《莊子・大宗師》中所說的「有眞人而後有眞知」，所以重視「傳承」來保障證量的正確性），陽明曰：「求之於心而非也，雖其言之出於孔子，不敢以爲是也。」參吳光等人編校：《王陽明全集》（上海：上海古籍出版社，1995）卷2〈傳習錄中〉，頁76。陽明的這段話就是一個顯例。但蕺山採取的方法和禪宗有點類似，他並不像陽明這麼「狂」，他也將孔子言論視爲是「聖教量」，所以蕺山採取的策略有二：一是「心思上的具體詳密與戒慎恐懼」，一是就「義理上的知識」（經教上的要求）而言，這就是上文說到顏鈞或周利槃陀伽的缺失之處，所以蕺山必須讀許多書，並且爲《論語》作《論語學案》，一節一節的詮釋《論語》（《論語》是蕺山唯一一本全面詮釋的書，且蕺山一生對孔子都沒有微詞）。這兩個方法嚴格說，還是可商榷的，就「心思上的具體詳密與戒慎恐懼」還是比較主觀的，只能說蕺山比較有自覺，「可能」比較不會有問題；就「義理上的知識」（經教上的要求）而言，就現代詮釋學的常識而言，詮釋者的歷史性必然涉入典籍的詮釋之中，一部《論語》每個人讀出來的結果都不同，一個人不同時間去讀的結果也不同（不過由「證量解經」來看，如果到達「證量」，這個「一個人不同時間去讀的結果也不同」的情形就會消失），如何能做規範呢？（和佛學相較，若把大乘當佛說的話，佛陀在《華嚴經》中展開的五十二個階位，至少還有形式上的規範性。）孔子一生也只有主觀上提出他的學思歷程，「吾十有五而志於學，三十而立，四十而不惑，五十而知天命，六十而耳順，七十而從心所欲不逾矩。」參《論語・爲政》，見朱熹：《四書章句集注》（台北：大安出版社，1999），頁70～71。他並沒有像釋迦一樣提出一個客觀的歷程，因此就證量來看，其檢證方法就很難呈現。關於此點「證量如何展開而能知識化的討論」，本文目前只能算是有點小眉目，但還沒有能力完全展開討論其間的細節，這個眉目就是採取本文在1.3「本文之研究方法」小節中所說的研究方法「德之象徵的憂患現象學」來作爲討論的基礎，這個過程是「象徵導致意向性的思想」、「這個象徵就是德」、「由一憂患的現象學（德與失德、畏

3.3 證量要求下之蕺山內聖學

3.3.1 次第與無次第的圓融

站在前面的基礎上，現在終於要進入蕺山學的體系了。首先，要說明關於蕺山內聖學中，「無次第中有次第」部分。所謂「無次第中有次第」是這個意思的：就天理（性體）要解蔽其自己，而藉著當下的具體情境之「此有」（氣）呈現其自己時，就當下情境中的心而言，存在的價值就是意義的彰顯，這意義的彰顯就是天理的呈顯（天理不是個實體，只是意義），就過惡而言，就是天理的隱沒，心當然很重要，但重要性在是個有限的「持存」，天理與人欲詭譎地相即在當下的心中而辯證綜合著，這就是蕺山所說的「心者，凡聖之合也，而終不能無真妄之殊，則或存或亡之辨耳。」〔註90〕的意思。這些是在第二章所說的。因此一個人當下是天理還是人欲？是聖賢還是禽獸？是當下之「頓中之頓」的，蕺山曰：

> 人雖犯極惡大罪，其良心仍是不泯，依然與聖人一樣，只為習染所引壞了事。若才提起此心，耿耿小明，火然泉達，滿盤已是聖人。（《人譜》，《全集》二，頁 17，57 歲。）

也就是即使是窮凶極惡之人，當下立地也可以成佛，但立地成佛，也還要「戒慎恐懼」、「戰兢惕厲」，因為天理人欲之間是無住的。這就是所謂的「無次第」而當下圓頓的。

但一定不要忘記，就蕺山而言，一講道德實踐就一定是在一個歷史性中，歷史性是一個道德實踐者的存在方式，人總是一個在世界中的存在，而這個在世界中的存在，是過去未過去、未來早已來的存在，因此就著一個歷史的存在，人是帶著過去往未來邁進，在當下辯證綜合的「氣」上，雖然是天理無住、人欲無住，當人心失去戒慎恐懼而操持不清明之時，不免有所執，就不免有蕺山所謂的「餘氣」，何謂「餘氣」？蕺山曰：

> 今心為念，蓋心之餘氣也。餘氣也者，動氣也，動而遠乎天，故念起念滅，為厥心病，還為意病，為知病，為物病。故念有善惡，而

命……）來展開」，如此這些證量就可以有知識上討論的基礎，而不是一個黑暗的祕窟，至少是可討論的。（這是一個知識上討論的途徑，若扣緊實踐而言，「證量」的檢證就是「身證」來檢驗，也可以是被反省的）。

〔註90〕〈證學雜解‧解七〉，《全集》二，頁 309，66 歲。

物即與之爲善惡，物本無善惡也；念有昏明，而知即與之爲昏明，知本無昏明也；念有眞妄，而意即與之爲眞妄，意本無眞妄也；念有起滅，而心即與之爲起滅，心本無起滅也。故聖人化念歸心。（〈學言中〉，《全集》二，頁491，60歲。）

「然則念可屛乎？」曰：「不可屛也。當是事有是心，而念隨焉，而思之警發地也，與時而舉，即與時而化矣，故曰：今心爲念。又轉一念焉，輾轉不已，今是而昨非矣。又屛一念焉，屛之不得，今非而愈非矣。」（〈治念說〉，《全集》二，頁371～372，66歲。）

先從第二段引文說起，在〈治念說〉中說到，在一個當下的情境「氣」中，是主體與客體交融的存在情境，心與之相應而操持清明時〔註91〕，是「天理」狀態，即「當是事有是心」，但要小心，天理人欲是個同體依的關係（「天理人欲，同行而異情」），也就是在這天理的背後，是個人欲潛藏，就當下的道德實踐而言，是要保持一個清明的狀態而「與時而舉，即與時而化」，即舉即化的，但因背後是人欲潛藏，因而人心一不清明，靜存不得力，念即起，念即人欲也，而這念即第一段引文中的「今心爲念」，所謂「今心爲念」中的今心就是當下的心背後念的同體依的關係，當心之不清明之時念即起，故說是「心之餘氣」也，何謂「餘氣」？上引文說到「餘氣也者，動氣也，動而遠乎天」，換言之，即氣之動之某種狀態，這種狀態是遠乎天理的，這種狀態用「餘」來形容，就是表示心之不清明下，沒即時即舉即化而殘餘的，而這殘餘的並且會「輾轉不已」，唐君毅先生曰：

實際上，「餘氣」指的是某項已完成活動的潛能。這就是習性（habit）的起源。每一種習性，都來自於人過去的意識活動，所以就有些許殘餘的影響（effect），使得當下的意識採取習慣的形式，謂之「習」。「習」或許和本性差異甚大。若當下的意識採取了不同於本性而是過去活動的習慣形式，則將其自身退回到習慣形式，並在其中僵化，變得執著和無創造力。這就是過與惡的起源。〔註92〕

〔註91〕蕺山的術語叫「靜存」而「覺有主」，詳下文。

〔註92〕唐君毅：〈劉宗周的道德意識與實踐之學及其對王陽明的批評〉（"Liu Tsung-chou's Doctrine of Moral Mind and Practice and His Critique of Wang Yang-ming"），收入狄百瑞編：《新儒學的開展》（Wm.Theodore de Bary et al .eds. ,The Unfolding of Neo-Confucianism, New York : Columbia University Press,1975），318。此文沒有中譯，亦收於唐君毅：《唐君毅全集》卷19《英

換言之，餘氣的影響並因之輾轉不已，使一個在「歷史性」中的道德實踐者，可能直往而不已，而積習已深、僵化、執著。就這樣的道德實踐者而言，他雖然也可能「人欲無住」的當下圓頓，但因執著僵化、積習已深，因此他的道德實踐就產生一個歷程、次第，而有一個對治相出來，這就是所謂的「無次第中有次第」。在以下的章節中，本文首先要處理蕺山學中有關「無次第中有次第」部分。但是即使是有次第，也要小心，就蕺山「天理人欲，同行而異情，故即欲可以還理。」的圓頓觀點，仍不能否認即使積重難返的道德實踐者，他也可能是當下圓頓而立地成佛，這就是本文所謂的「有次第中無次第」，在這樣「有次第中無次第」的狀態中，可以開展出一個道德的「存有論」，這是本文繼之要申論的。這就是說，就道德實踐而言，當一個人從凡人到達聖人的階位時，所見都是一個「處處逢景皆春，一一目擊道存」的世界，這是怎樣的一個世界。

蕺山的道德實踐學就是這樣次第與無次第的圓融辯證地結合在一起。〔註93〕

3.3.2　無次第中有次第

3.3.2.1　「十字打開」的縱貫面向：〈聖學喫緊三關〉

在本節（3.3.2）中，要來處理有關蕺山道德實踐學中的次第性問題。因為蕺山重視人在道德實踐上的「歷史性」中的理欲分別，所以他很年輕時就重視「證量」，再由人在歷史性中的有限性（時空環境、氣質命限），因而有「分量之難盡」〔註94〕、「滿其分量」〔註95〕之次第性問題，關於這方面整個體系知識的建立，要在他48歲思想已經奠立基礎漸趨成熟，找到他道德實踐學的宗旨「慎獨」後，下窮理的工夫，試著去完成，首先，在49歲他完成了

文論著彙編》（台北：台灣學生書局，1988），頁243。

〔註93〕很有意思的是，天台宗在此也有類似的看法，靜權曰：「釋籤：『約理則證法無名，約事則不無諸位。』圓教雖說圓頓，然而證悟亦有淺深，所以應立位次；雖立位次，然而但明一性，縱有淺深，只是一理。所以說：『一悟即佛，無復位次之殊。』而一方面，又須立六即的位次。」見靜權：《天台宗綱要》（台北：佛陀教育基金會，1998），頁149。靜權說得較佳，若荊溪從理與事的分別來說，則有不同，因為就同體依的一念心不只是理，也是事，也有實踐的意義。

〔註94〕《論語學案・若聖與仁章》，《全集》一，頁437，40歲。

〔註95〕《論語學案・我非生而知之者章》，《全集》一，頁428～429，40歲。

〈聖學喫緊三關〉，但〈聖學喫緊三關〉完成後，蕺山對此一直不滿意，故皆置之書篋，未嘗示人，長達十年之久〔註96〕，蕺山為何不滿意？蕺山曰：

> 先是，歲丙寅，寓韓山莊。客有問孔、孟大旨者，予不敏，以求仁之說告之。因一書之成秩，題曰《孔孟合璧》，又附以〈喫緊三關〉，言求仁者所必有事也。已而病其割裂，擲之笥中久矣。乃者友人偶窺及，亟有當於心，請曰：「此書頗有關係，宜出以示學人。」予謝不敏，乃復裒五子之言仁者以益之，曰《五子連珠》，蓋取漢曆「日月如合璧，五星如連珠」之義，而〈三關〉並附以五子之說，遂合為一編。手抄之下，輒欲請政於知道者，而未遑也。因念舊述是編，亦僅借以自備鞭策，冀有少進。而質魯志荒，迄今十年，所一一按之坐下，不免以身作謗，如子所謂「侮聖人之言」者近之，又何只割裂經旨已乎！前車具在，敝帚猶新，今而後請遂從此卒業焉，而一一以謝所謗。徐而讀孔、孟五子之全書，庶幾乎！崇禎乙亥三月，蕺山長劉宗周著。（《孔孟合璧五子連珠・小序》，《全集》二，頁183～184，58歲。）

崇禎乙亥是蕺山58歲，丙寅是蕺山49歲。在這段引文中，蕺山說到49歲時，因為有學者問起孔、孟的要旨，他回答「求仁」，因此他便將《論語》、《孟子》中有關「求仁」的文獻，輯為一書，並稍加小評，重點在蕺山還加上「求仁者所必有事」，也就是道德實踐者在實踐仁時所必要實踐的事情，他這個「求仁者所必有事」便提供了一個「優入聖域」的階梯。蕺山所為主要目的是藉以自我鞭策，以期待能在道德實踐之路上有所成長。但因為蕺山覺得〈聖學喫緊三關〉有一「割裂」的大毛病，故未嘗示人。現在能看到〈聖學喫緊三關〉，可能要感謝當時蕺山的一個友人之「偶」窺及。某日，「友人偶窺及，亟有當於心，請曰：『此書頗有關係，宜出以示學人。』」這才讓蕺山覺得可能有示人的價值，但為了更加完整，他再加上《五子連珠》（濂溪、二程、張

〔註96〕也許因此之故，所以現代研究蕺山的學者，幾乎都忽略了〈聖學喫緊三關〉，在所見的蕺山學研究者中，除了筆者以外，提及而有稍闡述者有鍾彩鈞和孫中曾二先生，前者見鍾彩鈞：〈劉蕺山與黃梨洲的孟子學〉，收入鍾彩鈞主編：《劉蕺山學術思想論集》（台北：中央研究院中國文哲所籌備處，1998），頁377。後者見孫中曾：〈證人會、白馬會與劉宗周思想之發展〉，收入鍾彩鈞主編：《劉蕺山學術思想論集》（台北：中央研究院中國文哲所籌備處，1998），頁511～513。筆者之文見廖俊裕：〈作為終極關懷的儒學實踐途徑〉，2002年全國關懷研討會（高雄：輔英技術學院，2002.5.3）。

載與朱子）〔註97〕，才出示眾人（並沒有刊刻），這時他已 58 歲了。最後蕺山並叮嚀讀者，要進而閱讀《論》、《孟》及周、張、二程與朱子五子的書，才算完成《孔孟合璧》、〈聖學喫緊三關〉、《五子連珠》的價值。

但〈聖學喫緊三關〉何處割裂呢？蕺山並沒有再加以說明，因此必須幫他找出來。這個回答可以分成兩部分，一部分是〈聖學喫緊三關〉的系統外回答；一部分是內在於〈聖學喫緊三關〉來回答。以下先說明系統外者，然後要進入〈聖學喫緊三關〉中，先看看這把「梯子」如何完成進入聖賢階段的進程，再連帶地將其割裂處說明。

蕺山在這段引文的後面，有說明這個「割裂」有「割裂經旨」之意。換言之，若在〈聖學喫緊三關〉系統外來回答這個問題，就必須涉及蕺山以「求仁」來回答孔子、孟子大旨是否能有普遍性，在蕺山所輯的《孔孟合璧》中的〈論語大旨〉中，蕺山在《論語》中選出 38 章，每一章皆和「仁」有關，如果割裂經旨成立，那就要在「仁」以外，再尋其他經旨，蕺山這點也許成立，因為如果不把仁當成「仁具眾德」〔註98〕，依馬浮的意見：「《論語》有三大問目：一問仁，一問政，一問孝。」〔註99〕馬浮的意見在《論語》中是很容易看出的，而蕺山只以「求仁」來概括，的確是有割裂之嫌，也許正因此，所以蕺山才叫讀者讀完後，繼讀其他諸典籍的閱讀。

但是，系統外的回答對於現在要論述的這把成長到聖人階段的梯子〈聖學喫緊三關〉，用處不大（因為對於成聖的次第性沒有幫助），所以不用太著墨，現在就進入這把梯子裡面。

〈聖學喫緊三關〉是哪三關？〈人己關〉、〈敬肆關〉、〈迷悟關〉。蕺山認為從凡夫到達聖人有三個關卡：〈人己關〉、〈敬肆關〉、〈迷悟關〉。這三關的結構是先有小序，再皆引孔子、孟子、周子、程子、張子與朱子之說，偶加按語，每關後加一跋與「銘」。可見在原本《孔孟合璧》以外，蕺山在〈聖學

〔註97〕 這五子並沒有陽明，要注意的是，蕺山編《五子連珠》是在58歲，這是一般學者以為蕺山對陽明態度三變「始疑之，中信之，終而辨難不遺餘力」的「中信之」階段。參〈劉譜〉50 歲條，《全集》五，頁 226。楊祖漢：〈從劉蕺山對王陽明的批評看蕺山學的特色〉，收入鍾彩鈞主編：《劉蕺山學術思想論集》（台北：中央研究院中國文哲所籌備處，1998），頁 38。

〔註98〕 蕺山在此沒把「仁」當「仁具眾德」這點是成立的，因為如果蕺山把仁當「仁具眾德」，他不可能在選錄《論語》文獻時，只選擇該章中一定有「仁」字出現的篇章。

〔註99〕 馬浮：《馬一浮集》第一冊（杭州：浙江古籍出版社，1996），頁 158。

喫緊三關〉中，就已埋下了日後《五子連珠》的因子。這三關之間到底有沒有割裂支離，孫中曾先生認為：

> 支離與否或且未必，……從《孔孟合璧》與〈喫緊三關〉來看，雖有體系的雛型，但在理論的結構上卻未臻完密，尤其在道德實踐與優入聖域之間的關係，上有許多中間環節須加講求，同時，在實踐操作的方法上，未能具體落實成操作的方法，這點，不能不說是劉宗周理論體系尚未完備的明證。〔註100〕

孫先生在此說〈聖學喫緊三關〉沒有支離（他用「支離與否或且未必」應該就是沒有支離的意思），但體系之中，仍不夠完密，還有許多環節必須講求，而且也沒有具體落實的方法，故是理論未完備的明證，孫先生在此明顯是和57歲的《人譜》相比較，所以他以下的論述，就從秦弘祐的《遷改格》說到《人譜》，而說「『優入聖域』的具體化」的完成〔註101〕。孫先生的支離意義是相應於道德實踐而言，故說〈聖學喫緊三關〉沒有支離，但他又說「不夠完密，還有許多環節必須講求」，筆者以為，蕺山的「割裂」意義，恐怕就是孫先生的「不夠完密，還有許多環節必須講求」意思，而不是孫先生的「支離」意義。至於孫先生以為〈聖學喫緊三關〉粗疏而由《人譜》來補足而完成，則「或且未必」。

　為何如此說呢？因為孫先生忽略了蕺山將《孔孟合璧》、〈聖學喫緊三關〉與《五子連珠》示人的時間。《孔孟合璧》、〈聖學喫緊三關〉是蕺山49歲所寫，《五子連珠》是蕺山58歲所撰，但三者示人的時間是蕺山58歲時，而《人譜》的寫作完成與示人皆於57歲之時（有刊刻），可知在蕺山心目中，〈聖學喫緊三關〉雖然割裂不細密，但還是有其不同於《人譜》之處，否則蕺山就直接以《人譜》來取而代之就好了，何必再示人以〈聖學喫緊三關〉，所以說〈聖學喫緊三關〉與《人譜》「互相」補足，應是比較完備的說法。

　以上是就外緣（蕺山寫作與示人與否的年歲）來說〈聖學喫緊三關〉與《人譜》「互相」補足，以下先就兩者性質的不同論說〈聖學喫緊三關〉與《人譜》的「互相」補足，然後就進入〈聖學喫緊三關〉體系中。

〔註100〕孫中曾：〈證人會、白馬會與劉宗周思想之發展〉，收入鍾彩鈞主編：《劉蕺山學術思想論集》（台北：中央研究院中國文哲所籌備處，1998），頁513。

〔註101〕孫中曾：〈證人會、白馬會與劉宗周思想之發展〉，收入鍾彩鈞主編：《劉蕺山學術思想論集》（台北：中央研究院中國文哲所籌備處，1998），頁513～519。

前面已經說到〈聖學喫緊三關〉是〈人己關〉、〈敬肆關〉與〈迷悟關〉。蕺山是以〈迷悟關〉作結,認為「其要歸於覺地,故終言迷悟。學者越過此關而學成」,換言之,〈聖學喫緊三關〉是重視道德實踐者由迷到悟的歷程,而《人譜》呢?《人譜》一書包含〈人譜正篇〉、〈人譜續篇二〉與〈人譜續篇三〉。〈人譜正篇〉內有〈人極圖〉、〈人極圖說〉;〈人譜續篇二〉,即〈證人要旨〉;〈人譜續篇三〉內有〈紀過格〉、〈訟過法〉、〈改過說一〉、〈改過說二〉、〈改過說三〉諸篇。茲表示如下,以清眉目:

《人譜》	〈人譜正篇〉	〈人極圖〉、〈人極圖說〉
	〈人譜續篇二〉	〈證人要旨〉
	〈人譜續篇三〉	〈紀過格〉、〈訟過法〉、〈改過說一〉、〈改過說二〉、〈改過說三〉

〈人極圖〉、〈人極圖說〉是說由「無善而至善」的天理已呈現的心出發,而一步步呈現為吾人所見的一切萬事萬物。〈證人要旨〉則開展為六步,一曰:凜閒居以體獨、二曰:卜動念以知幾、三曰:謹威儀以定命、四曰:敦大倫以凝道、五曰:備百行以考旋、六曰:遷善改過以作聖(即蕺山所謂的「六事功課」〔註102〕)。〈人譜續篇三〉則重視種種過的分析與改過。〔註103〕

由上可知,兩者的性質輕重是不同的,恰可以用「十字打開」縱橫地將次第的面向展開來形容。〈聖學喫緊三關〉重在縱的、垂直向度,由下而上,由小人以至聖人的覺悟,注重人生境界的提升,是比較屬於《人譜》中的「體獨」部分;而《人譜》則重在橫的、水平向度,由內向外一層層地展開,由體獨、動念知幾、謹威儀、敦大倫、備百行、遷善改過以作聖。兩者都達聖人階段,因此是互相配合,緊密地結合在一起。就現實上的道德實踐而言,也不可能是將〈聖學喫緊三關〉、《人譜》截然畫分地說,先作〈聖學喫緊三關〉工夫,然後再作《人譜》的實踐,或是先作《人譜》工夫,再實踐〈聖學喫緊三關〉工夫,兩者一定是即縱即橫的結合在一起,可以因為時空狀態的不同,對於兩者有不同的輕重變化的重視,但是就是不可能分離。

現在就「證量」而言,進入〈聖學喫緊三關〉之中。

〔註102〕「六事功課」蕺山之書中有時又寫成「六事工課」(如〈劉譜錄遺〉,《全集》五,頁555。)茲皆以「六事功課」為準。

〔註103〕此處有關《人譜》的說法只是為了和〈聖學喫緊三關〉作性質上的區別,故只是粗略的說明,亦無引證,待下節方詳細說明。

　　蕺山認爲要區分小人與君子的證據爲何？如何才算是成聖成賢的第一步，而有一個「入處」？這就是〈聖學喫緊三關〉中的第一關的初步任務。〈人己關〉的小序曰：

> 學莫先於問途，則人己辨焉。此處不差，後來方有進步可規。不然，只是終身擾擾而已。故擬爲第一關，俾學者早從事焉。（〈聖學喫緊三關〉，《全集》二，頁 223，49 歲。）

蕺山的道德實踐學非常重視「入處」、「下手」、「入手處」、「下手處」、「入門」〔註104〕，這是因爲如果入處正確，以後才有進步可言，不然，起始一步錯誤，方向不對，對於未來之目的地而言，只會越來越遠，最後只是終身擾攘，蕺山曰：「學者須占定第一義作工夫，方是有本領學問。此後自然歇手不得。如人行路，起腳便是長安道，不患不到京師。」〔註105〕就是這個緣故。方向不對，永遠到達不了長安這目的地。

　　成聖的第一關卡是〈人己關〉，蕺山以爲欲成聖首先必須分辨「爲己／爲人」，是爲了自己成聖成德，使天理的無限性、絕對性呈現於身，還是爲了欲見知於人而追求俗世的名利，所以蕺山一開頭就引孔子的話：「古之學者爲己，今之學者爲人」（蕺山按：「爲是主意」）、「君子求諸己，小人求諸人」（蕺山按：「求是下手」）〔註106〕，而歸之義利之辨。跋有言：「爲己爲人，只聞達之辨說得大概已盡。後儒又就聞中指出許多病痛，往往不離功名富貴四字，而蔽之以義利兩言。」〔註107〕蕺山以爲要體現絕對的天理，像小人那般只重視在別人心目中的名聲，是沒辦法的，因爲這樣仍然在一般的主客對立之中，便不容易到達絕對的天理境界，以體會無限。這裡要注意的是，所謂「君子求諸己，小人求諸人」中的「小人求諸人」其實是爲了他自己，讓他人感受到自己的重要，「君子求諸己」其實是已破除了自我，所以「人不知而不慍，不亦君子乎！」如果依字面上看，「君子求諸己」中的「己」要以現代話「自我」來說明的話，它也是一種「開放性的自我」（self，其實可說是無我的），而「小人求諸人」其實正是

〔註104〕 參〈聖學喫緊三關〉，《全集》二，頁 223、229、230，49 歲；〈宋儒五子合刻序〉，《全集》三下，頁 724，59 歲；《論語學案・曾子有疾章》，《全集》一，頁 444，40 歲；《論語學案・君子食無求飽章》，《全集》一，頁 317，40 歲；《劉譜》60 歲條，《全集》五，頁 384；〈答葉潤山民部〉，《全集》三上，頁 387，60 歲；〈答陳生二〉，《全集》三上，頁 397，60 歲等處。

〔註105〕 〈第一義說〉，《全集》二，頁 355，55 歲。

〔註106〕 〈人己關〉，《全集》二，頁 223，49 歲。

〔註107〕 〈人己關〉，《全集》二，頁 230～231，49 歲。

爲了他的自我（ego，封閉性的自我）〔註108〕。此即蕺山在評陽明所說：「君子之學，爲己之學也。爲己，故必克己，克己則無己。無己者，無我也。世之學者，執其自私自利之心，而自任以爲爲己；淊焉入於隳墮斷滅之中，而自任以爲無我者，吾見亦多矣。」的評語爲「字字爲近世學者頂針」之故也。〔註109〕而要如何破除自我（ego）呢？蕺山提出「義利之辨」，他認爲就一般人的自我而言，最在乎的便是「利」、「功名富貴」，因此可以由追求「功名富貴」念頭的去除來破除自我〔註110〕，也就是說，當遇到任何事時，人的行事準則是義還是利，由此可以來判斷第一關實踐的成果。蕺山非常重視義利之辨，例如有學者問他如何了生死？他的回答也只是：「若從生死破生死，如何破得？只從義利辨得清、認得眞，一路做將去，有何生死可言？義當生自生，義當死自死，眼前只見一義，不見有生死在。」〔註111〕作爲成聖的第一關，如果「人／己」、「義／利」分辨的清楚，則在成聖的歷程上，便打下很穩固的根基，見了「貨、色」也立得定〔註112〕，便不易發生受外界引誘，而又分心於「爲人之事」上，或意志不堅，常於其中衝突，如因某些原因（如才能，因爲君子未必有才，小人大皆有才）〔註113〕被輕視瞧不起，便考慮是不是也要努力於世人所謂的成功──功成名就、賺大錢，畢竟在俗世社會中，「錢就是尊嚴」、「錢就是自由」，這當然是束縛於名利財富的假尊嚴、假自由，也是一時的、虛幻的，比不上絕對的

〔註108〕 參杜維明：《現代精神與儒家傳統》（台北：聯經出版公司，1996），頁58

〔註109〕 《陽明傳信錄》二，《全集》四，頁38～39，61歲。

〔註110〕 「去除功名富貴」與「去除追求功名富貴的念頭」不同，蕺山當不反對功名富貴，否則何以參加科考以實現內聖外王的理想，蕺山曰：「既爲儒者，若定要棄去舉業爲聖學，便是異端。只要體勘我爲舉業念頭從何起見。」見〈會錄〉，《全集》二，頁622，66歲。

〔註111〕 《證人社語錄・第三會》，《全集》二，頁658，54歲。

〔註112〕 蕺山引朱子的話：「學者不於富貴貧賤上立得定，則是入門便差了。又曰：吾輩於貨、色兩關打不透，更無話可說。」見〈人己關〉，《全集》二，頁229，49歲。

〔註113〕 世人容易見到君子之短、小人之長，君子和小人爭勝，常常也是小人勝利。高攀龍曰：「君子必有所短，小人必有所長。君子難親，小人易比。故世人於君子惟見其短，於小人惟見其長，無怪乎好惡乖方用舍倒置。」見高攀龍：《高子遺書》（台北：台灣商務印書館，1986），卷1，頁25～26。蕺山曰：「世道昌明之日，其君子必身任天下之勞，而遺小人以逸；世道艱危之日，其君子必身犯天下之害，而遺小人以利。當君子小人相安之日，則恬者必爲君子，競者必爲小人；當君子小人爭勝之日，則勝者必爲小人，負者必爲君子。」（〈學言上〉，《全集》二，頁433，46歲。）蕺山又曰：「凡叛道之人都是聰明漢。」（〈學言下〉，《全集》二，頁550，66歲。）

道體現在自身時之徹底解放的絕對自由與吾性自足，此正是蕺山在此引用濂溪「君子以道充為貴，身安為富」的緣故。〔註114〕所以蕺山在「聖學喫緊三關」中的第一關「人己關」是個很重要的一關，消極來說，它可以防止如上的順軀殼或功名富貴起念的流弊，這個流弊堵住了，就確定可以只往積極面走——只在聖學這條路上成長，但在成聖這條路要如何走得穩當，而沒有人生路滑現象呢？這就進到第二關〈敬肆關〉。

　　第一關〈人己關〉的工夫實踐後，並不是就意涵著已到天理呈現的絕對無限境界，因為一個人以為他全都依「義」行事時，這裡面是否可能摻有雜質呢？這是可能的，蕺山曰：「然為己之中儘有夾帶為人處。」〔註115〕這就是蕺山所謂的「己以內又有己焉」的意思，〈敬肆關〉的小序曰：

> 學以為己，己以內又有己焉。只此方寸之中作得主者是，此所謂真
> 己也。必也主敬乎？是為學人第二關。（〈聖學喫緊三關〉，《全集》
> 二，頁 232，49 歲。）

從這裡可以看出蕺山「小心謹慎」、「戒慎恐懼」、「戰兢惕厲」、「細密」地區別證量，蕺山這個考慮是有他的歷史因素的，身處晚明時代的他，目睹許多學者實踐王陽明「致良知」工夫時，造成「情識而肆，虛玄而蕩」，也就是說良知中摻有情識意氣，而卻認為都是良知；或者流入虛無，而視忠孝名節於無物。而這些人都認為他們都是實踐良知的，也就是說，就第一關〈人己關〉而言，這些學者也都認為他們都經得起第一關的，都是走在「為己」之途，在「義利之辨」上，都是選擇「義」的，因此就必須再加以檢擇，這個檢別的原則不能再放在「致良知」上，因此他接著提出第二關〈敬肆關〉，沒有敬，良知就很可能是情識所偽裝的（例如：行善卻是為了彰顯自我能力的屬害或是滿足自我的尊嚴感），所以在〈敬肆關〉中，所引孔子的話大部分都是偏於防非止惡類別，如「修己以敬」、「君子有三戒」、「君子有三畏」、「君子有九思」、「德之不修」〔註116〕，就第二關而言，比起第一關而言，實在隱微多了，故也不容易察識，非心思細密而工夫詳實難以檢別，如此，消極上，以「敬」來擋住「情識混同良知」、「虛玄而蕩」的流弊，更加安穩的走在成聖路上；

〔註114〕〈人己關〉，《全集》二，頁 225，49 歲。
〔註115〕〈會錄〉，《全集》二，頁 604，57 歲。
〔註116〕〈敬肆關〉，《全集》二，頁 232～233，49 歲。在此關中，蕺山引孔子的話只有 6 章。孟子只有 1 章。這三關中，蕺山引孟子的話都非常少，和象山隨口皆孟子的話完全不似。

積極面上，可以往「天理」的絕對無限境界走。從這裡也可以知道，蕺山在此時的體系（49 歲），都先重視流弊的防止，再來談其他的發展。用上文的話語就是，先重視「我所行的有哪些不是真理」，而非「我所行的就是真理」。

孫中曾先生闡述第二關〈敬肆關〉時，說到：

> 值得注意的是「敬」所具有的兩面性質，既是下手的態度又是對「方寸之中」的持守工夫，劉宗周對「敬」的詮釋與日後所發展的「慎獨」有密切的關係，但在早期的思想中，「敬」就足以走上成聖之路。
> 〔註117〕

孫先生在此對於「敬」的詮釋，前半段是對的，因為蕺山的「敬」是工夫也是境界〔註118〕，而蕺山初為學依《姚譜》26 歲條的記載：「自此勵志聖賢之學，謂入道莫如敬，從整齊嚴肅入。」〔註119〕也是從「敬」入道的，雖然如此，在第 2.3.3 小節中已說過，後來他很快地就嘗試「慎獨」作為學問的宗旨，至確定而公開於世是蕺山在 48 歲時的事，蕺山 49 歲寫〈聖學喫緊三關〉，這時就把「慎獨」運用上去，既然把「慎獨」運用上去，為何這裡還使用〈敬肆關〉，強調「主敬」、「主一」呢？所謂運用上去，就是成為學問貫穿的宗旨，徹上徹下的，所以曾先生在此說：「但在早期的思想中，『敬』就足以走上成聖之路」，他用上「足以」兩字表示是充分條件，這是可商榷的。事實上，蕺山認為只有在第二關才用「主敬」的工夫，第三關〈迷悟關〉就不用了，所以他在第三關評論到：「吾儒專言『敬』字亦有弊」，〔註120〕還是回到「慎獨」的工夫上，蕺山在〈敬肆關〉的跋說到：

> 敬之一字，自是千聖相傳心法，至聖門只是箇慎獨而已。其後伊洛遂以為單提口訣，朱子承之，發揮更無餘蘊。儒門榜樣，於斯為至。
> （〈敬肆關〉，《全集》二，頁 247，49 歲。）

換句話說，蕺山以為這「主敬」只是程朱等人的單提口訣，對於「聖門」而言的單提口訣應該是放在「慎獨」，所以他才說「至聖門只是箇慎獨而已」，這裡面，蕺山說「慎獨」為單提口訣，而〈敬肆關〉又用「主敬」的工夫，

〔註117〕 孫中曾：〈證人會、白馬會與劉宗周思想之發展〉，收入鍾彩鈞主編：《劉蕺山學術思想論集》（台北：中央研究院中國文哲所籌備處，1998），頁 512。

〔註118〕 蕺山此處的敬是工夫，也是境界，所以蕺山才會和〈人己關〉、〈迷悟關〉同列。

〔註119〕 《姚譜》26 歲條，《全集》五，頁 111，26 歲。

〔註120〕 〈迷悟關〉，《全集》二，頁 253，49 歲。

是否有矛盾，爲何不用愼獨呢？這就牽涉到蕺山用「愼獨」爲學問宗旨的意思是什麼？他並不是要取消其他工夫，而是要統攝其他工夫，而使學者在入手處、得力處、用處、到手處皆有依循的準則而無弊，而徹上徹下、徹頭徹尾、徹始徹終。但是在各個階段使用「愼獨」工夫時，依當時的情境與次第而呈現爲種種的工夫相，蕺山曰：

> 隱微之地，是名曰獨，其爲何物乎？本無一物之中而物物具焉，此至善之所統會也。致知在格物，格此而已。獨者物之本，而愼獨者格之始事也。……自聞自見者，自知者也。吾求之自焉，使此心常知、常定、常靜、常安、常慮而常得，愼之至也。愼則無所不愼矣，始求之好惡之機，得吾誠焉，所以愼之於意也；因求之喜、怒、哀、樂之發，得吾正焉，所以愼之於心也；又求之親愛、賤惡、畏敬、哀矜、敖惰之所之，得吾修焉，所以愼之於身也；又求之孝、弟、慈，得吾齊焉，所以愼之於家也；又求之事君、事長、使眾，得吾治焉，所以愼之於國也；又求之民好、民惡，明明德於天下焉，所以愼之於天下也。而實天下而本於國，本於家，本於身，本於心，本於意，本於知，合於物，乃所以爲愼獨也。愼獨也者，人以爲誠意之功，而不知即格致之功也，人以爲格致之功，而不知即明明德於天下遞先之功也。《大學》之道，一言以蔽之，曰愼獨而已矣。（《大學古記約義》，《全集》一，頁761～762，52歲。）

在這段引文中，可以看到蕺山如何把「愼獨」用在各個階段或情境。包含格物、致知、誠意、正心、修身、齊家、治國與平天下種種的「階級次第」〔註121〕，認爲是「愼獨」使用在物、知、意、心、身、家、國、天下上的工夫面相，這就是蕺山以「愼獨」爲宗旨的意思。

　　所以蕺山在〈聖學喫緊三關〉中，還是用「愼獨」，作爲其中工夫的實踐，只是在第二關〈敬肆關〉時，特別標明愼獨在這個階段呈現的外相就是「主敬」，過了這個階段，相應於內外在的情境，就必須回到「愼獨」上面（其實並沒有離開），就有如上段《大學古記約義》中的引文，將愼獨工夫用在物、知、意、心、身、家、國、天下上，而得格、致、誠、正、修、齊、治、平的工夫一般。

　　〈敬肆關〉用「敬」爲工夫，消極地來說，就容易擋住「情識混同良知」、

〔註121〕《大學古記約義》，《全集》一，頁752，52歲。

「虛玄而蕩」的流弊，依此作工夫，依牟宗三先生意，是可能會「覺得太緊、太清苦」〔註122〕，但對蕺山言，狂者與狷者間，他寧可選擇做個狷者，〔註123〕他正是要擋住狂所造成的流弊的「肆」，所以他引程子的話：「嚴威儼恪，非敬之道，但致敬須自此入。」〔註124〕而且依黃梨洲意見，蕺山這工夫也可化為「光風霽月」而不必然是「嚴毅清苦」〔註125〕。積極地說，敬才能尋得小序中所說的「眞己」，即眞正的自我，這眞正的自我一步步地實現，如何才臻極致徹底？這便進入第三關〈迷悟關〉。

〈迷悟關〉小序說到：

> 由主敬而入，方能覿體承當，其要歸於覺地，故終言迷悟。學者越
> 過此關而學成。（〈聖學喫緊三關〉，《全集》二，頁248，49歲。）

蕺山認為當人由主敬而入，在〈敬肆關〉中，慢慢可以「覿體承當」，也就是人慢慢對於「天理」之證得有所得力，對於許多的誘惑、迷惑皆能有所承當，最後便可歸於覺地，而學成。

但到底覺地於何處？什麼是覺地？

蕺山沒有明講。蕺山於此引孔子「未知生，焉知死」、「朝聞道，夕死可矣」、唯一引孟子語者「盡其心者，知其性也；知其性則知天矣。存其心養其性，所以事天也。殀壽不二，修身以俟之，所以立命也。」〔註126〕，已經暗指「生死關」爲覺地，所以他說「學問勘到生死關始眞」〔註127〕，這個生死問題可以作爲學問的勘驗處，必做到破除生死才是學成，所以在唯一孟子之引文後之按語是「直到殀壽不二時，方是知性、知天眞切篤實處。故曰：『所以立命也。』是謂行解俱盡。」〔註128〕在殀壽不二而了生死時，才是眞切篤實地知性、知天，才可謂行解「俱盡」，可知「殀壽不二」是覺地究竟處，否

〔註122〕牟宗三：《從陸象山到劉蕺山》（台北：台灣學生書局，1984），頁540。
〔註123〕參《論語學案・不得中行而與之章》，《全集》一，頁531，40歲。另參張學智：〈論劉蕺山「慎獨」之學〉，《中國文化月刊》第170期1993.12，頁30。
〔註124〕〈敬肆關〉，《全集》二，頁238，49歲。
〔註125〕黃宗羲：〈子劉子行狀〉，《全集》五，頁45～46。
〔註126〕〈迷悟關〉，《全集》二，頁248～249，49歲。
〔註127〕〈立志說〉，《全集》二，頁375，49、50歲。〈立志說〉在〈劉譜〉中並沒有說明其著作年代，故不詳，但從〈學言上〉的記載可以得知是在丙寅、丁丑年間，即49、50歲，參〈學言上〉，《全集》二，頁434，49、50歲。恰巧的是，這年紀剛好也是寫作〈聖學喫緊三關〉的年歲左右（49歲）。
〔註128〕〈迷悟關〉，《全集》二，頁249，49歲。

則不會用「俱盡」形容，可知這「迷悟關」與「生死關」是很密切的，以陽明的道德實踐歷程為例，他在 37 歲龍場悟道之前，「自計得失榮辱皆能超脫，惟生死一念尚覺未化」，〔註129〕等到他這個問題解決了，正是他學成之時。但誠如本文在說明〈人己關〉時，引學者問了生死事之例，可知蕺山卻很反對人以解決生死為主要對象，「生死」只是拿來做道德實踐時勘驗的證量區別，而不是人要處理的對象，人的問題意識還是要放在「生」上，而非「死」上，因此他在孔子「未知生，焉知死」後的按語是：「生而知，只是知此生；學知、困知，只是知此生。」〔註130〕因為由知此生，便可了生死也。所以在迷悟關的最後一段話是引朱子所說的：

> 答吳公濟曰：「來書云：『夫子專言人事、生理，而佛氏兼人鬼生死而言之。』某謂不知生死為一乎？為二乎？若以為一，則專言人事、生理者，於死與鬼神固已兼之矣，不待兼之而後兼也。若須別作一頭項窮究，則是始終幽明，確有間隔也。」（蕺山按：他本說「未知生，焉知死」。）（〈迷悟關〉，《全集》二，頁 263，49 歲。）

朱子認為，如果生死是一，則只言生，便包括死了；如果不是一，則幽明之間，確有間隔，則還是要從生著手，朱子的意思是總之說生就可以了，蕺山的按語說得更明白，他說孔子本來就說「未知生，焉知死」。由此可知，為何此關不叫生死關，而謂之〈迷悟關〉的緣故了。

　　以上〈迷悟關〉的說明，好像讓人感覺到這〈迷悟關〉中的「生死關」是工夫的最後一個關卡的勘驗，似乎〈迷悟關〉是頓的，有如陽明在龍場悟道的情景，蕺山不贊成這樣的說法，所以蕺山在〈迷悟關〉的跋說：

> 夫子言聞道，引而未發。至孟子言知性、知天，庶幾闖入堂奧。然工夫卻從存養中來，非懸空揣控，索之象罔者也。故宋儒不喜頓悟之說，良然！良然！或曰：「格物致知，《大學》之始事，今以悟為終事，何也？」曰：「格致工夫，自判斷人己一關時，已用得著矣。然必知止知至以後，體之當身，一一無礙，方謂之了悟。悟豈易言乎？修到方悟到，悟到更無住修法。若僅取當下一點靈明，瞥然有見時便謂之悟，恐少閒已不復可恃。」（〈迷悟關〉，《全集》二，頁 249，49 歲。）

〔註129〕參吳光等人編校：《王陽明全集》（上海：上海古籍出版社，1995）卷 33〈年譜一〉，頁 1228。

〔註130〕〈迷悟關〉，《全集》二，頁 249，49 歲。

在這段跋中，蕺山從孔子的「朝聞夕死」說到孟子的「知性、知天，存養其心性，以至於之立命」境界，認為是闖入〈迷悟關〉中生死關的堂奧，但這工夫仍是在存其心養其性的存養之上，這個說法並不違背他的「愼獨」，在 2.3.3「蕺山思想發展的階段論」中，說到蕺山 49 歲「專用愼獨之功，因信濂溪主靜立極之說」，故他也常用「靜存」、「存養」來論述其工夫要領。在此處，蕺山即說，關於〈迷悟關〉乃至於其中的生死關都是要有存養的工夫，而不是憑空想像，訴諸玄想（「懸空揣控，索之象罔者也」），這也是宋儒不喜頓悟之說的原因。蕺山在此認為「格物致知」其實也有「悟」的工夫，並不是到了最後一關才「悟」，在此的「悟」不能當作一般的「一念相應」或「一時有所覺受、感受」（「僅取當下一點靈明，瞥然有見時便謂之悟」），因為這樣遇事決不得力，「不復可恃」，其中是有一個「漸修」的過程，最後才到達一個「了悟」的階段，這個階段就是要「知止知至以後，體之當身，一一無礙，方謂之了悟」，不能只是一時覺受，必須將所知之「止於至善」存養而一一體現於「身」，而有所證量（從覺受提升到證量）。故他說：「修到方悟到，悟到更無住修法。」正是此意。

換言之，從以上蕺山對於〈迷悟關〉的說明，可知在〈聖學喫緊三關〉：〈人己關〉、〈敬肆關〉與〈迷悟關〉中，三關並不是截然地劃分，他們也是互相滲透，在修〈人己關〉時，〈敬肆關〉與〈迷悟關〉就也在裡面慢慢修了，互相滲透，但還是有個次第在，就是〈人己關〉修得好，〈敬肆關〉就容易達成；〈敬肆關〉修得好，就容易達成〈迷悟關〉。但也可以反過來說，〈迷悟關〉修得好，〈敬肆關〉就容易分辨清楚；〈敬肆關〉修得好，〈人己關〉就容易分辨清楚，這其中也是很圓融的，不能固執僵化死腦筋。拿比喻來說，蓋三層樓房，在蓋第一層時，不能說沒有第三層的基礎在，沒有第一層，也就蓋不起來第三層，但也不能只是停留在第一層樓，沒有第二、三層樓，高度（深度）不夠，看得不夠遠、不夠深，就像把情識當良知般，罵人打人還認為是幫人贖罪消業障，最後第一層也沒用。

以上是進入這把成聖的梯子〈聖學喫緊三關〉之中，在頭腦知見上遊覽了一番，現在嘗試解答在這梯子上，蕺山所認為的可能的割裂處何在？即內在於〈聖學喫緊三關〉，有何可能之割裂不細密處？這裡所謂的割裂不細密處，如果和《人譜》相比，就很容易見出，雖然上文說到他們兩者的性質不同，一個是由下到上，一個是由內向外，不同質似乎是不能比較的。但現在

僅就成聖歷程上的次第性，及在這個次第的實踐上，可能產生的過錯來形式上的立論，這樣其可比較性就成立了。首先就次第而言，〈聖學喫緊三關〉分成三關，比起《人譜》中〈證人要旨〉的「六事功課」來說，其細密度較爲缺乏，至少在後來蕺山關於修行次第的關頭上就又提出「生死關」、「人獸關」、「幽獨關」、「財色關」、「疑信關」、「欺字關」、「凡聖關」、「利害關」、「毀譽關」、「欣厭、取舍、異同關」等關〔註131〕，這些關卡或許是包含在〈聖學喫緊三關〉的次第之中，但也因此可知道〈聖學喫緊三關〉其中分疏並不是很細密。其次，就所可能產生的過錯而言，顯然也比不上《人譜・紀過格》中，關於「六事功課」的每一步工夫可能帶來的「過」的陳述。或許這就是其割裂不細密之處。

3.3.2.2　「十字打開」的水平面向：《人譜》與《人譜雜記》

3.3.2.2.1　體道的公案：《人譜雜記》在道德實踐上的作用

　　現在就進入《人譜》與《人譜雜記》的系統之中。劉汋在《人譜》最後加了按語：

> 《人譜》作於甲戌（按：蕺山 57 歲），重訂於丁丑（按：蕺山 60 歲），而是譜則乙酉（按：蕺山 68 歲）五月之絕筆也。一句一字，皆經再三參訂而成。向吳巒稺初刻於湖，鮑長孺再刻於杭，俱舊本也。讀者辨諸，無負先君子臨岐苦心。」（《人譜》，《全集》一，頁 24）

從劉汋這段話可以知道，蕺山對於《人譜》一字一句皆字斟句酌再三修訂，蕺山對於著作是抱持不可輕易刊刻態度，而《人譜》在蕺山生前就刻了兩次，在蕺山絕食之際，更告訴劉汋：「做人之方，盡於《人譜》，汝作家訓守之可也。」〔註132〕換言之，蕺山是把《人譜》當作傳家寶的，可知其重視程度。《人譜》是蕺山 57 歲所作，然後在 60 歲、68 歲兩次修訂，68 歲二次修訂未完，蕺山即絕食而亡，在第二次修訂時，有理由相信蕺山同時在寫作《人譜雜記》，

〔註131〕「生死關」、「人獸關」、「幽獨關」、「財色關」分別見〈證學雜解〉中之解 2、解 4、解 6、解 16，《全集》二，頁 306、307、309、315，66 歲；「疑信關」見〈與門人祝開美問答〉，《全集》二，頁 411，65 歲之後；「生死關」、「利害關」、「毀譽關」、「欣厭、取舍、異同關」見〈與履思十三〉，《全集》三上，頁 400，61 歲；「生死關」又見〈遺編學言〉，《全集》二，頁 561，歲不詳；「欺字關」見〈會錄〉，《全集》二，頁 629，66 歲；「凡聖關」見《論語學案・苟志於仁矣章》，《全集》一，頁 354，40 歲。

〔註132〕〈劉譜〉68 歲條，《全集》五，頁 525，68 歲。

依劉汋的記載：

> 先生於《譜》中未當者再加改正，是書凡三易稿始定。又取古人言
> 行，從〈紀過格〉諸款類次以備警，名《人譜雜記》。（劉汋按：《雜
> 記》尚未畢草。先生臨絕，命汋補之，敬受命成書。）（〈劉譜〉68
> 歲條，《全集》五，頁 517，68 歲。）

蕺山此處，應該是把《人譜雜記》當作是《人譜》的續篇或是姊妹作，否則
就不用「又取古人言行，從〈紀過格〉諸款類次以備警，名《人譜雜記》。」
蕺山此意應還是和他重視道德實踐的歷史性有關，總是從具體的現實面出發
立論，因爲在〈紀過格〉都還是抽象地論述諸過的名目，故再取古人言行，
依類編輯以「備警」，是用來警惕自己免犯過錯之用的。

　　換言之，應該把《人譜》與《人譜雜記》視爲一體，否則蕺山就不會在
68 歲第二次修訂《人譜》時，再編輯這本《人譜雜記》的，並在臨終時，命
劉汋補之。由於一般學者大都重視《人譜》，而忽略了《人譜雜記》，而筆者
以爲在道德實踐時，不管是在初期，或是在後期，《人譜雜記》都可以起很大
的參考作用（初期可以作爲引導，後期可以作爲印證或者勘驗），因此底下先
從《人譜雜記》論述，再進入《人譜》的系統內。

　　《人譜雜記》一書版本甚多，又名《人譜類記》，但《人譜雜記》與《人
譜類記》兩者之內容有異，因爲蕺山此書原本就沒有寫完，又牽涉弟子們對
蕺山遺書之詮釋立場與刪改問題，也牽涉到刊刻時刊刻者增減材料的問題，
〔註133〕其間的曲折已無法盡考。定名爲《人譜類記》者，內容多雜因果、
怪誕與報應，頗不合蕺山本身之反對「福善禍淫」思想，故不應以此爲所根
據之版本，當以收入《劉子全書遺編》之《人譜雜記》爲定本，即《劉宗周
全集》本所依之版本。〔註134〕

〔註133〕如傅彩於康熙 38 己卯年刻本之〈序〉曰：「其中偶有脫漏倒置處，不揣固陋，
　　　　間爲增訂。」（見劉宗周：《人譜附類記》，台北：台灣商務印書館，1971 年
　　　　影印），頁 1。

〔註134〕參詹海雲：《劉蕺山的生平及其學術思想》（台北：台灣大學中文研究所 1979
　　　　年碩士論文），頁 211～212。可惜的是收入四庫全書與市面上較能買到的單
　　　　行本（台北：廣文書局，1996 年影印嘉慶 19 年刻本，書名爲《人譜類記》；
　　　　或是台北：廣文書局，1975 年影印 1841 年和刻本，書名爲《劉氏人譜》；或
　　　　是台北：台灣商務印書館，1971 年影印康熙 38 年刻本，書名爲《人譜附類
　　　　記》）都是《人譜類記》，所以一般都以《人譜類記》稱之。筆者最初所見也
　　　　是廣文版《人譜類記》。

　　在上文說到《人譜雜記》是「又取古人言行，從〈紀過格〉諸款類次以
備警」，所以初看是會看到許多古人的言行事蹟，黃敏浩先生曰：

> 宗周更有《人譜雜記》，這是根據《人譜》所列的條目，收集歷史人
> 物的嘉言善行而分類編排的一本匯集。宗周未能完成此著作，臨終
> 授命，由劉汋補述而成。儘管《人譜雜記》充滿著許多古人的事蹟，
> 內容豐富，但由於沒有顯著的哲學意涵，所以並非我們要討論的對
> 象。〔註135〕

黃敏浩先生在此說出《人譜雜記》之所以不受蕺山學的研究者重視的原因，
因為《人譜雜記》只是充滿許多古人的言行事蹟，所以沒有顯著的哲學意涵，
若說有顯著的哲學意涵，應該是在《人譜》才是（所以黃先生也就只有分析
《人譜》），因此《人譜雜記》就不是一般蕺山的研究者所重視的了。〔註136〕
到目前為止，只有一篇論文較有引述或討論其內容，還是從女性主義之階級
壓制觀點去論述，而非從道德實踐觀點去看，劉人鵬先生曰：

> 劉宗周《人譜》及《類記》作為一閱讀文本，其特色的確在於將聖
> 學道德的討論落實於歷史社會具體情境；那麼，作為讀者的我們，
> 似乎有必要將這些敘事體作仔細的閱讀或詮釋。目前為止，討論劉
> 宗周慎獨之學者，對於這部分的討論尚付之闕如。本文將從《人譜
> 類記》中與女性有關的傳記故事開始詮釋分析，由故事中的女性作
> 思考的出發點，指出女性在聖學道德中的困境；而後就《人譜》理
> 論重構，說明聖學中的女性的系統結構性排逐貶抑。……本文的寫
> 作策略是：對理論的文字作理論性的分析，對於《類記》中的故事
> 作文學文本分析；以突顯聖學的男性自我中心，男性崇拜，以及對
> 女性的遺忘、拒斥或磨滅。這其實又與聖學對「異端」的排拒一貫，
> ——透過想像、構築與排拒異類以凝聚自我，並將自我聖賢化。這
> 套語言系統對女性貶抑遺忘的結果是：即使談男女平等或尊重女

〔註135〕黃敏浩：《劉宗周及其慎獨哲學》（台北：台灣學生書局，2001），頁173～174。
〔註136〕袁光儀先生亦曰：「《人譜雜記》載於《遺編》，顯與《人譜》各自成書，且以
　　　　古人言行為主，不涉理論，故不列入討論。」見袁光儀：《晚明之儒家道德哲
　　　　學與世俗道德範例研究——劉蕺山人譜與了凡四訓、菜根譚之比較》（台北：
　　　　台灣師大國研所1997年碩士論文），頁104。袁先生的意見和黃敏浩先生相
　　　　同，《人譜雜記》「不涉理論」、「沒有顯著的哲學意涵」大概是通論，因此不
　　　　用討論。本文以為這就牽涉何謂「道德實踐學」之「理論範圍」了。

性，仍然難以想像一個自主的道德思考與實踐主體的女性。〔註137〕
基本上，筆者同意劉人鵬先生所說的：傳統中國社會對於男女平等或是尊重
女性這方面的開發與重視是不夠的，這也是當代儒家正努力的課題。〔註138〕
但把這個沒有開發或是不夠重視的理由擺在道德實踐上，再由此觀點來詮釋
《人譜雜記》，就好像鋼筆拿來當筷子吃飯，還指責鋼筆不順手。劉先生認為
《人譜》、《人譜雜記》的特色是在「將聖學道德的討論落實於歷史社會具體
情境」，其實這不只是《人譜》、《人譜雜記》的特色，還是他們的本質，他也
發現「目前為止，討論劉宗周慎獨之學者，對於這部分的討論尚付之闕如。」
這些大抵都是不差的理解與觀察，所以他認為應該要好好閱讀或詮釋蕺山的
《人譜》、《人譜雜記》，這是對的，可是接下來，他的閱讀詮釋觀點的選擇卻
顯然從上面他所說的觀點「滑轉」了，他選擇了一個「女性被壓制，突顯男
性自我中心、男性崇拜」的觀點來詮釋，卻完全不合法（有效性不足），所謂
不合法是說，如果劉先生由這個觀點去考察中國傳統的婚姻史、或是社會史，
都是適切的，這個題目也可以做，但拿來放在道德實踐為主的《人譜雜記》
的詮釋上，就沒有有效性。因為在道德實踐的初期，「物欲」是個負面的因素，
它是個「限制原則」，限制著道德實踐者的成長，本來就是道德實踐者防治的
對象，要到道德實踐的後期，「物欲」就不是一個負面的因素，反而是必要而
成為道德實踐者正面的「表現原則」，曾昭旭先生曰：

> 所謂「下學上達」，下學就是要人全面投入困限重重的現實人生，就
> 在困限中、過錯中學；上達就是要人釐清無限與有限的分際，徹底
> 擺脫有限氣質的羈絆，而體證到絕對的形上境界。而下學上達既為
> 一體，則向上的超越與向下的投入也是一體。你愈能深入自己的氣
> 質中多了解一分，便愈能少受他的羈絆一分，也愈能向上多超越一
> 分。到頭來你的下學適足以成為你上達的憑藉，而氣質生命便不成
> 為你的限制原則而返成為你的表現原則了。而這種轉化便稱為氣質

〔註137〕參劉人鵬：〈聖學道德論述中的性別問題──以劉宗周《人譜》為例〉，收入
　　　　林慶彰、蔣秋華主編：《明代經學國際研討會論文集》（台北：中央研究院中
　　　　國文哲研究所籌備處，1996），頁 491～492。按：本文的「先生」尊稱乃是
　　　　「中性」名詞，沒有性別意味。
〔註138〕參曾昭旭師的一系列著作，如曾昭旭師：《永遠的浪漫愛》（台北：張老師出
　　　　版社，1993），或參廖俊裕：〈論唐君毅哲學的合法性起點與發展性〉，《研究
　　　　與動態》第二輯（彰化：大葉大學共同教學中心，2000.1）頁 21。

的成全。〔註139〕

在這一段引文中，說到一個道德實踐者在道德實踐時，他所面對的其實是自己的氣質命限，這氣質命限包含物欲，但這物欲並不是要去之而後快，反而還是表現眞理的憑藉，因此應當清楚物欲的特色，以使人時時都爲天理的無限呈現。所謂「存天理，去人欲」並不是要把物欲完全去除而是要把它轉化，這就是蕺山說「格去物欲，是禪門語徑，吾儒用不著。」〔註140〕的意思。以性行爲爲例，胡五峰曰：「夫婦之道，人醜之矣，以淫欲爲事也；聖人安之者，以保和爲義也。」〔註141〕或者蕺山所謂「天理人欲，同行而異情」、「欲與天理，只是一個。從凝處看是欲；從化處看，是理。」〔註142〕，都是說當天理呈現在夫妻之間而性時，這時候，性就是愛、愛就是性，當你當下的心不清明而不覺而持守不住性體時，性就是欲。換言之，一個道德實踐者，不是害怕女人而要壓迫貶抑女人，〔註143〕一個道德實踐者，他所戒愼恐懼的是他生命的中物欲，尤其是在初期對於天理或心的掌握不力之時，因爲這會使他無法成爲一個獨立自主而自覺的君子〔註144〕，所以他戒愼恐懼的對象——「不是女人」，而是「對女人的欲望」（對女人沒欲望，就不怕女人），這要弄清楚，劉先生在此就搞混了。而異性恰是這物欲的觸媒，因此他所採取對異性的態度就是「敬」，「敬」在男女關係裡面就是將對方推出而尊重對方爲一獨立個體，使人不要在道德實踐的初期，還不得力，拿不起50公斤的重物，就面臨要拿50公斤的東西，這現象乍看好像把女人當禍水，其實不是這樣，在道德實踐中，眞是禍水的，應是「物欲」，嚴格說，也不是物欲，而是自己的那顆心，因爲同樣是面對物欲，爲何別人能把持得住，自己不行呢？這就是蕺山所說的：「身世本無險，人心自爲險耳」〔註145〕的意思（身世者，身所處之環

〔註139〕曾昭旭師：《論語的人格世界》（台北：漢光文化公司，1991），頁61。

〔註140〕〈復李二河翰編〉，《全集》三上，頁443，66歲。

〔註141〕胡宏：《胡宏集》（北京：中華書局，1987），頁7。

〔註142〕〈學言上〉，《全集》二，頁428，43歲。

〔註143〕道德實踐者的性別不一定要男性，故此處的「女人」應改爲「異性」（也許「同性」也可，因爲同性戀者也可是道德實踐者），此處之所以說「女人」是將就劉人鵬先生的語境。

〔註144〕曾昭旭師發現《論語》中的君子有「堅強獨立、自主自由」而「自覺」的本質，參曾昭旭、王邦雄、楊祖漢：《論語義理疏解》（台北：鵝湖出版社，1985），頁154，這樣的君子不必然是男性。

〔註145〕《周易古文鈔》，《全集》一，頁137，66歲。

境也）。劉人鵬先生由於採取不合法的觀點，所以在《人譜雜記》中強調的「敬」或蕺山所說的「交道貴敬」〔註146〕，他幾乎都看不出來，而要把「敬」導向他所採取的詮釋觀點，例如劉先生曰：

> 《類記》中另有一則「相對如賓」的例子，在「記警閨門」中：
>
> 張湛矜嚴好禮，居處必自修整。每遇妻子，必講說禮法，及前言往行，以教誨之，相對如賓；故其妻子亦交相勉飭，有聲鄉黨。光武朝，湛拜太子太傅。
>
> 「相對如賓」是在夫教誨妻子以及夫的名聲顯貴的背景下，呈現其意義的。〔註147〕

在這段「張湛矜嚴好禮」的記載中，張湛其實對生活中的行爲都是保持「敬」而「矜嚴好禮」，不是只對妻子「矜嚴好禮」，劉先生的評論中，好像就看不到「其妻子亦交相勉飭」這句話，而一定要往妻子是屬於被貶抑階級詮釋，如果是被貶抑階級，如何敢「交相」「勉飭」，而且我總被我所貶抑、排斥的對象吸引，不是更貶抑而瞧不起自己嗎？這些都是因爲他的詮釋觀點是不合法的緣故。尤有甚者，他由此更大膽地擴大引申說，此是和聖賢欲淑世而黜邪說、正人心的講學活動之心理現象一致，劉先生在上面的引文說：「這其實又與聖學對『異端』的排拒一貫，──透過想像、構築與排拒異類以凝聚自我，並將自我聖賢化。」劉先生筆下的聖賢（因著良知之不容已而和別人爭論的聖賢），所有的辯論好像都是爲了彰顯自我的光彩，而無所不用其極地「透過想像、構築與排拒異類」，而充滿「良知的傲慢」〔註148〕，這樣的聖賢連蕺山的《聖學喫緊三關》的第一關〈人己關〉都未達成，都還是蕺山所謂的小人，而卻當作聖賢來處理，這合理嗎？退一步說，即使如此，也應該說成是一個道德實踐者，在實踐時，是可能有如蕺山所說的「情識」和「良知」相混而分辨不清的情形，這也是道德實踐者努力的重點，而不是良知全部成爲傲慢。由此可知，劉人鵬

〔註146〕《論語學案·問人於他邦章》，《全集》一，頁481，40歲。

〔註147〕參劉人鵬：〈聖學道德論述中的性別問題──以劉宗周《人譜》爲例〉，收入林慶彰、蔣秋華主編：《明代經學國際研討會論文集》（台北：中央研究院中國文哲研究所籌備處，1996），頁495～496。

〔註148〕「良知的傲慢」是一句不合乎邏輯的矛盾話，此乃余英時先生因事相對於「知性的傲慢」所造，知性的傲慢是成立的，因爲知性是中性的，良知則和傲慢不容，參余英時：《猶記風吹水上麟》（台北：三民書局，1991），頁94～95。本文以爲恰可以用來形容劉先生筆下聖賢的不合理性，而不能成立。

先生的《人譜雜記》詮釋觀點是不合法的，因此本文僅探討至此，不再討論其
此觀點下的內容，及其以後此觀點的發展。〔註149〕

　　在前文，曾引黃敏浩先生的說法，《人譜雜記》是一「收集歷史人物的嘉
言善行而分類編排的一本匯集」，現在就接著問：這分類編排是依何次序的？
它是依〈紀過格〉而編排的，所以它分為「體獨篇」、「知幾篇」、「定命篇」、
「凝道篇」、「考旋篇」、「作聖篇」。換言之，它之分類其實是依實踐次第展開
的，不是漫無標準地想到一類就分一類。與《聖學喫緊三關》相一致（就實
踐的次第而言）。而儒者之道德實踐本就是一「體道」的行為，所以就實踐的
次第言，就是體道的階段，所以在每一類裡，蕺山做的不是摘取古人嘉言善
行而已，他還必須衡定諸言行位於體道的哪一階段，這才是重點所在，有這
一步工夫，這兩本書《人譜》、《人譜雜記》才能成為體道的歷程，而提供一
把成聖的梯子。蔣年豐先生說：

> 從整套體系來看，劉蕺山的《人譜》系列乃是要建立「精神現象學
> 式的人學」（a phenomenological anthropology），而且其導向是內聖
> 道德的。這種人學重視人之個體在具體的生活當中對道的體現，以
> 之為歷史記述的重心，因此歷史的意義即在於個人對道的體現。……
> 劉蕺山除了《人譜類記》之外，又寫了不少人物傳記與墓誌銘，其
> 重點也擺在個人一生之體道的成就上。〔註150〕

〔註149〕所謂「其以後此觀點的發展」是指劉人鵬先生後來寫了一本書：《近代中國女
　　　權論述──國族、翻譯與性別政治》（台北：台灣學生書局，2000），其中有
　　　一篇〈傳統階序格局與晚清「男女平等」論〉，主要又是對蕺山的《人譜類記》
　　　為主，《人譜》為輔作相同手法的處理，只是加上了杜蒙（Louis Dumont）的
　　　階序（hierarchy）理論，因其觀點不合法，故不論也。筆者此處的批評手法
　　　是屬於「系統外的批評」，是對於劉先生觀點或設準的批評，即不進入其觀點
　　　下的系統，討論其系統內論證或分析的合理性如何，有關劉人鵬先生觀點的
　　　系統內部回應，可參考黃敏浩：《劉宗周及其慎獨哲學》（台北：台灣學生書
　　　局，2001），頁 185～190。黃先生是在接受劉人鵬先生不合法的觀點下進行
　　　反省，其回應可以算是對劉先生意見「進一解」（試圖利用劉述先先生「理一
　　　分殊」理論說明傳統「男尊女卑」、「夫為妻綱」有其歷史實踐上的合理性與
　　　限制性）。現在，筆者反省有沒有對劉先生進行「透過想像、構築與排拒異類
　　　以凝聚自我，並將自我聖賢化」？答曰：沒有，第一、這句話充滿動機與行
　　　為目的的揣測，同樣的話，似乎可以放在任何人身上（只要這個人有反對別
　　　人意見的行為），包括劉先生現在的行為。第二、我只想當我自己，不想當聖
　　　賢，不須將自我聖賢化，我只想當「人」。
〔註150〕蔣年豐：〈從朱子與劉蕺山的心性論分析其史學精神〉，收入蔣年豐：《文本與

蔣先生這段話中，說到《人譜》系列（含《人譜》與《人譜雜記》）是內聖道德的，是重視個體在具體生活中對道的體現，而且還是「精神現象學式的人學」的，所謂「精神現象學式的人學」就是當下所見的「現象」是「精神」（道、天理）的呈現，而當下生命的具體實踐之體道的行為，有淺有深，而成為一成聖的歷程與次第。因此當在閱讀《人譜雜記》時，書中種種古人的嘉言善行，便成為是一個體道的公案，是有「道」在其中而可作為道德實踐之參考。這就表現出《人譜雜記》和一般善書之性質不同，它不只有善書的勸善止過的性質，還提升到「道」的層次。〔註151〕但如何參考？蕺山曰：

> 古人公案，有用著用不著時，苟其得之於心，無往而非坐下之公案，不然其如孔、孟何？然不侫則竊以自鞭焉。（〈與履思十二〉，《全集》三上，頁374～375，56歲。）

在這段引文中，對於古人的公案，有用著和用不著的區別，其間的關鍵在於是不是能「得之於心」？如果能「得之於心」，則古人的公案，都可以是可「用著」的，用於何處？蕺山就此而說，我對於古人的公案，都是「得之於心」而藉以自我鞭策（「自鞭」），換句話說，古人的言行事蹟，如果得之於心的話，都是可以拿來自我鞭策的。如何自我鞭策？蕺山以為可以有對治引導與印證兩方面的功能，蕺山曰：

> 古人不過先得我心同然耳，是以千言萬語，只是欲人將已放之心，約之反覆入身來，便能尋向上去，則所謂學問之道，如斯而已矣。故學而不求諸心則已，學而求諸心，則於古人橫說豎說、是同是異、是分是合、是虛是實、是偏是全，皆有用處，正如因病立方，隨病尋方，兩兩比對，有何彼此？（〈答趙君法〉，《全集》三上，頁383，60歲。）

> 《書》云：「學於古訓乃有獲。」又曰：「學古入官。」故學必以古為程，以前言往行為則。而後求之在我，則信諸心者斯篤，乃臻覺

實踐（一）——儒家思想的當代詮釋》（台北：桂冠圖書公司，2000），頁270～271。

〔註151〕何俊先生曰：「袞纂文體，又稱袞輯，……由於勸善書並非是什麼學術史上的考證著作，而只是面向社會大眾的通俗讀物，因此當勸善書以袞纂體來撰寫時，往往是將許多歷史上的故事與名人名言照錄下來，以增強讀者的興趣。……《人譜雜記》，其文體也是袞纂。」見何俊：《西學與晚明思想的裂變》（上海：上海人民出版社，1998），頁278。何先生的意見從形式上來說，是對的，可是還有其內容上之異的部分，是其所未見出的部分。

地焉，世未有懸空求覺之學。(〈證學雜解・解十三〉，《全集》二，
頁 313，66 歲。)

這兩段引文和前一段引文共三段引文都強調在面對古人的「前言往行」時，
重點在「求諸心」、「求之在我」，若能如此，則古人的公案便能爲道德實踐者
所用。在〈答趙君法〉的引文中，說到若能求諸心，則古人只是先得我心之
同然，因此我與古人是沒有彼此可分的，因而就「因病立方、隨病尋方」而
言，這樣便能「尋向上去」，在道德實踐的初期中期的歷程中，便有對治病痛
與引導向上功能。而在〈證學雜解・解十三〉中，則偏重在道德實踐的中後
期，有印證之功能，使人能信心斯篤，而到達最後的覺地。這樣閱讀體道的
公案，就道德實踐上，有時比有老師在還重要，蕺山論曹端曰：

> 先生之學，不由師傅，特從古冊中翻出古人公案，深有悟於造化之
> 理，而以月川體其傳，反而求之吾心，即心是極，即心之動靜是陰
> 陽，即心之日用酬酢是五行變化，而一以事心爲入道之門。故其見
> 雖徹而不玄，學愈精而不雜，雖謂先生爲今之濂溪可也。(《明儒學
> 案師說・曹月川端》，《全集》四，頁 610，50 歲。)

在蕺山的眼光中，宋明儒中，自始至終比較沒有微辭的只有濂溪一人 (有時
加上明道)，﹝註152﹞ 現在他竟以濂溪來評價曹端，可謂評之高矣。而曹端的道
德實踐資糧就是將古人公案求之於心，即使在沒有老師指導之下，仍有所得，
可知《人譜雜記》在道德實踐上的作用之大了。

現在就以蕺山本身的實踐爲例，來說明《人譜雜記》在道德實踐中的角色。
在《人譜雜記》中出現約兩次關於「夢」的類似記載：

> 沈端憲公曰：「晝觀諸妻子，夜卜諸夢寐，兩無所媿，然後可以言學。」
> (《人譜雜記・體獨篇》，《全集》二，頁 30，68 歲。)

> 程子曰：「人於夢寐之間，亦可以卜自己所學之淺深。如夢昧顛倒，
> 便是心志不定，操存不固。」(《人譜雜記・考旋篇》，《全集》二，
> 頁 62，68 歲。)

當看到這兩段前言往行「晝觀諸妻子，夜卜諸夢寐」﹝註153﹞，依蕺山，要將

﹝註152﹞ 參〈會錄〉，《全集》二，頁 619，66 歲。〈會錄〉，《全集》二，頁 610，約 57
　　　　歲。但蕺山對濂溪也有罕見的批評，如〈學言中〉，《全集》二，頁 477，60
　　　　歲，「〈河圖〉左畔陽居內」一段。

﹝註153﹞ 在蕺山的心目中，這兩句話非常重要，所以常常出現，此處所說的兩次，是
　　　　只就《人譜類記》而言，其餘如《論語學案・視其所以章》，《全集》一，頁

其「求諸心」、「得之在我」，就是要放到身上來用，而不要只把它們當成記問之學。因此可以由此來把「夢」當作道德實踐的重點，來「卜自己所學之淺深」，換言之，道德實踐的得力深淺，或是境界高低，都是可以由此而知的，因而可以來「勘驗」自己的道德功力高低。以蕺山爲例，他一生從年輕到老年絕食之際，莫不以此勘驗其所得。試看下列幾則蕺山之夢：

36 歲之夢──弟昨夜夢陞衛經歷，心甚不快。弟雅欲謝病去官，不知此夢何處來？看來終不忘榮進念頭。在夜之所夢，未有不根於晝者。……看來只爭昏覺之間，才覺則無妄非眞矣。(〈與以建五〉，《全集》三上，頁356，36歲。)

51 歲之夢──門人問：「先生近功何似？」先生曰：「近來夢境頗淸，無雜夢，亦有無夢時，若嘗惺惺者。」門人曰：「先生已打破夢覺關矣。」先生謝不敏。先是，先生嘗書門聯曰：「舊學還章縫，新功卜夢寐。」時年五十一歲。(〈劉譜錄遺〉，《全集》五，頁555，51歲。亦見〈會錄〉，《全集》二，頁598，51歲。)

68 歲之夢──先生蚤覺，謂張應鰲曰：「比夜夢朱文公來此。」應鰲曰：「先生固文公後身，竊謂先生學問精切入微處當軼文公而上之。至文公晚年焚諫草，自號遯翁，先生今日遭此，微不同耳。」先生曰：「還讓先賢。」應鰲曰：「鰲非阿所好。先生之學，幾於聖矣。」先生勃然曰：「惡！何狂悖乃爾！」(〈劉譜錄遺〉，《全集》五，頁566，68歲。)

在道德實踐學上，蕺山是「修」、「驗」並重的。從「36 歲之夢」中，可知他一方面「修夢」、一方面「驗夢」，如何「修夢」？「只爭昏覺之間」，對於夢，不能昏昧無所覺，作夢還沒察覺在作夢，而將夢境當眞。如何「驗夢」？便是由夢境來勘驗自己的道德實踐功力，這是因爲蕺山認爲「在夜之所夢，未有不根於晝者。」或是「人心自有安處，是平日志向所決，積漸慣熟，安頓其中，而不自知者，須是晝觀妻子，夜卜夢寐始得。」〔註154〕也就是說，蕺山認爲平日所想的，包括自知和不自知的，都會在「夢境」之中呈現，因此「勘夢」是必要的工夫。蕺山有時會出現一些「勿問效驗」的話，那是有原

325，40歲：《論語學案・甚矣吾衰也章》，《全集》一，頁417，40歲；〈祭吳磊齋文〉，《全集》三下，頁1076，68歲等等。
〔註154〕《論語學案・視其所以章》，《全集》一，頁325，40歲。

因的，蕺山曰：

> 一眞自若，湛湛澄澄，迎之無來，隨之無去，卻是本來眞面目也。
> 此時正好與之葆任，忽有一塵起，輒吹落。又葆任一回，忽有一塵
> 起，輒吹落。如此數番，勿忘勿助，勿問效驗如何。（〈訟過法〉，《全
> 集》二，頁 19，57 歲。）

這裡所謂的「勿問效驗」是針對「心勿正，勿忘勿助」的「心勿正勿助」而
言，也就是不能一作工夫就有個期望心，認爲自己就會有如何如何的效驗產
生，這樣就容易有躐等情事害道。〔註155〕這個「勿問效驗」是針對未來而言
的，上文的「勘驗」是針對過去與當下的實踐所得而言，兩者不同。不能因
爲某些蕺山的話就產生誤解，以爲是「重修」不「重驗」，〔註156〕而要分清其

〔註155〕蕺山曰：「第一是禍福心害道，進之是欲速長心害道。惟知者知當務之急，而
不媚神以邀福；惟仁者勇於力行，而不累於正助之私。」見《論語學案‧樊
遲問知章》，《全集》一，頁 407，40 歲。蕺山曰：「好高而欲速者，躐也。」
見〈做人說〉〔二〕（示兒），《全集》二，頁 341，50 歲。蕺山曰：「急於求
達也，學必躐等，雖得之，必失之。」見《曾子章句‧立事第一》，《全集》
一，頁 658，42 歲。

〔註156〕張際辰曰：「際辰習聞證人之學，……既嘗受《人譜》於師，後悟《譜》學主
修，不主驗，乃盟諸神祇，力行所倡《太微星君功過格》，意主於修省……。」
見徐元梅等修、朱文翰等輯：《嘉慶山陰縣志》（台北：成文出版公司影印，
1983）卷 16，頁 3。張際辰可謂不善學者，因爲蕺山是非常重視「驗於日用
尋常之中」，只是他在此處以「夢」以及「色欲」（妻子）來舉例，其他如他
又重視驗於出處的進退之間，在 68 歲絕食之際，還要問：「吾今日自處合義
否？」（參〈劉譜〉68 歲條，《全集》五，頁 525，68 歲。）而《太微星君功
過格》：「大凡一日之終，書功下筆乃易，書過下筆的難。即使聰明之士明然
頓悟罪福因緣，善惡門戶，知之減半，愼之全無。依此行持，遠惡近善，誠
爲眞誠，去仙不遠矣。」「著斯功格三十六條，過律三十九條，各分四門，以
明功過之數。付修眞之士，明書日月，自記功過，一月一小比，一年一大比，
自知功過多寡與上天眞司考校之數昭然相契，悉無異焉。」兩段文獻分別見
《太微星君功過格》，《道藏子目引得》，哈佛燕京學社漢學索引叢書第 25 號，
186（台北：成文出版社，1966）頁 1，序頁 1。可知《太微星君功過格》是
以「成仙」爲目的，而張際辰所謂的「主驗」，應是有一「神祇」或「上天眞
司」來考校之意。這在蕺山來說，以「成仙」來說，還是從軀殼起念的「貪
生怕死」行爲或「蔽於長生之見」，參《證人社語錄》，《全集》二，頁 685，
54 歲或〈答王金如三〉，《全集》三上，頁 404，61 歲。而要有一「神祇」或
「上天眞司」來考校更喪失道德實踐的自主性，也忽略了〈訟過法〉中「人
與上帝對越又合一」的特色，見〈訟過法〉，《全集》二，頁 18～19。或參包
筠雅（C.J.Brokaw）著、杜正貞、張林譯：《功過格：明清社會的道德秩序》
（杭州：浙江人民出版社，1999），頁 142～143。

中的脈絡意義。

　　再回到 36 歲之夢，這個夢主要是蕺山夢到官位高升之事，若是一般人，一定很高興，蕺山卻認爲剛好可以拿來勘驗是自己「名利之心」未斷的證據，而「心甚不快」自責不已。

　　51 歲之夢因爲距離 36 歲之夢已經 15 年，蕺山學力已較有所成，故此時夢境已較爲進步，值得注意的是，當蕺山弟子問蕺山最近道德實踐的功力如何？蕺山不答其他的，直接就以「夢」來回答，而答說「近來夢境頗清，無雜夢，亦有無夢時，若嘗惺惺者。」換言之，36 歲時所說的「修夢」工夫已很得力，故說「嘗惺惺者」（皆在警覺狀態），而驗證的結果也不錯，所以說「夢境頗清」、「無雜夢」、「無夢」等狀態，於是弟子接著說：蕺山已打破「夢覺關」了，蕺山謙辭。

　　68 歲之夢及蕺山的反應很有趣，「久矣，吾不復夢見周公」這類夢見古聖先賢與否的夢，從孔子時代就很重視。蕺山夢到朱夫子來到蕺山這裡，而將之告訴弟子張應鰲，此時他應該認爲自己修的還不錯，可是以蕺山謹慎保守的個性又覺得不能這樣志得意滿，使得張應鰲的回話就很難，爲什麼說他會覺得自己修得還不錯？因爲在《人譜雜記》中，有類似的記載：

> 吳康齋先生嘗夜夢孔子、文王來訪，如是者數四，人以爲此先生眞
> 積力久之驗。（《人譜雜記·考旋篇》，《全集》二，頁 62，68 歲。）

既然吳康齋夢孔子、文王來訪是其道德實踐眞積力久之驗證，所以蕺山夢見朱夫子來找他，當然也可以視爲是其道德實踐眞積力久之驗證，因此他告訴了張應鰲，應鰲是蕺山的忠實弟子，只會說實話，不會說客套話，〔註157〕應鰲的第一段話說蕺山精密細微超過朱夫子，也是可以成立的，蕺山於此，當然只好謙虛，這是因爲蕺山認爲「立身萬不敢望古人，不過守其硜硜之見云爾。」〔註158〕於是應鰲更說出自己的心中話：蕺山夫子實近於聖人了。蕺山此時，只能學習孔子說的「若聖與仁，則吾豈敢」的勃然而斥應鰲了。

〔註157〕張應鰲是個老實人，蕺山南京任職時，邸舍蕭然，應鰲「獨侍不去」，其人「守其師說，不爲新奇可喜之論」，參衷爾鉅：《蕺山學派哲學思想》（濟南：山東教育出版社，1993），頁 388～389。又：儒者論夢是個相當切身又有趣的問題，所謂切身是說世上幾乎每個人都重視他自己的夢，所謂有趣是說每個儒者對夢之反應與所見差異性亦大，如王艮之夢見「天塌」、或羅念菴之夢「市人攘攘」等等。此處僅以蕺山而論。

〔註158〕〈答張生考甫二〉，《全集》三上，頁 582，68 歲。

以上是論述《人譜雜記》在道德實踐上的重要與應用。由於《人譜雜記》的編排完全依照〈紀過格〉的次序，其細目亦然，因此現在就進入《人譜》的系統內。

3.3.2.2.2　正反兩面雙向展開：《人譜》

茲再將《人譜》之結構，表示如下：

《人譜》	〈人譜正篇〉	〈人極圖〉、〈人極圖說〉
	〈人譜續篇二〉	〈證人要旨〉
	〈人譜續篇三〉	〈紀過格〉、〈訟過法〉、〈改過說一〉、〈改過說二〉、〈改過說三〉

蕺山《人譜》這把梯子是雙線進行的，但有主從。所謂的雙線進行，就是正面的存養推擴與反面的革除。前者是已證得之本體的存養推擴，後者便是改過、防過。正面是主，反面是從，因為嚴格說，如上文所述，一道德實踐者，如果真切掌握天理本體，而予以充實存養推致，則負面的氣質情慾自然消失於無形，所謂「一真既立，群妄皆消」是也，〔註159〕此是其為主的緣故。正面的推擴闡述在〈人極圖〉、〈人極圖說〉與〈證人要旨〉。〈人極圖〉、〈人極圖說〉是說由「無善而至善」的天理已呈現的心出發，而一步步呈現為所見的一切萬事萬物。〈證人要旨〉則開展為六步，一曰：凜閒居以體獨、二曰：卜動念以知幾、三曰：謹威儀以定命、四曰：敦大倫以凝道、五曰：備百行以考旋、六曰：遷善改過以作聖，此即所謂的「六事功課」；負面的革除則集中在〈人譜續篇三〉，重視種種過的分析與改過。

這雙線進行對蕺山來說，並不是平行地不相干，而是緊依在一起，而形成一種「同體依」的關係。因為他知道人生路滑，在正面的推擴的背面，必相隨著隨時可能犯下的過錯，所以在〈紀過格〉中之過的種類，全是配合著〈證人要旨〉的次第的。

〈證人要旨〉　　　　　　　〈紀過格〉
一曰：凜閒居以體獨　　　微過，獨知主之
二曰：卜動念以知幾　　　隱過，七情主之
三曰：謹威儀以定命　　　顯過，九容主之

〔註159〕《證學雜解・解二》，《全集》二，頁 306，66 歲。

四日：敦大倫以凝道　　　大過，五倫主之

五日：備百行以考旋　　　叢過，百行主之

六日：遷善改過以作聖　　　成過，爲眾惡門，以克念終焉 [註160]

由上可知，蕺山之實踐次第著實細密，此所以牟宗三先生斷曰：「此一正反兩面所成之實踐歷程爲從來所未有，而蕺山獨發之。……儒家內聖之學成德之教之道德意識至此而完成焉。」[註161] 誠然也。

3.3.2.2.2.1　〈人極圖說〉

現在從《人譜》的正面展開來看，〈人極圖說〉曰：

> 無善而至善，心之體也。繼之者善也。成之者性也。繇是而之焉，達於天下者，道也。放勳曰：「父子有親，君臣有義，夫婦有別，長幼有序，朋友有信。」此五者，五性之所以著也。五性既著，萬化出焉。萬化既行，萬性正矣。萬性，一性也。性，一至善也。至善本無善也。無善之眞，分爲二五，散爲萬善。上際爲乾，下蟠爲坤。乾之大始，吾易知也；坤作成物，吾簡能也。其俯仰於乾坤之內者，皆其與吾之知能者也。大哉人乎！無知而無不知，無能而無不能，其惟心之所爲乎！易曰：「天下何思何慮？天下同歸而殊途，一致而百慮。天下何思何慮！」君子存之，善莫積焉；小人去之，過莫加焉。吉凶悔吝，惟所感也。積善積不善，人禽之路也。知其不善，以改於善。始於有善，終於無不善。其道至善，其要無咎。所以盡人之學也。（《人譜》，《全集》二，頁 2～5，57 歲。）[註162]

〈人極圖說〉顧名思義就是挺立人極，這是蕺山相應於周濂溪之〈太極圖說〉而論的，〈太極圖說〉是從宇宙論（太極）而下貫說到人，相反的，〈人極圖說〉則是立人極來含攝太極，所以在〈人極圖說〉中，開宗明義就直標「無

[註160] 參《人譜》，《全集》二，頁 5～18，57 歲。

[註161] 牟宗三：《從陸象山到劉蕺山》（台北：台灣學生書局，1984），頁 520。

[註162] 〈人極圖說〉是解說〈人極圖〉的，原文有〈人極圖〉，牟宗三先生曰：「此人極之譜當然十分精練而切實，但畫圖則顯得無趣味。」見牟宗三：《從陸象山到劉蕺山》（台北：台灣學生書局，1984），頁 519。牟先生此處的「沒趣味」，應是指沒什麼意義，它的意義僅在於因爲濂溪的〈太極圖說〉有圖，蕺山順承之而亦有圖。筆者以爲牟先生之意是對的，因爲這些圖是粗淺的象徵，例如講到「五行攸敘」蕺山便在一個圖中，畫五個小圓表示之；講到「物物太極」而「百行考旋」，蕺山就在一個圖中，畫上許多的小圓象徵之，因此本文在此省略圖案，下文亦然。

善而至善，心之體也」，當天理呈現於當下的心時，此時心是即有限而無限，這心體不是不起用的（此時，所謂的心體之所以爲體，是就其不斷地持有天理性體而呈現價值而言），因爲天理本身就是價值或意義，故必然要體現價值的（不斷地解蔽，如良知之不容已），因而有「繼之者善也，成之者性也」之繼善成性說，由此展開而爲萬事萬物。在這裡的「無善而至善」一句要小心解釋，有學者從「無善無惡」來論述它是個超越善惡的至善本體來說，王瑞昌先生曰：

> 意是心之體，……既然意是好善惡惡的純粹意志、知善知惡的明覺本體，所以其自身不受善、惡的限定。因而是無善無惡的。……《人譜》是蕺山反覆改訂過的精心之作。此書說：「無善而至善，心之體也。」又說：「萬性一性也，性一至善也，至善本無善也。」於此可見，無善無惡的確是蕺山的真實思想。〔註163〕

說心之體有超越善惡相對之意思是對的，但就蕺山而言，這超越善惡只能用「至善」來形容，不能用「無善無惡」來形容，事實上，「無善無惡」是蕺山學中的「忌諱」字眼，在蕺山的眼光來看，他的意見和東林學派的顧憲成、高攀龍一致，認爲陽明後學的許多流弊都來自「無善無惡心之體」中的「無善無惡」四個字。〔註164〕故王先生在此說「無善無惡的確是蕺山的真實思想」是蕺山決不能同意的話，〔註165〕蕺山曰：

> 至龍溪先生始云「四有之說，猥犯支離」。勢必進之四無而後快。……有無不立，善惡雙泯，任一點虛靈知覺之氣從橫自在，頭頭明顯，不離著於一處，幾何而不蹈佛氏之坑塹也哉？夫佛氏遺世累，專理會生死一事，無惡可去，並無善可爲，止餘真空性地，以顯真覺，從此悟入，是爲宗門。若吾儒日在世法中求性命，五慾薰染，頭出頭沒，於是而言無善惡，適爲濟惡之津梁耳。（《明儒學案師說‧王龍溪畿》，《全集》四，頁619，50歲。）

蕺山之所以如此說，當然是基於當時陽明後學實踐之流弊之實感而說的，當

〔註163〕王瑞昌：〈論劉蕺山的無善無惡思想〉，《孔子研究》總第62期2000.6，頁78～79。

〔註164〕勞思光：《新編中國哲學》三下（台北：三民書局，1987），頁581。

〔註165〕王先生此說不合乎蕺山的語脈，實肇因於他是站在陽明學的立場來闡述蕺山學，這是一些研究蕺山學的學者的通病，參3.2.3「解決陽明後學流弊的入手處」。

時凡有士人行爲不檢,「率自名龍溪弟子」。〔註166〕蕺山及東林諸子（其中包括對蕺山影響很大的高攀龍）都認爲是龍溪的「無善無惡」惹的禍,蕺山在此段引文中認爲無善無惡來自佛學,佛學講無善無惡是沒有問題的,因爲佛學本就不要這個世界,可是儒學肯定世界,要在「世法中求性命」,如果也以「無善無惡」立說,剛好成爲「濟惡」的橋樑（情識而肆,虛玄而蕩）。在此又可以看出蕺山非常重視「世教」的效果,因此頗以「無善無惡」爲忌諱,所以他一定要將龍溪的「無善無惡」改爲「有善無惡」,蕺山曰:

> 先生（案:指陽明）每言:「至善是心之本體。」……有時說「無善無惡者理之靜」,亦未曾徑說「無善無惡是心體」。……蒙因爲龍溪易一字,曰「心是有善無惡之心,則意亦是有善無惡之意,知亦是有善無惡之知,物亦是有善無惡之物」,不知先生首肯否?或曰:「如何定要說個有善無惡?」曰:「《大學》只說『致知』,如何先生定要說個『致良知』,多這『良』字?」其人默然。（《陽明傳信錄》三,《全集》四,頁 107～108,61 歲。）

蕺山在此扣緊陽明未曾說過「無善無惡是心體」,來反駁龍溪,這是從文獻上來說的。接著他又從陽明「致良知」中的「良」說明應該爲「有善無惡」。蕺山認爲用「無善無惡」根本不對,蕺山曰:

> 王門倡無善無惡之說,終於至善二字有礙。解者曰:「無善無惡,斯爲至善。」無乃多此一重之繞乎?善一也,而有「有善之善」,有「無善之善」,古人未之及也。及陽明先生亦偶一言之,而後人奉以爲聖書,無乃過與?（〈學言下〉,《全集》二,頁 519,66 歲。）

蕺山在此回應王學的說法「無善無惡,斯爲至善」,認爲是多此一舉的說法,蕺山認爲就作用層的「超越善惡」的「好善惡惡」而言,只能用「至善」來說明,不能用「無善無惡」,但因爲他認爲「體用一源,顯微無間」,所以也沒有作用層實有層的區別,故只能用「至善」。總之,在此,就是不能用「無善無惡」來形容心之體

當時,蕺山在《人譜》寫上「無善而至善,心之體也。」時,有人讀了此句便有疑惑,蕺山和黃梨洲的意見是這樣的:

> 有讀《人譜》,疑無善二字者。曰:「人心只有好惡一機,好便好善,

〔註166〕張廷玉等:《明史・列傳第一百七十一・儒林二》冊 12〈王畿〉本傳（無出版社地點:中華書局聚珍仿宋版印,無年代）,卷283,頁 7。

惡便惡不善，正見人性之善。若說心有箇善，吾從而好之，有箇不善，吾從而惡之，則千頭萬緒，其為矯揉也多矣。且謂好惡者心乎？善惡者心乎？識者當辨之。（〈會錄〉，《全集》二，頁 610，約 57 歲。）

梨洲對此段的按語：《人譜》謂「無善而至善，心之體也。」與陽明先生「無善無惡，心之體」之語不同。……人本無善，正言至善之不落跡象，無聲無臭也。先生從至善看到無善，善為主也；周海門言「無善無惡，斯為至善」，從無強名之善，無為主也。儒釋分途於此。〔註167〕

蕺山的回答邏輯是這樣的，從「好善惡惡」來說「人性之善」，這就是指「至善」而言（從好善惡惡來說「至善」，而不只是從超越善惡相對來說至善），可是有好惡之幾，並不就是說「心有個善」或「有個不善」的價值標準懸在那兒，好讓道德實踐者去選取，這樣就犯上「矯揉」，所以不是這樣。這樣看來，梨洲的按語是正確合乎蕺山的意思的，梨洲認為蕺山是從至善說到無善，以至善為主，而無善正是說明至善的心是不落跡象的有個善、不善懸在那裡，和周海門之從無善說到至善不同。

事實上，考察蕺山《全集》，蕺山是絕少以「無善無惡」來描述「心之體」，如說也很快地說是好善惡惡的至善，他這樣說「無善無惡」，實很容易讓人誤會，例如仁博士先生曰：

心：「無善而至善，心之體也。」（原著者注：《人譜·人極圖說》，《劉宗周全集》第二冊）此尚以「無善而至善」詮釋，不離「善」。又有如此說者：「心是無善無惡，其如動而為好惡，好必善，惡必惡。」
（原著者注：〈學言下〉，同上）此徑言「心無善惡」。〔註168〕

在仁先生的這段引文中，說到蕺山直接說「心無善惡」，讓我們回到〈學言下〉的原文，蕺山曰：

心是無善無惡，其如動而為好惡，好必善，惡必惡，如火之熱，水之寒，斷斷不爽，乃見其所為善者。孟子性善之說本此。故曰：「平

〔註167〕黃宗羲：《明儒學案下·蕺山學案》，黃宗羲：《黃宗羲全集》第八冊，（台北：里仁書局，1987），頁 1542。
〔註168〕仁博士：〈以工夫樹立本體之尊嚴：劉宗周〉，參香港人文哲學會網頁網上宋明理學論文索引 http://www.confucius2000.com/confucian/liuzongzh.htm，頁 4。或見於仁文利：《心學的形上學問題探本》（鄭州：中州古籍出版社，2005），頁 240。

旦之氣，其好惡與人相近也者幾希。」此性善第一義也。(〈學言下〉，

《全集》二，頁519，66歲。)

在蕺山這段引文中，如果用熊十力先生的著作習慣的話，在「乃見其所爲善者」下要加註曰：「從『心是無善無惡』一氣貫下讀之至此爲句，吃緊」。蕺山的說法顯然是跟上文「無善而至善」一致，雖剛開始說「心是無善無惡」，但馬上就說到「好善惡惡」以見「善」或「至善」義。換言之，蕺山這樣說簡直是爲了對治從陽明而來的「無善無惡心之體」的說法，重點是在後面的至善而起的遮撥作用，前面說的「心是無善無惡」正是要被用來加以釐清的對象。不可以輕易地就拿出一句「心是無善無惡」而說蕺山是直接以「無善無惡」來形容「心」的。〔註169〕

解決了「無善而至善，心之體也」，現在再回到〈人極圖說〉的原文疏解，由「繼之者善也，成之者性也」之繼善成性說，由此展開而爲萬事萬物，例如「五性」、「萬化」，再由此「五性」、「萬化」呈現爲「五倫」、「萬性」，這時的「萬性」是從天理的呈現而爲我心所持存而說的，故說「萬性正矣」(沒有過與不及)，然後蕺山又表現出在上文 2.4 節所說的「一本而萬殊，會眾以合一」、「一統萬、萬統一」的「辯證觀」，將已表現爲「五倫」、「萬性」再統攝起來，所以蕺山說：「萬性，一性也。性，一至善也。至善本無善也」再回歸至「至善本無善」上。於是「無善之眞，分爲二五，散爲萬善。」「俯仰於乾坤之內者，皆其與吾之知能者也」，世界便成爲一個我的心所持存的「天理流行」、「善的流行」的世界，因此就人的本質之人之所以爲人而言，君子與小人的分別就在是否能存此「無善而至善，而散爲萬善」之心，所以「積善」或「改過」便很重要。

蕺山這樣的說法有兩個好處，根器明敏的，可以窮究心之源而如實掌握天理，直接正面的挺立道德本體；根器較篤實者，體會不到本體，也可以從

〔註169〕蕺山這樣的說法不是很多，要小心閱讀，他處如：「心可言無善無惡，而以正還心，則心之有善可知。意可言有善有惡，而以誠還意，而意之無惡可知。」(〈學言下〉，《全集》二，頁519，66歲。) 又如：「心無善惡，而一點獨知，知善知惡，知善知惡之知，即是好善惡惡之意，好善惡惡之意，即是無善無惡之體，此之謂『無極而太極』」(〈學言中〉，《全集》二，頁519，60歲。) 後一條文獻在董瑒的定本裡，加注曰「二條新本無」，是在王顨菴的舊刻本中出現，其可靠性更低，不過仍可依本文的解讀釋之，參詹海雲：《劉蕺山的生平及其學術思想》(台北：台灣大學中文研究所 1979 年碩士論文)，頁191。

心之散爲萬善著手，不會有摸不著「本心」的狀況，﹝註170﹞所以在〈證人要旨〉中，他便一步步展開，精神一層層由內向外呈現發展。

3.3.2.2.2.2　〈證人要旨〉

在〈證人要旨〉中，由「體獨」到「動念知幾」、「謹威儀定命」、「敦大倫凝道」、「考旋百行」到最後的「遷善改過以作聖」，由最隱微的內（獨）向外一步步推擴到「百行」，因此是「十字打開」的水平面向。

甲、（無極太極）一曰：凜閒居以體獨。

這個十字打開的水平面向的第一步，就是「凜閒居以體獨」，體獨的狀態就是蕺山在〈人極圖說〉中的「無善而至善，心之體」﹝註171﹞，蕺山在此又強調他的愼獨功夫，蕺山曰：

> 學以學爲人，則必證其所以爲人。證其所以爲人，證其所以爲心而已。自昔孔門相傳心法，一則曰愼獨，再則曰愼獨。夫人心有獨體焉，即天命之性，而率性之道所從出也。　愼獨而中和位育，天下之能事畢矣。然獨體甚微，安所容愼？惟有一獨處之時可爲下手法。而在小人，仍謂之「閒居，爲不善，無所不至」，至念及揜著無益之時，而已不覺其爽然自失矣。君子曰：「閒居之地可懼也，而轉可圖也。」吾姑即閒居以證此心。此時一念未起，無善可著，更何不善可爲？止有一眞無妄在不睹不聞之地，無所容吾自欺也，吾亦與之毋自欺而已。則雖一善不立之中，而已具有渾然至善之極。君子所爲必愼其獨也。夫一閒居耳，小人得之爲萬惡淵藪，而君子善反之，即是證性之路。蓋敬肆之分也。敬肆之分，人禽之辨也。此證人第一義也。
>
> 靜坐是閒中喫緊一事，其次則讀書。朱子曰：「每日取半日靜坐，半日讀書，如是行之一、二年，不患無長進。」（《人譜・證人要旨》，

﹝註170﹞猶如在上文 3.2.3.2 節中所提到的象山的弟子李伯敏總無法了解本心何所指的現象。關於蕺山的《人譜》的一個普遍意見是認爲此書是爲中下根人立論的，如《四庫全書總目提要》（見《全集》五，頁 534。）；清人徐樹銘（見《人譜類記・敘》，台北：廣文書局，1996，頁 6）；今人曾錦坤（見曾錦坤：《劉蕺山思想研究》，台北：台灣師大中研所 1983 年碩士論文，頁 68，或《台灣師大國文研究所集刊》第 28 號 1984.6，頁 606。）、林炳文（見林炳文：《劉蕺山的愼獨之學之研究》，台北：文化大學哲研所 1990 年碩士論文，頁 133。）這些都忽略了《人譜》中的〈人極圖說〉之作用。

﹝註171﹞關於蕺山的「獨體」理論參見第四章。

《全集》二，頁 5～6，57 歲。）

在這段引文中，蕺山把〈證人要旨〉的實踐工夫歸諸「愼獨」，這是他一貫的宗旨。首先，他說作學問就是要學「爲人」，要做到「是個人」，人當作到「是個人」，「人」在此顯然有其本質意義的要求，而不只是生物學上的「人」，因而要實證此意義。蕺山把如何實證此意義放在「心」上，但是「心」的什麼東西？蕺山把關鍵放在「心有獨體」上，所謂要實證此心，就是要實證此心之獨體，而這獨體就是「天命之性」，當掌握了「天命之性」，「率性之道」也就從此而出了。在此也可看到，蕺山的思想正像在 2.4「辯證觀」中所說的由「天理性體」出發，而由心來清明地把握。但如何實證獨體？蕺山認爲，「獨體」非常隱微，要將「愼」的工夫用上，本就不容易，所以只有在「獨處」之時可當作「下手法」，但在獨處的什麼時候可爲下手法，蕺山並沒有特別的意見，但就君子小人在「閒居」時的一上一下之人生境界升進與沉淪之別來說，蕺山認爲可以「姑且」在「閒居」之時來著手，〔註 172〕蕺山用「姑」來說明，表示是有其「方便性」、「權宜性」，也就是可以爲一個方便的入手。這種閒居之時有一個特色，即「一念未起，無善可著，更何不善可爲」，換句話說，蕺山這裡所謂的「閒居」有點類似一般人平日裡的「發呆」（類似但不等同，否則就難以顯出君子之不同），君子和小人的發呆，行爲相同，品質不同，故造成一上升一下墮的境界。關鍵在「不覺」與「覺有主」〔註 173〕之別，小人因爲「不覺」，故流爲人欲而無所不至，蕺山在此用「至念及撤著無益之時，而已『不覺』其爽然自失矣。」「小人得之爲萬惡淵藪」正是此意。〔註 174〕君子因爲「覺有主」，因此即使在「一念未起，無善可著，更何不善可爲」的閒居發呆之中，善反之（逆覺），而可以發現一「證性之路」（體證），也就是可以逆覺體證而得獨體。這個獨體的逆覺體證過程（證性之路）是「止有一眞無妄在不睹不聞之地，無所容吾自欺也，吾亦與之毋自欺而已。則雖一善不立之中，而已具有渾然至善之極。」也就是在不睹不聞之地，只不自欺地發覺「一眞無妄而渾然至善之極」，因此它和佛學中的

〔註 172〕「惟有一獨處之時可爲下手法」、「吾姑即閒居以證此心」，蕺山在這裡的語意（「惟有」與「姑且」）看起來是有些對立的，其實沒有，關鍵在獨處有閒居與沒閒居之別。

〔註 173〕蕺山曰：「覺有主是蒙創見」。見〈學言中〉，《全集》二，頁 481，60 歲。

〔註 174〕『』爲筆者所加，表示強調之意。

不思善不思惡不同。〔註175〕這樣便可發現人之所以為人之處。

　　在此先討論一個問題，再接著說蕺山認為「靜坐和讀書」是閒居中喫緊的兩個工夫。討論什麼問題？即「獨體甚微，安所容慎？惟有一獨處之時可為下手法。」獨處之時可為下手法，蕺山在此是可說的，但是否是「惟有」呢？「惟有」者，必然也，唯一也。以牟宗三先生區分「逆覺體證」的兩型態：即於現實日常生活的「內在的逆覺體證」，與隔離於日常現實生活的「超越的逆覺體證」而言，〔註176〕蕺山此處之「惟有」顯然是說「超越的逆覺體證」是唯一的下手工夫，是這樣嗎？因為如果就「超越的逆覺體證」與「內在的逆覺體證」來說，它們都是「逆覺體證」，只是和現實生活有沒隔的差別（型態上的差別），就「獨體」之「逆覺體證」而言，應該都是一樣品質的，難道它們所證的「獨體」有如上文 3.2.3.2 節中講天台宗的「六即」中之「分證即」的不同（證得獨體之量上的不同）？這樣就不只是型態上的不同，而有本質上的差別。

　　依牟先生意，超越的逆覺體證中的「超越」主要就是「『超越』者閉關（「先王以至日閉關」之閉關）靜坐之謂也」〔註177〕，而蕺山在這段引文的最後也說「靜坐是閒中喫緊一事」，所以本文準備把這個問題連同「靜坐」一起來處理，也就是說，這樣問題變成「獨處中的靜坐是否為唯一的下手工夫？」

　　在「抽象形式」的理論來說，這樣的問題轉變是不合法的，因為獨處時用的工夫不一定要靜坐，有如蕺山在此段文後面，也說「讀書」也可以是此時的方法（不過雖然如此，「讀書」還是靜坐後「其次」的方法，靜坐有其工夫實踐時間上的優先性），但就蕺山來說，恰可以是成立的。為什麼呢？事實上，「凜閒居以體獨」本來就叫做「主靜坐以體獨」，只是後來蕺山擔心在「世教」上，使人覺得和佛學的靜坐分不開，或者，使人流於喜靜厭動地「落偏」，因此才改名叫「凜閒居以體獨」，〔註178〕他這些理由都是外緣的考慮，而非內容本質上的考慮，他在回答秦弘祐關於秦弘祐寫的〈遷改格〉問題時說：「〈功過冊〉條件，僕意先書一圓圈當太極，象未發之中，以靜坐法當之，此則為

〔註175〕蕺山在〈人極圖說〉中強調說：「所繇殆與不思善惡之旨異矣，此聖學也。」見〈人極圖說〉，《全集》二，頁 5，57 歲。

〔註176〕牟宗三：《心體與性體》第二冊（台北：正中書局，1983），頁 385、476～477 等處。

〔註177〕牟宗三：《心體與性體》第二冊（台北：正中書局，1983），頁 477。

〔註178〕參考 2.3.3.2 小節「中年成熟期」中對「靜坐」的敘述。

元善。」〔註179〕當他在「證人社」時,「或問慎獨下手處,(蕺山)先生曰『且靜坐』。」〔註180〕因此「獨處中的靜坐是否為唯一的下手工夫?」對於蕺山來說是個合理的提問,現在就考察之。

　　蕺山的這個命題「獨處中的靜坐是否為唯一的下手工夫」中,首先要注意的是,「下手工夫」四個字,蕺山的實踐工夫本就重視「歷史性」,因此雖然他的工夫宗旨是「慎獨」,但他不因此而抹殺了在不同歷程中,慎獨展現在每個階段的工夫重點之差異。下手的工夫不一定就是「到手」、「了手」的工夫,一下手後,而得力,就該將慎獨用在不同重點的道德實踐上(雖然還是慎獨),這樣的澄清後,就不會犯上蕺山在上文中的憂慮,使人流於喜靜厭動地「落偏」,這就是蕺山所說的「須知不是坐上作生涯」〔註181〕或是對於朱子所說的「專務靜坐,又恐墮落那一邊去。」的評語為「最說得無病」〔註182〕的意思。〔註183〕

〔註179〕〈答履思十〉,《全集》三上,頁373～374,56歲。當時秦弘祐正欲撰寫〈遷改格〉,請教蕺山,蕺山給予數點意見,蕺山在此信後寫到:「乞高明裁之,如蒙許可,敬煩高明起手,以俟請教,何如?」(頁374),從這段話可知,現在可以看到《人譜》,大概要感謝秦弘祐當時沒有接受蕺山的意見。

〔註180〕〈劉譜〉54歲條,《全集》五,頁295,54歲。

〔註181〕〈聖學喫緊三關〉,《全集》二,頁245,49歲。

〔註182〕〈聖學喫緊三關〉,《全集》二,頁244,49歲。

〔註183〕於此也可以了解蕺山非常重視道德實踐的次第問題,這樣就不會犯上修證上所謂的「三個半包子理論」,而注意下手(入手)處、得力處、用處、到手(了手)處,參3.3.2.1小節「『十字打開』的縱貫面向:〈聖學喫緊三關〉」部分。若陽明是個狂者,勇於捨棄,正坐此病。當陽明發覺弟子對於道德實踐皆是頭腦上的知解,只在口耳中分辨異同,而這頭腦的知解對於儒者身心受用之道德實踐上,是「無意於得」的,所以他便以「靜坐」教之,頗有功效,長期下來,又發覺有「喜靜厭動,流入枯槁」、或重視「玄解妙覺」的毛病,所以便後來也不教學生靜坐了,只以致良知為工夫。在這之中,從陽明後學「虛玄而蕩」來看,陽明致良知事實上也有使弟子重視「玄解妙覺」的狀況,而且致良知這話頭事實上也可成為頭腦知解的對象,所以問題不是在「靜坐」,而是在「久之」上面,即:如何在不到「久之」的「喜靜厭動、流於枯槁」的狀況前,陽明就告訴弟子可以停止或放鬆靜坐了,而且陽明自己也是中夜靜坐而悟致良知之旨的,陽明於此,正犯了「三個半包子理論」,所謂三個半包子理論是比喻修行次第的,就是一個人吃了三個包子還不飽,再吃半個才飽,但他不能告訴別人只吃那最後的半個包子就好了,還是要規規矩矩地吃前面三個包子,陽明現在捨棄前面的工夫正坐此病,蕺山曰:「特其(陽明)急於明道,往往將向上一幾輕於指點,啟後學躐等之弊有之。」(《全集》四,頁618,50歲。)就是這個意思。參見黃綰:《行狀》,收入吳光等人編校:《王陽明全集》(上海:上海古籍出版社,1995),頁1408～1409。陳健民:《漢譯佛法精要原理實修之體系表》(台北:圓明出版社,1993),頁329。這也

　　接著要討論為什麼蕺山認為靜坐是「唯一」的下手工夫？這談法可以是抽象的談，不扣緊蕺山生命，純就靜坐的效果來說，如從智者大師的《小止觀》、《六妙門》等專講靜坐的理論與方法來看；也可以扣緊靜坐對於蕺山的生命的效果來談。因為蕺山重視歷史性，因此筆者準備從後者談起，再說到在這樣的生命經驗中，蕺山為何認為靜坐是「唯一」的下手工夫。

　　在 2.3.2 小節「蕺山的學行年譜」52 歲條中，說到蕺山 34 歲開始學習靜坐，49 歲「半日靜坐、半日讀書，久之勿忘勿助，漸見浩然天地氣象，平生嚴毅之意，一旦銷融」，50 歲無事終日靜坐，蕺山這個靜坐工夫持續到晚年，直到晚年還和學生終日靜坐。〔註184〕

　　也就是在 49 歲時蕺山靠著靜坐與讀書工夫，而達「漸見」「浩然天地氣象」之境界，除此之外，在 52 歲前並無對靜坐之專門言論。52 歲的〈靜坐〉詩四首可以考見蕺山早期對於靜坐的態度，尤其可以知道蕺山此時的靜坐方法和境界。

　　　（1）學聖工夫靜裏真，只教打坐苦難親。知他心放如豚子，合與家
　　　還作主人。隱隱得來方有事，輕輕遞入轉無身。若於此際窺消息，
　　　宇宙全收一體春。

　　　（2）萬法論心總未真，精神一點箇中親。不求離坎還丹訣，且問乾
　　　坤成位人。亙古生生為此息，祇今惺惺亦非身。請觀聲臭俱無處，
　　　畢竟誰尸造化春？

　　　（3）有物希夷氣象真，多從血肉認非親。聞來拂拭塵中鏡，覺後方
　　　呈夢裏人。呼吸一元通帝座，往來三復得吾身。憧憧思慮成何用？
　　　月過中秋花又春。

　　　（4）聖學相傳自有真，舂陵一派洛中親。惟將敬字包終始，恰與幾
　　　先辨鬼神。黑浪豈隨初乘佛？嵩山應悟再來身。憑君決取希賢志，
　　　口訣雖然不度春。（〈靜坐〉（四首），《全集》三下，頁 1312～1313，
　　　52 歲。）

「詩言志」比說理還能表現出自己的感情，但因用典、象徵等手法，所以有時也就隱晦，不過蕺山這四首詩還算清晰。於此隨機地從第（4）首開始，在第（4）

　　　不是說以前的方法就不能捨棄，至少要作用的保存其實踐的效力。
〔註184〕〈劉譜錄遺〉，《全集》五，頁 564，66 歲。此 66 歲乃從〈會錄〉中祝淵所記
　　　而判斷的。

首詩中，蕺山表現出他對於學脈上的親近性，舂陵是指濂溪，因爲濂溪是北宋道州營道（今湖南道縣）人，此地漢代古名舂陵，因此濂溪有時稱自己家鄉爲舂陵，如濂溪有詩〈書舂陵門扉〉，蕺山在此指出就聖學的相傳而言，他對於濂溪與洛學的明道和伊川，有家族的親近性，故他說「聖學相傳自有眞，舂陵一派洛中親」。接著他說明就靜坐而言，當在「幾先」之時，辨一「幾鬼神」的工夫，「敬字包終始」，用一敬的工夫貫串其中，不敬即淪爲鬼。轉而蕺山批評佛學，「黑浪」義不明，但在蕺山其他的文獻中，剛好可以找到一些線索，蕺山說：「如星宿海，萬壑會歸，淼淼浩浩，不可測其涯涘，而一種蓄而欲決之機，已有萬折必東之勢。又分而爲黑水、弱水，則其旁支也。善水者，導之於東而已矣。」〔註185〕此段語意恰也和此詩相應，黑浪指黑水之浪，黑水之浪是不會隨著佛學流動的，最終還是向東回到儒家聖學上的，因此在詩中，蕺山認爲其人「應悟再來身」，不應繼續錯誤下去。最後他勉勵讀者，應發希聖希賢之決心，否則口訣雖然在這裡，也是無法體證生命中的春天。

第（3）首詩中，蕺山說在靜坐中，有視之不見、聽之不聞之眞氣象於其中（勉強說物），可是一般人卻從形軀上來認取，這就錯誤。靜坐工夫用在拂塵（不覺之妄念），一覺後方知不覺之妄念爲夢幻，在呼吸之間，可感到眞實自我的自由自在與自主，此即詩中的「呼吸一元通帝座，往來三復得吾身」，最後說明思慮是沒有用的。此詩中蕺山以「鏡」喻心，蕺山在晚年反對之，以爲「鏡是死物」，主張「以日喻心」〔註186〕。

第（2）首詩中，第三、四句說明靜坐目的不是在煉丹，而是在求「成人」，「成人的獨體」只論心是不夠的，它是一個當下辯證綜合的「此有」，而可體會到「精神一點簡中親」。在靜坐中，體會到一永恆（亙古）的生生之「息」，惺惺地警覺地察知身體不只是身體，在這無聲無臭之中，可體會造化之機。

第（1）首詩中，說到「靜裏」（「靜坐」）是學聖的眞工夫，可惜一般人都感到打坐是很苦的，很難親近，蕺山這說法在初期是對的，因爲初期心思紛亂、身體腳痛、酸、麻等的確讓人很難親近，所以他的一些學生也向他提出一些靜坐上遇到的困難。〔註187〕但蕺山還是認爲靜坐是不錯的工夫，覺知到心已放，當下即可「還家做主人」，當隱隱中有事（念頭起），也要輕輕地

〔註185〕〈學言下〉，《全集》二，頁 557，66 歲。
〔註186〕〈會錄〉，《全集》二，頁 640，66 歲。
〔註187〕〈會錄〉，《全集》二，頁 598、640 等處，54、66 歲。

遞入轉無身（勿助勿忘）。這樣在此中體會消息，便可「宇宙全收一體春」。

在這四首詩中，可以知道蕺山此時的靜坐工夫之結論如下：

一、靜坐是為了「成人」而非「成仙成佛」。

二、靜坐可窺獨體。

三、靜坐與「敬」結合。

四、蕺山此時靜坐用的是隨息的工夫。〔註188〕

到了55歲，蕺山作〈靜坐說〉，已經不隨息了，工夫已經更上一層，對於獨體的體會，更能確定。這個意見蕺山延續到57歲做《人譜》，但語氣更肯定（從「方便而非徒小小方便」，到「惟有」），至58歲做〈靜坐述意〉詩：「不事安排萬法陳，青天一氣湛無垠。恁教些子名言絕，只在當前識認真。」〔註189〕已經達到不事安排的、不坐而坐的、時時主靜的天理呈現境界。蕺山對於靜坐有其深刻體驗，因此他便會強調靜坐對於體獨的掌握。

以上說明在蕺山生命中的靜坐經驗，以下便要以此為基礎來論述原本要討論的問題：「獨處中的靜坐是否為唯一的下手工夫？」

蕺山這個說法考慮的是道德實踐中的靜坐，因此一定要扣緊道德實踐中的歷史性，不要抽象化的來解決。首先在55歲蕺山撰〈靜坐說〉曰：

> 人生終日擾擾也，一著歸根復命處，乃在向晦時，即天地萬物不外此理，於此可悟學問宗旨只是主靜也。此處工夫最難下手，姑為學者設方便法，且教之靜坐。日用之間，除應事接物外，苟有餘刻，且靜坐。坐間本無一切事，即以無事付之。既無一切事，亦無一切心，無心之心，正是本心。瞥起則放下，沾滯則掃除，只與之常惺惺可也。此時伎倆，不合眼、不掩耳、不趺跏、不數息、不參話頭。只在尋常日用中，有時倦則起，有時感則應，行住坐臥，都作坐觀，食息起居，都作靜會。昔人所為「勿忘勿助間，未嘗致纖毫之力」，此其真消息也。故程子每見人靜坐，便嘆其善學。善學云者，只是求放心親切工夫。從此入門，即從此究竟，非徒小小方便而已。會得時，立地聖域；不會得時，終身只是狂馳子，更無別法可入。不會靜坐，且學坐而已，學坐不成，更論甚學？坐如尸，坐時習。學

〔註188〕也有可能是數息，但因數息念頭較粗，不合乎「隱隱」、「輕輕」等語，所以
　　　可能性較低，不過可以確定的是，蕺山此時靜坐是有注意到氣息的。
〔註189〕〈靜坐述意〉，《全集》三下，頁1331，58歲。

者且從整齊嚴肅入，漸進於自然。（〈靜坐說〉，《全集》二，頁，357
～358，55歲。）

蕺山基本上是把人放在一個現實的情境而剛體會到要學做一個獨立自主君子
的道德實踐者狀態中，現實情境中的人，因爲本身氣質和環境影響，所以「終
日擾擾」，蕺山說，若在此時要求放心而體會到獨體（歸根復命），是很難的，
所以必須找到一個恰當的時機，所謂恰當的時機就是沒有擾擾之時（向晦），
但即使在此向晦之時，要有一個體證獨體之下手工夫也很難，不容易找到，
蕺山認爲這時可以有一個「方便法」——靜坐法。此時的靜坐法已不同於 52
歲時還配合「敬」的工夫，可說只有「常惺惺」一法，亦即「警覺地省察」
而已，故「不合眼、不掩耳、不趺跏、不數息、不參話頭」，因而無事不惹事
（本無一切事，即以無事付之），若起念頭紛飛，則當下常惺惺警覺地省察之
觀照之而放下掃除（有事不執事），就在這「勿忘勿助間，未嘗致纖毫之力」
的「眞消息」中，此時正可以證得「無心之心的本心」。靜坐本是以存養（蕺
山靜存、存養與涵養三詞互通）爲主，而蕺山此處的存養又攝「省察」，這就
是蕺山所謂的「省察二字，正存養中喫緊工夫」〔註190〕或是「養之時義大矣
哉！……就其中分箇眞與妄，去其不善而之於善，即是省察之說。」〔註191〕
這時存養與省察是一致的，因爲一致，所以蕺山在此文中，才接著說可以把
這種「靜會」、「坐觀」帶到日常生活的一舉一動、一言一行之「行住坐臥、
食息起居」中，是故也不容易會有「落偏」的「喜靜厭動」的現象發生。就
「求放心」而言，這也是求放心的親切工夫。蕺山在此文的後面，就說得更
不客氣了，認爲「靜坐」不只是「入門」，也可以是到「究竟」的必要條件（不
是充分條件，下文即可得知），不只是「小小方便」而已，甚至說「更無別法
可入」、「學坐不成，更論甚學」，這就把他的眞正意思說出來，這意思顯然和
現在討論的〈證人要旨〉中關於「獨處中的靜坐是否爲唯一的下手工夫？」
相一致，蕺山的答案是肯定的，只是〈證人要旨〉中，已經不講客套話了，

〔註190〕〈學言中〉，《全集》二，頁507，63歲。
〔註191〕〈證學雜解·解二十〉，《全集》二，頁319，66歲。蕺山此處對於存養與省
察的看法和牟宗三先生不同，牟先生曰：「涵養即是自覺地意識到是涵養此『寂
然不動之體』，涵養必預定一逆覺之察，此察與施於已發之察不同。」見牟宗
三：《從陸象山到劉蕺山》（台北：台灣學生書局，1984），頁128。蕺山卻認
爲是相同的。兩人意見不同的最主要原因還是在於牟先生的理論模型是預設
「經驗界與超經驗界」的區分。

表示蕺山更是「信得及」此靜坐工夫為唯一的入手工夫。

難道不能直接從牟宗三先生所謂的即於日常生活之「內在的逆覺體證」入手嗎？因為既然蕺山說可以在「行住坐臥、食息起居」體認到如此的「靜會」、「坐觀」，何以就不能直接從「行住坐臥、食息起居」的「靜會」、「坐觀」開始呢？

首先，必須先說明的是，蕺山並不反對要在應事接物中用工夫，他認為這也是必要的，蕺山說：

> 靜中工夫，須在應事接物處不差，方是真得力。（〈會錄〉，《全集》二，頁613，約60歲。）

> 吾儒學問在事物上磨練，不向事物上做工夫，總然面壁九年，終無些子得力。此儒、釋之分也。（〈會錄〉，《全集》二，頁632，66歲。）

> 學者須從覺處理會入，若一向求靜，少閒應事接物，依舊不得力。（〈會錄〉，《全集》二，頁595，54歲。）

在這三段引文中，可以得知蕺山認為一個道德實踐者，一定要在事物上磨練，一定要在應事接物上用工夫，這樣才是真得力，蕺山這樣說是對的，因為正如龍溪所說的「欲根潛藏，非對境則不易發」〔註192〕或是天台宗所謂的「塵沙惑」，都是要在應事接物之中才會顯現出來的，因此蕺山認為在應事接物中，仍然能「靜會」，才是「真得力」。但考察蕺山的說法，他顯然認為是要有本末先後次序的，所以他才會「不向事物上做工夫，總然面壁九年，終無些子得力。」中用「總然」，或是在「靜中工夫，須在應事接物處不差，方是真得力。」用「靜中工夫，須在」字眼，也就是說，蕺山對於日用尋常之工夫是肯定的，但卻「不宜」從此入手，因為「人生終日擾擾」，在這種情形下，要馬上進入而能「靜」「觀」，是不容易的，要用一個更根本的入手工夫才可，也就是關鍵在「從何處下手」是必要的？

> 問：「慎獨專屬之靜存，則動時功夫果全無用否？」曰：「如樹木有根，方有枝葉，栽培灌溉工夫都在根上用，枝葉上如何著得一毫？如靜存不得力，纔喜纔怒時便會走作，此時如何用工夫？苟能一如其未發之體而發，此時一毫私意著不得，又如何用工夫？若走坐後便覺得，便與他痛改，此時喜怒已過了，仍是靜存工夫也。（〈學言

〔註192〕王畿：《王龍溪全集·三山麗澤錄》（台北：華文書局，1970），卷一，頁112～113。

上〉,《全集》二,頁 437,49 或 50 歲。)

蕺山在此認爲靜存是根（此時靜存並非和省察對立,而是有省察在内的靜存）,而日用尋常之工夫是枝葉,故其中有本末先後的關係。蕺山在此是把人擺在「終日擾擾」的現實環境中,認爲如果在靜存中,不得力,那麼遇到「終日擾擾」要喜要怒之當口,就會走作把持不住,因此要在喜怒時把持的住,就要先在「靜存」時已經有所程度了才行,蕺山認爲如果在靜存有所把握,那麼在應事接物時,保持這個「靜會」、「坐觀」,這時是不會產生一毫私意的,因此不必又添加什麼工夫。但如果被環境激怒了而把持不住呢?蕺山認爲此時存養的省察工夫已有鍛鍊,因此就在被環境牽著鼻子走而喜怒時,也能「走坐後便覺得」（省察到）,一覺而痛改,這時喜怒便已被化解而過了,所以還是歸於靜存工夫。爲什麼呢?因爲靜坐時,看起來好像隔離於日常生活,但並不是就沒有對治與轉化（像應事接物時那般）,靜坐中,有各種身體的不適（如酸、痛、癢、麻、涼、熱、冷、刺……）,也有各樣的心理變化（如煩躁、不耐、無奈、輕安、寧靜……）,剛好可以在初學階段提供一個考驗,但考驗不會像内在的逆覺體證般地那般巨大地壓垮人,〔註193〕靜坐時的考驗一般來說是而可以令人接受。

這種應事接物中的覺察力量,及此力量所帶來的痛改力量,在道德實踐的過程中,開始時其作用不一定很大,因此蕺山早期道德實踐時,事後的反省也很重要,〈劉譜〉50 歲條:

> 先生自春徂夏,無事率終日靜坐,有事則隨感而應。每事過,自審此中不作將迎否?不作將迎而獨體淵然自如否?蓋自是專歸涵養一路矣。(〈劉譜〉50 歲條,《全集》五,頁 226～227,50 歲。)

這是蕺山在 50 歲時的情形,剛邁過他學問階段的「奠基期」,還沒眞正成熟,所以要前中後三路都要把捉。也就是說,在應事接物之事前、當下、事後,靜存的省察力都會可以有所「用力」的。〔註194〕拿一個比喻來說明其中的過

〔註193〕 近年來,有許多國、高中生或成年人性犯罪的新聞事件,犯者落網後,常曰乃因看了色情影片,無法自制,鋌而走險犯下罪行,由此可以體會直接採取内在的逆覺體證的危險性。

〔註194〕 在道德實踐的初期,事後的反省是必要的,到了最高點時,就不一定要了,而要在事前念起前即可察覺而化除,這也是蕺山在晚年批評陽明「致良知」「知落後著」、「安見其所謂良者」的原因,見〈學言下〉,《全集》二,頁 527、525,66 歲。蕺山對於「事後反省」的意見,有時自道德實踐初期立論,有時自最高點立論,不容不分別。

程，靜存就是培養的工夫，像是在磨一把刀，磨刀時當然會試刀，也會檢查哪裡磨不好，就再加強些，但真正看其利不利（真得力與否），是應事接物拿來切東西時才知道，切下去哪裡切不好，不夠利，當下知道，趕快再磨一磨。因此蕺山認為就下手工夫而言，「靜坐」是唯一適當工夫。

但可不可能有種刀，本身就很銳利，不用磨了，直接就可以能來用，直接就在應事接物中，來鍛鍊培養？蕺山不否認有這樣的上根之人，但蕺山又把這樣的人放在「歷史性」的現實情境中來考慮，看這樣氣質的人在道德實踐上，需不需要靜存的工夫？而不是像龍溪抽象的說「上根之人悟得無善無惡心體，便從無處立根基，意與知物皆從無生，一了百當，即本體便是工夫。易簡直截更無剩欠，頓悟之學也。」〔註195〕當下即是一了百了。蕺山認為利根的人有「狂慧」，容易一念悟及，容易悟得道體，卻也容易忽略其間的歷程，忽略下學，智及而不能仁守，太容易有「自信」、「信得及」，不能仁守的智及，這個「智及」就可能滑落為「虛見」，無法真正分辨得清「情識」、「虛玄」與「良知」間的關係。鈍根的人〔註196〕，很篤實，一步一步實踐，卻容易謹守太過，不容易有自信承擔本體，蕺山曰：

> 過者，悟外自高，或希心神化而遺下學之功，或起見新奇而忽尋常之理是也。不及者，繩趨尺步，有歉焉不勝之意，而無弘毅之養者也。則其未至於道均矣，故曰「過猶不及」。……雖然，與其過也寧不及，……朱子學問篤實，晚年更徹，的是下學上達之矩，庶幾中矣；陸子見地儘高，只無下稍，其言曰「予於踐履未能純一」，便是虛見，此其供狀也。（《論語學案‧師與商也孰賢章》，《全集》一，頁492～493，40歲。）

> 世言：「上等資稟人宜從陸子之學，下等資稟人宜從朱子之學。」吾謂不然。上等資稟人方可從事朱子之學，以其胸中已是有箇本領，去作零碎工夫，條分縷析，亦自無礙。若下等資稟人尤宜從事朱子

〔註195〕王畿：《王龍溪語錄》（台北：廣文書局，1986），頁1。

〔註196〕這裡用「利根」、「鈍根」、「上根」、「下根」是就著龍溪的話語來說，筆者覺得這樣用法其實不好，就像牟宗三先生說的：「令人有捨難趨易的想法，因為既有易簡省力之路，為什麼不走呢？這便是毛病，這毛病便是蕩越。」見牟宗三：《從陸象山到劉蕺山》（台北：台灣學生書局，1984），頁277。筆者的用法是就著氣質根器說，「根器明敏」、「根器篤實」來說，如〈人極圖說〉之處。

之學，下學而上達，始能識得道在吾心，不去外求。不然，只去懸空想像，求吾道於虛無寂滅之鄉，寧不率天下而爲禪乎？（〈會錄〉，《全集》二，頁 637，66 歲。）

狂者所見極高，合下便欲爲聖人，畢竟非身經歷過。如人上長安，便理會京師事務，身尚隔幾程也。狷者所守極峻，只是識不弘。寧學聖人而未至，不屑以流俗汨。如人上長安道，怕有他徑，只索印步走。（《論語學案・不得中行而與之章》，《全集》一，頁 530，40 歲。）

以上三段引文皆是從根器氣質來立論，引三段的意思是順便用來說明蕺山的道德實踐學重視「歷史性」，而他的道德實踐學，又是旨在解決王門後學流弊，因此就容易注意到流弊的防止，從這三段中，都可以知道，蕺山常就某種氣質的道德實踐者之流弊來立論。其中第一、三段引文正是上文所說根器狂者，易承事道體，卻容易忽略其下的歷程（或說承當道體太快，對於到達道體的歷程沒有看得很清楚）；根器狷者，實踐篤實，因爲重篤實，反而容易懷疑自己的工夫了手了沒，卻不容易有最高的自信（有歉焉不勝之意）。雖然這兩者都於道有虧，但蕺山認爲與其狂者，寧取狷者，因爲只要時間夠，狷者也可以到達究竟，狂者忽略下學，卻只能成爲「虛見」，他以朱子和象山爲例，朱子下學上達至晚年而「徹」，通透了由下至上之歷程，象山卻沒法達成，因爲其「踐履未能純一」。

因而就道德實踐而言，不管根器是利根、還是鈍根，最佳的下手之處，都是從最根本的「根」（而不是枝葉）來入手──就是「靜存」，不管利鈍，總之先存養，才不會有後遺症，因此在第二段文獻，他說，不管是上等資稟還是下等資稟的人，在從事道德實踐時，還是要從下學的根開始。蕺山說：「學固無間動靜，初學亦須謝事靜坐爲得。」〔註197〕正是這個意思。換言之，超越的逆覺體證並不只是「一時權宜之計」〔註198〕，而有其道德實踐上的本質需要。超越的逆覺體證和內在的逆覺體證合則雙美，離則兩傷。

現在可以回到〈證人要旨〉中的第一個階段「凜閒居以體獨」，而說「獨

〔註197〕〈會錄〉，《全集》二，頁 620，66 歲。
〔註198〕曾錦坤先生即如此認爲：「超越的逆覺體證只是一時權宜之計。」見曾錦坤：《劉蕺山思想研究》，台北：台灣師大中研所 1983 年碩士論文，頁 44，或《台灣師大國文研究所集刊》第 28 號 1984.6，頁 582。

體甚微,安所容愼?惟有一獨處之時可爲下手法。」這個下手法就是「靜坐」,「常惺惺而勿助勿忘的靜坐」。

但蕺山在「凜閒居以體獨」的最後說到:「靜坐是閒中喫緊一事,其次則讀書。朱子曰:『每日取半日靜坐,半日讀書,如是行之一、二年,不患無長進。』」在這裡面,蕺山提到兩個「凜閒居以體獨」的工夫:「靜坐與讀書」,蕺山用「其次」來連接,這個「其次」可有兩個意思,一是類似「第一、第二」並列中「第二」的這種「其次」;也可能是「首先、其次」有先後次序的「其次」。在這段文獻的蕺山自己的話中,看不出來的蕺山是指哪一個?如果就蕺山引朱子的說法,倒還比較偏於「並列」,就蕺山的生命經驗中,讀書也可以是體獨的方法,〈劉譜〉37歲條:

> 先生以群小在位,給假歸,閉門讀書。曰:「昔伊川先生讀《易》,多得之於涪州。朱子落職奉祠,其道益光。吾儕可無自屬乎!」久之,悟天下無心外之理,無心外之學,乃著論曰:……。(〈劉譜〉37歲條,《全集》五,頁145,37歲。)

蕺山在此所著之論即是〈心論〉,依劉汋的記載,蕺山在此是讀書而悟到的,因此靜坐和讀書似乎是並列的兩個工夫,這樣似乎就可以反駁上文所說「靜坐(靜存)是唯一入手的工夫」。但如果考慮到〈心論〉是屬於48歲前之奠基期的37歲作品,而〈人極圖說〉是57歲所作,屬於49~58歲的「成熟期」作品,其間相差20年,可不可能變化?

若依年歲的相近而言,恰巧在蕺山55歲諸〈說〉的作品(距57歲之〈人極圖說〉兩年)中,有提到其間的關係。蕺山曰:

> 朱夫子曰:「學者半日靜坐,半日讀書,如是三五年,必有進步可觀。」今當取以爲法。然除卻靜坐工夫,亦無以爲讀書地,則其時亦非有兩程候也。學者誠於靜坐得力時,徐取古人書讀之,便覺古人眞在目前,一切引翼提撕匡救之法,皆能一一得之於我,而其爲讀書之意,有不待言者矣。昔賢詩云:「萬徑千蹊吾道害,《四書》、《六籍》聖賢心。」學者欲窺聖賢之心,尊吾道之正,舍《四書》、《六籍》無由。夫聖賢之心,即吾心也,善讀書者,第求之吾心而已矣。舍吾心而求聖賢之心,及千言萬語,無有是處。陽明先生不喜人讀書,令學者直證本心,正爲不善讀書者,舍吾心而求聖賢之心,一似沿門持缽,無異貧兒,非爲讀書果可廢也。先生又謂「博學只是學此

理，審問只是問此理，慎思只是思此理，明辨只是辨此理，篤行只是行此理」，而曰「心即理也」，若是乎此心此理之難明，而必假途於學問思辨，則又將何以學之、問之、思之、辨之、而且行之乎？曰：「古人詔我矣。讀書一事，非其導師乎？即世有不善讀書者，舍吾心而求聖賢之心，一似沿門持缽，苟持缽而有得也，亦何惜不為貧兒？」昔人云：「士大夫三日不讀書，即覺面目可憎，語言無味。」彼求之聞見者猶然，況有進於此者乎？惟為舉業而讀書，不免病道。然有志之士卒不能舍此以用世，何可廢也？吾更惡夫業舉子而不讀書者。(〈讀書說〉，《全集》二，頁 358～359，55 歲。)

這段文獻分成三部分，第一部分說明讀書和靜坐的關係；第二部分說明心和經典或心和讀書的關係；第三部分說到一般人讀書的現象。

在第一部分中，蕺山關於靜坐和讀書的關係是蕺山典型的說法，但不容易為一般人所了解，在上文中，有說到，蕺山此處的靜坐和讀書用「其次」來連接，這「其次」有「並列」和「先後」兩種意思，蕺山到底是哪一種意思？在這段引文中，可以知道，蕺山是兩種意思都有，兩種意思都包括在裡面，怎麼可能呢？「並列」和「先後」怎麼可能同時成立？要嘛，就是同時的「並列」，要不，就是「先後」，怎麼可能是都成立呢？可是蕺山明是如此說的：「然除卻靜坐工夫，亦無以為讀書地，則其時亦非有兩程候也。學者誠於靜坐得力時，徐取古人書讀之，便覺古人真在目前。」從「亦非有兩程候也」一句來看，可以知道是「同時並列」的；可是從「學者誠於靜坐得力時，徐取古人書讀之」一段話來看，似乎又是靜坐得力後，再來才是「徐取古人書讀之」之讀書也，因此可以知道是「先後」的，這就矛盾了，蕺山到底是什麼意思？

首先，必須明白，蕺山這樣的說法是常見的〔註 199〕，因此顯然是有其用

〔註 199〕如蕺山曰：
「即主宰即流行也。此正是體用一原，顯微無間處。今以意為心之所發，亦無不可，言所發而所存在其中（引者注：從「今以意」一氣連讀至此為句），終不可以心為所存，意為所發。」見〈學言下〉，《全集》二，頁 522，66 歲。
「只此一點微幾，為生生立命之本。俄而根荄矣，俄而幹矣，俄而枝矣，俄而葉矣，俄而花果矣。果復藏仁，仁復藏果。」見〈學言下〉，《全集》二，頁 556，66 歲。
「知行自有次第。但知先而行即從之，無間可截，故云合一。」見〈學言上〉，《全集》二，頁 426，43 歲。

意，而不能輕易地以「矛盾」視之。蕺山曰：

> 「知行」是一，「誠明」亦是一。所以《中庸》一則互言「道之不明、
> 不行」，一則合言「誠明、明誠」，可謂深切著明。惟是立教之旨，
> 必先明而後誠，先致知而後誠意，凡以言乎下手得力之法，若因此
> 而即彼者，而非果有一先一後之可言也。（〈答史子復〉，《全集》三
> 上，頁 452，68 歲。）

意思是說，「誠明」本是一，此是就本體言，但如就工夫的下手得力而言，就
有比較得力的入手之法，而由此言「因此而即彼」之先後，但其實並沒有所
謂的先後，因為他們本是一體。拿一個比喻來說，就好像有個球，整個球是
一個整體、是一體的，球裏面的事物完全辯證地綜合在一起，其實是沒法分
的，但要進入其內在時，可以從某一面著手，但一著手進入，並不是就只有
這一面，這一面一定也包含其他面在其中，沒其他面，這一面也不成為這一
面。但從某一面著手的工夫而言，有「下手得力」的差別，就此而言先後也。
〔註 200〕

如果明瞭蕺山這樣的用法，現在可以回到「靜坐」與「讀書」的關係了，
就「體獨」而言，這兩者都是有效的，有如蕺山在 37 歲用讀書來體認（蕺山
34 歲習坐），與 49 歲之「半日靜坐，半日讀書」、50 歲之「無事終日靜坐」
而體獨，皆可成立，在此兩者是一致的，「非有兩候程」，但這樣的「讀書」，
是將讀書作為一種體認獨體的行為才可，可是一般人卻不一定如此，蕺山在
上面〈讀書說〉的引文第三部分說一般人讀書是為了「聞見」與「舉業」，如
此的「讀書」便是「病道」，無益於體獨的。因此以「下手得力」而言，將靜
坐作為讀書的前步驟，恰可以將讀書貞定到「體獨」的道路上而得之於我心，
是故蕺山說當靜坐稍有所得時，便可「徐取古人書讀之」，這便進入〈讀書說〉
的第二部分，即藉「讀書」而體會聖賢之心，而聖賢之心即是吾心，因此讀
書恰可體會吾心，使得讀書可作為道德實踐上的「引翼提撕匡救」之幫助，
讀書便可成為道德實踐者的「導師」，如果沒有這樣，讀書沒有這個本領，就
容易產生許多「混亂」或是「驕吝」〔註 201〕。對於象山和陽明而言，蕺山在

這些都是類似的思維或是相同句法的文獻。關於蕺山此種思維請參見第四章
的說明。

〔註 200〕這只是比喻，不是例證，比喻只是幫助理解而已，沒有證據效果。

〔註 201〕〈聖學喫緊三關〉，《全集》二，頁 256，49 歲。

此將「讀書」作了一個「哥白尼式的逆轉」，所謂「哥白尼式的逆轉」是說，蕺山是非常同意象山所說的「學苟知本，《六經》皆我註腳。」〔註202〕或陽明之「《六經》者，吾心之記籍也，而《六經》之實則具於吾心。」〔註203〕，但當《六經》與吾心等同起來後，象山、陽明的重點是放在吾心上，故陽明說：「世之學者，不知求《六經》之實於吾心，而徒考索於影響之間，牽制至文義之末，硜硜然以爲是《六經》者。」〔註204〕換言之，依陽明，要了解《六經》，只要好好讀自己的這顆心就好了，陽明這樣說是沒錯的；可是蕺山的理解剛好是顛倒著說，《六經》等同吾心，因此在不太了解這顆心而又想要了解這顆心時，就可以從《六經》著手，蕺山的重點是在《六經》的讀書上面。蕺山在評論陽明的〈稽山書院尊經閣記〉時說到：

> 《六經》註腳之說，正是尊經之旨，後人不善會，便是侮聖人之言。
> （《陽明傳信錄》，《全集》四，頁49，61歲。）

蕺山在別的地方又說到類似意旨的話：

> 所好者道也，而古人其階梯云。後儒之言曰：「古人往矣，《六經》注我耳。吾將反而求之吾心。」夫吾之心未始非聖人之心也，而未嘗學問之心，容有不合於聖人之心者，將遂以之自信曰：「道在是。」不已過乎？夫求心之過，未有不流爲猖狂而賊道者也。（〈張慎甫《四書解》序〉，《全集》三下，頁712，歲55。）

從這段可知，蕺山是將《六經》視爲道的呈現，因而古人之言，便可成爲道德實踐者的階梯。陽明是從人已是聖人的狀態來立論，故說了解自己的心就是了解《六經》，蕺山顯然對此是不敢太快同意的，他的人還不是聖人，他總是小心翼翼、戒慎恐懼、憂勤惕厲地省察其中的理欲之介，而吾人之心總有「妄」存在（容有不合於聖人之心者），因此如果直接求之於心，就容易有猖狂賊道的行爲發生，換句話說，蕺山顯然是從人還是現實道德實踐中的未完全體道之人，而又想了解人的這顆真心，這時，讀書是有用處的。這「用處」就是上文在《人譜雜記》中所說的引導與印證。

因此就蕺山而言，對〈人極圖說〉中的第一步「凜閒居以體獨」來說，

〔註202〕陸九淵：《象山先生全集》（台北：台灣商務印書館，1979），卷34，頁393。
〔註203〕吳光等人編校：《王陽明全集》上（上海：上海古籍出版社，1995）卷7〈文錄四〉，〈稽山書院尊經閣記〉，頁255。
〔註204〕吳光等人編校：《王陽明全集》上（上海：上海古籍出版社，1995）卷7〈文錄四〉，〈稽山書院尊經閣記〉，頁255。

靜坐與讀書是兩個工夫，這兩個工夫是互爲需要而有先後而實無先後的。

乙、（動而無動）二曰：卜動念以知幾。

由體獨之後，此天命之性的獨體進一步向外解蔽，就進入第二步「卜動念以知幾」，蕺山曰：

> 獨體本無動靜，而動念其端倪也。動而生陽，七情著焉。念如其初，則情返乎性。動無不善，動亦靜也。轉一念而不善隨之，動而動矣。（「轉一念」下，新本作「偶著一念，因而過矣，卒流於惡者有之。」）是以君子有愼動（新本作「獨」。）之學。其情之動不勝窮，而約之爲累心之物，則嗜慾忿懥居其大者。損之象曰：「君子以懲忿窒慾。」懲窒之功，正就動念時一加提醒，不使復流於過而爲不善。纔有不善，未嘗不知之而止之，止之而復其初矣。過此以往，便有蔓不及圖者。昔人云：「懲忿如推山，窒慾如填壑。」直如此難，亦爲圖之於其蔓故耳。學不本之愼獨，則心無所主，滋爲物化。雖終日懲忿，只是以忿懲忿；終日窒慾，只是以慾窒慾。以忿懲忿，忿愈增；以慾窒慾，慾愈潰。宜其有取於推山填壑之象。豈知人心本自無忿，忽焉有念，吾知之；本自無慾，忽焉有慾，吾知之。只此知之之時，即是懲之窒之之時，當下廓清，可不費絲毫氣力，後來徐加保任而已。《易》曰：「知幾其神乎！」此之謂也。謂非獨體之至神，不足以與於此也。（《人譜‧證人要旨》，《全集》二，頁6～7，57歲。）

就天理、天命之性解蔽的過程中，從第一步的「凜閒居以體獨」而生生不已，就每一個生生不已的歷程，從3.3.1小節「次第與無次第的圓融」中，可以知道在「獨體」旁，都有一個「心之餘氣」跟隨，這個「心之餘氣」就是「念」，念不一定會產生，如果人在「體獨」時候的工夫作得不錯，就可以如同在3.3.1小節中所說的「與時而舉，即與時而化」、「即舉即化」的，不使「念」產生，但這是理想狀態，就現實的道德實踐言，當然不一定會如此的，蕺山認爲這個時候就需要「卜動念以知幾」的提醒工夫，如果沒有這個工夫的提醒，當一念而轉時，「偶著一念」，一不小心（此指對於「覺」而言的一不小心），「過」便產生，所以在此「動念」之時，當要有「愼獨」、「愼動」的工夫，而這個動念時的工夫，對於「不覺」而言，事實上，也只需要「一加提醒」而已，這樣使「不覺」轉成「覺」，便不會「流於過而爲不善」，因此有不善，未嘗不知之矣，如果沒有這樣，而習於不覺，那就糟糕有「蔓不及圖者」，這便有

上文唐君毅先生所說的「習氣」產生，蕺山認為，就「習氣已產生」時用工夫，便有如「推山填壑」之難，因此此時的工夫當在「動念」之際，便覺之而知之，這工夫又還要回到第一步「凜閒居以體獨」的工夫，所以蕺山在此處才說「學不本之慎獨，則心無所主，滋為物化。」第一步得力，第二步就跟著容易得力，否則總是流於「雖終日懲忿，只是以忿懲忿」的事後工夫，以忿懲忿還是忿，生氣於我的生氣，對剛剛「我的生氣」生氣，故說「忿愈增」，所以即使就「提醒」而言，也並不是「時時提醒」，時時提醒，這提醒本身雖不是動念，但也是一種「助」的工夫〔註205〕，所以在「一加提醒」後，便「也要把這個提醒化掉」，而進入對第一步體獨工夫的「徐加保任」而已。如此便能隨時知之即懲之窒之，當下廓清，不費吹灰之力。

換句話說，對於〈證人要旨〉第二步「卜動念以知幾」而言，其對象就是「偶著一念」，對「偶著一念」而言，有兩個對治方法，一是提醒而不使之成為習氣〔註206〕；一是提醒而化掉提醒而回到體獨的徐加保任。這兩個對治方法不是並列相對的，而是有其工夫上的先後次序。就第一個對治方法而言，蕺山提出〈治念說〉；就第二個對治方法而言，蕺山提出「保任法」〔註206〕。

以下先就第一個對治方法而立論。對於「念」的防治，蕺山一直都是很重視的，所以蕺山對此的文獻也有一些，蕺山曰：

（1）今（新本作「二」字。）心為念，蓋心之餘氣也。餘氣也者，

〔註205〕這個提醒不是動念，蕺山曰：「良知一點，本自炯炯，而乘於物感，不能不恣為情識；合於義理，不得不膠為情見。……覆以情識，即就情識處一提便醒；覆以意見，即就意見處一提便醒。便醒處仍是良知之能事，更無提醒此良知者。」（〈學言上〉，《全集》二，頁474，59歲。）可知這個提醒不是動念。

〔註206〕這是針對「偶著一念」之「偶著」而言，當然也有成為習氣之時，蕺山之學重視道德實踐的歷史性，因此不會說「如果在偶著一念時就用工夫便不會有習氣發生，因此不必考慮習氣的對治」，總是考慮現實上，一個道德實踐者已經有習氣或當下也有這樣習氣的發生的可能而成為習氣之時，其對治法，就要用「小訟法」或「大訟法」了，參下文。

〔註206〕「保任」蕺山有時寫成「葆任」，如〈會錄〉，《全集》二，頁603，57歲等處，蕺山《全集》中，有一些「同音通假」的文字，有時為了避諱（如由寫成繇，避崇禎「朱由檢」諱），有時不是（沒有理由，如此處的保任、葆任，蕺山的這種沒有理由，純是同音通假的用法，當時崇禎就很在意，以「字畫多訛」斥之，見〈敬陳祈天永命之要以回阨運以鞏皇圖疏〉之崇禎批語，《全集》三上，頁104，53歲。）為了統一，本文一律用「保任」（另一個原因是因為這樣寫對工夫來說是有意義的，詳下文之論「保任法」時即可得知。）又：「保任法」一詞是蕺山的用法，見《聖學宗要》，《全集》二，頁275，57歲。

動氣也，動而遠乎天，故念起念滅，為厥心病，還為意病，為知病，為物病。故念有善惡，而物即與之為善惡，物本無善惡也；念有昏明，而知即與之為昏明，知本無昏明也；念有真妄，而意即與之為真妄，意本無真妄也；念有起滅，而心即與之為起滅，心本無起滅也。故聖人化念歸心。（〈學言中〉，《全集》二，頁 491，60 歲。）

（2）思積為慮，慮返為知，知返為性，此聖路也。念積為想，想結為識，識結為情，此狂門也。（〈學言中〉，《全集》二，頁 492，60 歲。）

（3）心之官思也，而曰未起，無起而無不起也。隨用而見，非待用而起也。有用有不用，有起有不起者，念也。以念為思，是認賊作子也；又以無念為思，是認子作賊也。蓋念之有起有滅者，動靜所承之幾；而心官之無起無不起者，太極本然之妙也。（〈答文燈巖司理〉，《全集》三上，頁 424，63 歲。）

（4）人其生而最靈者也。生氣宅於虛，故靈，而心其統也，生生之主也。其嘗醒而不昧者，思也，心之官也。致思而得者，慮也。慮之盡，覺也。思而有見焉，識也。注識而流，想也。因感而動，念也。動之微而有主者，意也，心官之真宅也。（〈原心〉，《全集》二，頁 327，65 歲。）

（5）予嘗有無念之說以示學者。或曰：「念不可無，何以故？凡人之欲為善而必果，欲為不善而必不果，皆念也。此而可無乎？」曰：「為善而取辨於動念之間，則已入於偽，何善之果為？」「然則為善去惡奈何？」曰：「欲為善則為之而已矣，不必舉念以為之也？欲去惡則去之而已矣，不必舉念以去之也。舉念以為善，念已焉，如善何？舉念以不為惡，念已焉，如惡何？又舉一念可乎？曰：念念以為善，窮於善矣，如念何？念念以不為惡，窮於惡矣，又如念何？」然則不思善、不思惡乎？」曰：「思者，心之官也。思則得之，得無所得，此謂思善；不思而得，失無所失，此謂至善。夫佛氏之言，似之而非者也。吾病其以念為思也。」「然則念可屏乎？」曰：「不可屏也。當是事有是心，而念隨焉，而思之警發地也，與時而舉，即與時而化矣，故曰：今心為念。又轉一念焉，輾轉不已，今是而

　　昨非矣。又屏一念焉，屏之不得，今非而愈非矣。夫學所以治念也，
　　與思以權，而不干之以浮氣，則化念歸思矣。化念歸思，化思歸虛，
　　學之至也。夫思且不可得，而況於念乎？此爲善去惡之眞法門也。」
　　（〈治念說〉，《全集》二，頁 371～372，66 歲。）

上面舉了五段文獻，排列的次序不是依照相關性，而是依照年歲。部分文獻
已引論過，故上文已論說者，此處略之。引用五段文獻是因爲蕺山的「念」
都常和「思」一起立論，故對於念而言，必然連帶著「思」這個概念，而這
五段恰能清楚說明其中之不同，以免引起不必要的誤解，所謂不必要的誤解，
例如李興源先生認爲：

　　蕺山認爲「凡有念皆不是道」，故爲善或去惡，不必先舉念而後爲之，
　　乃有「無念」之說。然「無念」實難，退而求其次，則應「化念」。
　　與思以權，可化念歸思，動而即復，可化念歸心，故學者不必強求
　　無念，貴在能化念。〔註207〕

在李先生的這段引文中，好像「化念」之上，還有一個「無念」的工夫或境
界，所以他說「『無念』實難，退而求其次，則應『化念』。」事實上，如果
無念很難，化念就很難，因爲就第（1）則文獻中，已說明「化念歸思」時即
「無念」，如果念起，「心、意、知、物」就跟著生「病」，必須「心之官思也」，
在思的工夫下，「嘗醒而不昧的思」發揮作用（第（4）則文獻），「思則得之」
才能拿回掌握權，而「無念」，使得「心、意、知、物」生病的狀態當下消除，
回到健康的狀態，化念就是無念，無念就是化念，不是在化念時，心好像還
有點「念」的存在，還沒到達「無念」的階段，然後經過化念，心中的念越
來越少，最後到達「無念」，這樣是不對的。蕺山的思想中，「天理與人欲，
同行而異情」，天理與人欲是個「同體依」的關係，同體依但卻不相容，故說
同行而異情，故心要嘛就是在「思」的狀態（此時天理呈現），要不，就是在
「念」的狀態（此時人欲呈現），不是好像有百分之幾的念還存在心中這種情
形。由此，也可知道爲什麼蕺山在第（5）則的〈治念說〉說，把治念的責任
交給了「思」。因爲從這幾段文獻和以上的敘述可以得知，「『思』是一種本心
有主（嘗醒）而靈明（不昧）的能力，……『思』在蕺山的理解中，不是個
多餘的概念，他本身有豐富且獨特的實踐意涵。」〔註208〕有何豐富且獨特的

―――――――――――――――――――――――――

〔註207〕李興源：〈劉蕺山「誠意之學」探析〉，《中國國學》第 17 期 1989.11，頁 291。
〔註208〕林月惠：〈劉蕺山論「未發已發」――從觀念史的考察談起〉，收入鍾彩鈞主

實踐意涵？蓋在其可「治念」也，而「治念」是蕺山在〈證人要旨〉「卜動念以知幾」的重要工夫。從第（2）、（4）則引文，可以知道，當心之「思」起作用時，此時即「天理流行」狀態，「這時不是沒有念的」（喫緊，有語病，一氣連至下句），只是蕺山把天理流行而萬物一體時的「念」叫「慮」，慮是健康的、沒有生病的，不會造成道德實踐上之「偶著一念」的。在「慮」的情形時，「心之思」不是昏昧不明，仍是非常警醒的，如果昏昧不明，就淪為「念」了。「思、慮、知、性」都是屬於「聖路」，都是在人心清明的天理狀態下的存在狀態，「念、想、識、情」都是在「人欲」、「狂門」的狀態下的存在狀態。換句話說，當天理流行而萬物一體時，也並不是就「混沌一氣」沒有任何差別。如果認為沒有任何差別，那又是「偶著一念」了。這樣說，很奇妙嗎？正是奇妙，這就是在第（3）則引文中蕺山認為「心官之無起無不起者，太極本然之妙也。」的意思。於此，也可得知蕺山的「思」是有如牟宗三先生所說的「思即覺也」的意義存在，不可以一看「思」就和現代人所謂的「思維」、「思慮」等同起來。〔註209〕

以上五段文獻都可以在以上的解說下獲得理解，唯有第（5）則引文的最後面一段話仍需要加以說明，這段話就是「夫學所以治念也，與思以權，而不干之以浮氣，則化念歸思矣。化念歸思，化思歸慮，學之至也。夫思且不可得，而況於念乎？此為善去惡之真法門也。」依上文的說明，這段話是可以這樣理解的，即：就道德實踐言，在「卜動念以知幾」之時，「治念」是一個實踐的重點，而治念的關鍵在「心之官則思」的「思」上，思本身有嘗醒

編：《劉蕺山學術思想論集》（台北：中央研究院中國文哲所籌備處，1998），頁 296。林先生為什麼要說思不是個多餘的概念，此因他要補充牟宗三先生未正視蕺山之「思」的情形，參該頁的註37。

〔註209〕 牟先生之意，見牟宗三：《從陸象山到劉蕺山》（台北：台灣學生書局，1984），頁 170。把「思」當「思維」解者，見黃宣民：〈蕺山心學與晚明思潮〉，收入鍾彩鈞主編：《劉蕺山學術思想論集》（台北：中央研究院中國文哲所籌備處，1998），頁240。蕺山的「思」當時陶奭齡就無法掌握，就以「思慮」解之，所以在解答學生問題時，蕺山認為良知是「思則得之」，奭齡即表示「思慮」是無法掌握良知的，見《證人社語錄·第八會》，《全集》二，頁 682，蕺山對此是有自覺的，他當時就察覺一般人很容易把「思」解作「思維」、「思慮」，蕺山曰：「自心學不明，學者往往以想為思，因以念為意。及其變也，以欲拒理，以情偶性，以性偶心，以氣質之性分義理之性，而方寸為之四裂。」見〈原心〉，《全集》二，頁328，65歲。又：蕺山此處的「慮」和唯識學中，轉識成智之後的「妙觀察智」類似。

而不昧、無起而無不起的作用，因此可以有一個掌握權在手，就此而言，治念和浮氣之存在造成道德實踐的障礙相干性不大，相干性大的是「思」，如果掌握了「思」的工夫，便可「化念歸思」，繼而「化思歸虛」，這樣就是道德實踐的極則了，「化思歸虛」之時「思」也不可得，何況是「念」呢？這就是道德實踐上爲善去惡的眞正法門。

這樣的理解，和上文的解釋上，就多了一個「工夫」或「概念」，這個工夫就是「化思歸虛」，「思」既然是治念最主要的工具，則如何還要把他「化掉」？這就牽涉到在上文說的：在（證人要旨）第二步「卜動念以知幾」上，對治「偶著一念」的兩個先後連續的方法：〈治念說〉與「保任法」中的「保任法」了。

就〈治念說〉來說，是有如在（證人要旨）第二步「卜動念以知幾」中所說的：「懲窒之功，正就動念時一加提醒，不使復流於過而爲不善。纔有不善，未嘗不知之而止之，止之而復其初矣。」是在動念之際，加一「提醒」，這種提醒在道德實踐的初期，人因爲是有種種習氣存在的「歷史性存在」，是有其必要性的，而且要隨時記得，蕺山曰：

> 工夫不能頓有所得，時時警策，自佳。習氣深，則一隙之知抵擋不過，務用長提此知。又曰：「工夫眞是易簡。」（〈會錄〉，《全集》二，頁 602，57 歲。）

蕺山在這段引文中，說到在「卜動念以知幾」中這樣的「知之即懲之窒之」力量，在道德實踐初期，力量是很微弱的、不容易持續的，有如「一隙之知」而抵擋不過習氣，這個時候，就「務」必用「長提此知」來培養，也就是「常常提醒」，慢慢的，「知之」帶來的改變力量越來越大〔註 210〕，到後來就不必再「長提」此知了，這就是「卜動念以知幾」中所說的「只此知之之時，即是懲之窒之之時，當下廓清，可不費絲毫氣力，後來徐加保任而已。」的「保任」了。就此保任當是回到了「體獨」的狀態，針對「獨體」而徐加保任，蕺山認爲這是個很重要的工夫，對於體獨後的「動念知幾」而言，才是眞正正本清源的工夫，而爲當時的儒者所忽略，這就是蕺山在「證人社」時期，和陶奭齡相左的意見之一，蕺山曰：

> 陶先生（引者按：即陶奭齡）曰：「學者須識認本體，識得本體，則工夫在其中。若不識本體，說甚工夫？」先生曰（引者按：即蕺山）：

─────────────
〔註 210〕蕺山有發展「小訟法」、「大訟法」來訓練「長提此知」，參下文。

> 「不識本體，果如何下工夫？但既識本體，即須認定本體用工夫。
> 工夫愈精密，則本體愈昭熒。今謂既識後送一無事事，可以縱橫自
> 如，六通無礙，勢必至猖狂縱恣，流為無忌憚之歸而後已。」(〈會
> 錄〉，《全集》二，頁 600，55 歲。)

蕺山基本上不太相信「一悟全悟」、「一悟便定」、「一悟永悟」、「一悟即了」
的說法，悟之後如果沒有好好再在本體上用工夫（既識本體，即須認定本體
用工夫），正是會有「悟後迷」產生，所謂「悟後迷」正是指此處蕺山所言悟
後便以為已到了處，不必作工夫，卻被他的習氣所轉，而至「猖狂縱恣，肆
無忌憚」的地步。這個識認本體之後的工夫是什麼呢？即是「保任法」也。
蕺山曰：

> 識得後，只須用葆任法，曰「誠敬存之而已」。而勿忘、勿助之間，
> 其真用力候也。蓋天理微渺之中，著不得一毫意見伎倆與之湊泊。
> 才用纖毫之力，便是以己合彼之勞，安得有反身而誠之樂？(《聖學
> 宗要》，《全集》二，頁 275，57 歲。)

保任法是識得後的工夫要領，而保任工夫的要領就是「勿忘、勿助之間」（所
謂的「真用力候」也），就保任之所以為保任而言，是先「保」後「任」，這
個先保後任，正是勿忘、然後勿助、然後勿忘勿助的歷程。當識得本體後，
這個「獨體」的力量相對於習氣而言還是不大的（得力不得力的力），因此就
必須先「保」，這個「保」就是「勿忘」、「保護」或是一種「培養」（培養不
是從無到有，而是從小到大），使之不受習氣私欲的干擾侵襲，對於上文來說，
這就是獨體面對「動念」時的「一加提醒」。蕺山學中的道德實踐者，總是身
處現實的歷史性中，因此這個步驟是需要的，因為在識得本體後，獨體在日
常生活中的力量、作用還不大，故要有這個工夫歷程，尤其是在初期，更要
「務用長提此知」，時時提醒，但也不能因為「勿忘」之時時提醒而一直執於
這個「勿忘」，這樣等於換了個習氣，所以等到力量大了，不是「一隙之知抵
擋不過」了，就要把這個「保」的提醒也化掉，所以還要「勿助」的工夫，
但也不能單執於這個「勿助」，也要把這個「勿助」化掉，於是就進入「勿忘、
勿助之間」，就保任之所以為保任的「任」而言，正是此時的工夫也，這個「任」，
就是「任運」，就是「任此心自然之運」〔註211〕，任此「勿忘、勿助之間」的

〔註211〕此詞出自熊十力之論保任義，見熊十力：《新唯識論——熊十力論著集之一》
（台北：文津出版社，1986），頁 564 等處。

心之天理流行也，這個時候就是蕺山在此所謂的「化思歸虛」也，故說「化念歸思，化思歸虛，學之至也。」蕺山這樣的工夫境界實在太細密了。

丙、（靜而無靜）三曰：謹威儀以定命。

越過了第二步，天理性體不停止地解蔽，而體現其價值與意義，便到了第三步「謹威儀以定命」，蕺山曰：

> 慎獨之學，既於動念上卜貞邪，已足端本澄源。而誠於中者形於外，容貌辭氣之間有爲之符者矣。所謂「靜而生陰」也。於焉，官雖止而神自行，仍一一以獨體閑之，靜而妙合於動矣。如足容當重，無以輕佻心失之；手容當恭，無以弛慢心失之；目容當端，無以淫僻心失之；口容當止，無以煩易心失之；聲容當靜，無以暴厲心失之；頭容當直，無以邪曲心失之；氣容當肅，無以浮蕩心失之；立容當德，無以徙倚心失之；色容當莊，無以表暴心失之。此《記》所謂「九容」也。天命之性不可見，而見於容貌辭氣之間，莫不各有當然之則。是即所謂「性」也。故曰：「謹威儀以定命。」昔橫渠教人，專以知禮成性、變化氣質爲先，殆謂是與？（《人譜·證人要旨》，《全集》二，頁8，57歲。）

天命性體不停地解蔽，而呈現爲萬事萬物，故也表現在動作威儀之中，就此時，天理人欲仍然是同行而異情的，雖然已經經過前兩步驟的歷程（此不是說，前兩步的實踐就都完成其工夫了，毋寧說，即使沒有完成，也要經歷過），但不要忘了「天理無住、人欲無住」，因此即使前面的工夫實踐的不錯，就此第三步而言，仍要戒愼恐懼、戰兢惕厲的面對之，隨時都有「人欲」的可能，蕺山把它歸納爲《禮記》中所說的「九容」的實踐，而「莫不各有當然之則」，就各失去當然之則而言，就有九種人欲呈現的心隨焉，故也是修養的重點。這個實踐的重點首先在「一一以獨體閑之，靜而妙合於動」，也就是不能直接求之於「動作威儀」的講究，這樣就會流於「人僞」，蕺山曰：

> 九容便有九思，若只言九容，便是僞也。（《人譜雜記》，《全集》二，頁41，68歲。）

> 九容分明畫出有道形容氣象，然學者一味學不得，吾病其徇外而爲人也。（〈學言上〉，《全集》二，頁472，59歲。）

> 九容九思，一主靜二字足以概之，（〈學言上〉，《全集》二，頁472，59歲。）

就第一則引文言，只言「九容」講究動作威儀表情等等，事實上就跟演員一樣，只有虛假，沒有眞實，因此不能只是只強調「九容」，這樣就會淪於「徇外而爲人」的弊病，而要有「九思」來主導「九容」，蕺山的「九思」是出自於《論語》的「君子有九思：視思明、聽思聰、色思溫、貌思恭、言思忠、事思敬、疑思問、忿思難、見得思義。」〔註212〕但此處的九思並不一樣，是指「足容當重；手容當恭；目容當端；口容當止；聲容當靜；頭容當直；氣容當肅；立容當德；色容當莊」之九思，但這其間的差異不是很重要，重要的是工夫不只在某言行之後或某言行的當口，才想到要「九思」，而要在之前就要注意「一一以獨體閑之，靜而妙合於動」，這就是第三則引文之強調處，即九思和九容其間的統攝貫穿工夫要領就是「主靜」（即愼獨是也），這樣內外夾逼，便可「知禮成性、變化氣質」了。

丁、（五行攸敘）四曰：敦大倫以凝道。

蕺山曰：

> 人生七尺墮地後，便爲五倫關切之身。而所性之理，與之一齊俱到。分寄五行，天然定位。父子有親……君臣有義……長幼有序……夫婦有別……朋友有信……此五者，天下之達道也，「率性之謂道」是也。然必待其人而後行。故學者工夫，自愼獨以來，根心生色，暢於四肢，自當發於事業，而其大者先授之五倫。於此尤加致力（「致力」，新本作「謹凜」，下有「隨分體當」句。）外之何以極其規模之大？內之何以究其節目之詳？總期踐履敦篤。惴惴君子以無忝此率性之道而已。昔人之言曰：「五倫間有多少不盡分處。」夫惟嘗懷不盡之心，而黽黽以從事焉，庶幾其逭於責乎。（《人譜・證人要旨》，《全集》二，頁8～9，57歲。）

在這段引文中，說到人一出生就在五倫的關係中，而五倫之「所性之理」，亦「與之一齊俱到」，只等待學人率性而後行，而操存之，而發於事業，而此事業之大者首先就是五倫。換言之，就道德實踐的歷程而言，可以說從「凜閒居以體獨」、「卜動念以知幾」、「謹威儀以定命」、「敦大倫以凝道」……好像有一個次序性，但是就現實上而言，其實是全部一起來的，只是可以在某個階段中，說其現在重點放在「體獨」，還是「知幾」，還是「定命」。就「敦大倫以凝道」而言，前面三個階段重點都還是比較偏在道德實踐的個人身上，

〔註212〕《論語學案・君子有九思章》，《全集》一，頁595，40歲。

還沒有真正強調人是個社會關係中的存在，還沒有落實在一個眾多道德主體間的道德實踐，所以這一個階段的道德實踐，事實上，和前面三個階段有其本質上的不同，如何在眾多道德主體間，保持彼此皆自由自主且自覺的君子，而還是萬物一體，其實是個很難達成的工夫，所以蕺山說：「於此尤加致力，隨分體當，外之何以極其規模之大？內之何以究其節目之詳？」這個規模是很龐大的，可惜蕺山在此沒有繼續申論「天理」或者「道」如何落實在人際關係之中，但筆者以為蕺山是有意識到這個問題，只是這個問題很難正面表述，即使表述也很抽象，例如：天理落實在父子的這一倫上，必須是「父子有親」，但什麼叫「父子有親」，並沒有規定一個什麼行為使得父子彼此是獨立自主的君子而又是一體，如果有，恐怕也是個「死心法」〔註213〕，因為每個人就其氣質而言，當成為君子時，必然是有所不同的（或剛或柔、或狂或狷……），有如伊尹、柳下惠、孔子都是聖人，特色卻都不同，所以其所成就的「父子有親」就一定不相同。因此蕺山只能採取兩個辦法，一是反面的陳述，這是在稍後的〈紀過格〉中論述的；一是用正面的體道公案的方法，使人體悟（但不是模仿），這是在《人譜雜記》中所作的事業。試以《證人會約》來作例證。〔註214〕「證人社」是蕺山和陶奭齡共同成立，相期成就「人之所以為人」，故是正面挺立君子之行，在《證人會約》中，並非沒有〈約誡〉，但除了重視各種「戒不孝、戒苟取……」等等之〈約誡〉外，蕺山還立有〈約言〉，〈約言〉有十條，每一條全部都是「略戒……」，我們選擇其中數條和此相關者：

其三（略戒利己妨人，駕勢毆人辱人，動致人於官）

其四（略戒會中投遞書揭，即借名道學，生事地方，把持官府，雌黃人物。）

其七（略戒結交衙門官吏，說事過錢，及以碑軸獻於當涂者。）

以上之學友間的交往原則，基本上皆是以「戒」為主，如第七條戒「說事過錢」（關說且行賄）。看了此條，想到羅近溪的一些行為，就知道此中的難處。羅近溪是被牟宗三先生稱為「清新俊逸、通透圓熟」而獨能和王龍溪調適上遂陽明學者〔註215〕，他曾經為了幫助一個婦人的先生出獄，不惜以十金行賄

〔註213〕死心法見〈會錄〉，《全集》二，頁 633，66 歲。
〔註214〕蕺山寫的《水澄劉氏家譜》也可參考。
〔註215〕見牟宗三：《從陸象山到劉蕺山》（台北：台灣學生書局，1984），頁 288。

關說，結果婦人先生出獄後，反而指責婦人行賄。〔註216〕羅近溪的出發點是善的，方法則可議，若蕺山是不會去做的，蕺山曰：「薛文清公曰：『囑託公事，雖能免人於患難，實損自己之廉恥。』夫免人於患難，且不可以廉恥殉，況其不堪告語者乎？」〔註217〕

戊、（物物太極）五曰：備百行以考旋。

蕺山曰：

> 孟子曰：「萬物皆備於我矣」。此非意言之也。只繇五大倫推之，盈天地間皆吾父子、兄弟、夫婦、君臣、朋友也。其間知之明、處之當，無不一一責備於君子之身。大是一體關切痛癢。……故君子言仁則無所不愛，言義則無所不宜，言別則無所不辨，言序則無所不讓，言信則無所不實。至此乃見盡性之學，盡倫盡物，一以貫之。《易》稱「視履考祥，其旋元吉。」吉祥之地，正是不廢查考耳。今學者動言萬物備我，恐只是鏡中花，略見得光景如此。若是眞見得，便須一一與之踐履過。（「今學者」下，新本作「然非逐事簡點，只爲圓滿此獨體。如是學以愼獨，方眞見得萬物皆備於我體段，一反身而自得知，不假外求」。）故曰：「反身而誠，樂莫大焉。」又曰：「強恕而行，求仁莫近焉。」反身而誠，統體一太極也；強恕而行，物物付極也。（《人譜・證人要旨》，《全集》二，頁9～10，57歲。）

就天理的解蔽而言，現在的重點在於「（物物太極）五曰：備百行以考旋」，換言之，這是從前面的「凜閒居以體獨」、「卜動念以知幾」、「謹威儀以定命」、「敦大倫以凝道」到現在的「備百行以考旋」，就是說重點不限在人的社會關係上，而是更擴大之，到了自然界的「萬事萬物」之上，以「盡倫盡物」，蕺山這樣說，是可以開發儒家的「生態倫理學」的。蕺山在此對於當時學者動不動就說「萬物一體」的現象是警覺的，因此提醒說不能只是嘴巴說說，而是要在萬事萬物的交接上，「一一與之踐履過」，去清楚分辨天理與人欲，而使得天理流行，但一一踐履過，並非是「逐事簡點」，而是爲了正面地「圓滿此獨體」而「一一目擊道存，處處逢景皆春」，免得事事落後一著。所以從第一步的「凜閒居以體獨」的愼獨工夫貫串至萬事萬物上面，現在道德實踐者實證「萬物皆備於我」、「仁者與天地萬物爲一體」之境界，這樣道德實

〔註216〕見嵇文甫：《晚明思想史論》（北京：東方出版社，1996），頁31。
〔註217〕《證人會約》，《全集》二，頁580，54歲。

踐者便可見到「物物一太極，統體一太極」的「一萬互統」之天理流行的世界了。

己、（其要無咎）六曰：遷善改過以作聖。

蕺山曰：

> 自古無現成的聖人，即堯、舜不廢兢業。其次只一味遷善改過，便做成聖人，如孔子自道可見。學者未歷過上五條公案，通身都是罪過。即已歷過上五條公案，通身仍是罪過。才舉一公案，如此是善，不如此便是過。即如此是善，而善無窮。以善進善，亦無窮。不如此是過，而過無窮，因過改過，亦無窮。一遷一改，時遷時改，忽不覺其入於聖人之域，此人之極則也。然所謂是善是不善，本心原自歷落分明。學者但就本心明處一決，決定如此不如彼，便時時有遷改工夫可作。更須小心窮理，使本心愈明，則查簡愈細，全靠不得今日已是見得如此如此，而即以為了手地也。故曰：「君子無所不用其極。」（《人譜·證人要旨》，《全集》二，頁10～11，57歲。）

〈證人要旨〉的第六步工夫「（其要無咎）六曰：遷善改過以作聖」，原則上，到了第六步，就量上而言，已經不能再推擴了，「博施而能濟眾」，故已經到達聖人階段，故此步以「聖」名之，但這是就「量」而言，純就「質」而言，蕺山就對聖標出「遷善改過」，故謂之「遷善改過以作聖」，就「質」而言，此「遷善改過」其實是貫串六步的過程中的，是綜合地說慎獨下的五階段之普遍性質，「遷善改過」，善無所謂遷的，合於天理而為良知所存，即是善，不合於天理就是不善。蕺山在此似乎在糾正當時周海門及其門下強調的「見在良知」，而強調要有一個實踐的歷程，這個道德實踐的歷程是無窮的，因此要學習堯、舜兢兢業業的十六字心傳工夫，蕺山在此是非常嚴厲的，認為沒經歷過上五個階段的歷程考驗，「通身都是罪過」，這可以理解，可是已經歷過上五個階段的歷程考驗的，還是「通身仍是罪過」，蕺山這麼說當然是就著「天理無住，人欲無住」來說的，因為無住，所以通身仍有可能產生罪過，故仍要兢兢業業地實踐工夫。就天理而言是善，就人欲而言是惡，時時操存本心，便愈能掌握天理，這個時候還要下「小心窮理」的工夫，如此本心愈明對於罪過的查簡就愈細密。總之，兢兢業業地慎獨是成德的唯一工夫，不能說「今日已是見得如此如此，而即以為了手地也。」蕺山的道德實踐工夫戰兢惕厲若此。

3.3.2.2.2.3　負面之過惡的革除：過與改過

蕺山《人譜》這本書，是正反兩面雙向彰顯，正面彰顯道德本體集中在〈人極圖說〉、〈證人要旨〉，這是前兩小節所作的工作。現在就要進入《人譜》這把梯子的負面之過的革除。蕺山這部分的材料集中在〈人譜續篇三〉，底下，本文便以此部分的材料為主，以其他材料為輔，論述蕺山的「過」的理論。

因為天理與人欲是「同體依」的關係，所以蕺山的過是和〈證人要旨〉中展開的步驟相一致的，茲整理如下而名曰「證人要旨之聖凡對照歷程體系表」：

「證人要旨之聖凡對照歷程體系表」

次第　項目	徵　兆	六事功課	聖凡	內　容	對治工夫
1 誠意	無極太極	凜閒居以體獨	聖	獨體	靜坐與讀書
	物先兆	微過（獨知主之）	凡	妄（惑：名利生死酒色財氣）	微過成過：小訟法（閉閣一時）
2 正心	動而無動	卜動念以知幾	聖	幾、慮	治念法、保任法
	動而有動	隱過（七情主之）	凡	溢喜、遷怒、傷哀、多懼、溺愛、作惡、縱欲	隱過成過：小訟法（閉閣二時）
3 修身	靜而無靜	謹威儀以定命	聖	九容：足容重、手容恭、目容端、口容止、聲容靜、頭容直、氣容肅、立容德、色容莊	知禮成性、變化氣質
	靜而有靜	顯過（九容主之）	凡	箕距、擎拳、偷視、好剛使氣、令色……等29項	顯過成過：小訟法（閉閣三時）
4 齊家治國	五行收斂	敦大倫以凝道	聖	五倫：父子有親、君臣有義、長幼有序、夫婦有別、朋友有信	踐履敦篤
	五行不斂	大過（五倫主之）	凡	非道事親、非道事君、交警不時、勢交……等83項	大過成過：大訟法（閉閣終日）
5 平天下	物物太極	備百行以考旋	聖	統體一極、物物付極	盡倫盡物而考旋
	物物不極	叢過（百行主之）	凡	游夢、戲動、慢語、嫌疑、造次……、假道學等100項	叢過成過：大訟法（閉閣終日）
6 遷善改過	其要無咎	遷善改過以作聖	聖	戰兢一味遷善改過	明本心而小心窮理
	迷　復	成過（克念終焉）	凡	崇門、妖門、戾門、獸門、賊門，惡不可縱而終之以聖域	進以訟法，立登聖域

註：

1. 本表整理自蕺山〈證人要旨〉與〈紀過格〉，表中無一字爲筆者所創（除了「聖凡」一欄，此欄亦可改爲「天理人欲」），次第之名乃取自〈紀過格〉中對於諸過的解釋而來。

2. 爲了免使表格過長，故其中省略〈紀過格〉中的某些細目（用「……等○項」表示），若爲道德實踐之目的，當爲詳列，以作查考之用。

3. 此表之使用當配合 3.3.2 小節「無次第中有次第」與 3.3.3 小節「有次第中無次第」一起使用，因爲其中尙缺《聖學喫緊三關》的加入（此因蕺山以爲《聖學喫緊三關》稍嫌割裂，故暫略），〈人極圖說〉雖未納入此表，但意義已在其中。若不考慮蕺山認爲《聖學喫緊三關》有割裂之病的話，要將《聖學喫緊三關》列入此表的話，只能在下或在上列成一橫列（而不可列成直行），因爲《聖學喫緊三關》與〈證人要旨〉是垂直的關係，現〈證人要旨〉以表示成此表之直行，故《聖學喫緊三關》只能列成橫列，表示在〈六事功課〉每一步驟均有此三關的實踐歷程。

4. 此表可以由上往下看（此是由 3.3.2 小節「無次第中有次第」的闡述而來），也可以由下往上看（此是由 3.3.3 小節「有次第中無次第」之闡述而來）。

5. 「小訟法」與「大訟法」在蕺山的《全集》中僅此處出現，揆其意當是「訟過法」（即「靜坐法」）也，但因其時間長短（閉閣一時、二時、三時或是終日）而有「小訟法」與「大訟法」的名稱。時間長短當有其理，因爲是要訓練「長提此知」，故要有時間長短的要求。

此表名曰「證人要旨之聖凡對照歷程體系表」，乃因〈紀過格〉是依照〈證人要旨〉而臚列的，故取名當以「證人要旨」爲主；又因蕺山之天理人欲乃「同體依」的關係，故增加一欄「聖凡」，表示不爲聖賢即爲禽獸，天理無住，人欲無住之對照意；又因其中有蕺山所展開的「六事功課」次第，合起來又爲一體系，故稱「歷程體系」，總稱「證人要旨之聖凡對照歷程體系表」。

由「證人要旨之聖凡對照歷程體系表」，可以知道「過」的發生就是在〈六事功課〉的道德實踐中發生的，就每一個道德實踐的歷程，都不是可以掉以輕心地，因爲「過」就在後面虎視眈眈，故要戒愼恐懼、小心翼翼。

蕺山的整個道德實踐過程在此表中已清楚顯示，以下討論此表中所蘊含的相關問題：

第一、過的累積性：蕺山認爲這些過都是有累積性的，都是由前面之過，習焉不察而來，這是因爲在上文所說的「餘氣」而來的「習氣」所造成。如隱過即說是「坐前微過來，一過積二過」〔註218〕；顯過即說「仍作前微、隱二過

───────────────

〔註218〕〈紀過格〉，《全集》二，頁 12，57 歲。

來，一過積三過」〔註219〕；大過則曰「坐前微、隱、顯三過來，一過積四過」
〔註220〕；叢過則說「仍坐前微、隱、顯、大四過來，一過積五過」〔註221〕；
成過則說「只爲習染所引壞了事」〔註222〕。

　　第二、過的隨時中斷性：雖然過有累積性，但過也有一個特色，就時「隨
時中斷性」，這是由天理無住、人欲無住來說的，蕺山曰：

> 人雖犯極惡大罪，其良心仍是不泯，依然與聖人一樣，只爲習染所
> 引壞了事。若提起此心，耿耿小明，火然泉達，滿盤已是聖人。（〈紀
> 過格〉，《全集》二，頁17，57歲。）

即使是惡貫滿盈，仍然「一提此心」當下就是天理流行的聖人境界，故過有
隨時中斷性，但此處也不能太樂觀，因爲這還只是一念相應而已，能不能在
下一瞬間對治過的累積性（或是習氣）而有效，還是要鍛鍊的。

　　第三、關於過、惡或罪的差異問題：關於此問題，先站在李明輝先生的
肩膀上來看吧，李先生曾經引用蕺山的兩段文獻而予以立論〔註223〕，這兩段
文獻是：

> 生機之自然而不容已者，欲也。欲而縱，過也；甚焉，惡也。而其
> 無過不及者，理也。（〈原心〉，《全集》二，頁327，65歲。）

> 凡過生於誤，然所以造是誤者，必過也。惡生於過，然後造是過者，
> 亦誤而已。故過與惡每相因，而過尤易犯。過而不已，卒導於惡。
> 君子惓惓於改過，所以杜爲惡之路也。（〈學言中〉，《全集》二，頁
> 501，61歲。）

這兩段文獻語意都很明顯，但李先生還是非常小心翼翼地，非常嚴謹地由第
一則文獻立論說「似乎『過』與『惡』之間只有程度上的差別，『惡』只是『過』
之極端化。」再根據第二則文獻說「『過』似乎意指主觀的精神狀態或態度，
『惡』則是因過而不已所造成的客觀事態。」〔註224〕運用兩個「似乎」，李先

〔註219〕〈紀過格〉，《全集》二，頁13，57歲。
〔註220〕〈紀過格〉，《全集》二，頁15，57歲。
〔註221〕〈紀過格〉，《全集》二，頁16，57歲。
〔註222〕〈紀過格〉，《全集》二，頁17，57歲。
〔註223〕李先生的做法，影響很大，例如陳思吟先生處理蕺山的過惡之差異問題幾與
　　　　李先生所說如出一轍，連語氣字眼都似，見陳思吟：《從《論語學案》和《人
　　　　譜》論劉宗周的成人思想之研究》，彰化：彰化師範大學國文研究所2002年
　　　　碩士論文，頁104～105。
〔註224〕參李明輝：〈劉蕺山論惡之根源〉，收入鍾彩鈞主編：《劉蕺山學術思想論集》

生之謹慎若此，但一般用「似乎」常常是表示不肯定、不必然，或是在「似乎」以下有所辯正，﹝註225﹞而李先生在此就停住了，他以下就不處理這個過與惡的差別問題，轉而處理惡之起源問題，這顯示出什麼意思呢？

從前面兩段蕺山的文獻，可以得知蕺山的過與惡「的確」是「程度上」的差別（「欲而縱，過也；甚焉，惡也。」中的「甚」字。），但以治學嚴謹著稱之李先生爲何用「似乎」來稱呼呢？這應該是他看到其他的文獻（否則由此段文獻之明確，應不會用「似乎」二字），但在他的文章中沒有將這些文獻列出之故。筆者詳檢了蕺山此類文獻，發現蕺山的過基本上有小人之過和君子之過之分（此有本質的不同），然後他幾乎是把小人之過和惡等同起來，但有輕重的不同，所謂輕重的不同，是說程度輕的，叫做「過」，重的就叫「惡」，其中的本質相同，然後再把惡更具體的落實在事物上，叫「罪」。蕺山這樣的說法，當然是會讓人搞混的，尤其是在現代社會的語言用法中，常常把過、惡、罪的分別很清楚（如違反道德良知的爲過、違反社會規範的爲惡、違反法律的爲罪），這就更增加時空距離上的理解困難度。以下舉文獻證明之。蕺山曰：

> 過與仁，分明是兩路。出於過，則入於不仁，此其大較也。然過以
> 類分其間，出於小人者，故爲本心缺陷之端；而其出於君子者，既
> 是眞心流露之地。誠於其類觀之，而君子之過有不可與小人同類而
> 共棄者，以其心無不仁故也。心無不仁，則其過亦仁中之過，故觀
> 過可以知仁，……凡君子存心制事，自不能無過，只是他一點天理
> 決不損壞，反有因過而見者。（《論語學案・人之過也章》，《全集》
> 一，頁 358，40 歲。）

這一段文獻不太好懂，因爲有所謂的「仁中之過」，仁中應該是無過的，不然如何能稱仁呢？蕺山自己在開頭已經說得很清楚，他說，過與仁，一般來說是不同的概念，相對立的，所以有過一定不仁（入於不仁），但他認爲這只是粗略的大概而已，若細分，有君子之過，所謂的「仁中之過」，小人之過才是一般所謂的「本心缺陷」的「不仁之過」，但什麼叫做「仁中之過」？既然叫「仁中之過」，因此就是在仁之狀態中，所以此過就不是從存心上所說，蕺山在此段文獻的最後面說到「凡君子存心制事，自不能無過」，所以至少可以確

（台北：中央研究院文哲所籌備處，1998），頁 116～117。

﹝註225﹞也許李先生此處的「似乎」是表示「謙虛語氣」，但這種用法在李先生的筆法中，似乎沒有。

定的說，應是在「存心制事」時發生的過，但前面已經知道不是發生在存心上，故當在「制事」上，從這裡又可以看到蕺山之道德實踐重視歷史性的特色，蕺山又是在一個具體的現實時空狀態中來立論的，蕺山曰：

> 孟子論性，只就近處指點。如惻隱之心，同是惻隱，有過有不及，相去亦無多，不害其為惻隱也。如羞惡之心，同是羞惡，有過有不及，相去亦然，不害其為羞惡也。過於惻隱，則羞惡便減；過於羞惡，則惻隱便傷。心體次第受虧，幾於禽獸不遠，然良心仍在，平日禦人國門，忽然孺子入井，此心便露出來。豈從外鑠者？（〈學言下〉，《全集》二，頁550，66歲。）

原來蕺山的「仁中之過」是就其表現而言，是就其在「制事」中而言，即如果是惻隱之心，但惻隱之心的表現有過與不及，皆是「過」也，蕺山這樣論過，當然是嚴格義的過，不是只從動機上來說就是無過，還要從其現實的行為上看恰當不恰當（中不中）。甚至在惻隱羞惡之間也有表現的恰當與否的問題，在「過於惻隱，則羞惡便減；過於羞惡，則惻隱便傷。心體次第受虧，幾於禽獸不遠」的這段話中竟然說，過於惻隱，則羞惡便減，在四端之心中，竟然也互斥的，過於「仁」則「義」有傷（過於慈愛，有傷行為的正當性，而沒有原則），過於「義」則「仁」有減（過於要求正義，而六親不認），這並不難懂，上文曾舉羅近溪為例，說明近溪曾關說行賄以救人出獄，即是顯例。〔註226〕

換言之，過有「君子之過」與「小人之過」之別，君子之過就是「仁中之過」，小人之過，就是「本心缺陷」之不仁之過，所謂本心缺陷之不仁之過，就是一般所謂的過，此過是對於本心而言，蕺山曰：

> 過出於無心，只是昏，一昏即覺，一覺即化。（《論語學案・君子之過也章》，《全集》一，頁638，40歲。）

失其本心而不覺，就是過，但上文已說，過是有累積性的，從不覺的累積而成惡，這就是李明輝先生引用蕺山文獻的第一則文獻：

> 生機之自然而不容已者，欲也。欲而縱，過也；甚焉，惡也。而其無過不及者，理也。（〈原心〉，《全集》二，頁327，65歲。）

在這裡的過與惡的差別是程度上的，其間只是輕重的不同，就整個歷程來說，

〔註226〕有如佛學中所說的，無智慧的慈悲叫「悲魔」，無慈悲的智慧叫「乾智」或「枯智」意義一樣。

蕺山其實是等同起來的，蕺山曰：

> 惡與過不同。無惡之後，方有改過工夫可做。然過亦從惡根來。（《論
> 語學案・苟志於仁章》，《全集》一，頁 354，40 歲。）

在這段話中，「惡與過不同」是指程度的不同，不是本質的不同，否則這句話
就充滿矛盾而無法理解，就現實習氣的深重而言，要改過要先從惡開始，所
以才有「無惡之後，方有改過工夫可做」一句，而因為是程度上的不同，所
以過也從惡根來。也就是說，輕微的惡就叫過，嚴重的過就叫惡（過從惡根
來）。這也是李明輝先生所引蕺山文獻的第二則文獻所說的：

> 凡過生於誤，然所以造是誤者，必過也。惡生於過，然後造是過者，
> 亦誤而已。故過與惡每相因，而過尤易犯。過而不已，卒導於惡。
> 君子惓惓於改過，所以杜爲惡之路也。（〈學言中〉，《全集》二，頁
> 501，61 歲。）

「過而不已，則導於惡」，而因為習氣的問題，習氣重，越容易不覺，而生過，
過一產生，就越增加習氣，而惡，故「過惡每相因」。這裡說「惓惓於改過，
所以杜爲惡之路也」似乎和上文「無惡之後，方有改過工夫可做」矛盾，其
實沒有，前者是就根源的不覺說，後者是就現實的習染說。

那何謂罪？蕺山曰：

> 罪，即惡之見於禍敗也。（《曾子章句》，《全集》一，頁 664，42 歲。）

過與惡還是就個人的道德的自覺自主而言，惡而落實於現實上的事物，而影
響「禍敗」者，就叫「罪」〔註227〕。

這樣就能明瞭蕺山之「過」、「惡」、「罪」之異同了。

第四、關於過或惡或罪的起源與改過問題：關於蕺山的改過問題，學者
常會強調過或惡的起源問題，並進而處理改過問題，例如李明輝先生曰：

> 爲了了解種種「過」底成因，進而尋求對治之道（改過之方），劉蕺
> 山必須爲「道德之惡」說明其根源；否則其道德工夫論不會有堅實
> 的基礎。〔註228〕

〔註227〕蕺山的文獻中極少論「罪」，大皆以「過」、「惡」爲主。

〔註228〕李明輝：〈劉蕺山論惡之根源〉，收入鍾彩鈞主編：《劉蕺山學術思想論集》（台
北：中央研究院文哲所籌備處，1998），頁 95。在此書中的另兩篇關於蕺山
改過思想文章，也是如此處理手法（先說明起源，再論改過），參古清美：〈劉
蕺山實踐工夫探微〉，該書，頁 73～78；何俊：〈劉宗周的改過思想〉，該書，
頁 137～141。

現在目標在改過上，所以如果能在過產生的源頭，予以截住，就能使它無法
產生，就達到改過進而無過的狀態，因此李明輝先生說如果沒有這樣，蕺山
的「道德工夫論不會有堅實的基礎」，這個說法不無道理，但筆者覺得蕺山恐
不是如此認為，所謂「不無道理，但又恐不是如此認為」意思是說不是必然
要處理的最優先問題，而是次要問題，滿足頭腦思辨上理論的體系建構問題。
若就改過的實踐而言，起源問題不是重點，過的本質才是重點。為何如此說
呢？於此筆者以下的敘述，首先就過或惡的根源做「簡單」的說明，然後再
說明蕺山的處理改過的方法。

　　關於過惡的起源〔註229〕，一般都是追究到「妄」，再從「妄」追究到「四
浮」〔註230〕，為何追究到「妄」？這是因為過是有累積性的，從微過、隱過……
累積到叢過，因此只要探討「微過」即可。而蕺山在微過處即指標明「妄」，
而加以解釋曰：

> 妄（獨而離其天者是。）
>
> 以上一過，時函後來種種諸過，而藏在為起念以前，彷彿不可名狀，
> 故曰「微」。原從無過中看出過來者。「妄」字最難解，直是無病痛
> 可指。如人元氣偶虛耳，然百邪從此易入。……妄無面目，只一點
> 浮氣所中，如履霜之象，微乎微乎。（〈紀過格〉，《全集》二，頁11，
> 57歲。）

在這則引文中，可以看到蕺山的為難處，這主要當然還是因為他有儒家「性
善論」的信念，所以找出最初的過惡，幾乎是很難的事，在這則引文中，就
可以看出。蕺山說「妄」藏在起念以前，「彷彿不可名狀」、「最難解」、「無病
痛可指」、「無面目」，這些都是在表達此中的為難，本來無過，要在無過中生
出個「過」來、生出個「妄」來，當然是很難解說的，因此蕺山只能用這些

〔註229〕因為蕺山的過有「君子之過」與「小人之過」，君子之過是人心在覺醒下的過，
　　　　是重視仁心現實中的表現，小人之過反是。君子之過因牽涉到現實，故還需
　　　　要事後的反省，以檢證表現的合理性（如我有愛人的動機，但愛的方法也許
　　　　不對，這在蕺山也是「過」，愛的方法要因人因事因地因時而權宜的改變，複
　　　　雜不已。）是故蕺山在論改過時，很少以「君子之過」立論，皆以小人之過
　　　　為主，蕺山在〈紀過格〉中所論的改過為小人之過（心不覺之過），因此本文
　　　　以「過惡」連稱來表示之，以下所論皆以小人之過為主，若有牽涉君子之過
　　　　則會予以注明。

〔註230〕參李明輝：〈劉蕺山論惡之根源〉、古清美：〈劉蕺山實踐工夫探微〉，俱收入
　　　　鍾彩鈞主編：《劉蕺山學術思想論集》（台北：中央研究院文哲所籌備處，1998）。

看起來根本就沒正面說明的消極性語詞來說明，事實上，眞能正面地在眞心中找出這個「妄」，儒家就不會有「性善論」的主張了，所以在最初的一點上，只能如此的表示，最後蕺山只能把這個「妄」推出眞心外，而說「一點浮氣」，什麼是「浮氣」？蕺山說：

> 人心一氣而已矣，而樞紐至微，纔入麤一二，則樞紐之地霍然散矣。散則浮，有浮氣，因有浮質；有浮質，因有浮性；有浮性，因有浮想。爲此四浮，合成妄根；爲此一妄，種成萬惡。嗟乎！其所由來者漸矣。（〈學言下〉，《全集》二，頁 514，65 歲。）

57 歲時的蕺山，還只是說成「一點浮氣」的「妄」，到了 65 歲的蕺山，再把這「妄」分解成「四浮」（浮氣、浮質、浮性、浮想），其實本質還是相同，「浮」之所以爲「浮」，是人心一氣流行之際，而在「樞紐至微」，「纔入麤一二」，才有「浮想」，既而有「浮性」，既而有「浮質」，既而有「浮氣」，這四者，蕺山說「所由來者漸矣」，因此是從非常細微到漸粗，雖然是漸粗，但還是很細微的〔註231〕。現在關鍵處已經越說越清楚了，乃在人心持守之際，「入麤」而有「浮想」產生，如此過惡乃產生了。再看一則文獻，就更清楚了，蕺山曰：

> 天命流行，物與無妄，人得之以爲心，是爲本心，何過之有？惟是氣機乘除之際，有不能無過不及之差者。有過而後有不及，雖不及，亦過也。過也，而妄乘之，惟厥心病矣。（〈改過說一〉，《全集》二，頁 20，57 歲。）

當天理流行，天理性體不斷地解蔽其自己，而爲我心所持存恰當時，此時之心名爲「本心」，這時當然是無過的，那過如何產生而來，是在氣機乘除之時，心之持守有過與不及，而入麤，有浮想，此時「妄乘之」，於是產生「心病」，就這樣，過就產生了。換言之，蕺山之過的根源追究起來是在心之持守之際的過與不及，此時才使的「妄」得以趁機而入。所以爲何說過與惡的起源問題是次要問題呢？因爲從蕺山的立場看，記過的目的是爲了要改過，而雖然最細微的過是「微過」，微過的主要內容就是「妄」，「妄」雖然可以展開爲名、

〔註231〕重點不在「四浮」，且蕺山「四浮」在《全集》中僅此出現一次，所以本文不擬探究何謂「浮氣、浮質、浮性、浮想」？李明輝先生有探討之，見李明輝：〈劉蕺山論惡之根源〉，收入鍾彩鈞主編：《劉蕺山學術思想論集》（台北：中央研究院文哲所籌備處，1998），頁 120～122，但由於「四浮」只出現一次，所以李先生用了數個「當是」來詮釋。

利、生、死之惑，以及酒色財氣，但總的根源還是「妄」，不過如果以爲改過的方法就是「去妄」，那又不對，明乎此，才知蕺山下段文獻：

> 人心自眞而之妄，非有妄也，但自明而之暗耳。暗則成妄。如魑魅不能畫見。……故學在去蔽，不必除妄。……蓋本心嘗明，而不能不受暗於過。……並不在暗中，反在明中。君子之心，雖暗亦明，故就明中用箇提醒法，立地與之擴充去，得力仍在明中也。(〈改過說二〉，《全集》二，頁 21～22，57 歲。)

在這則文獻中，蕺山說到「學在去蔽，不必除妄」，所以過的根源雖然是妄，但對於改過而言，除妄或去妄卻不是重點，不是工夫之所在，工夫要用在「去蔽」，什麼叫做「去蔽」？「去蔽」就是「就明中用箇提醒法，立地與之擴充去」，去蔽就是心之自我提醒而又擴充，原來就是在本文在〈證人要旨〉中所說的〈治念法〉與「保任法」，這樣一來，就可得知原來蕺山的「妄」其實就是在〈證人要旨〉中「凜閒居以體獨」、「卜動念以知幾」中間的「偶著一念」之「偶著」之前一刹那的動作也 (天理人欲同體依的關係)，妄沒有實體，它是獨體不清明時，才會生出的東西，故決無法正面說出它是什麼東西，故蕺山只能用消極性的字眼「最難解」、「無病痛可指」、「無面目」來形容，因此工夫也只能是「凜閒居以體獨」、「卜動念以知幾」的「靜坐與讀書」或〈治念說〉與「保任法」，這幾個工夫，總說其實就是一個「勿忘勿助地常惺惺地警覺也」，這樣就能一直在「明」之中，而「暗」之「妄」也就不會出現了，這就是過的本質，也是改過最重要的關節處。〔註232〕

〔註232〕蕺山這種「過的根源在妄」但改過工夫在「學在去蔽，不必除妄」的改過思想有時會令人不解而下錯判斷，如陳啓文先生探討蕺山「『妄』——『過』所以成之因」時，最後下了個結論：「於此需說明的是，依蕺山所言，人之本質乃爲善質，之所以會有『過』，蕺山乃歸因於『妄』所致，蕺山此說似乎說明了『過』惡之根源。然而蕺山於進一步說明『妄』之所以生之因，是歸於則是契機乘除之際不得不有之 (不能無過) 者，而將『妄』之發生歸於必然，這就又未能說明『妄』生成之因。」見陳啓文：《劉蕺山之「道德主體理論」分析》，台北：台灣師範大學國文研究所 2000 年碩士論文，頁 120。又：蕺山這樣的說法在佛學中有一個著名的事件可爲註腳。《佛祖歷代通載》卷第十四：「代宗嘗在便殿，指天下觀軍容使魚朝恩，謂忠曰：『朝恩亦解些子佛法。』朝恩即問忠曰：『何者是無明？無明從何而起？』忠曰：『佛法衰相今現。』帝曰：『何也？』忠曰：『奴也解問佛法，豈非衰相今現。』朝恩色大怒。忠曰：『即此是無明，無明從此起。』」見《大正藏》第 49 冊，頁 605。

3.3.3　有次第中無次第

3.3.3.1　因位起修與果位起修

　　現在本文進入蕺山工夫論中的「有次第中無次第」，在此要先說明的是，所謂「有次第中無次第」中的「無次第」顯然是蘊含著「頓」的意思，就當下無次第的這個「頓」當然可以開展出一套存有論來。一般研究宋明理學的學者，常喜歡把工夫論當本體論來研究，例如論改過，一定要談到「過的來源」，好像過的來源知道了，就可以改過似的；論道德實踐，一定要說到道德實踐之所以可能的先天根據或超越根據是什麼；論如何由沉溺中超拔，一定要說到良知之自我覺醒，此外別無他法。這樣的論法，當然也有其精采，但筆者總覺得宋明理學還有她的另一面，即重工夫論的一面，因此之故，本小節便以蕺山為例來說明，以蕺山而言，本體論幾乎都可以化成工夫論來談，蕺山說：「學者只有工夫可說，其本體處直是著不得一語，纔著一語，便是工夫邊事。然言工夫，而本體在其中矣。」〔註233〕即是此意。現在這種「有次第中無次第」所成的不只是一種圓融化境的可能，還有其工夫的面向。關於其當下「無次第」開出的存有論，本文留待下章立論，本小節要論述其工夫論面向。但要小心，蕺山其實是非常忌諱「頓」的，這是由於他的時代任務是要解決陽明後學之「情識而肆、虛玄而蕩」，頓就容易虛玄而蕩，蕩就是「蕩越」，就是忽略了該有的步驟與歷程，蕺山曰：

> 聖人之學，因有本而以漸達也。惟有本，故漸達。原泉混混，不舍晝夜，盈科而後進是也。夫有恆，其本也。有恆者，常心也。嘗守其作聖之心而不二，則漸進於善人矣，漸進於君子矣，漸進於聖人矣。「亡而為有，虛而為盈，約而為泰」，一路浮誇，欲立躋善人、君子、聖人之地，以為學主頓法，而不知適以自賊其本心之德而已，故曰「難乎有恆矣」。然則凡頓學皆偽學也。（《論語學案·聖人吾不得而見之矣章》，《全集》一，頁431～432，40歲。）

「凡頓學皆偽學也」，此話說得何其嚴厲，此因蕺山見當時王門後學流弊而發之感言，蕺山的意見主要是說，就本心常在是有恆的，但這個有恆不代表道德實踐者現在就是聖人，現實情境中的人守此心，則慢慢成為善人，君子、聖人，故他說頓學皆偽學也。但就蕺山關於道德實踐中的「有次第中無次第」

〔註233〕〈答履思二〉，《全集》三上，頁363，54歲。

是不是就是僞學？在此要注意「有次第中無次第」有兩個意思，第一，它是和「有次第」圓融配合；第二，它還是要起修的，不是一悟即了的，還是要講其證量的。這兩個意思合起來就是說，從無次第下手起修，但對於修法的證量考驗，除了在日常生活的實踐外，還可以以《聖學喫緊三關》、《人譜》、《人譜雜記》等書，作爲查證或印證，以免坐犯「躐等」之弊。它不是一徹即徹、一悟即了的，還是有個歷程在，這就是起修的意義。於此要進而說明「因位起修」與「果位起修」兩詞的意義，了解了，就不會有此疑惑了。

　　所謂「因位起修」與「果位起修」，是佛學中的名詞，一般是用來區分顯宗與密宗、或說顯教與密教。所謂「因位起修」，就是說當人從凡人修行而欲成佛時，凡人當然還沒有佛的位階，沒有佛所該具備的條件，所以必須從凡人的位置上，努力修行，不管修的是「四聖諦」、「八正道」、「十二因緣」的小乘教法，還是「六度萬行」的大乘菩薩道，經過了一段時間後（如大乘的三大阿僧祇劫），把成佛之因都具足了、條件夠了，這時我們就成佛了。就凡夫修行的起點與次第之間，就叫「因位」，就修行而得證之結果位階，就叫「果位」。密教的修行比較獨特，它是從「果位起修」的，所謂「果位起修」是說，原本我是凡夫，我應該從成佛之因開始努力修行，從十信、十住、十行、十回向、十地、等覺、妙覺，等到因緣成熟，就水到渠成而成佛了，但是我現在不要如此，我不把自己當成凡夫，我要顛倒來修，我要把我自己當成佛，因爲眾生原本就有佛性，我原本就是佛，「我就是佛」，然後我再去看佛的果位上有何條件，我直接就去完成那些條件，而不從因位開始修起。例如凡夫的氣脈常常是不通的，因爲修六度，心平氣和，慢慢地，氣順脈開，而中脈暢通成佛，密教發現，佛的中脈都是通的，所以它就不直接去修六度，而直接去修中脈暢通，這樣就叫「果位起修」。它雖然是從果位修起，但不表示一蹴可幾，還時要修的。〔註234〕

　　儒家的教法其實也包含這「因位起修」與「果位起修」兩面。以上段蕺山的引文來看，從小人、善人、君子到聖人，可以從克己復禮慢慢修行而到善人、君子、聖人，從義利之辨的《聖學喫緊三關》中的〈人己關〉做起，

〔註234〕以上所論是佛學顯密的基本常識，故不詳細引述，可參張性人：《金剛乘法要略述》第二章，收入圓烈編：《認識密教》（台北：大千出版社，2001），頁68～72。洪啓嵩：《神通、眞言與手印》（台北：時報出版公司，1994），頁309～310。

然後慢慢從小人晉升到君子。可是在日常生活中的道德實踐，常常是先從《論語》中，知道君子該有何行爲，然後在遇到考驗時，說君子該如何如何而實踐的。例如以「人不知而不慍，不亦君子乎」來說，在日常生活中，常常會因別人沒發現我的存在、我的重要，甚至忽視我的存在而慍、而在乎，就道德實踐言，可以是慢慢的灑掃應對進退、克己復禮、遷善改過，而得知人生的價值原本不在別人知不知上，故不慍；但也可以不知道這其中的實踐過程，直接就以「人不知而不慍」來做起，這就是果位起修。陽明歷經廷杖、貶官、被暗殺、跳水而至龍場驛窮困之地，從者皆病，因念「聖人處此，更有何道？」〔註235〕果位起修是也。

蕺山無疑也有這兩面，只是問題在有沒有自覺的提出來而已，在這裡，蕺山恰好有自覺的提出「果位起修」這個概念（不是名詞），蕺山曰：

> 一貫之道，即天地之道，非聖人所得而私也。聖人自任以爲吾道者，聖人從自己心上看出此道，滿盤流露，一實萬分，盈天地間，萬事萬物各有條理，而其血脈貫通處，渾無內外人己感應之跡，亦無精粗大小之殊，所謂「一以貫之」也。「一」本無體，就至不一中會得無二無雜之體，從此手提線索，一一貫通，纔有壅淤，便與消融，纔看偏枯，便與圓滿，時時澄澈，處處流行，直將天地萬物之理打合一處，亦更無以我合彼之勞，方是聖學分量。此孔門求仁之旨也。
>
> （《論語學案・參乎吾道一以貫之章》，《全集》一，頁 362～363，40歲。）

這一則引文中，蕺山以爲，在聖人的境界中，看到的世界跟小人看到的世界是不同的，聖人所看到的是世界是沒有內外人己對立、精粗大小之別的「萬物一體」之天理流行世界。所以就人現在要道德實踐的話，正可以依此聖人之「證量」爲主而「手提線索」，作爲日常生活之實踐準則，如果有衝突地方，就消融圓滿之，到最後，「直將天地萬物之理打合一處，亦更無以我合

〔註235〕見吳光等人編校：《王陽明全集》下（上海：上海古籍出版社，1995），頁 1227～1228。事實上，陽明的「致良知」教法也是果位起修的實踐方式，在陽明的〈大學問〉一文完全由「萬物一體」此劉蕺山所認爲的「求仁之極則」出發立論（〈大學問〉一文，是《王陽明全集》中一篇比較特殊的作品，所謂特殊不是說它的義理，是說它是作爲一個「教法」來實踐的，這篇作品在當初陽明是用來啓發初入門者之心地，而能「直下承當、直造聖域」之用，故不准弟子筆錄成書，因其擔心流爲文字學問。）但因爲它缺乏因地上的鍛鍊，故爲學的面向就和蕺山學不同，參見《王陽明全集》下，頁 967～973。

彼之勞，方是聖學分量。」這就是「果位起修」的意義與歷程，「果位起修」
意義是說從原本修行得證的最高階來將其努力從生活中實現。

3.3.3.1.1　體認親切法

蕺山「體認親切法」：

> 身在天地萬物之中，非有我之得私；
>
> 心包天地萬物之外，非一膜之能圍。
>
> 通天地萬物爲一心，更無中外可言；
>
> 體天地萬物爲一本，更無本之可覓。
>
> （〈學言上〉，《全集》二，頁 463，59 歲。）

「體認親切法」猛然一看，似乎在描寫一個化境，不過有其工夫意義。蕺山
雖然以「親切」二字形容之，但一般人恐怕也不親切，例如錢穆先生對於「體
認親切法」的評論即是「如此般的來體認，實也不易得親切。」〔註236〕爲什
麼呢？因爲「體認親切法」正是從道德實踐的最高點來立論的，而使人欲實
踐於日常生活之中，故以「體認」命名，「親切」原本是就聖人的證量而言，
但在工夫意義下，「親切」是從「聖教量」下的認知，再到覺受、再實證爲自
己的「證量」，若不從事道德實踐，則已，若要從事道德實踐，則最後必然是
「親切」的。

蕺山曰：

> 凡以善承天心之仁愛，而生死兩無所憾焉，斯已矣！此之謂立命之
> 學。至此而君子眞能通天地萬物以爲一體矣。此求仁之極則也。（《聖
> 學宗要》，《全集》二，頁 272，57 歲。）

蕺山 34 歲就與劉永澄，各出證數年學力深淺，相與究「求仁」之旨，〔註237〕
49 歲時就以「求仁」來回答當時學者問孔、孟之大旨，〔註238〕到了 66 歲還
說「孔門之學，莫先於於求仁」〔註239〕，可以知道，蕺山的道德實踐學，可
以說就是「求仁之學」。而什麼是「求仁」的「極則」，正是「通天地萬物以
爲一體」也。而「體認親切法」正是眞實呈現出「仁者與天地萬物爲一體」
之證量而要求道德實踐者去體認的。首句「身在天地萬物之中，非有我之得

〔註236〕參錢穆：《宋明理學概述》（台北：台灣學生書局，1992），頁 432。

〔註237〕〈劉譜〉34 歲條，《全集》五，頁 125，34 歲。

〔註238〕《孔孟合璧》，《全集》二，頁 183，49 歲。

〔註239〕《證學雜解・解一》，《全集》二，頁 305，66 歲。

私」，由身體出發來看，身體是在天地萬物之中，但身體表面看是我個人的身體，蕺山卻遮撥這種看法，而說不是我個人、私的身體，因為蕺山的身體是個「大身」，蕺山曰：

> 「形色，天性也。」故《大學》之教，歸於修身，內之攝心意知物，外之攝家國天下，此踐形之盡也。（〈學言中〉，《全集》二，頁499，60歲。）

> 吾儒之學，直從天地萬物一體處看出大身子。天地萬物之始，即吾之始；天地萬物之終，即吾之終。終終始始，無有窮盡，只此是生死之說。（〈生死說〉，《全集》二，頁379，54歲。）

第一則引文，從形色、身、形來立說，內涵心意知物，外包家國天下，顯示出蕺山的身乃是第二則引文中的「大身」〔註240〕，所以不是我個人之所私的。「體認親切法」次句「心包天地萬物之外，非一膜之能圍」是說明當天理在我身上呈現時，此時的心是包天地萬物而無限的。由此第三句「通天地萬物為一心，更無中外可言」整個天地都為我心所充滿，沒有任何的界限分際中外可分。第四句「體天地萬物為一本，更無本之可覓」說明這時體證到「天地萬物為一體」，但嚴格說，說一體還是不對，在一個相對的境界中，才能說有一個「一體」，所以蕺山再遮撥這個「萬物一體」的說法，而說「更無本之可覓」。

筆者以為蕺山的「體認親切法」的實踐可以有兩個面向，一是在〈證人要旨〉（〈六事功課〉）中的第一步「凜閒居以體獨」中的兩個工夫（靜坐與讀書）中的靜坐來體認；第二是從日常生活中實踐起，關於這一方面，就是蕺山強調的「人以天地萬物為一體」（不是傳統的「仁者與天地萬物為一體」），這就在下小節討論吧。

3.3.3.1.2 「人以天地萬物為一體」

蕺山曰：

> 仁者以天地萬物為一體，乃人以天地萬物為一體，非仁者以天地萬物為一體也。若人與天地萬物本是二體，必借仁者以合之，蚤已成隔膜見矣。人合天地萬物以為人，猶之心合耳、目、口、鼻、四肢以為心。今人以七尺言人，而遺其天地萬物皆備之人者，不知人者

〔註240〕蕺山「大身」之說仍可參楊儒賓：〈死生與義理──劉宗周與高攀龍的承諾〉，收入鍾彩鈞主編：《劉蕺山學術思想論集》（台北：中央研究院文哲所籌備處，1998），頁540～550。

　　也；以一膜言心，而遺其耳、目、口、鼻、四肢皆備之心者，不知
　　心者也。學者於此信得及、見得破，我與天地萬物本無間隔，即欲
　　容其自私自利之見以自絕於天而不可得。不須推致，不煩比擬，自
　　然親親而仁民，仁民而愛物，義、禮、智、信一齊俱到，此所以為
　　性學也。（〈答履思五〉，《全集》三上，頁367，55歲。）

在這一則引文中，蕺山區分兩個概念，「仁者以天地萬物為一體」與「人以天地萬物為一體」，蕺山以為後者「人以天地萬物為一體」才是恰當的，他以為若說是人與天地萬物本來是分裂的，必須實踐到「仁者」的階段才將人與天地萬物兩者合一，這樣的出發點就錯了，不是在出發點是有「隔膜」的兩個東西，而是一開始就合一、就是一體。〔註241〕蕺山用心之覺知和耳、目、口、鼻、四肢的關係來比喻，當說到心有覺知時，這時耳、目、口、鼻、四肢是在後面一起作支撐的，這個意思是說，當我覺知到我聽到一個聲音、看到一個物體時，心和耳、目是一起的，本來就無間隔的。同理，當說到人時，也很容易陷在人只是個身體內的人而已，而忘了在後面皆備於我的萬物，故說「人以天地萬物為一體」。蕺山在此勉勵學者，要於此「信得即、見得破」「人與天地萬物本無間隔」，如此，不需要「推擴」，不需要「同理心的理解」（比擬），自然就「親親而仁民，仁民而愛物，義、禮、智、信一齊俱到」，這什麼意思？好像就是「主張用『修齊治平』之功來達到『格致誠正』的境界」〔註242〕，原本儒學是內聖通外王，現在好像變成外王通內聖了，其實嚴格說，這樣說，也是不對的，這時沒有內聖與外王的區分，而是「一齊俱到」，蕺山認為就是直接「人以天地萬物為一體」，就在這一體之證量中，直接放入日常生活之中，不管有事抑或無事，是即外王即內聖的，這就是「果位起修」。蕺山說只要在此「信得及、見得破」，那麼就外王內聖一齊俱到，所謂「信得及」就是當下承擔那果位上的最高點也，這實在不容易，蕺山曰：

　　所謂「信得及」者，只於此心中便覺一下耳：纔覺一下，便千變萬
　　化用之不窮：雖千變萬化用之不窮，卻非於此心之外又加毫末也。
　　此心原來具足，反求即是。反求即是覺地，覺路即是聖路。不隔身

〔註241〕所以「人」如果和「仁者」是一的話，蕺山有時也獨立地說「仁者以天地萬
　　　　物為一體」，見〈遺編學言〉，《全集》二，頁567，歲不詳。
〔註242〕見鄭吉雄：〈黃梨洲恢復證人講會在學術史上的意義〉，收入方祖猷、滕復主
　　　　編：《論浙東學術》，北京：中國社會科學出版社，1995，頁271。

心，不岐凡聖、不囿根氣、不須等待，方是真潔淨。學者但時保任
而已，別無他謬巧也。(〈論羅近溪先生語錄二則示秦履思〉，《全集》
三上，頁420，62歲。)

這裡的「信得及」要當下「不隔身心，不岐凡聖、不囿根氣、不須等待」，而
只時時在當下中保任，即是最高果位之「證量相傳」之意。這樣的道德實踐，
看起來很簡單，其實也很危險，沒有細密的心思，是很容易有陽明後學良知
情識想混的現象發生，例如我對他人發怒，是因一體而當發的「義怒」還是
純粹自我尊嚴受損的「私怒」，粗略者是很難從事於此的，這時《人譜》與《人
譜雜記》就顯出它的重要性了。

第四章 證量要求下的蕺山內聖學之道德實踐存有論

4.1 前 言

在前兩章的基礎上，現在要進入蕺山內聖學中的存有論。這個存有論是奠基在蕺山在當下「辯證綜合」的「此有」（氣）之道德實踐的證量下，而非其憑空懸想下所得到的「影響」，這是蕺山頗爲忌諱的。

> 秦弘祐謂：「陶先生言識認本體，識認即工夫，惡得以專談本體少之？」（蕺山）曰：「識認終屬想像邊事，即偶有所得，亦一時恍惚之見，不可便以爲了徹也。且本體只在日用嘗行之中，若舍日用嘗行，以爲別有一物，可以兩相湊泊，無乃索道於虛無影響之間乎？」（〈會錄〉，《全集》二，頁601～602，57歲。）

換言之，對於本體一定要在日用嘗行間予以身證體會，這裡還是要求有一定的「證量」，因爲有證量的本體論就會是定見，而不是「一時恍惚之見」，猶如一般我們常發生的現象：昨天還覺得我的見解很對，今天就覺得有錯誤，這就是因爲沒有證的緣故，只有一時的思維、想像、或是感受、覺受。蕺山在本體論上的思維，頗爲一致，從37歲作〈心論〉起，到68歲絕食殉國，幾乎沒有巨大的轉變，只是在描述的重點上有轉移，所謂有轉移是從「契機」來說的，因爲個人時間的有限，無法一時把所有的言論說完，即使有所說，常也因其環境或對象而說（如「證人社」時期），這是在第二章蕺山學說發展的階段論中所說的，因此在此可以把蕺山此類的文獻，同時來看，包含年輕

到老年，而不會有階段論上的衝突。

　　一般在研究宋明理學時，常把所研究對象的整個體系分成本體論與工夫論，再把本體論分成心性論與理氣論，這樣的劃分對於重統攝的蕺山學來說，有它的方便性，但比較難掌握蕺山學〔註 1〕，因為蕺山的理氣論和心性論也是合一辯證的，例如最為人詬病也是比較有名的命題：「人心的仁義禮智、喜怒哀樂和天地之春夏秋冬相配」即是如此，李振綱先生觀察蕺山學的特色發現：

> 由於理氣論與心性論在蕺山哲學邏輯結構中這種上鉤下連、若即若離的特殊關係，在解讀蕺山文本時常發現這樣的情況：有時即心性論而言理氣論，有時離心性論而言理氣論，有時在心性論中講理氣道器問題，有時在理氣論中雜糅著心性論內容。如果我們不體貼蕺山為學的良工苦心，就難免因其理氣論與心性論劃界不清而責備其浮淺和析理不精，也難免會見其心性論上時常懸掛這一個理氣論背影而嘲諷其支離和見道不明，但如果我們明白蕺山的論學背景和學路指向，就會洞明其理氣心性圓融一貫的精神。〔註2〕

李先生此處所說可謂諦當，所以筆者底下的敘述不擬如此地依一般的方式（區分理氣論、心性論等）去討論蕺山學，筆者準備從兩方面來著手探討蕺山的存有論，一是「天理系統」，一是「人欲系統」，之所以如此，是因為天理與人欲是「同體依」的關係，當心之操存清明而使人欲無住無執之時，乃「天理流行」境界；當心之存養不得力時，此時天理無住，乃是「人欲作用」境界，故從此二者著手恰有其合理性。

　　就「天理系統」而言，先從蕺山的歷程與本體（存有）的關係出發，先說明蕺山的時間觀，蕺山的時間觀如果能理解，則對於蕺山的「『一本而萬殊，

〔註 1〕 如東方朔：《劉蕺山哲學研究》（上海：上海人民出版社，1997）一書，全書以「引論」、「理氣論」、「心性論」、「誠意論」、「慎獨論」、「蕺山哲學之定位」來展開對於蕺山的闡述。又如曾文瑩：《劉蕺山心性學研究》，中壢：中央大學中文研究所 1996 年碩士論文，全文以「緒論」、「蕺山生平、所處時代思潮及蕺山學之方向」、「蕺山思想中之本體理論」、「蕺山思想中的工夫理論」、「心性情之關係與理氣」、「結論」展開對蕺山的討論。在東方先生的書中，充分把其中的尷尬表現出來，例如標明「理氣論」但常常又不能不說到「心性論」，參該書第二章。

〔註 2〕 李振綱：《證人之境——劉宗周哲學的宗旨》（北京：人民出版社，2000），頁155。

會眾以合一』之辯證綜合」的思維模式，就比較能了解，進而對於上述爲人詬病的著名命題也就比較能有同情的理解，這樣，此節的目的就算達成。

就「人欲系統」而言，筆者準備從「在欲中現身」、「存養」（含省察）、「世教」來描述，並處理蕺山很特殊的「死亡學」或「生死學」觀念。

就這樣的描述方法而言是權宜方便的，因爲就蕺山言，天理人欲是同體依的關係，因此現實上，人的道德實踐，可能就在這其中徘徊，而這樣的區分的寫法，感到好像是兩個完全不相干的東西，其實它們是完全地「辯證綜合」地在當下的「此有」（氣）之中，這也是蕺山爲何實踐工夫上總強調「戒愼恐懼」、「戰兢惕厲」的緣故。

4.2　天理流行下的存有論

4.2.1　蕺山的時間觀：音樂性的時間觀

在敘述蕺山「音樂性的時間觀」之前，先說明蕺山時間觀的前提，在這樣的基礎上，對於蕺山這種很奇特怪異的時間觀就不會有所訝異了。

4.2.1.1　「天理流行」、「萬物一體」的時空證量

蕺山時間觀的前提，就是在道德實踐下，在當下「辯證綜合」的「此有」（氣）上要求「親證性」的「永恆」（eternity）（也就是說要有證量）。在流俗的時間觀中，是可以分作「過去」、「現在」、「未來」三部分。「過去」就是已經流逝的「現在」，「未來」是還沒來的「現在」，「現在」就是當下存在的「瞬間」，過去、現在、未來其間是斷裂的，在這種時間觀中的「現在」的「瞬間」中，可以有道德實踐上的「永恆」發生（即體會到「天理」、「太極」），「永恆」雖然是發生在這種一般人的斷裂的時間中，但發生後，「永恆」卻可以包住、超越這個斷裂的時間中。事實上，以上祇是一種「現象學上的事實描述」而已，問題在，當人親證了這種「永恆性」後，他所看到的時間觀便會變成怎樣？這時候，他已經不是一般人流俗的時間觀了，這就會讓一般人很難理解他的時間觀，〔註3〕那他的時間觀會變成怎樣呢？而這種時間觀要怎樣來描

〔註3〕　由於筆者也是一般人，所以在理解蕺山的時間觀時，充滿了困難與挫折，筆者在此只希望能夠「智及」到蕺山的時間觀（即未必是「仁守」地親證的證量），其中也許也有誤差的存在，由於非親證的談論，筆者只能就著「蕺山的文獻」用第一章「德之象徵」的閱讀方法來檢證此處的理解。

述？這種天理流行的世界要如何來說明？

　　首先蕺山發現這種時候，人很難用語言去形容，因為語言總是主客二分的，這是語言先天的限制，所以蕺山說此時「人生而靜以上不容說」〔註4〕，用「維玄維默」來形容，蕺山曰：

> 程子又曰：「吾學雖有所授，然天理二字，卻是自家體認出來。」夫既從自家體認而出，則非由名相湊泊可知。凡仁與義，皆天理之名相，而不可即以名相為天理，謂其不屬自家物故也。試問學者，何處是自家一路？須切己反觀，推究到至隱至微處，方有著落。此中無一切名相，亦並無聲臭可窺，只是個維玄維默而已。雖維玄維默，而實無一物不體備其中，所謂天也。（〈求放心說〉，《全集》二，頁356，55歲。）

在這則引文中，蕺山說對於「天理」的體認而言，當道德實踐者體認到天理時，此中超越一切名相、語言，也無聲臭可以窺及，故只能用「維玄維默」來形容，所謂「玄」是指沒有任何聲臭可聞，至隱至微，卻是「無一物不體備其中」；所謂「默」就是我們這裡所強調的無法用語言去形容。

　　雖然人體認到「天理」時，此時的狀態是不容說、超越語言，可是在日常生活中，在傳道、授業、解惑上，又一定要說，那怎麼辦呢？要如何來「面對事情本身地描述」？蕺山發現可以用一種辦法來說，什麼辦法？蕺山曰：

> 今年春，罷官京師，居外邸，頗與友人論太極之說，覺語不可了，輒舉《易》以對。（《周易古文鈔·易經古文鈔議小引》，《全集》一，頁2，66歲。）

在這一段引文中，蕺山說，對於太極的論說，他常常覺得「語不可了」，但蕺山在此並不學一些祖師般的「拈花微笑」式的回答以用「沉默」或「拍案」等方式來表達這個「語不可了」，他發現，雖然如此，他還是可以用一種語言來回應，就是《易經》的語言來回答。很可惜，蕺山沒有在此說明在具體情況下，他到底如何覺「語不可了」，然後如何用《易經》來對答，但我們可以由《易經》的特色與蕺山其他文獻得知，這就是我們在第二章2.4節「辯證觀」中所說的「詭辭」（「弔詭的語式」），這種「詭辭」用法之一就是蕺山用來描述「太極」、「天理流行」的，為什麼呢？因為《易經》的特色，正是「相反相成」，蕺山曰：

〔註4〕見〈證學雜解·解二〉，《全集》二，頁305，66歲。

> 卦立而象具，因象繫辭，因辭定占，各有一定之理。此《易》之體
> 也。……一剛一柔，互相推換，變化生焉。此《易》之用也。（《周
> 易古文鈔》下，《全集》一，頁249～250，66歲。）

熊十力先生曰：

> 《大易》談變化的法則，實不外相反相成。他們《大易》的作者。
> 畫出一種圖示，就是卦。來表示這相反相成的法則。每卦列三爻，
> 就是一生二、二生三的意思，這正表示相反相成。〔註5〕

從熊十力先生對《易經》的看法，蕺山此處正是用《易經》相反相成的表達
方法來闡述他對於本體的看法，這在蕺山的文獻中，也是很明顯的，例如，
蕺山曰：

> 只此動靜之理，分言之是陰陽，合言之是太極，故曰：『一陰一陽之
> 謂道。』即分即合是太極，非分非合是無極，故曰：「陰陽不測之謂
> 神。」（〈學言上〉，《全集》二，頁443，51歲。）〔註6〕

> 〈河圖〉陽生於陰，而周子以爲太極動而生陽；〈河圖〉陰生於陽，
> 而周子以爲太極靜而生陰，是〈河圖〉之二氣相生，而周子皆以太
> 極生之也。自相生則不必有太極，若以太極生兩儀，則太極實有一
> 物矣。（〈學言中〉，《全集》二，頁477～478，60歲。）

蕺山用與「相反相成」類似的手法「雙是雙非」，來表達其對於無極、太極的
看法，認爲「即分即合是太極」、「非分非合是無極」，而第二則文獻則更說明
其間的相分相合是陰陽二氣所「自生」，而非有一個實物叫「太極」的，來生
出陰陽二氣。

蕺山此類文獻不少，現在的重點不是去解釋這些文獻，而是想問：當一
個道德實踐者體證到「天理流行」或「太極」（證得本體）時，這時他到底發
生了什麼？在上文我們已經先用「永恆」兩個字來形容，合理嗎？蕺山曰：

> 夫子其天乎？通天下爲一體，聯萬古爲一息。（《論語學案·子畏於
> 匡章》，《全集》一，頁464，40歲。）

> 聖賢只就眼前道理，即身證學問，而萬物一體之意，隨大小廣狹，

〔註5〕熊十力：《新唯識論——熊十力論著集之一》（台北：文津出版社，1986），頁
　　　316。

〔註6〕在2.4.2「『辯證的綜合』要不要預設『超越的分解』小節中，有兩種詭辭的語
　　　式，蕺山這兩種詭辭的語式範例均不少，可參看該小節。

即以自見。如人一身，或得一體，或具體而微，而斟酌於元氣之周
施，上天下地，往古來今，盡在此間，此是洙、泗家風。(《論語學
案‧顏淵季路侍章》，《全集》一，頁 388，40 歲。)

在這兩則引文中，第一則引文說到，夫子在「天」的這個狀態，當人在「天」
的這個狀態下，這時候對時空的體認爲何？蕺山說這時是「通天下爲一體，
聯萬古爲一息。」本文以爲當道德實踐者體認到「本體」時，他的證量就是
這個「通天下爲一體，聯萬古爲一息。」這個證量就是考察的標準，這也是
我們在第三章 3.3.3「有次第中無次第」小節中，所說的「果位」意義。第二
則引文中，說到這是要「身證學問」的，而當人身證「萬物一體」之時，他
的證量爲何？在這則引文中說到「上天下地，往古來今，盡在此間，此是洙、
泗家風。」什麼是「孔門的家風」、「儒家的家風」？蕺山在此，認爲這個家
風就是「上天下地，往古來今，盡在此間」。

　　從這兩則引文我們可以得知，當道德實踐者，體認天理太極而操存之時，
他的時空狀態是和一般人不同的，這時是「通天下爲一體，聯萬古爲一息。」、
「上天下地，往古來今，盡在此間」，這兩句話是什麼意思？筆者現在不把這
兩句話當成是一種「襲用的言談」、「宇宙觀」、「化境」，而要當成是「證量」
（襲用的言談、宇宙觀、化境遇事不得力，證量卻是真實而有所用）〔註7〕，
也就是要把它落實到一個人的具體現實情況來說，這樣這兩句話就有「身心」
具體的情形可說（當然在別人的眼光中，他還只是個人，但他看世界，或者
說不是他看世界，而是世界自己看世界，因爲這時已經通天下爲一體了，他
看世界就是世界看世界，存有自己看自己，存有自己揭蔽他自己，當這時他
看世界，已經不是像一般一樣了，已經不是就只是個人了。）也就是說，就
時間上來說，他是「萬古一息」；就空間上來說，他是「通天下爲一體」，總
合來說，就是「上天下地，往古來今，盡在此間」。

　　「萬古一息」是什麼意思？就是在一般人眼中的「現在」這個時刻，是
「過去」、「現在」、「未來」都「在」的狀態，已經不是一般流俗眼光中的「過

〔註 7〕 筆者此處所說，重點在，孟子的「萬物皆備於我」被明道詮釋爲「仁者渾然
　　　　 與物同體」後，「萬物一體」之說已成定論，因此學者談論頗多，在晚明儒學
　　　　 界中，更是一流行的話頭，島田虔次的觀察即是如此，見島田虔次：〈明代思
　　　　 想の一基調──スゲッチ〉，《東方學報‧京都》36（1964 年），頁 577～589。
　　　　 對於重「歷史性」、「身證」的蕺山來說，其理解與證悟就會和其他人不同，
　　　　 而有其具體的「時空證量」。

去」、「現在」、「未來」斷裂可分的時空觀了，它是個連續不可分的時間觀，「當下」就是「過去」、「現在」、「未來」。為了區別起見，本文把「「當下」和「現在」這兩個名詞分開來使用，在斷裂的時間觀中的「此刻」，以「現在」稱呼；在人體認「天理流行」後的連續的時間觀中的「此刻」，以「當下」來稱呼。

　　而「通天下為一體」是什麼意思？就是在一般人眼中的「眼前」、「當前」這個空間，已經不是可分割、可佔據的有前、中、後、左邊、右邊、上、下的空間，而是「當體」〔註8〕就是「前、中、後、左邊、右邊、上、下」。同理，為了區別起見，本文把「當前」、「當體」分開來使用，就斷裂的、可分割、可佔據的空間觀之「眼前」叫「當前」，就人體認「天理流行」後的連續的空間觀中的「眼前」叫「當體」。

　　「時間就在當下，空間就在當體」，時間在當下，但有過去、現在、未來；空間在當體，但有廣大無邊的十方。當下就是過去、現在、未來；當體就是十方。

　　這種狀態本文就把它叫「永恆」（eternity），因為它已經超越了一般人的時空，而不叫「永遠」（forever），「永遠」只是還在一般人的時空度量衡下的一種無限長的時間，時空毀壞，「永遠」就毀壞；「永恆」卻是超越時空、超越人我的，無關乎時空而又包時空的。為何要把它叫「永恆」？因為這時可以「順便」地解決晚明儒學界一個大問題「生死問題」（對蕺山來說，是「順便」），關於此點（生死問題），留待下文來談。

4.2.1.2　「天理流行」下的時間觀：音樂性

　　現在我們要問，就蕺山來說，當他體會到「天理」、「太極」時〔註9〕，這個超越時空人我的「永恆」如何表現在流俗的時間性中而讓蕺山描述之而能為人所理解？要如何表現出蕺山在體證上的時空證量而為一般人所理解？

　　這就是「音樂性的時間觀」，劉蕺山正是用這個觀點去把他的時空證量描述出來。蕺山曰：

〔註8〕當體是配合當下這個時間名詞的空間名詞。採用自高攀龍：「大道非遙，當體便是。」見高攀龍：《高子未刻稿》卷六，〈上沈座師晴峰〉，（中央研究院傅斯年圖書館藏抄本）。

〔註9〕這個時間點可以推到蕺山37歲作〈心論〉時期，雖然本文上述的引文，最早是在40歲《論語學案》時，但並沒有衝突。

〈太極圖說〉言：太極生陰陽，陰陽生五行，五行生成萬物，物鍾
靈有人，人立極有聖，聖合德天地。似一事事有層節，豈知此理一
齊俱到！在天爲陰陽，在地爲剛柔，在人爲仁義。人與物亦復同得
此理，蠢不爲偏，靈不爲全，聖不加豐，凡不加嗇。直是渾然一致，
萬碎萬圓，不煩比擬，不假作合，方見此理之妙。

凡事皆有始終，由一言一動、一呼一吸推之，乃知天地有大始終。
然始無所始，當其始，有終之用；終無所終，當其終，有始之用。
終終始始，相禪無窮，間不容髮，總一呼一吸之積。（〈學言中〉，《全
集》二，頁 482，60 歲，標點符號有改變。）

這兩則文獻，是相連的兩則，一起俱引是因爲可以避免某些學者對於蕺山存
有論的誤解。對於蕺山的存有論的某些文獻來說，常常會讓人有「宇宙發生
學」（cosmogony）的錯誤看法，在這則引文的第一大段中，就清楚說到從太
極生兩儀，兩儀生五行，五行生萬物，好像是有個發生的次第存在（存有論
中的宇宙論），其實沒有，〔註10〕引文中說到這情形是「似一事事有層節，豈
知此理一齊俱到」，什麼叫做「此理一齊俱到」？就是「上天下地，往古來今，
盡在此間」，蕺山如何表達？就是在這則引文中的第二大段中所說的，「然始
無所始，當其始，有終之用；終無所終，當其終，有始之用。」這就是本文
所謂的「蕺山的時間觀：音樂性的時間觀」，在這段話中，「始無所始」是說
開始不只是開始這一點而已，開始還包含有「終之用」，「終無所終」是說結
尾也不只是結尾而已，還有始點在其中的「始之用」，蕺山這種話到底是在表
現些什麼？好像在玩弄文字語言似的，其實不是，讓我們用音樂來說明，當
我們在欣賞一首交響樂時，其間的音符關係就是蕺山這裡的時間觀，也就是
我們不能就一個個的音符來看，必須整個來看，單獨一個音符在此無獨立存
在的意義，當演奏第一個音符時，作爲此交響樂之所以爲交響樂而言，正必

〔註10〕 東方朔先生即是如此，對於蕺山一段著名的文獻：盈天地間，一氣而已矣。
有氣斯有數，有數斯有象，有象斯有名，有名斯有物，有物斯有性，有性斯
有道，故道其後起也。而求道者，輒求之未始有氣之先，以爲道生氣，則道
亦何物也，而能遂生氣乎？（〈學言中〉，《全集》二，頁 480，60 歲。）
東方先生的解釋爲是「一順鞭的相生關係」，見東方朔：《劉蕺山哲學研究》（上
海：上海人民出版社，1997），頁 77。李明輝先生亦是如此看法「宇宙發生學
的意涵」，參李明輝：〈劉蕺山對朱子理氣論的批判〉，《漢學研究》第 19 卷第
2 期（總 39 期）2001.12，頁 6。蕺山這段著名文獻筆者以爲應和上述引文合
看，比較圓滿。

須蘊含著後面的音符，直到最後一個音符，同理，最後一個音符也沒有獨立存在的地位，它正要攝受前面所有的音符，才能成其為最後的音符，換句話說，就一交響樂而言，「始無所始，當其始，有終之用；終無所終，當其終，有始之用。」雖然聽起來，有前後的次序不同，但前中有後，後中有前，前後互相攝受箝入，就開始而言，前已預設後的存在，就結尾言，後已包含前的存在。所以就「當下」這「一般所謂」的瞬間而言，是包含過去、現在、未來，當在說「前」時，不能只是聽到「前」，還要連同聽到未來的「後」；當在說「後」時，不能只是聽到「後」，還要連同聽到過去的「前」，這樣才能了解蕺山的時間觀。〔註11〕如此我們再回到第二則引文，當蕺山說「凡事皆有始終」時，他就必然要在後面加上「終終始始，相禪無窮，間不容髮」，因為就「凡事皆有始終」而言，正好像時間是個有起有結束的斷滅，蕺山的時間觀是連續的「音樂性」時間觀，因此「當下」永遠是有著「過去」、「現在」、「未來」，不容許是有始有終的斷滅，因此就必須加上「終終始始，相禪無窮，間不容髮」，看起來有矛盾，其實沒有矛盾。所以蕺山總結說：

> 以易知，故即以易而知物；以簡能，故即順乾之易以為簡而成物。
> 易知，故物物皆於乾資始而有親；易從，故物物皆於坤作成而有功。

〔註11〕關於蕺山的時間觀，筆者在解讀時，充滿了艱辛。剛開始，曾經用「橢圓的雙焦點式時間觀」模型來予以理解，所謂「橢圓的雙焦點式時間觀」是說，在一橢圓上，任一點的位置和雙焦點的距離總合都是一樣的，因此當正在說某點和橢圓其中一個焦點的關係時，必然已經預設另一個焦點的關係，這兩個焦點關係要同時存在於橢圓的每一點位置上，這可以解釋某些文獻，如「由中導和，有前後際，而實非判然分為二時。……由中導和，有顯微際，而亦非截然分為兩在。」或「惟存發總是一機，故中和渾是一性。」（〈學言中〉，《全集》二，頁487、489，60歲。）後來筆者發現，這樣的詮釋仍然太「死」，所謂太「死」就是缺乏其間的流動性，尤其很難解釋蕺山某些特別展開的文獻，如：「心中有意，意中有知，知中有物，物有身與家國天下，是心之無盡藏處。性中有命，命中有天，天合道，道合教，教合天地萬物，是性之無盡藏處。」（〈學言中〉，《全集》二，頁491，60歲。）或「心無體、以意為體；意無體，以知為體；知無體，以物為體；物無用，以知為用；知無用，以意為用；意無用，以心為用。此之謂體用一源、此之謂顯微無間。」（〈學言下〉，《全集》二，頁531，66歲。）之後筆者嘗試用曾昭旭師和林安梧先生的「兩端一致論」或黑格爾的「在其自己、為其自己、在其且為其自己」之模式來理解，雖然比較順暢，可是其中未來「目的論」味道太強，無法說明蕺山的「天理人欲同體依」的「當下觀」，參曾昭旭：《在說與不說之間》（台北：漢光文化公司，1992）第三章、林安梧：《王船山人性史哲學之研究》（台北：東大圖書公司，1991）第四章。最後，發現蕺山的「音樂性時間觀」後，此問題皆迎刃而解。

有親，故始始不窮而通萬古於一息；有功，故生生不匱而會寰宇爲
一身。(《周易古文鈔》下，《全集》一，頁 249，66 歲。)

　　將「始始不窮」、「生生不匱」實踐在當下的「通萬古於一息」、「會寰宇
爲一身」之中。

　　在「音樂性的時間觀」中，時間的基本單位是「時段」(epochal)，而非「瞬
間」(instant)，所謂「時段」就是以一段「歷程」爲主；所謂「瞬間」就是以
一「刹那」爲主。也就是說，我們看事物時，一睜開眼，基本的時間單位就是
一個段落，而不是一個瞬間。但這個「時段」中的「段」字，我們也不能看死，
也要知道這個段也是個非常有彈性的「段」。所謂非常有彈性的「段」是說這個
「時段」和其他的「時段」並非有截然的劃分，這樣又會淪於「刹那的斷滅論」，
而和我們的親證的證量不合，它們也是「終終始始，相襌無窮，間不容髮」，用
音樂來比喻，正如交響曲中的第一樂章、第二樂章……。〔註12〕時段與時段之
間也是互相攝受的、互相包含的，不同的交響曲中也是互相攝受箝入的。時段
間是一個不可分割的整體。

4.2.2　歷程即本體：萬物統體一太極，物物各具一太極

　　由蕺山的「音樂性的時間觀」我們就可以來說明蕺山的太極觀，太極並
不是一個超越的實體，而是在陰陽二氣互動之中呈現其自己，蕺山曰：

子曰：「易有太極。」(新本下云：「太極之說，夫子只就二四六八與
六十四中看出，非實有一物踞其上也。」)周子則云：「無極而太極」

〔註12〕「時段」而非「瞬間」的觀念來自近代物理學的發展，朱建民先生曰：現代
物理對古典物理已作了若干修正。就相對論而言，它以非歐幾何代替歐式幾
何的運用，尤其在它的光錐(lightcone)理論中，光速不再是古典物理學中的
無限大，而是個相當大的常數，因此，觀察者的物理現在是一段時間，是綿
延(duration)而非一瞬間。此外，就量子物理而言，任何一個物理事件，即
使是光的產生，由於電子能階之激發然後降落至穩定態，更是需要一段時間，
換言之，一個物理事件就其時間上的側面而言，是綿延的。」(見朱建民編述：
《現代形上學的祭酒──懷德海》(台北：允晨文化公司，1982)，頁 59。)
懷德海(A.N.Whtehead，1861～1947)由此悟及他的「事件」(event)或「現
實實有」(actual entity)之時間觀，參同該書第二章與第三章，筆者由此悟及
蕺山「氣」(此有)的時間觀。懷德海由此「現實實有」說明科學誕生之理論
基礎，筆者以爲此處所論之時空觀也可爲傳統儒學開出「科學」作一種哲學
理論基礎的準備(可以參酌懷德海的處理)，而在牟宗三先生「良知坎陷以開
出科學」外，另備一說。

無極則有極之轉語，故曰：「太極本無極。」蓋恐人執極於有也。而後之人又執無於有之上，則有是無矣。轉云「無是無」，語愈玄而道愈晦矣。(〈學言中〉，《全集》二，頁 477，60 歲。)

於是聖人分明指示道體，曰「易有太極」，蓋曰道無道，即乾坤之生生而不息者是，是以乾坤列而四象與八卦相蘊而生。此易道之所以為至也。強名之曰「太極」，而實非另有一物立於兩儀、四象之前也。周子曰「無極而太極」，又曰「太極本無極」，斯知道者也。愚按：無極、太極，又是夫子以後破荒語。此「無」字是實落語，非玄妙語也。朱、陸之辨，在朱子以為太極之上必有無極，既不足以得《大易》之旨，而陸子以為太極之上決不當有無極，亦豈足以得濂溪之旨。然象山曰「陰陽已是形而上者，況太極乎」，近之矣。(《周易古文鈔》下，《全集》一，頁 271，66 歲。)

這兩段文獻對看，可以知道第一段文獻中的「後之人」，蕺山指的是朱子，但蕺山在此以為朱子認為太極之上有個無極，恐怕是誤解朱子，朱子的意思其實和蕺山頗為類似的，蕺山這樣說朱子，並不公平，但這不是我們現在的重點，只點出即可。〔註13〕在第一段引文中，說到太極就在「二四六八與六十四中」，並不是在這之上，還有「一物踞其上」，這就是蕺山在第二段引文中「道無道」的意思，「道無道」的意思就是蕺山認為不能說「道」就認為有一個超越的道體存在，「道」其實就在「乾坤之生生而不息」之「兩儀、四象、八卦」中，這種「道無道」、「性無性」、「理無理」的語句，蕺山頗喜歡用之，一般頗為不解，其實正是要讀者將「道」、「性」、「理」落實在當下辯證綜合的「此有」(氣)中，並不難解，蕺山曰：「性無性、道無道、理無理，何也？蓋有心而後有性，有氣而後有道，有事而後有理。故性者心之性，道者氣之道，理者事之理也。」〔註14〕正是此意。換言之，蕺山的太極就像是梨洲所說的「太極為萬物之總名」〔註15〕，蕺山曰：

〔註13〕 朱子曰：「周子所以為之無極，正以其無方所、無形狀，以為在無物之前而未嘗不立於有物之後，以為在陰陽之外而未嘗不行乎陰陽之中，以為通貫全體，無乎不在，則又初無聲臭影響之可言也。」見黃宗羲原著、全祖望補修：《宋元學案‧濂溪學案下》(北京：中華書局，1986)，頁 503。由此可見，蕺山顯然是誤解朱子。

〔註14〕 見〈會錄〉，《全集》二，頁 608，約 58 歲。

〔註15〕 黃宗羲：〈子劉子行狀〉，《全集》五，頁 48。

> 天者，萬物之總名，非與物為君也。道者，萬器之總名，非與器為
> 體也。性者，萬形之總名，非與形為偶也。（〈學言中〉，《全集》二，
> 頁480，60歲。）

太極並不是一個超越的實體，性也不是一個超越的性體，道也不是一個超越
的道體，因此太極並沒有主宰萬物而「與物為君」的意義，或說萬物為太極
之屬性之實體義。太極就內在於兩儀、四象、八卦等等之中。也就是，以太
極「本體」而言（體用一源中即用為體之體，非實體），這個太極「本體」就
在於「兩儀自相生」的整個「歷程」之中，亦即「歷程即本體」或是「歷程
與本體不二」。消極地說是「歷程與本體不二」，積極地說是「歷程即本體」。

　　但這個「歷程即本體」是整個歷程合起來才是本體，還是就當下的某一
歷程即是本體？就蕺山言，兩者皆可，蕺山曰：

> 朱子曰：「天以陰陽五行化生萬物，氣以成形而理亦賦焉。」此天字
> 即理字，即太極字。盈天地間一氣也，氣即理也。天得之以為天，
> 地得之以為地，人物得之以為人物，一也。人未嘗假貸於天，猶之
> 物未嘗假貸於人，此物未嘗假貸於彼物，故曰「萬物統體一太極，
> 物物各具一太極。」自太極之統體而言，蒼蒼之天亦物也；自太極
> 之各具而言，林林之人、芸芸之物皆天也。（〈遺編學言〉，《全集》
> 二，頁565，60歲。）〔註16〕

在這一段文獻中，蕺山以為天地間生機不已之氣，即太極本體氤蘊其中，就
天得之太極本體而為天，地得之太極本體而為地，人物亦然。天、地、人、
物都有其本體的地位，不是有誰從屬於誰的次序層次關係，這個關係蕺山叫
「未嘗假貸」，故蕺山說「物物各具一太極」，但所謂「物物各具一太極」，我
們不要以為就有許多個太極，並非如此，雖然物物各具一太極，但總合起來，
還是只有一個太極，蕺山將此稱作「萬物統體一太極」。什麼意思呢？蕺山曰：

> 一氣之變，雜然流行。類萬物而觀，人亦物也，而靈者不得不靈。
> 靈無以異於蠢也，故靈含蠢，蠢亦含靈。類萬物而觀，心亦體也，
> 而大者不得不大。大無以分於小也。故大統小，小亦統大。（〈學言
> 中〉，《全集》二，頁481，60歲。）

〔註16〕　〈遺編學言〉中的文獻大都很難判斷年歲，此段可以判斷，是因此段字句和
　　　　〈學言中〉的一段60歲的文獻字句非常類似，而由此判斷之，見〈學言中〉，
　　　　《全集》二，頁480。

問萬物皆備之義。曰：「萬物統於我矣，萬形統於身矣，萬化統於心矣，萬心統於一矣。」問：「一何統乎？」曰：「統於萬。一統於萬，一故無一。萬統於一，萬故無萬。無一之一是謂一本，無萬之萬是謂萬殊，致一者體仁之功，匯萬者強恕之說。二乎？一乎？安乎？勉乎？」萬統於一，其理易見；一統於萬，旨奧難明。知萬者一所散見，而一者萬所同然。月落萬川，處處皆圓，正以處處此月，故爾處處皆圓。今以萬月之圓，仰印孤懸之月，曾無有二。既無二圓，是無二月。既無二月，萬川之月攝歸一體。（〈學言中〉，《全集》二，頁 507，63 歲。）

第一則引文說明小大互統、蠢靈互含，第二則引文說明一萬互統。在上文我們說到天、地、人、物沒有誰從屬於誰的次序層次關係，現在蕺山就把他們真正的關係說出，雖沒有誰從屬於誰的次序層次關係，但卻有互相統攝的關係，因此即使物之蠢，仍有其高貴的存在價值，有其本體地位，而統攝人之靈矣，不會因為人乃萬物之靈，才有其高貴的價值，而顯出蠢物之賤。第二則引文中，蕺山用「一本萬殊」、「月印萬川」來說明「一萬互統」的關係，這個說明其實並不算成功。蕺山在「一萬互統」中，說到「萬統於一，其理易見；一統於萬，旨奧難明」，所以他的說明重點應該是放在「一統於萬」，可是他用「一本萬殊」、「月印萬川」（包括他隨後的解釋）來說明，重點都是放在「萬統於一」上，對於「旨奧難明」的「一統於萬」還是付之闕如，而且這樣的說明，還令人有上文蕺山所反對的「一物踞其上」的超越的實體之印象（月印萬川中之月），看來「一統於萬」果真「旨奧難明」。〔註 17〕（在

〔註17〕對於蕺山「萬統於一、一統於萬」的「一萬互統」觀，學者頗少論及，東方朔先生是少數中有論及者，東方先生曰：

蕺山之憂慮處卻並非在萬化統於一心這點上，真正旨奧難明的乃在於『一統於萬』。萬者，一所散見，正如月落萬川，處處皆圓。因為處處此月，所以處處皆圓，此時即以萬川之月仰印孤懸之月。然而『一統於萬』之方向，即須確立無有二月、無有二圓為前提，萬川之月攝歸於一月。反之，一川之月同樣又攝盡萬川之月。確實，作為一徹底之心性論者，萬化歸於一心，其理易見，而一心散為萬化，攝盡萬化，則枝節繁多。前者為籠罩式思路，後者為發散式思路。」見東方朔：《劉蕺山哲學研究》（上海：上海人民出版社，1997），頁 81。

文中，對於「一統於萬」，東方先生重點在「一統於萬」前面的「一」上，故他說：「須確立無有二月、無有二圓為前提」，卻沒有說明為何一「統於」萬，在文中的後面，東方先生焦點更是轉移了，而將「一統於萬」解釋為「一心

第二引文中，我們也可看到蕺山說本體常和工夫連在一起，例如此則中的「致一者體仁之功，匯萬者強恕之說」。）

但，如果我們明瞭蕺山的時段的音樂性時間觀，這「小大互統」、「一萬互統」的「萬物統體一太極，物物各具一太極」觀點，就容易理解。當盈天地間皆是一氣的生機流行不已之時，每一個「當下」的歷程，皆是本體生機的當下流露，但這個「當下」並不是和下一個「當下」是斷裂的，他們還是連續的，互相統攝，互相預設（就時間而言說預設），有如一曲音樂之中，每個音符好似獨立，其實就整首曲子而言，全部的音符合起來是一曲（萬物統體一太極、萬統於一），但沒有其中的個別音符之間的分別與預設統攝關係，就沒有整首曲子，也就是說，當我們說到一個音符時，我們就要看到這個音符後面其他音符的存在，否則就失去整首曲子的意義（物物各具一太極，一統於萬）。其間的關係是「顯隱」的關係，不是「有無」的關係，「顯隱」看起來有先後，其實無所謂先後的順序關係，蕺山喜歡用「穀種、根芽、苗葉、花果、樹木」來形容人和天地或是事物間或是人心的發動關係，其中原因皆因於此也。〔註18〕種子與樹木就是顯隱的關係。

這樣的時間觀也造就了蕺山重視當下之「此有」的「『一本而萬殊，會眾以合一』之辯證綜合」的哲學特色。

4.2.3 「四四相配」命題

現在我們要進入蕺山學中很令人頭痛的一個命題，就是「人心的仁義禮

散爲萬化，攝盡萬化」，將「統於」解釋爲「散爲」、「攝盡」，這解釋明明是「萬統於一」的意義（東方先生將「一統於萬」看成「一統萬」，故解釋起來就和「萬統於一」一樣。）看來「一統於萬」果眞是「旨奧難明」。

〔註18〕 參《全集》二，頁 386、506、553、554、556 等處。關於「萬物統體一太極，物物各具一太極」，筆者於授課時，爲了讓對象理解，並且使其感到自己存在的價值（太極），有其不可或缺的人生任務，喜用一「無限半徑之球」來比喻。意思是說，當天理在解蔽其自己而達天理流行的境界時，他只能借用每個人、或萬事萬物的當下來呈現，但不要因此以爲只是滄海之一粟，可有可無，在當下，個人就是全部天理的凝聚，太極就在個人的身上，每個人身上都有一個太極，都有其不可抹滅的地位（物物各具一太極），但合起來，仍然只有一個太極（萬物統體一太極），也就是說，每個人都是存在的中心（球心），都有個太極的「球」在身上，但不是說個人就和別人割裂，因爲球心雖然在身上，但有如半徑的手腳卻是無限長，因爲無限長的半徑，所以每個人的太極的球，又都是合一的，因此總合起來，只有一個太極。

智、喜怒哀樂和天地之春夏秋冬相配」的問題，勞思光先生曾以「四四相配」之說稱之〔註 19〕，這個稱呼其實在蕺山的某些文獻上是不恰當的，因爲蕺山有時展開爲五五的相配〔註 20〕，但既然有人如此稱呼了，爲方便計，所以本文仍然以「四四相配」稱之，而有時在其後面加上「五五相配」字詞。

　　姑先把蕺山此類文獻上的相配，臚列成表。

表 4-1　四四相配一覽表

氣　機	喜 （盎然而起）	怒 （肅然而斂）	樂 （油然而暢）	哀 （寂然而止）	中氣 （循環不已）
所　性	仁	義	禮	智	信
心	惻　隱	羞　惡	辭　讓	是　非	眞實無妄
天　道	元	利	亨	貞	乾元亨利貞
時	春	秋	夏	冬	四　季
五　行	木	金	火	水	土
四　象	少　陽	少　陰	太　陽	太　陰	？
心　貌	心動貌	心克貌	心秩貌	心湛貌	？
性之機	性之生機	性之收機	性之長機	性之收機	？
天　變	風雨露電（或風雨露雷、晴雨雷電）				？
人　變	笑啼詈罵（或笑啼嚬詈、笑啼哂詈）				？
方　位	東西南北中				
五　音	宮商角徵羽				

說　明：

1. 此表主要參考〈學言中〉（《全集》二，頁 488，60 歲。）再參考《全集》二，頁 160、161、154、405、406、468、469、479、486、487、488、490、495、496、537、540、553、612、與《全集》一，頁 350。

2. 基本上，蕺山四四相配是比較常見的，因此五五相配，此表以雙格線「＝」區分。

3. ？表示只有四四相配，無第五者。

4. 沒有格線（如風雨露電、東西南北中）表示蕺山只有整體說的相配，沒有說明個別的對應關係。

　　從「四四相配一覽表」中，我們可以得知，蕺山此「四四相配」之說，到絕食之際，還在發展之中，所以如「人變」中的「笑啼詈罵（或笑啼嚬詈、

〔註 19〕勞思光：《新編中國哲學史》（三下）（台北：三民書局，1986），頁 622。
〔註 20〕參〈學言中〉，《全集》二，頁 488，60 歲。

笑啼咍咠）」，名稱沒有統一，在「方位」的東西南北中，也只有整體的提及式的相配，而沒有一一的對應關係。雖然其中有「五五相配」的說法，但是整體上仍以「四四相配」爲主。

　　茲將前賢關於此「四四相配」之說的評論，稍舉例如下，以見一般人的意見。

　　　　勞思光：「大弊。……顯然混亂「經驗」與「超驗」之區分；憑空多
　　　　　　　　　出一極脆弱之論點矣」。〔註21〕

　　　　楊國榮：「比附，可撇開不議」〔註22〕。

　　　　李振綱：「無實義」〔註23〕。

　　　　劉述先：「實不足取」〔註24〕。

　　　　張立文：「粗淺的比附」〔註25〕。

　　　　東方朔：「甚覺好笑」、「幼稚難懂」、「難以原諒的錯誤」〔註26〕

前賢的這些評論幾乎都是負面的話語，依前賢的評論，可以知道蕺山這個「四四相配」命題，其實可以取消，以免有如勞思光先生所說的「憑空多出一極脆弱之論點矣」而授人以把柄。

　　但是，是這樣嗎？

　　在前賢的這些評語中，筆者以爲東方朔先生的「幼稚難懂」一句是比較中肯的，中肯不在「幼稚」，而在「難懂」，蕺山自己就認爲對一般人來說是「不可思議」的〔註27〕，因此我們如果以頭腦的思維、思議爲主（尤其是以分解的、重區分的思路而言），就一定會有上述的評論，換言之，對於蕺山「四四相配」之說我們不只要以「頭腦的思維」爲方法，還要在用其他的方法來得知，這又牽涉到實踐上的證量了。

　　蕺山曰：

〔註21〕勞思光：《新編中國哲學史》（三下）（台北：三民書局，1986），頁 621〜622。

〔註22〕楊國榮：〈理性本體的重建——劉宗周與心性之辯〉，收入鍾彩鈞主編：《劉蕺山學術思想論集》（台北：中央研究院中國文哲所籌備處，1998），頁 268。

〔註23〕李振綱：《證人之境——劉宗周哲學的宗旨》（北京：人民出版社，2000），頁78。

〔註24〕劉述先：《黃宗羲心學的定位》（台北：允晨文化公司，1986），頁 25。

〔註25〕張立文：《氣》（台北：漢興書局，1994），頁 232。

〔註26〕東方朔：《劉蕺山哲學研究》（上海：上海人民出版社，1997），頁 143，尾句見頁 149。

〔註27〕見〈學言中〉，《全集》二，頁 479，60 歲。

喜怒哀樂，一氣流行，而四者實與時為禪代。如春過了夏，秋過了
冬，冬又春，卻時時保箇中氣，與時偕行，故謂之時中。此非慎獨
之至者，不足以語此，故與小人之無忌憚相反。

喜怒哀樂中，便是仁義禮智信。（〈學言下〉，《全集》二，頁 540，
66 歲。）

這是相連的兩條引文。蕺山說，關於這「四四相配」中的喜怒哀樂、仁義禮
智等的說法，「非慎獨之至者，不足以語此」，也就是說，這必須要有慎獨的
工夫，而且這慎獨還不是粗淺的慎獨，要到細微的「慎獨之至」才能知此。
蕺山的「慎獨」工夫，是他學問與立教的宗旨，但何謂「慎獨之至」？這個
「至」是實踐到極點的意思，有兩個方向可以追蹤，一是內而深到極點，一
是外而大到極點。以《人譜》言，就是指〈證人要旨〉中的「（無極太極）一
曰：凜閒居以體獨」與「（物物太極）五曰：備百行以考旋」〔註28〕。這兩者
都可以成立，因為蕺山的「內」不是和「外」斷裂的，但就本末而言，則以
「凜閒居以體獨」為本，說其為本是因為蕺山的喜怒哀樂常常是就人之喜怒
哀樂未發時所說的，這也是他強調的重點，蕺山曰：

《中庸》言喜怒哀樂，專指四德言，非以七情言也。喜，仁之德也；
怒，義之德也；樂，禮之德也；哀，智之德也。而其所謂中，即信
之德也。一心耳，而氣機流行之際，自其盎然而起也謂之喜，於所
性為仁，於心為惻隱之心，於天道則元者善之長也，而於時為春。
自其油然而暢也謂之樂，於所性為禮，於心為辭讓之心，於天道則
亨者嘉之會也，而於時為夏。自其肅然而斂也謂之怒，於所性為義，
於心為羞惡之心，於天道則利者義之合也，而於時為秋。自其寂然
而止也謂之哀，於所性為智，於心為是非之心，於天道則貞者事之
幹也，而於時為冬。乃四時之氣所以循環而不窮者，獨賴有中氣存
乎其間，而發之即謂之太和元氣，是以謂之中，謂之和，於所性為
信。於心為真實無妄之心，於天道為乾元亨利貞，而於時為四季。
故自喜怒哀樂之存諸中而言，謂之中，不必其未發之前別有氣象也。
即天道之元亨利貞，運於於穆者是也。自喜怒哀樂之發於外而言，
謂之和，不必其已發之時又有氣象也。即天道之元亨利貞，呈於化

〔註28〕〈證人要旨〉第六步：「（其要無咎）六曰：遷善改過以作聖」是個貫串的工
夫，故不是極至，參 3.3.2.2.2.2.2〈證人要旨〉小節的說明。

育者是也。（新本下云：「蓋以表裏言，不以前後際言。」見前「自
濂溪」條註。）惟存發總是一機，故中和渾是一性。如内有陽舒之
心，為喜為樂，外即有陽舒之色，動作態度，無不陽舒者。内有陰
慘之心，為怒為哀，外即有陰慘之色，動作態度，無不陰慘者。推
之一動一靜，一語一默，末不皆然。此獨體之妙，所以即隱即見，
即微即顯，而慎獨之學，即中和即位育，此千聖學脈也。自喜怒哀
樂之說不明於後世，而性學晦矣。千載以下，特為拈出。（〈學言中〉，
《全集》二，頁 488～490，60 歲。）

這段引文說明很多主張，很詳細，故不煩殫引。這段引文可以概分為兩大部分，
一是關於「喜怒哀樂」性質的探討、一是關於「四四相配」命題（但在本段已
衍伸為「五五相配」）。前者為基礎，後者為發展，故當以前者為先論述者。

　　「喜怒哀樂為四德」。首先，先說明蕺山認為這是他很重要的論點，不可
取消，他認為此說不明，「性學晦矣」，是千年以來沒人識破的重點，蕺山在
此是很肯定的。古人的肯定有時在後人來說，的確是「幼稚」、「比附」、「不
足取」、「好笑」，這也是常見的事情，我們不能因為古人認為重要就跟著認為
是對的。但這關鍵在古人何以認為重要？作為一個詮釋者（或研究者），總是
要把他弄清楚，而不要輕易地下判斷才是。

　　就起源因素而說，「喜怒哀樂為四德」是為了對治王門後學之「虛玄而蕩」
之風，〔註 29〕蕺山在此正是要告訴王門後學，就性上來說，到了最高點，並
不是就沒有内容而無善無惡、虛玄，還是有内容的，這内容就是「喜怒哀樂」
在其中的「一團生意原是活潑潑地」〔註 30〕，「仁義禮智，即喜怒哀樂之表義，
非仁義禮智生喜怒哀樂也。又非仁義禮智為性，喜怒哀樂為情也。」〔註 31〕
因為有這喜怒哀樂所展現的仁義禮智，因此落實於現實世間，就不能視忠義
名節為無物，所以在《全集》中屢次強調「名節」的重要，這是蕺山有感於
當時王門後學和魏忠賢閹黨相互通氣而言的。〔註 32〕換句話說，蕺山這個「喜

〔註 29〕參東方朔：《劉蕺山哲學研究》（上海：上海人民出版社，1997），頁 145。
〔註 30〕蕺山曰：「當其未感之先，一團生意原是活潑潑地也。」見〈商疑十則答史子
　　　　復〉，《全集》二，頁 402，66 歲。
〔註 31〕《讀易圖說·圖八》，《全集》二，頁 154。
〔註 32〕蕺山強調「名節」之處，見《全集》二，頁 635、528、580、611、《全集》三
　　　　上，頁 398、423、《全集》一，頁 356、529 等處。關於王學末流視名節為好
　　　　名、理障而和閹黨通其聲氣，蕺山是很客氣的，黃宗羲則比較不客氣，直指
　　　　出是浙中的禪學化王門者，如沈國模、管宗聖、史孝咸等人，參黃宗羲：〈子

怒哀樂是德、是性」的說法，不能輕易地取消的，有其理論的功效的。

　　就本質因素而言，現在我們要探討蕺山如何發現的？這就牽涉到蕺山的時間觀了，所謂「存發總是一機，故中和渾是一性」、「已發未發以表裏對待言，不以前後際言」，到底如何理解？首先，就「已發」、「未發」的字面上意義，顯然就有前後的意義，不然怎麼說「未」發、「已」發，說未、說已正表示是時間的先後，這是很清楚的常識，爲何蕺山偏偏主張「不以前後際言」？「存發總是一機」的情形也是一樣，「存」與「發」表面上也是不同的，爲何蕺山仍說是「一機」呢？這是因爲蕺山的時間觀是音樂性的，因此就表面上看是有先後，但其實是無先後而一起並至，是音樂性時間觀的「顯隱」的「表裡對待」，所以「存發總是一機」、「已發未發以表裏對待言」，存與發、已未發正是都互相蘊含著，發不是相對於未發，「發，對藏而言也」〔註33〕，因此就《中庸》首章之「喜怒哀樂之未發謂之中，發而皆中節謂之和」而言，蕺山的解釋是很奇特的，蕺山是用「存諸中」來解釋「未發」的，所以他說：「故自喜怒哀樂之存諸中而言，謂之中，在未發時的喜怒哀樂狀態叫做中（喜怒哀樂之未發，並不是就沒有喜怒哀樂）〔註34〕，這是屬於「天理流行」中的喜怒哀樂，唐君毅先生曾經用「純情」、「天情」來形容〔註35〕，是非常恰當的。這時的喜怒哀樂就是未發之時的氣象，故說「不必其未發之前別有氣象也。即天道之元亨利貞，運於於穆者是也。」因此就天理流行中的喜怒哀樂而言，蕺山就用「天道之元亨利貞」來說（「四四相配」）。蕺山此處之「不必其未發之前別有氣象也」一句中的「未發之前」應該是「未發之時」比較妥當，比較容易令人理解，不過由於蕺山的時間觀是音樂性的「終終始始，相禪無窮，間不容髮」，所以如此說也可以，但就較不好懂，因爲什麼叫做「未發之前」，如果是一般流俗直線型的時間觀，在未發之前，怎麼還會有「前」呢？

劉子行狀〉，《全集》五，頁 57，或王汎森：〈清初的講經會〉，《歷史語言研究所集刊》第 68 本 1997.9，頁 522～523。

〔註33〕〈學言上〉，《全集》二，頁 460，59 歲。

〔註34〕以朱子「心性情三分」的格局言，「喜怒哀樂，情也。其未發，則性也。」見朱熹：《四書章句集注》《四書章句集注》（台北：里仁書局，1999），頁 23。則喜怒哀樂未發時就是性，就是無喜怒哀樂，故此時工夫沒辦法用省察，只能存養，參蔡仁厚：《宋明理學——南宋篇》（台北：台灣學生書局，1989），頁 88～90。

〔註35〕唐君毅：《中國哲學原論——原教篇》（台北：台灣學生書局，1984），頁 504。

「天理流行」解蔽其自己，人操存得宜，而使天理呈現於當下的「氣」（此有）的綜合情境，這就是「發而皆中節謂之和」，就是蕺山所謂的「自喜怒哀樂之發於外而言，謂之和，不必其已發之時又有氣象也。即天道之元亨利貞，呈於化育者是也。」已發之時也有氣象，這氣象也是喜怒哀樂，和存諸中的喜怒哀樂是一樣的（差別在顯隱的表裡對待，不是先後的不同），所以說「不必其已發之時又有氣象也」。但「天理人欲同行而異情」是同體依的關係，因此當然也有操存不得力時，這時就產生「笑啼詈罵」、「笑啼嗔詈」、「笑啼哂詈」〔註36〕等「不和」的情事。

然後，蕺山再用「獨體之妙」把「中與和」、「存與發」統攝起來，而說「此獨體之妙，所以即隱即見，即微即顯，而慎獨之學，即中和即位育，此千聖學脈也」，蕺山「獨體」是統攝中與和，因此可從天理來說，也可就人來說。從這裡我們就可以回到剛剛在上文所說的，蕺山認為「此非慎獨之至者」，是不容易理解蕺山的「喜怒哀樂為四德」或「四四相配」時，解釋其中「慎獨之至」當以「（無極太極）一日：凜閒居以體獨」為本，因為他們都是以「獨體」來出發立論的。既然是以「凜閒居以體獨」為本，因此作為「凜閒居以體獨」的兩大工夫要領：靜坐與讀書（而以靜坐為本），就顯得非常重要。在這裡，本文也要和2.4.1「前賢關於「辯證觀」的評論舉隅」小節中，引入「神祕主義」的觀點相呼應。在2.4.1 小節，我們引用 W.T.Stace 有關神祕主義的探討，他說：

我們的探討在某方面與底下的問題類似：我的顏色感覺等等的感官
經驗與宇宙的本性及結構，究竟有何關係？〔註37〕

這個問題和「四四相配一覽表」是一致的。筆者以為，蕺山的「四四相配」命題如何成立？他是如何發現的？我們不要把「四四相配」命題當作是蕺山的「懸想」而來，因為這是他為學最忌諱的事，這也是我們為何在本章一開始就引用蕺山對秦弘祐說的那段話的緣故，就蕺山如何發現「四四相配」命題而言，本文以為蕺山是在「靜坐以體獨」時發現的。茲以我們曾引用過的〈靜坐〉詩為例：

（1）學聖工夫靜裏真，只教打坐苦難親。知他心放如豚子，合與家

〔註36〕「笑啼詈罵」、「笑啼嗔詈」、「笑啼哂詈」分別見《全集》二，頁406、161、
495。
〔註37〕 W.T.Stace 著、楊儒賓譯：《冥契主義與哲學》（台北：正中書局，1998），頁
15。

還作主人。隱隱得來方有事，輕輕遞入轉無身。若於此際虧消息，宇宙全收一體春。

（2）萬法論心總未眞，精神一點箇中親。不求離坎還丹訣，且問乾坤成位人。亘古生生爲此息，祇今惺惺亦非身。請觀聲臭俱無處，畢竟誰尸造化春？（〈靜坐〉（四首），《全集》三下，頁 1312，52 歲。）

蕺山靜坐時，是即存養即省察的，所以不是昏沉，在這兩首詩中，我們可以得之靜坐之人和宇宙外界的互動，身體不只是身體，而能「宇宙全收一體春」。靜坐時，惺惺地察覺身體喜怒哀樂與週遭環境的變化之相互影響的關係，這就是「四四相配」命題的主要來源。可否驗證？恐怕在這裡「懸想」的討論，是很難得到結果的。〔註38〕

〔註38〕 很有趣的是，在各種重視修證打坐工夫的秘密教派中，也常常可以發現類似蕺山的「四四相配」或「五五相配」之說，如道教內丹中，發現五行、五方、五氣、時令、五性、五惡等等的相配，見郝勤：《龍虎丹道——道教內丹術》（台北：大展出版公司，2000），頁 150～152。或密宗中五智、五大、五方、五色、五毒等等的相配，見陳健民：《沐恩錄》（台北：圓明出版社，1994），頁 50。中醫也有類似的說法，見楊維傑：《中醫學概論》（台北：志遠書局，1994），頁 33，蕺山此類「四四相配」、「五五相配」之說也有可能從中醫而來，因爲蕺山對中醫頗爲了解，甚至可以檢討別的醫生開的藥方優劣和開藥方給學生服用，參〈與開美七〉、〈與開美八〉、〈與開美九〉、〈與開美十一〉、〈與開美十二〉、〈與開美又〉等信，《全集》三上，頁 585～591，68 歲。不過沒有具體證據，只能存一說。蕺山這「四四相配」之說在《全集》中，可以得知在其發展之中，確實有看過蔡沈的《洪範皇極內篇》，而不是來自漢儒的氣化宇宙論，蕺山曰：「喜怒哀樂與元亨利貞、春夏秋冬、宮商角徵羽、東西南北中、金木水火土相配，已見於蔡九峰《洪範》一書，有圖可考，但加一欲字以配五行，似無據。何不徑以中字代之。」（〈學言下〉，《全集》二，頁 537，66 歲。）蕺山所說「有圖可考」的圖是蔡沈書中的「五行人體性情圖」，其中蔡沈以木火土金水配喜樂慾怒哀、仁禮信義智等（原文慾字從心，蕺山所說之欲沒有從心），見蔡沈：《洪範皇極內篇》（台北：台灣商務印書館，四庫全書珍本四集，無出版年代）卷一，頁 6。蕺山這種「四四相配」命題，是否也有可能在道德實踐的觀點下，攝受其他學派的說法，而有其發展性呢？（論其可合與不可合處）
又：關於蕺山「四四相配」命題，大都是負面的評價，有正面的解釋者甚少，黃敏浩先生是少數中的一個。黃先生是筆者所見依牟宗三先生的系統出發，而最努力去補強牟先生對於蕺山的負面評價者，最具有「同情的理解」意識之詮釋者立場，關於此蕺山「四四相配」命題，黃先生說：「在此形上學中，道德的秩序（喜怒哀樂）即宇宙的秩序（春夏秋冬），宇宙的秩序即道德的秩序。」見黃敏浩：《劉宗周及其慎獨哲學》（台北：台灣學生書局，2001），頁

4.2.4　獨體之爲「體」

在上小節（4.2.3）中，我們在最後說到蕺山以獨體來統攝中與和、存與發的顯隱一機關係，而說「此獨體之妙，所以即隱即見，即微即顯，而愼獨之學，即中和即位育，此千聖學脈也。」現在本文想對「獨體」作詳細探討。首先筆者要先解釋蕺山文獻中，常出現的兩個詞：「某某體」與「形而上、形而下」，以作爲對「獨體」了解的背景知識。

先解說「形而上、形而下」或「形上、形下」。爲何要解釋這詞語呢？因爲筆者以爲現代學者很容易將這個詞語和來自於西方的「形上學」的「形上」混淆。一看到「形而上」就以爲有個形上的實體（substance），由此去解釋蕺山的「獨體」、「性體」等詞，恰巧就難以解釋蕺山文獻，而認爲充滿矛盾，此處，李明輝先生有深入的觀察，引用於下，李先生曰：

> 筆者在此要特別指出：蕺山與中國歷代學者所理解的「形上」、「形下」與現代學者受到西方哲學影響後所理解的「形上」、「形下」不盡相同。在現代漢語裡，「形上」一詞亦作爲英文 metaphysical（或其他西方語文中的對等字眼）之譯名。在西方哲學裡，metaphysical 的意涵很明確，在知識論上意謂「超經驗」，在存有論上意謂「超自然」。在這個脈絡中，「形上」與「形下」之區分等於「超經驗界」與「經驗界」、「超自然界」與「自然界」之區分；兩者之間，涇渭分明，不容混淆。因此，屬於「形上」者，便不可能又屬於「形下」；反之亦然。朱建民曾對比於現代漢語裡受到西方影響的「形上」、「形下」概念，詳細分析張載所理解的「形上」、「形下」。他歸結道：
>
> 張載所說的「形而下」即指「耳目所能及者」，其中包括氣聚而有形者、以及氣聚爲物者。他所說的「形而上」即指「耳目所不能及者」，其中包括氣散而無形（此中有可象者，亦有不可象者），以及不可象之神。……

64。黃先生的用心是可敬佩的，但補強成不成功呢？在牟先生的詮釋系統中，「道德秩序即宇宙秩序」是建立在孟子盡心知性知天之道德主體的挺立上，而說「天道性命相貫通」，由此，可不可以把道德秩序落實爲喜怒哀樂，宇宙秩序落實爲春夏秋冬，似乎是可斟酌的，參牟宗三：《心體與性體》（台北：正中書局，1985）第一冊，頁 180、323～324 等處。

這段說明大體也適用於蕺山。蕺山《論語學案二》云：「形而上者謂
之道。道不可言，其可言者皆形而下者也。」（《全集》一，頁406）
又其〈與〔陸〕以建〉第三書云：「道是形而上者，雖上而不離乎形，
形下即形上也。故曰『下學而上達』。下學非只在灑掃應對進退小節，
即未離乎形者皆是，乃形之最易溺處在方寸隱微中，故曰『人心惟
危，道心惟危』，即形上、形下之說也。」（《全集》三上，頁622）
綜而言之，凡未離乎形，而可以名言來描述者，皆屬「形下」；反之，
則屬「形上」。在這個意義下，「形上」與「形下」的界線便不是涇
渭分明，一成不變；故同一物可以在不同的脈絡中既屬「形下」，又
屬「形上」。例如，同一「心」也，就它「未離乎形」而言，稱為「人
心」，屬「形下」；就它為道之體現而言，稱為「道心」，屬「形上」。
若不了解這點，我們便很難理解蕺山著作中不時出現的「形下即形
上」之類的說法，甚至會懷疑他的思想自相矛盾。〔註39〕

李先生在此段中說明蕺山的「形而上」不可和由西方哲學而來的「形而上」
搞混，這兩者差異性甚大，然後引用朱建民先生的說法，再用蕺山的兩段文
獻來說明蕺山的「形上」、「形下」區別的結論是「凡未離乎形，而可以名言
來描述者，皆屬『形下』；反之，則屬『形上』」，李先生的這個結論比較含混，
因為他這裡說的「反之」有兩種操作方式，操作方式的不同，兩者的結論會
有很大的不同，兩種操作方式是：

（1）a，b　　反之→　a，非b

（2）a，b　　反之→　非a，非b

這個操作上的含混是來自於中文語法上的含混，依這兩種操作方法，結
論如下：

（1）形下：未離乎形，而可以名言來描述者

　　　形上：未離乎形，而不可以名言來描述者

（2）形下：未離乎形，而可以名言來描述者

　　　形上：離乎形，而不可以名言來描述者

〔註39〕　李明輝：〈劉蕺山對朱子理氣論的批判〉，《漢學研究》第19卷第2期（總39
期）2001.12，頁3～4。李先生此文是他的〈劉蕺山對朱子理氣論的批判──
兼論蕺山學的定位問題〉，「朱子與宋明理學」學術研討會（台北：鵝湖月刊
雜誌社，2000.12.23～25）的修訂稿，初稿和修訂稿差異不大，其中最大、最
重要的差異就是多出此段「形上」、「形下」的說明。

李先生在其文中，並沒有說明是哪一種，不過我們在他所引的蕺山文獻中的第二則〈與以建〉第三書中可以知道，李先生指的是第（1）種，即他認爲蕺山的「形上」、「形下」的區別是：

（1）形下：未離乎形，而可以名言來描述者

形上：上而不離乎形，而不可以名言來描述者（喫緊：本文依文獻原文，將李先生的「未離乎形」改爲「上而不離乎形」）

這個結論大抵上是可接受的，但還要再修飾一番，所謂再修飾一番是因爲李先生所引《論語學案二》云：「形而上者謂之道。道不可言，其可言者皆形而下者也。」的這段文獻是蕺山40歲的作品，筆者在上文4.2.1「『天理流行』、『萬物一體』的時空證量」小節已說明，蕺山在後來對於形而上的「道」、「太極」的可描述性有兩種看法，一種是「不可說」，一種是利用「相反相生」、「雙是雙非」的詭辭，蕺山這兩種說法大抵是並存的〔註40〕，並存的原因蕺山並沒有說明，可能的原因是，詭辭對於一般人的語言觀來說，並不容易理解，所以我們把結論修飾成：

（3）形下：未離乎形，而可以名言來描述者

形上：上而不離乎形，而不可以名言或可以用「詭辭」來描述者

依此（3）之結論，蕺山「形上」、「形下」的最主要關鍵可能不是在可否用名言來描述與否（因爲詭辭也算是名言），而是在前面的「未離乎形」與「上而不離乎形」上，這兩者有何不同？蕺山曰：

《大易》「形上」、「形下」之說，截得理氣最分明，而解者往往失之。後儒專喜言「形而上」者，作推高一層之見，而於其所謂「形而下者」，忽即忽離，兩無依據，轉爲釋氏所藉口，眞所謂開門揖盜也。（〈答劉乾所學憲〉，《全集》三上，頁431，60歲。）

天者，萬物之總名，非與物爲君也。道者，萬器之總名，非與器爲體也。性者，萬形之總名，非與形爲偶也。（〈學言中〉，《全集》二，頁480，60歲。）

無形之名，從有形而起，如曰「性」，曰「仁義禮智」，皆無形之名也。（〈會錄〉，《全集》二，頁607，約58歲。）

〔註40〕即使到了晚年66歲，蕺山還是兩說並存，如蕺山在用詭辭來說明「道」、「太極」後，還說：「古人言性皆主後天，而至於人生而靜以上，所謂不容說者也。」見《學言下》，《全集》二，頁557，66歲。

就第一則引文中，蕺山反對後儒言「形而上」而作「推高一層之見」，意思是說不要將「形而上」視爲是在「形而下」之上，而好像可以「忽即忽離」，「形而上」事實上就是「即」於「形而下」，不是在「形而下」之上好像有個東西（實體），而這東西是屬於「形而上」的。這原因就是我們在4.2.2「歷程即本體：萬物統體一太極，物物各具一太極」中所作的說明，歷程即本體也。在第二則引文中，蕺山則更明顯的說明「天」、「道」、「性」等都是「總名」，而這「總名」就是第三則引文中的「從有形而起」的「無形之名」，綜合這三段，到此我們終於可以知道，所謂「上而不離乎形」，就是在「形下之中而無形」的意思，因此最後我們可以得知其間的差別是：

（4）形下：未離乎形，而可以名言來描述者

形上：形下之中而無形，而不可以名言或可以用「詭辭」來描述者

「形下之中而無形」這就是蕺山「形上」最主要的意義，「形上」的意義主要還不是在「不可以名言來描述者」，而是在「形下之中」且「無形」。當我們看到蕺山的「形上」一詞時，一定要記得這個意義，不要輕易地和現在哲學界中流行的「形上」一詞混淆，以免造成對蕺山的誤解。

其次，蕺山文獻很喜歡用「某某體」來說明〔註41〕，如「獨體」〔註42〕、「性體」〔註43〕、「心體」〔註44〕、「微體」〔註45〕、「中體」〔註46〕、「眞靜之體」〔註47〕、「道體」〔註48〕、「天體」〔註49〕、「覺體」〔註50〕、「剛體」〔註51〕……。這樣的用法對現代人來說，也是引起誤解的主要來源之一，因

〔註41〕姚才剛先生也發現此點，但他僅以獨體、心體、性體來舉例說明，見姚才剛：〈論劉蕺山對王學的修正〉，《武漢大學學報・人文社會科學版》，第53卷第6期2000.11，頁755～756。

〔註42〕獨體一詞，文獻中出現太多處，如《陽明傳信錄》三，《全集》四，頁86、92，61歲。

〔註43〕如〈學言上〉，《全集》二，頁448，59歲。

〔註44〕如〈學言上〉，《全集》二，頁448，59歲。

〔註45〕如〈學言下〉，《全集》二，頁528，66歲。

〔註46〕如〈學言上〉，《全集》二，頁449，59歲。

〔註47〕如〈學言上〉，《全集》二，頁440，57歲。黃敏浩先生甚至依蕺山習慣而由此段文獻創一名詞「靜體」，見黃敏浩：《劉宗周及其愼獨哲學》（台北：台灣學生書局，2001），頁47。

〔註48〕如〈答葉潤山三〉，《全集》三上，頁435，65歲。

〔註49〕如〈示金鮑二生〉，《全集》三上，頁396，60歲。

〔註50〕如〈會錄〉，《全集》二，頁632，66歲。

〔註51〕如《論語學案・吾未見剛者章》，《全集》一，頁378，40歲。

爲一看到「某某體」很容易和現代哲學中超越的實體連結起來，蕺山恰巧沒有超越的實體的觀念，固然蕺山有時會用「形而上」來形容這些「體」，但我們在上文已經說明，蕺山的「形上」最主要的意義其實是「無形」的意思，因此不要當成是形上學的超越實體。蕺山說：「古今性學不明，只是將此理另作一物看，大抵臧三耳之說。」〔註52〕又說：「後人皆以性求性，妄意有一物可指，終失面目。」〔註53〕又說：「『有物先天地』，異端千差萬錯，總從此句來。」〔註54〕指的都是不要把它當成一個物、一個形上的超越的實體。那他爲何這麼常用「體」呢？蕺山是在「本體與工夫」、「體與用」的脈絡中使用體的，蕺山曰：

> 所云「體用一原」之說，乃先儒卓見道體而後有是言。……須知此理流行心目之前，無用非體，無體非用。蓋自其可見者而言，則謂之用；自其不可見者而言，則謂之體，非截然有兩事也。（〈答葉潤山〉，《全集》三上，頁 435，65 歲。）

在這一段引文中，蕺山說到天理流行時，「無用非體，無體非用」，體用本是一源的，但爲何分體用呢？在這裡蕺山便和其論「形上」、「形下」一致了，蕺山的意思是「用」是「自其可見者」來說的，「體」是「自其不可見者」來說的，換言之，體就是用，用就是體，但是就「可見與否」來分體用，可見的是用，不可見的是體，蕺山在此又是用音樂性時間觀的「顯隱」來說體用的。蕺山的體就是即歷程即本體的體。

在理解蕺山的「形上、形下」，與「某某體」的用語意義後，現在我們可以來探索蕺山的「獨體」了。

讓我們先回到上節 4.2.3「『四四相配』命題」中最後闡述「獨體」部分的結論，「此獨體之妙，所以即隱即見，即微即顯，而愼獨之學，即中和即位育，此千聖學脈也」，蕺山的「獨體」他自己就用「妙」來稱呼，可知可能很妙，怎麼妙法？因爲蕺山是用「獨體」來統攝「中」與「和」（但要小心：存發總是一機，中和渾是一性），中與和本是音樂性時間觀中的顯隱關係，是個歷程即本體的意義，因此蕺山現在用「獨體」來統攝中與和，「獨體」就不是一個「靜態」的概念，而有一個「動態」的歷程，因爲它是一個動態的歷程，所以在蕺山的

〔註52〕如〈學言中〉，《全集》二，頁 494，59 歲。
〔註53〕如〈學言下〉，《全集》二，頁 548，66 歲。
〔註54〕如〈學言中〉，《全集》二，頁 481，60 歲。

文獻中，我們簡直可以在其中找到所有蕺山重要的觀念，由此我們也可以知道
爲何蕺山會用「愼獨」作爲他學問的宗旨了，以下列舉文獻來說明：

（1）既謂之誠意，便說不得無意。古人極口指點，曰「惟微」，曰
「幾希」，曰「動之微，吉之先見」，皆指此意而言，正是獨體。（〈答
門人〉，《全集》三上，頁 403，61 歲。）

（2）獨即意也，知獨之謂意，則意以所存言，而不專以所發言，明
矣。（〈答史子復〉，《全集》三上，頁 446，66 歲。）

在這兩段文獻中，我們可以得知：獨體＝獨＝意＝惟微＝幾希＝動之微，吉
之先見。

（3）「獨」只是「未發之中」，「未發之中」正是不學不慮眞根底處。
（〈答履思六〉，《全集》三上，頁 368，55 歲。）

從這段文獻，可知：獨＝未發之中。

（4）說工夫只說箇「愼獨」，獨即中體，識得愼獨，則發皆中節，
天地萬物在其中矣。（〈學言上〉，《全集》二，頁 449，59 歲。）

從這段文獻，可知：獨＝中體。

（5）「鬼神之爲德，其盛矣乎」，指獨體也，天命之性也。（〈學言上〉，
《全集》二，頁 450，59 歲。）

（6）「天命之謂性」，以其情狀而言，則曰「鬼神」；以其理而言，
則曰「太極」；以其恍兮惚兮而言，則曰「幾」、曰「希」；以其位而
言，則曰「獨」。（〈學言上〉，《全集》二，頁 449～450，59 歲。）

（7）獨便是太極。（〈遺編學言〉，《全集》二，頁 446，歲不詳。）

從這三段文獻，可知：獨＝天命之性＝鬼神＝太極＝幾＝希。

（8）問：「中便是獨體否？」曰：「然，一獨耳。指其體謂之中，指
其用謂之和。」（〈學言上〉，《全集》二，頁 466，59 歲。）

（9）和即中之別名。（〈學言上〉，《全集》二，頁 466，59 歲。）

從這兩段文獻，可知：獨體＝中＝和。

（10）靜中養出端倪，端倪即意，即獨，即天。（〈會錄〉，《全集》
二，頁 611，約 60 歲。）

從這段文獻，可知：獨＝端倪＝意＝天。

（11）微之爲言幾也，幾者，動之微，吉之先見者也，即意也。說

意仍是說心，意不在心外也。心只是箇渾然之體，就中指出端倪來，曰意，即惟微之體也。(〈商疑十則答史子復〉，《全集》二，頁 401，66 歲。)

（12）「如惡惡臭，如好好色」，全是指點微體。(〈學言下〉，《全集》二，頁 528，66 歲。)

（13）「如惡惡臭，如好好色」，蓋言獨體之好惡也。(〈學言下〉，《全集》二，頁 528，66 歲。)

從這三段文獻，可知：獨體＝意＝心之端倪＝微。

（14）一斂一發，自是造化流行不息之氣機，而必有所樞紐乎是，運旋乎是，則所謂天樞也，即所謂獨體也。……獨體即天體。(〈示金鮑二生〉，《全集》三上，頁 396，60 歲。)

從這段文獻，可知：獨體＝天樞＝天體。

（15）獨者，心極也。心本無極，而氣機之流行不能無屈伸、往來、消長之位，是爲二儀。而中和從此名焉。(〈學言上〉，《全集》二，頁 461，59 歲。)

從這段文獻，可知：獨＝心極。

（16）誠者，天之道也，獨之體也。誠之者，人之道也，愼獨之功也。(〈學言中〉，《全集》二，頁 495，60 歲。)

從這段文獻，可知：獨體＝誠。

綜合以上，我們對於蕺山獨體的概念，可以得知如下：

獨體＝獨＝意＝惟微＝幾希＝（動之微，吉之先見）＝未發之中＝中體＝天命之性＝鬼神＝太極＝幾＝希＝中＝和＝端倪＝天＝心之端倪＝微＝天樞＝天體＝心極＝誠。(爲了方便，稱之爲「獨體連串等式」)

當我們由「獨體連串等式」得到蕺山這個「獨體」概念時，如果沒有蕺山音樂性的時間觀的「一即一切，一切即一」的「顯隱」觀念，是不是很容易產生蕺山思想是「錯雜」、「無實義」、「混亂」、「矛盾」的「感覺」？的確如此。因爲獨體是個動態的歷程概念，又因爲蕺山有「歷程即本體」的觀念，因此在這個動態歷程中的每一點，都可以用來指涉獨體，所以就造成上面「獨體連串等式」的怪結論。我們可以從「未發」的「中」來看獨體，也可以從「已發」之「和」來看獨體；也可以從「天」來看獨體，也可以從「心之端倪」的「意」來看獨體，……獨體幾乎可以說是個「密窟」、「黑洞」，好像裡

面可以塞進所有的東西（或說變出所有的東西），但其實我們要小心，這個「獨體連串等式」中，筆者並不是刻意從蕺山《全集》中揀選出來的或特意地遺漏某些文獻而得到的，而是將有關獨體的文獻，予以盡量的從《全集》中羅列出來（希望沒有遺漏），將重複的刪去，而得到「獨體連串等式」的結論，在這之中，我們發現，蕺山並沒有從「心」來定義「獨體」，而是從「心之端倪」、「心極」來說「獨體」，看來誠如林安梧先生所說：「若不明此，必覺蕺山似有矛盾處，實則蕺山斷言自有分寸，並未有如是之矛盾也。」〔註55〕若能明瞭蕺山的思路，就能知道蕺山的用語自有份際，而不必以「滯辭」視之。因爲的獨體是從天理流行的境界來說的，而蕺山的「心」卻不是從孟子的「本心」概念來說的，蕺山的心是個綜合的概念，故只能用「心極」、「心之端倪」來說獨體。蕺山曰：

> 心者，齊、楚之會也。而其知齊而知楚者，則心之所以爲道也。（〈原學下〉，《全集》二，頁336，65歲。）

> 心者，凡聖之和也，而終不能無眞妄之殊，則或存或亡之辨耳。存則聖，亡則狂，故曰：「克念作聖，罔念作狂。」後儒喜言心學，每深求一步，遂有「識心」之說。又曰：「人須自識其眞心。」或駁之曰：「心自能識，誰爲識之者？」余謂心自能識，而眞處不易識，眞妄雜揉處尤不易識，正須操而存之耳，所云「存久自明」是也。若存外求識，當其識時，而心已亡矣。故識不待求，反之即是。孟子曰：「雖存乎人者，豈無仁義之心哉？人自放之耳。」乃夫子則曰：「操則存，舍則亡，出入無時，莫知其鄉。」須知此心原自存，操則存，又何曾於存外加得些子？存無可存，故曰「出入無時，莫知其鄉」。至此方見此心之不易存，所以孟子又言「養心」。知存養之說者，可與識心矣。（《證學雜解・解七》，《全集》二，頁309～310，66歲。）

這兩段文獻都在說明心是個善惡（即第一段文獻中的齊、楚）、眞妄，天理人欲雜揉之處，因此需要操存或存養，「操則存，舍則亡，出入無時，莫知其鄉。」心是個凡聖之同居處，則心之操存會不會沒有力量（因爲它是眞妄雜揉），一定要從心外的一個地方來說，這心之操存才有保障、保證性？這個問法是陸王式的一心之伸展、一心之遍潤的問法（從這裡可以知道，蕺山所體會的孟

〔註55〕林安梧：〈關於「善之意向性」的問題之釐清與探討〉，收入鍾彩鈞主編：《劉蕺山學術思想論集》（台北：中央研究院中國文哲所籌備處，1998），頁160。

子和陸王所體會的孟子差異甚大。），是佛學中如來藏自性清淨心立場的問法，如果是這樣思路的人，是很難理解蕺山這裡的回答的，蕺山此處的心恰似天台宗的「一念無明法性心」的心，蕺山回答到心之操存的確是不容易的，但不是因為不容易，或其本身是真妄雜揉，就一定要從外界尋求一個力量，力量還是來自心自己（「此心原自存、又何曾於存外加得些子」），所以蕺山的工夫必須重視「戒慎恐懼」、「戰兢惕厲」也是這個緣故。

當心操存得宜之時，蕺山就把這時心的狀態叫「覺」，不覺則淪於情識，蕺山云：

> 夫心，覺而已矣。覺動而識起，緣物乃見。物交物，則引之而已矣。
> 覺離本位，情識熾然，聰明乘之，變幻百出。（《證學雜解・解七》，
> 《全集》二，頁 311，66 歲。）

所謂「覺離本位」正是不覺之意，故情識熾然，而一覺，則操存之，剛開始這一覺當不容易，所以要記得使用本文在 3.3.2.2.2.2〈證人要旨〉小節中所說的〈治念說〉與「保任法」來提醒自己，蕺山在 66 歲又把這些方法叫「喚醒法」〔註 56〕，就是要記得提醒自己的意思，這時就是「獨體連串等式」中的「心之端倪」、「心極」之意。這時的心的狀態是天理流行狀態，是一真無妄，故蕺山曰：

> 此心一真無妄之體，不可端倪，乃從覺地指之。覺者，心之主也。
> 心有主則實，無主則虛，實則百邪不能入，無主焉反是。（《證學雜
> 解・解十一》，《全集》二，頁 312，66 歲。）

此段文獻中，心之主就是覺，就是不可端倪之一真無妄之心之「端倪處」。蕺山這種論心是將心放在一道德實踐的「歷史性」中，因此隨時充滿抉擇，當心有主時，就是獨體的狀態，故獨體是不能等同心的，只能用「心之端倪」來指謂了。

4.3 人欲作用下的存有論

依蕺山，「天理人欲，同行而異情，故即欲可以還理。」天理人欲本是「同體依」的關係，「操則存，舍則亡」，心存養的好，就是天理狀態，心一不覺，就是人欲狀態。在上節我們已經稍微展開天理狀態下的存有論，現在

〔註 56〕見《證學雜解・解十》，《全集》二，頁 312，66 歲。

我們準備進入描述這個人欲狀態。由於蕺山的「人欲」、「欲」（Yu or desire）
和「過」（demerit）在早中晚期有不同的開合關係，因此這個人欲狀態的描
述方法，在中期，就可以如同第三章 3.3.2.2.2.3「負面之過惡的革除：過與
改過」小節，「證人要旨之聖凡對照歷程體系表」中所列的微過、隱過、顯
過、大過、叢過、成過去論述，故此章中，將不對此敘述，將著重「欲」與
「過」不同開合關係的另一部分。文分兩部分，一是「在欲中現身」，一是
「死亡意識」。

4.3.1　在「欲」中現身〔註57〕

　　首先，先說明蕺山早晚期對天理於人欲之關係的變化，然後將著重在後
期的天理人欲關係來展開「人欲狀態下的存有論」。

　　蕺山在早期對於天理與人欲的關係是彼此衝突的關係（但不是同體依的
彼此轉化無住的關係），工夫上重視的是「對治」、「克制」，但在早期43歲就
逐漸發展「同體依」的關係，工夫上重視的是「轉化」，這是隨著他的「慎獨」
工夫的深入而轉變的。在早期時，蕺山曰：

> 學莫要於治心，而惡與過皆出於人欲之私者，累心者也，攻且求之，
> 又彊所不能以進之，則私欲之端漸克而所從者無適而非義矣。義即
> 天理之公者是也。即心為理，在事為義。以此為學，而作聖之功端
> 在是矣。此孔門克復之旨也。（《曾子章句・立事第一》，《全集》一，
> 頁651，42歲。）

在這一段文獻中，我們可以看到蕺山要對人欲宣戰，所以他說「攻且求之，
又彊所不能以進之」的戰爭性語詞，戰爭的結果是人欲、私欲慢慢敗了，最
後天理戰勝，蕺山在早期認為，過與惡皆出自於人欲之私（即私欲），其間沒
有分別，和中晚期不同（詳下），故人欲去除，自然無過無惡。此處所謂的「人
欲之私」中的「私」和「天理之公」中的「公」都是語言中的「特提其特性」
的用法，而不是「類別之分化」的用法〔註58〕，並不是說人欲之私，就好像

〔註57〕　在此，先說明蕺山「欲」、「人欲」語詞的用法有改變，所以「在『欲』中現
　　　　身」的「欲」，和「天理與人欲」並提而同體依中的「人欲」，其意義是有差
　　　　別的，見下文即可得知。

〔註58〕　「特提」有如說「偉大的孔子」並不表示有另一「不偉大的孔子」，「分化」
　　　　有如說「紅的紙」，表示還有「不是紅的紙」，此區分見勞思光：《哲學問題源
　　　　流論》（香港：中文大學出版社，2001），頁6。

有一「人欲之好」或「人欲之公」似的（因爲天理一定是公的，不可能有「不公」的天理，故上推至「人欲之私」也是這樣的用法）。也就是說，「人欲之私」並不是說人欲中有好與不好，而是人欲即是不好的──不好的人欲、私的人欲，這個區分很重要，和中晚期的蕺山分化的人欲觀完全不同。因爲此時「人欲之私」是特提的，因此道德修養的工夫只能是對抗的「克復」。這時期蕺山也把這工夫放在「愼獨」上，蕺山曰：

> 學者深察乎此而致力焉，於以存天理之本然，遏人欲於將萌，則學問之功思過半矣。故君子必愼其獨也。（《論語學案·益者三樂章》，《全集》一，頁 592，40 歲。）

> 學莫先於變化氣質。氣質甚害事，纏氣拘便物蔽，學者須從軀殼上極力消融，至於渣滓渾化，天理同流，便是究竟工夫。（《論語學案·由之瑟章》，《全集》一，頁 491，40 歲。）

在 3.3.2.2.1「體道的公案：《人譜雜記》在道德實踐上的作用」小節中，我們說到就「氣質」、「人欲」對於天理的呈現來說，有「限制原則」與「表現原則」兩個特性。蕺山在此時，顯然完全重在「限制原則」，這很符合一個道德實踐者剛開始做工夫時，感受到「氣質」、「人欲」的沉重，與道德實踐的艱難。蕺山在此兩段文獻中，說到這時的工夫還是「愼獨」，愼獨的工夫在「存天理之本然，遏人欲於將萌」，故要強調「氣質甚害事」，氣拘物蔽是主要面對的敵人。

但是很快地，次年蕺山就調整他的看法了，在 43 歲時，兩種不同的意見就逐漸地呈現出來了，蕺山曰：

> 周子說無欲，有甚奇特？欲原是人本無的物，無欲是聖，無欲便是學。其有焉奈何？曰：「學焉而已矣。」其學也如何？曰：「本無而乎有，去其有而已矣。」孰爲無處有？水即爲冰。孰爲有處無？冰即爲水。欲與天理，只是一箇。從凝處看，是欲；從化處看，是理。（〈學言上〉，《全集》二，頁 427～428，43 歲。）

這一段 43 歲的文獻，與此條之前的上文三條 40、42 歲的文獻來說，已經有很大的轉變了，這時，蕺山還強調「無欲是聖，無欲便是學。」可是在後面，蕺山已經說出「欲與天理，只是一箇。從凝處看，是欲；從化處看，是理。」的人欲與天理「同體依」的話了，而且還用一個生動的比喻「水與冰」來說明，從水來看，是天理，從冰來看，是人欲。從水到冰，從冰到水，這種巧妙的理

欲間的轉化已經有後來用最難指明的「妄」來說明其間的影子了。〔註59〕

到了 55 歲，連水與冰這固定的用法來指涉人欲與天理，蕺山也持保留態度了，蕺山說：

> 天理人欲，本無定名，只爭公私之間而已。學者常將此己放在天地間，做箇公共一物看。己是天地間大家主人翁，四方八面，到處玲瓏，隨感而應，因物付物，是甚次第。（〈讀書要義說〉，《全集》二，頁 368～369，55 歲。）

在這段文獻中，蕺山對於天理人欲的說法，他說是「本無定名」，蕺山就同一個行爲來說，是無法判定是「天理」抑或「人欲」，必須看其中是有一個「小己」存在，還是把自己能放大到天地間來看。拿「水和冰」來做比喻，這個時候已經不像上文的「水與冰」來指涉天理與人欲，將水當天理，冰當人欲，而是水就可能是天理，也可能是人欲。

到了蕺山晚期，蕺山的「晚年定論」已經徹底完成，我們就可以來闡述關於蕺山在「人欲作用下的存有論」了。

隨著蕺山愼獨工夫的得力，對於人欲蕺山有更深切的看法，而不是像早其一味的排斥，也就是說蕺山的「人欲」已由「限制原則」發展到了「表現原則」。蕺山曰：

> 格去物欲，是禪門語徑，吾儒用不著。（〈復李二河翰編〉，《全集》三上，頁 443，66 歲。）

「物欲」在這時的地位已經和早年 40、42 歲的宣戰語氣完全不同，而有兩個作用，一是由敵人變成朋友，不必去之而後快了；一是竟然可以用來區別蕺山所在乎的儒釋之別（蕺山心目中的佛學就是禪學）。而這時的人欲也和早年的人欲全是「私」不同，「欲」與「過、惡」也有本質上的不同，而從「過、惡」區別出來，最有名的一段文獻是：

> 生機之自然而不容已者，欲也。欲而縱，過也；甚焉，惡也。而其無過不及者，理也。其理則謂之性，謂之命，謂之天也。其著於欲者，謂之情，變而不可窮也。其負情而出者，充周而不窮者，才也。或相什百，氣與質也。而其爲虛爲靈者，萬古一日也。……自心學不明，學者往往以想爲思，因以念爲意。即其變也，以欲拒理，以情偶性，以性偶心，以氣質之性分義理之性，而方寸爲之四裂。（〈原

心〉,《全集》二,頁 327～328,65 歲。)

在這段文獻中,蕺山基本上將「欲」與「過、惡」區分出來,由「盈天地間一氣而已矣」的生生不息之「生機」來定義「欲」,再由此「欲」之放縱來定義「過」,「過」中程度嚴重的就叫「惡」。如果欲是恰當而無過與不及者,就是「理」、「天理」,此理又叫性、命、天,表示其普遍性。但如果著於這個「欲」,情便產生出來了,這裡的「著」有可能是負面意義的「執著」,也有可能是正面的表現意義的「形著」,若是「著」為「執著」,則下面的「情」與「才」都是負面的,和此文後段中的蕺山認為「以情偶性」是錯誤的意見相衝突,因此這裡的「著」應是「形著」的正面意義。這負其「情」(所謂的「負其情」應該也是「表現其情」的意義),呈現其光彩而不窮者,就是一般才情中的「才」,〔註60〕由才情中的「才」之展現於現實環境中之不同程度來說明「氣質」也,

換言之,這時的「天理」在哪裡?天理就在欲中,或說天理就在人欲的背面、後面,天理不停地解蔽其自己,在「生機之自然而不容已」中,這就是「欲」,所以這時的工夫實踐認為「氣質何病,人自病之耳」〔註61〕,和40歲的「氣質甚害事」說法重點有異。就天理之即解蔽即隱蔽其自己而言,解蔽處即「表現原則」,隱蔽處即「限制原則」。

以上這樣的論述,是在一個前提下進行,就是蕺山「一生的用語習慣完全沒有變化」而論的,也就是說,晚期的蕺山的「欲」和早期蕺山的「欲」,其指涉的對象完全相同,由此而論述其「理欲關係」的轉變,為了強調其間的不同,故本文做以上的處理。

現在筆者要做一個「重要的補足」。

平心而論,蕺山這樣的論述,就他的思想上是否有巨大的轉變?考察蕺山一生的學行,自始至終,一貫地強調「戒慎恐懼」、「慎獨」來說〔註62〕,筆者以為並無巨大轉變,所以不能將其視為「情欲解放論」〔註63〕,但因為他的慎獨工夫實踐之越來越得力,由「嚴毅清苦」轉為「光風霽月」〔註64〕,

---

〔註60〕 杜維明對此也認為「才、情、欲都是健康的」,見杜維明、東方朔:《杜維明學術專題訪談錄──宗周哲學之精神》(上海:復旦大學出版社,2001),頁67。

〔註61〕 《證學雜解・解十八》,《全集》二,頁 318,66 歲。

〔註62〕 參 2.3.3「蕺山思想發展的階段論」一節。

〔註63〕 參李明輝先生對此點的批評,見李明輝:〈劉蕺山對朱子理氣論的批判〉,《漢學研究》第 19 卷第 2 期(總 39 期)2001.12,頁 17～21。

〔註64〕 黃宗羲:〈子劉子行狀〉,《全集》五,頁 46。

「欲」對他的道德實踐而言，由「限制原則」轉移到「表現原則」，但這「限制原則」、「表現原則」兩者本來就是一體的，限制是在表現中限制，表現是在限制中表現。蕺山的思想其實沒有巨大的轉變，而有其一致性，論述重點雖有轉變，但最重要的是「論述的語詞轉變」了，這是最大的關鍵，我們不要看到字面上都是「欲」，就以為他的思想轉為「情欲解放論」，以為是他早期認為的「人欲之私」全都合理化了而得到「解放」，因此現在筆者要要用後期的蕺山語詞作為統一的用語，來函攝早期約 43 歲前的用語，為了避免產生混淆，在此先做一些說明，就晚期蕺山的「欲」而言，和早期「特提」的「欲」不同，晚期的「欲」有「分化」性（用勞思光先生的用語來說），晚期的「欲」中放縱的那一部分「過、惡」就是早期的「欲」，但晚期的「欲」中恰當無過與不及者，就是早期的「天理」，所以早期對欲的評論全是負面的「人欲之私」，晚期對欲的看法就有正面性。就蕺山的全面的道德實踐而言，筆者以為晚期蕺山的說法較為圓滿，但要加以區別，這個區別就是天理解蔽其自己時，就其解蔽的需要而言，就是「欲」，但這個「欲」其實是個「需要」（demand），是就「生機之自然而不容已」而言的，這樣的「欲」是個「勝義欲」，而這個「需要」因為操存不好以致被放縱後，就是「過、惡」，這個「過、惡」就是早期的「欲」（desire），這樣的「欲」是個「劣義欲」。蕺山的「欲」（Yu）其實有「勝義欲」（demand）與「劣義欲」（desire）的區別，可是他全都是用「欲」來說明，就容易以為好像是「情欲解放論」（真要用「情欲××論」來說明，應該是「情欲調節論」，就調節之「調」表示其正面的天理意義，就調節之「節」表示其負面的人欲意義，所謂「天理人欲，同行而異情」是也）。這其中的區別是很明顯的，放在人身上，舉例來說，吃飯是需要，是晚期蕺山的「欲」，但一定要有雞腿才吃，就是「desire」，就是被放縱的需要、就是早期蕺山的「欲」、就是蕺山晚期的「過、惡」，頭腦思維上的區分看是簡單的，就實踐上的區分還是很難，所以蕺山終其一生，始終強調「慎獨」、「戒慎恐懼」，為什麼？因為以蕺山為例，蕺山在 19 歲結婚，22 歲生下長女祖愛，36 歲生劉汋〔註65〕，現在我們可以問蕺山：性（sex）到底對你是需要還是欲望？還是責任？〔註66〕這其中，還是要非常謹慎小心其間的理欲之界。為了清楚起見，

〔註65〕見《姚譜》19、22、36 歲條，《全集》五，頁 100、104、138。

〔註66〕這個問題是合法的提問，因為蕺山在其書中，很多地方都強調「妻子」是道德實踐的一個重點，《全集》二，頁 30，68 歲，頁 315，66 歲、《全集》一，

茲列表於下：

蕺山的「欲」（Yu）	勝義欲＝晚期的欲＝「需要」（demand）＝生機之自然而不容已＝其恰當處即天理（此時並不是就是天理）
	劣義欲＝早期的欲＝「欲望」（desire）＝「需要」的放縱＝晚期的「過、惡」

　　現在本文就以晚期蕺山的用語為主，來論述「在『欲』中現身」（但這欲其實是勝義欲的需要）。

　　剛剛我們問蕺山：性（「性行為」的性 sex，不是「性即理」之性 nature、Hsing）到底對你是不是「欲」（晚期的欲）？性（sex）是不是一種「生機之自然而不容已」的行為？蕺山剛好有回答，蕺山答：

> 程子曰：「人無所謂惡者，只有過不及。」此知道之言也。《中庸》言「喜怒哀樂之未發謂之中」。只此是天命之性，故為天下之大本。纔有過不及，則偏至之氣，獨陽不生，獨陰不成，性種遂已斷滅。……
> 周子曰：「性者，剛柔善惡，中而已矣。」兼以惡言，始乎善，常卒乎惡也，易其惡而至於善，歸之中焉則已矣。如財色兩關，是學人最峻絕處，於此跌足，更無進步可言。然使一向在財色上止截，反有不勝其扞格者，以其未嘗非性也。即使斷然止截得住，纔絕得淫心，已中乖戾心，便是傷。學者誠欲拔去病根，只教此心有主，使一元生意周流而不息，則偏至之氣自然消融，隨其所感而順應之。凡為人心之所有，總是天理流行，如此則一病除百病除。……除其心而事自隨之，即事不頓除，已有日消月減之勢。此是學者入細工夫，非平日戒慎恐懼之極，時時見吾未發之中者，不足以語此。（《證學雜解・解十六》，《全集》二，頁 315～316，66 歲。）

蕺山說，關於你問的「性行為的性」到底是不是「欲」？要解決這個問題，首先必須要有很好的「入細工夫」，在平日之中「戒慎恐懼之極」，時時見到我們生命「未發之中」時的「喜怒哀樂」的「天情」、「純情」才能理解我的回答，否則你是聽不懂的（「不足以語此」）。如果我們能體會到「未發之中」時的「喜怒哀樂」的「天情」、「純情」，現在我就告訴你答案：財色就是「欲」，財色「未嘗非性也」。一般人看財色，只能從下等的情慾去看〔註67〕，所以不

頁 325、417，40 歲；《全集》三下，頁 1076，68 歲

〔註67〕此處的「欲」與「慾」，嚴格來說是有區分的，就「生機之自然而不容已」言

能體會財色原來也是「性」（nature、Hsing），財色本來就是該有的「欲」，所以一般人只能一向用壓抑（蕺山回答中的「止截」）的方法來面對，用壓抑的方法來面對的結果，就是不勝其擾（蕺山回答中的「不勝其扞格者」），即使能暫時用大力氣壓抑住，對這個人來說，其情感也因此而受傷，而枯槁乖戾不已（蕺山回答中的「斷然止截得住，纔絕得淫心，已中乖戾心，便是傷」），所以這樣的解決方法是不對的。你真的要解決這個問題，想要「拔去病根」，就要體會這其中的「一元生意周流而不息」，但不只是這樣就能夠，還要「心有主」，所謂「心有主」就是對於這「欲」存養的好、操存的妥當，這才是關鍵之所在，當你面對這些「欲」時，你「心有主」，沒有過與不及，你就能體會「凡為人心之所有，總是天理流行」（就是上文所引〈原心〉文獻中的「其無過不及者，理也」），如果你存養的不好、操存的不妥當，還放縱，就是我在〈原心〉文獻中所說的「欲而縱，過也；甚焉，惡也」，你就有「過、惡」，這就是為何我在這段文獻中一開頭就引用程子的話「人無所謂惡者，只有過不及。」而說程子這話實在是「知道之言」阿，程子這句話實在是對啊。

以上我們站在蕺山的立場用第一人稱的口吻來說明，現在恢復正常。

上文我們知道就天理之解蔽而言，對人的當下之「辯證綜合」的「此有」（氣）而言，天理是在「欲」中現身的，就此「欲」存養得宜，就可知道「凡為人心之所有，總是天理流行」，這樣我們就可以知道何以蕺山要主張心性情不二的「心之性情」，而非朱子心性情三分的「心統性情」〔註68〕，蕺山底下這段說得更詳細：

> 形而下者謂之氣，形而上者謂之性。故曰：「性即氣，氣即性。」人性上不可添一物，學者姑就形下處討箇主宰，則形上之理即此而在。孟夫子特鄭重言之，曰：「善養浩然之氣」是也。然其工夫實從知言來。知言，知之至者也。知至則心有所主，而志嘗足以帥氣，故道義配焉。今之為暴氣者，種種蹶趨之狀，還中於心，為妄念，為朋思，為任情，為多欲，皆緣神明無主。……今學者動為暴氣所中，苦無法以治之，幾欲仇視其心，一切歸之斷滅。殊不知暴氣亦浩然

「欲」，就「欲」中加上人為的想像、放大、佔有慾、尊嚴，權力等之操存不當，而言「慾」，就是蕺山的「過、惡」。

〔註68〕蕺山曰：「朱子曰：『心統性情。』張敬夫曰：『心主性情』張說為近，終是二物。曷不曰：『心之性情』？」（〈學言下〉，《全集》二，頁557，66歲。）

之氣所化，只爭有主無主間。今若提起主人翁，一一還他條理，條
理處便是義，凡過處是助，不及處是忘。忘助兩捐，一操一縱，適
當其宜，義於我出，萬理無不歸根，生氣滿腔流露，何不浩然去？
浩然仍只是澄然湛然，此中元不動些子，是以謂之氣即性。只此是
盡性工夫，更無餘事。（《證學雜解‧解十六》，《全集》二，頁 314
～315，66 歲。）

我們已經知道，蕺山的「形上」其實是在形下之中而無形的意思，不是在形
下之上的一個超越的實體，天理就在當下之「辯證綜合」的「此有」（氣）中
解蔽其自己，故說「性即氣」，從「欲」上來看，「欲」就是天理解蔽其自己
的一個管道，因此他說「氣即性」，其實「性即氣」、「氣即性」兩句話是不可
分的，要一氣連讀，這就是蕺山的「『一本而萬殊，會眾以合一』之辯證綜合」。
因此我們「在人性上不可添一物」，就是不要把「性」當個超越的實體去懸想，
「學者姑就形下處討箇主宰，則形上之理即此而在。」形上之理就在形下處
「即此而在」（此有，氣），只差心有主無主之別而已。然後蕺山以孟子的「浩
然之氣」與「暴氣」來做說明，蕺山認爲孟子的工夫來自於「知言」，這裡的
「知言」的「知」就是我們在 1.3 「本文之研究方法」一節中所說的「體知」，
或來自於「證量」的「知」（證知），而不是一般純認知心的認知，因此蕺山
才會接著說「知至則心有所主」，如果是一般的認知的知，知道常常是心更無
所主的。當人心有主時，此時乃浩然之氣流行其中狀態，當人操存不當，則
爲暴氣矣。但我們在暴氣這個「過、惡」的狀態時，也不要太難過，不能更
自暴自棄，因爲我們要知道「暴氣亦浩然之氣所化」，暴氣的背面正是浩然之
氣，都是天理在解蔽其自己時，價值的呈現，問題在這個價值的呈現，是恰
當還是過與不及，因此這裡的有主就是「過與不及」與否？換言之，工夫就
是我們在 3.3.2.2.2.2〈證人要旨〉一節中所說的〈治念說〉與「保任法」所強
調的「勿忘勿助」、「忘助兩捐」了，這就是引文中的「提起主人翁，一一還
他條理，條理處便是義，凡過處是助，不及處是忘。忘助兩捐，一操一縱，
適當其宜，義於我出，萬理無不歸根，生氣滿腔流露，何不浩然去？」的意
義，因已在〈治念說〉與「保任法」中論及，故於此處略之。

　　而所有這些道德實踐行爲後展現在世界上就是在「萬物一體」下的「先
知覺後知」、「先覺覺後覺」的「世教」行爲，〔註69〕是故就當下之「此有」

──────────────

〔註69〕參 2.2.1 小節的說明。

而言，天理在「欲」中現身，存養（蕺山的存養含省察，或說存養省察不二），而起「世教」的作用。〔註70〕

4.3.2　死亡意識：不必理會，但要知道

現在我們要進入蕺山學中的「死亡學」（thanatology or studies of death and dying）或「生死學」（studies of living and dying）部分，〔註71〕對於這部分所謂蕺山的「生死學」部分，嚴格來說，蕺山是反對的。蕺山承襲宋儒的說

〔註70〕 這是筆者相應於海德格的此有開顯的三存在性相：在情緒中現身、理解、言談，而說蕺山的「此有」三性相：在欲中現身、存養（省察）、世教。參謝大寧師：《儒家圓教底再詮釋》（台北：台灣學生書局，1996），頁 189～190。或參海德格著，王慶節、陳嘉映譯：《存在與時間》（台北：桂冠圖書公司，1998），頁 185～227。龔鵬程先生曰：「當代新儒學曾經借助於康德的哲學，重新把儒家，特別是孟子學中講主體道德實踐之根據（也就是心性）的部分，發揚光大。可是關於儒家對於欲望、情、氣、才、好色的思想，卻囿於宋明理學及康德的格局，而未予正視，亦缺乏相應之理解，以致無法開展出一個足以與西方尼采弗洛伊德以後思潮相對觀的思路。邇來，透過諸如孟子「形色，天性」等說法，儒家身體或形氣觀，已漸被注意。但儒者好色之意卻仍討論甚少：好色與誠意修德之間的關係，論者尤罕齒及。」見龔鵬程：〈儒家的性學與心性之學〉，收入龔鵬程：《儒學反思錄》（台北：台灣學生書局，2001），頁 194。龔先生此言忽視了當代新儒學中的唐君毅、曾昭旭一脈，卻亦有其所見。筆者以為，和西方思潮對不對觀，不是很重要，問題是：在道德實踐上，一定會碰到這個問題。此處所言，想蘊含一種可能性，即運用蕺山的思想來回答「性」（sex）上的問題，如：性氾濫、暴露、佔有、強暴、性虐與被虐（sm）、及在台灣蔚為風氣的偷窺癖等等。舉例來說，性慾很強（性意念太頻繁），就是蕺山的欲變成「慾」的問題，就是蕺山的對欲犯上了「忘助兩捐」中的「助」而過，在面對「欲」時存養不好而老用頭腦、意念、嘴巴來想「欲」而變成「慾」，蕺山當然可回答這個問題說，儒者在面對「性欲」時，純就生理、愛等而忘助兩捐的體會其中的「一體感」，事前不期待而助之，事中也不忘之，事後也不留戀，僅在其中體會天理流行之「生機之自然而不容已」。蕺山這種修養多不容易，是故要強調「戒慎恐懼」。因為此中牽涉的觀念辯證頗多（如還要加上蕺山由「知愛知敬」來論良知，而非如陽明由四端之心中的「知是知非」來見本心，參〈證人會約〉，《全集》二，頁 576～577，54 歲。）暫保留之。

〔註71〕 「生死學」、「死亡學」是近年台灣的「流行語」、「當道語言」，這裡的「學」只是泛稱，猶如一般常說的「紅學」、「金學」（金庸學）或「蕺山學」，還不是一門嚴格學問的意思。關於其流行的熱門情形可參見廖俊裕：〈從本無生死到生生不息——論晚明理學如何解決生死問題〉，第八屆全國中文研究所研究生論文研討會，2001.12.8（中壢：中央大學），第一節「前言」部分的介紹。本文關於蕺山的「生死觀」有部分參考該文的論述，但詳略不同。

法，總認爲從一身之「生死」來考慮問題，是「自私自利」的行爲，蕺山曰：

> 禪家以了生死爲第一義，故自私自利是禪家主意，而留住靈明，
> 不還造化，當是其身驗，然看來只是弄精魂伎倆。吾儒之道，既
> 云「萬物皆備於我」，如何自私自利得？生既私不得，死如何私得？
> 夕死可以，分明放下了也。(〈答右仲二〉，《全集》三上，頁391，
> 60歲。)

> 理會生死之說，本出於禪門。夫子言原始反終，這是天地萬物公共
> 的道理，絕非一身生來死去之謂，與禪門迥異。(《證人社語錄》，《全
> 集》二，頁685，54歲。)

「自私自利」這種字眼是明道與象山用來攻擊從生死起念的佛學之字眼，[註72] 現在蕺山再用來批評佛家。從自己的生死著眼而想了生死，對於蕺山的〈聖學喫緊三關〉來說，還不算過得了第一關〈人己關〉，還侷限在「貪生怕死」[註73] 的狀態，所以我們應該就當下有何該做的本分事出發，而不要將生死當成問題來解決，因此我們不用像佛門一樣將「理會生死」當成第一義，「了生死」正是聖門「不必理會」的問題。蕺山曰：

> 若從生死破生死，如何破得？只從義利辨得清、認得眞，一路做將
> 去，有何生死可言？義當生自生，義當死自死，眼前只見一義，不
> 見有生死在。(《證人社語錄》，《全集》二，頁658，54歲。)

義當生則生，義當死則死，眼前只要看到該做的本分事就好了，蕺山認爲這樣就可破生死，因爲如果現在「死」是我們的本分，那我們就該「死」，而不應先去想「如何不死」，這樣就逾越了做人該有的本分，因此如果我們理會「生死」問題，其實對蕺山來說，正是一種「過」，而要去除之的，既然是要去除之的慾念，因此我們現在來談論蕺山的「死亡學」實在很過分。

可是蕺山的態度是很圓融的，蕺山認爲就個人的道德實踐言是「不必理

〔註72〕 明道曰：「佛學只是以生死恐動人。可怪兩千年來，無一人覺此，是被他恐動
也。聖賢以生死爲本分事，無可懼，故不論生死。佛之學爲怕生死，故只管
說不休。」(程顥、程頤：《二程集》(台北：漢京文化公司，1983)，頁2。)
又曰：「釋氏本怖生死爲利，豈是公道？」(同上書，頁139) 象山亦云：「釋
氏以人生天地間，有生死、有輪迴、有煩惱，以爲甚苦而求所以免之。……
故曰利曰私。」(陸九淵：《象山先生全集》(台北：台灣商務印書館，1979，
頁18。) 又云：「釋氏立教，本欲脫離生死，惟主於成其私耳，此其病根也。」
(同上書，頁398。) 又云：「老衰而後佛入」(同上書，頁474。)
〔註73〕 見《證人社語錄》，《全集》二，頁685，54歲。

會生死問題」，因爲這只是自私的表現，剛好是我們要對治的問題，可是對於當時的整個以「生死問題」爲問題意識的環境或基於學生的生死困惑的解決或對於道德實踐的勘驗而言，蕺山又認爲「該知道生死問題」，蕺山曰：

（1）謂生有去來而不必知其去來，歸之聖人不知，則其說猶有未盡者。死生何等事，而可以不知諉之？（《證人社語錄》,《全集》二，頁 686，54 歲。）

（2）學問勘到生死關始眞。（〈立志説〉,《全集》二，頁 375，49、50 歲。）

（3）「敢問死。」曰：「未知生，焉知死。」（蕺山按：生而知，只是知此生；學知、困知，只是知此生。）（〈迷悟關〉,《全集》二，頁 249，49 歲。）

蕺山對於「生死問題」的態度就是這個奇怪的「生死不必理會，但要知道」命題，這是什麼意思？爲何蕺山在第（1）段文獻又說「死生何等事，而可以不知諉之？」好像很重視「死亡」的樣子，這個重視是基於我們剛剛說的道德實踐應是只見眼前一義，不見生死，但問題在實踐時，生死問題是會跑出來干擾我們的道德實踐的，因此是否「貪生怕死」可作爲我們道德實踐的最後勘驗，猶如我們在 3.3.2.1「『十字打開』的縱貫面向：〈聖學喫緊三關〉」小節中論述〈迷悟關〉中所說的。「死」在價值的排行榜上是在「義」之後第二順位以後的位置，所以還是不必去鄭重其事的將「了生死」作爲我們生命主要解決的問題。我們只要「知此生」，最後就可以知死了，只要我們眞切的做道德實踐自然最後就會知道「生死問題」，蕺山在第（3）段引文中，對於孔子的「未知生，焉知死。」的按語，將「生而知之，學而知之，困而知之」全都放在「只是知此生」上，由「只是」知此生的「只是」兩字，我們可以知道蕺山的意思是「知生」就是「知死」的充分條件，只要「知生」就能「知死」了。有學者認爲「未知生，焉知死」這句話，孔子「只說對了一半眞理」，而認爲要補上「未知死，焉知生」，這樣才完整，〔註74〕這正是蕺山所反對的。〔註75〕這是有其生命實踐的證量基礎的。

〔註74〕傅偉勳：《死亡的尊嚴與生命的尊嚴——從臨終精神醫學到現代生死學》（台北：正中書局，1998），頁 100～101。

〔註75〕「未知生，焉知死。」從邏輯與語意來說，應是「不知道生，則無法知死。」所以「知生」是「知死」的必要條件——「知生」才能「知死」，而不是「知

現在我們知道蕺山「生死不必理會，但要知道」命題中，「生死不必理會」的理由（自私自利），也曉得蕺山「要知道生死」的原因（契機、道德實際的勘驗），而其中的關鍵就是由真切地「知生」就能「順便」地「知死」，這樣我們就能夠「不必理會，又能知道」，這個真切地「知生」是有其「證量要求」的，這個「證量」基礎就在 4.2.1.1「『天理流行』、『萬物一體』的時空證量」而來解決的，由這「萬物一體」、「天理流行」的時空證量，蕺山得出一個「歷程即本體：萬物統體一太極，物物各具一太極」的「生生不息」觀點，再由這「生生不息」、每一個當下的歷程都有其永恆的意義，「眼前只見一義，不見有生死在」，來反對當時明末儒者如周海門、陶望齡、陶奭齡等王學末流以「了生死」為首出的問題意識，及其生前好友高攀龍的遺言所主張的「本無生死」。底下筆者準備先做一個漫長的旅行，然後再回來解釋蕺山的「生生不息」態度，為何要先做個漫長的旅行？因為這樣我們就能了解蕺山逝世前回答張應鰲的話：

> 應鰲復請曰：「今日先生與高先生（按：即高攀龍）丙寅事相類，高先生曰：『心如太虛，本無生死，何幻質之足戀乎？』先生印合何如？」曰：「微不同，非本無生死，君親之念重耳。」（〈會錄〉，《全集》二，頁646，68歲。）

攀龍是蕺山生前一直都很敬重的師友，這個「微不同」是哪裡微不同？蕺山一生都很重視這個「微不同」，所以其實不是「微」不同而已。蕺山顯然否定攀龍的「本無生死」，蕺山因著「歷程即本體」而來的「君親之念重耳」反對「本無生死」，這其中的過程如何？試看以下的導遊。

這個導遊要論及明末陽明後學周海門、陶望齡、陶奭齡等人主張的「良知了生死」思潮的流行，當時蕺山和陶奭齡共主證人社時，有學生問其生死的問題時，兩人就針鋒相對，爭論不已。由這個「良知了生死」思潮就牽涉到陽明如何解決生死問題，陽明的解決方式範圍了海門及二齡，因此底下就從陽明的生死困惑開始。

4.3.2.1　主體親證永恆來解決死亡：本無生死

我們便從王陽明有名的龍場驛悟道開始談起。

生」是「知死」的充分條件──「知生」就能「知死」，然而不少儒者，都認為是「充分條件」，蕺山亦然。在此只要知道，蕺山此處是有其道德實踐之證量基礎，而把這證量之基礎的過程找出來即可。

　　當陽明因上疏欲救南京給事中（諫官）戴銑與監察御史薄彥徽等人，而遭詔獄、廷杖，最後貶官貴州龍場驛驛丞。劉瑾仍派人暗中跟蹤，陽明感覺有生命危險的存在，於是投江假裝自殺身亡，暗中乘商船至福建邊界，陽明本欲逃亡遠方，但恰遇二十年前認識的道士，道士告訴陽明：「汝有親在，萬一瑾怒逮爾父，誣以北走胡，南走粵，何以應之？」為了不拖累家人，陽明決定身赴龍場。此時陽明三十七歲，《年譜》云：

> 龍場在貴州西北萬山叢棘中，蛇虺魍魎，蠱毒瘴癘，與居夷人鴃舌難語，可通語者，皆中土亡命。舊無居，使教之範土架木以居。時瑾憾未已，自計得失榮辱皆能超脫，惟生死一念尚覺未化，乃為石墎自誓曰：「吾惟俟命而已！」夜端居澄默，以求靜一；久之心中灑灑。而從者皆病，自析薪取水作糜飼之；又恐其懷抑鬱，則與歌詩，又不悅，復調越曲，雜以詼笑，始能忘其為疾病夷狄患難也。因念：「聖人處此，更有何道？」忽中夜大悟格物致知之旨，寤寐中若有人語之者，不覺呼躍，從者皆驚。始知聖人之道，吾性自足，向之求理於事物者，誤也。乃默記《五經》之言證之，莫不吻合，因著《五經臆說》。〔註76〕

同樣的事件，黃綰《行狀》亦云：

> 瑾欲害公之意未已。公於一切得失榮辱皆能超越，惟生死一念，尚不能遣於心，乃為石墎，自誓曰：「吾今惟俟死而已，他復何計？」日夜端居默坐，澄心精慮，以求諸靜一之中。一夕，忽大悟，踴躍若狂者，以所記憶《五經》之言證之，一一相契，獨與晦庵註疏若相抵牾，恆往來於心，因著《五經臆說》。〔註77〕

兩段引文互相參看，可以得知：一、當陽明謫至龍場驛時，處境艱辛，但一切的得失榮辱他皆能超越之。二、不過所有的一切中，唯剩生死念頭尚未超化。三、他以「俟命」、「俟死」（等待命運的決定，讓存在來決定一切）的態度來面對，輔以「端居澄默，以求靜一」的靜心或靜坐功夫。四、提一話頭「聖人處此，更有何道？」，突然在當天中夜產生一種神秘經驗（mystical

---

〔註76〕 引文及敘述見吳光等人編校：《王陽明全集》（上海：上海古籍出版社，1995）卷33〈年譜一〉，頁1227～1228。原文「臆說」寫為「憶説」，據《行狀》改。

〔註77〕 吳光等人編校：《王陽明全集》（上海：上海古籍出版社，1995），頁1408～1409。

experience）〔註78〕，大悟格物致知之旨，體會到「聖人之道，吾性自足」，所有的問題，至此皆煙消雲散。

在這之中，「忽大悟」、「踴躍若狂」皆是神祕經驗的典型特徵，但正如楊儒賓先生所言：「中國哲學的『悟』之體驗是個大黑洞，任何文字掉進此一敘述了，好像都不能自拔，破碎不成片段。」〔註79〕嚴格說，由於陽明沒有多作解釋，所以我們很難說他到底發生了什麼，不過，我們倒可以確定「生死一念尚覺未化」的現象已經解決，不成為他心中的渣滓了。

但是很奇怪的，陽明人生最後的問題是「生死問題」，他解決了這個最後的問題後，講學的宗旨在「致良知」〔註80〕，可是講學的內容卻幾乎不提及「生死」，在《王陽明全集》中，也只有少數幾段學生問及「生死問題」，他才回答幾句的例子。這個現象可能有兩個原因，一是他沒有意識到；二是他有意識到，但他已經解決了，所以他覺得不必再提。說他沒有意識到，是不太可能的，否則在龍場驛超越了一切得失榮辱，怎還意識到剩「生死一念」呢？且由上引文所發生的神祕經驗來看，應是第二個原因──解決了，而又覺得不必再提。〔註81〕那他如何解決的？我們可以從他答覆學生所問的「生死問題」的少數幾段文獻著手回答。

> （1）蕭惠問死生之道。先生曰：「知晝夜即知死生。」問晝夜之道。
> 曰：「知晝則知夜。」曰：「晝亦有所不知乎？」先生曰：「汝能知晝！
> 矇矇而興，蠢蠢而食，行不著，習不察，終日昏昏，只是夢晝。惟
> 息有養，瞬有存，此心惺惺明明，天理無一息間斷，才能知晝。這
> 便是天德，便是通乎晝夜之道，而知更有什麼死生？」〔註82〕

〔註78〕陳來先生解陽明此經驗為神祕經驗，筆者深覺諦當，故引用之，見陳來：〈心學傳統中的神祕主義問題〉，《有無之境──王陽明的哲學精神》（北京：人民出版社，1991）附錄，頁394。

〔註79〕楊儒賓：〈死生與義理──劉宗周與高攀龍的承諾〉，收入鍾彩鈞主編：《劉蕺山學術思想論集》（台北：中央研究院文哲所籌備處，1998），頁534。

〔註80〕牟宗三先生以為陽明悟的就是「良知」，見牟宗三：《從陸象山到劉蕺山》（台北：台灣學生書局，1984），頁216。

〔註81〕這個「不提生死」的問題，有學者從外緣的「生命」上來回答，以為是陽明「具體人間世的聖賢生命」所致。這是從問題的外緣（生命）回答，故本文不取之（因為幾乎所有的問題都可以用「生命」這個答案來抽象地回答）。見林安梧：〈傳習錄與陽明學〉，收入王陽明：《傳習錄》（台北：金楓出版公司，1987），頁10。

〔註82〕吳光等人編校：《王陽明全集》（上海：上海古籍出版社，1995），頁37。

（2）問「志士仁人」章。先生曰：「只爲世上人都把生身命子看得來太重，不問當死不當死，定要婉轉委曲保全，以此把天理弄丟了。」〔註83〕

（3）問通乎晝夜知道而知。先生曰：「良知原是知晝知夜的。」又問人睡熟了良知亦不知了。曰：「不知如何以一叫便應？」曰：「良知常知如何有睡熟時？」曰：「向晦宴習，此亦造化常理。夜來天地混沌，形色懼泯（引者按：懼當爲俱），人亦耳目無所睹聞，衆竅俱翕，此亦良知收斂凝一時。天地既開，庶物露生，人亦耳目有所睹聞，衆竅俱闢，此即良知妙用發生時。可見人心與天地一體，故上下與天地同流，今人不會宴息，夜來不是昏睡，即是忘思魘寐。」〔註84〕

（4）問夭壽不二。先生曰：「學問功夫，於一切聲利嗜好俱能脫落殆盡，尚有一種生死念頭毫髮掛帶，便於全體有未融釋處。人於生死念頭，本從生身命根上帶來，故不易去。若於此處見得破、透得過，此心全體方是流行無礙，方是盡性立命之學。」〔註85〕

以上之第（4）段引文，說明了「生死念頭」可以做爲我們道德實踐結果的檢驗，陽明以爲「生死念頭」是從「生身命根」帶來，故在人生中是最後一個關卡，如果我們還沒有化除，便表示還不是流行無礙的境界，這是陽明龍場驛悟道之經驗前後的描述，頗切合陽明本身的生命經驗，但對於解決「生死問題」的理解幫助不大。

主要的文獻在第（1）段引文，當蕭惠問「死生之道」，陽明的回答乍見很像孔子的「未知生，焉知死」，陽明回答說：知晝則知夜，則知晝夜；知晝夜則知死生。所以只要知晝就好了。不過陽明有進於孔子處的是：他有回答如何知晝。關鍵就是在「此心惺惺明明，天理無一息間斷，才能知晝。」必須掌握「天理」才能「知晝」，天理是重點之所在，是解決生死問題的鑰匙。把「天理」概念扣緊第 2 段引文就更清楚了，天理如何得知呢？陽明走的不是朱子「橫攝的順取的認知之路」，他走的是「逆覺體證之路」，所以必然收攝至主體內。〔註86〕換言之，天理若是個「普遍的精神實體」〔註87〕，則這

〔註83〕吳光等人編校：《王陽明全集》（上海：上海古籍出版社，1995），頁 103。

〔註84〕吳光等人編校：《王陽明全集》（上海：上海古籍出版社，1995），頁 105～106。

〔註85〕吳光等人編校：《王陽明全集》（上海：上海古籍出版社，1995），頁 108。

〔註86〕牟宗三：《中國哲學十九講》（台北：台灣學生書局，1983），第 18 講，頁 389

「普遍的精神實體」也要「主體化」，主體化為內在的良知。所以在上面第（3）段的引文中，陽明便以良知來說明「通乎晝夜之道」，以見「人心與天地一體，上下與天地同流」。故陽明在其他的文獻上亦說「天理即良知」〔註88〕，在這個時候，實體與主體是合一的，或說是由主體來統攝實體，「一心之朗現，一心之申展，一心之遍潤」。〔註89〕

現在我們可以再回到陽明龍場驛一悟的神秘經驗上。原來陽明乃悟及「良知的絕對性與普遍性」，以此「絕對的良知」來消解宇宙間消逝無常的「生死現象」，這時他體悟到「良知的絕對性」，因著這絕對，所以一切相對的差別皆消失了，時間空間便被超越了；〔註90〕因為絕對，所以「個體解消，時空消泯，萬物一體」〔註91〕。簡言之，就是達到一超越時空人我的「永恆」，而非「永遠」（在時空的度量衡之下）。人一旦觸及永恆，死亡的陰影就解消了，不再為死亡所焦慮了，所以陽明「生死一念」自然化解。我們可以把陽明這個解決辦法稱作「良知了生死」。〔註92〕

陽明的良知學雖然可以解決生死問題，但事實上，陽明卻不在此措意，在龍場驛一悟之後，生死問題從來沒有進入他的問題意識中，他為什麼覺得不必再提了呢？因為他認為「致良知」更為簡易直捷，不必再繞道「生死問題」上了，猶如佛學所為，陽明曰：

> 仙家說到虛，聖人豈能虛上加得一毫實？佛氏說到無，聖人豈能無上
> 加得一毫有？仙家說虛，從養生上來；佛氏說無，從出離生死苦海上

～420。

〔註87〕 在牟宗三：〈王陽明學行簡述〉中，牟先生認為陽明龍場驛一悟所呈現的是「普遍的精神實體」，收入牟宗三：《生命的學問》（台北：三民書局，1989），頁164。

〔註88〕 吳光等人編校：《王陽明全集》（上海：上海古籍出版社，1995），頁110。

〔註89〕 牟宗三：《心體與性體》第一冊（台北：正中書局，1985），頁47。

〔註90〕 陳來先生認為儒學的神秘體驗有幾個基本特徵：一、自我與萬物一體。二、宇宙與心靈合一或宇宙萬物都在心中。三、所謂「心體」（即純粹意識）的呈現。四、一切差別的消失，時間空間的超越。五、突發的頓悟。六、高度的興奮、愉悅，以及強烈的心靈震撼與生理反應（通體汗流）。可參看之，見陳來：〈心學傳統中的神秘主義問題〉，《有無之境——王陽明的哲學精神》（北京：人民出版社，1991）附錄，頁410。

〔註91〕 楊儒賓：〈死生與義理——劉宗周與高攀龍的承諾〉，收入鍾彩鈞主編：《劉蕺山學術思想論集》（台北：中央研究院文哲所籌備處，1998），頁535。

〔註92〕 關於「良知的絕對性」，另可參看楊祖漢等著：《中國哲學史》（台北：空中大學出版社，1998）第22章第3節第4段〈良知的絕對性〉，頁625～627。

來，卻於本體上加卻這些子意思在，便不是他虛無的本色了，便於本
體有障礙。聖人只是還他良知的本色，更不著些子意在。〔註93〕

換言之，陽明認為「生死」其實只是一個方便的入門磚，重點在是否能掌握
到「本體」，仙家、佛家其實也是要人從養生、出離生死苦海開始，以進而掌
握本體而已。所以當王嘉秀問陽明：「佛以出離生死誘人入道……？」陽明答
曰：「所論大略亦是」，〔註94〕因此他不必再提「生死」作為學問的入手，那
反而更加迂曲，直接從「致良知」著手，不談生死而亦可了生死（陽明這樣
的態度，在形式上，和蕺山很像，但內容不同，詳下文）。但陽明的這個見解，
他的後學並沒有體會到，又當時「三教合一」、「三教一致」思潮頗行於天下，
三教合一的一個會歸點便是「生死問題」，陽明後學自不免受影響，故為學的
目的在不知不覺中被轉移了，「致良知」的工夫也不是像陽明所說的是道德實
踐的主要宗旨，而是被考慮著可不可以「了脫生死」的方法了。明末鄧豁渠
（鶴，1498～1578前後）云：

> 渠自參師以來，再無第二念。終日終夜，只有這件事，只在捱搃這
> 些子，漸漸開豁，覺得陽明良知，了不得生死。〔註95〕

換言之，陽明「致良知」的本意消失了，現在良知的作用是「了不了得生死」？
「了脫生死」變成首出的觀念，只不過有人認為不可了生死，有的學者卻以
為可以，如被黃梨洲列為陽明後學泰州學案的周海門及其弟子陶奭齡便不同
意鄧豁渠的意見。海門是王龍溪與羅近溪的弟子，受近溪的啟發甚大，故「供
近溪像，節日必祭，事之終身」，〔註96〕對良知有深切的體認，但他的為學宗
旨，正如上文所說已不知不覺轉移了，陶奭齡便曾云：

> 海門先生曰：「學問需從生死起念方真，而儒者一言生死，便詆為禪
> 學，不知『朝聞道，夕死可矣。』是聖門了生死七字真訣。」〔註97〕

海門亦云：

> 生死不明而謂能通眼前耳目聞見之事，無有是理；生死不了，而謂

〔註93〕吳光等人編校：《王陽明全集》（上海：上海古籍出版社，1995），頁106。
〔註94〕吳光等人編校：《王陽明全集》（上海：上海古籍出版社，1995），頁18。
〔註95〕見鄧豁渠：《南詢錄》，收錄在《中國哲學》（長沙：岳麓書店，1998），第19
　　　　輯，頁379。亦見 http://www.confucius2000.com/confucian/nanxunlu.htm
〔註96〕黃宗羲：《明儒學案》（台北：里仁書局，1987），頁854，（《黃宗羲全集》第
　　　　八冊）。
〔註97〕陶奭齡：《小柴桑喃喃錄》，卷下，明崇禎間吳寧、李為芝校刊本，頁37，（國
　　　　家圖書館藏）。

能忘眼前利害得失之衝者，亦無有是理，故於死生之說而諱言者，
其亦不思而已矣。〔註98〕

原本儒家學問是「應然意識」下，「自覺地作道德實踐以清澈自己的生命，以
發展其德行人格」〔註99〕，宗旨為內聖外王。在應然意識下的道德實踐，是
問良知我的行為應不應該的，義當生則生，當死則死，是故有「殺身成仁、
捨生取義」之說，現在卻「需從生死起念方真」，把了脫生死視為真學問的起
點，「生死」成為為學的主要問題意識。不同鄧豁渠的是：海門認為良知是可
了生死的。在上引文中，他引孔子之「朝聞道，夕死可矣」作為儒家了生死
的依據，揆海門原意，此句應是：若我們能掌握了「道」，以「道」的永恆性，
便足以了脫生死。〔註100〕，這「道」亦如陽明般是等同於「良知」的，所以
海門云：

> 不肖近歲來獨參自證，益信陽明「良知」二字是千聖真血脈，近聞
> 有良知非本體者，先生以為何如哉？良知，無知，無不知，無知至
> 矣！……已嘗觀鄧子《南詢錄》亦以良知不足了生死。……是此非
> 彼，邊見為崇，卒至枯槁，淪陷而無歸，學術之謬只在毫釐，辨不
> 可蚤乎哉！〔註101〕

他認為鄧豁渠乃「邊見為崇，卒至枯槁無歸」，原因在對良知「無知，無不知，
無知至矣」的體會不足，如果於此能體知，便可「聞道」或如上文陽明所言
之知晝夜而了生死。因此他也引王龍溪之言以證之：「王氏曰：『道無生死，
聞道則能通晝夜，一死生，虛靜光明，超然而逝，無生死可說，故曰夕死可
矣！』」〔註102〕。

　　換言之，海門以良知「無知，無不知，無知至矣」的絕對性來反對鄧豁
渠之「良知不足了生死」，若一人自證及此，他是可以達到「無生死，通晝夜，
一死生」的境界的。海門這樣的駁斥鄧豁渠是對的，主要是因為他體會到良
知的絕對性與不生滅性，鄧氏於此體會有差，故無法贊同「良知了生死」，鄧

〔註98〕周汝登：〈武林會語〉，《東越證學錄》（台北：文海出版社，1970），頁210。
〔註99〕參牟宗三：《心體與性體》（第一冊）（台北：正中書局，1985），頁13。
〔註100〕此句的解說甚多，詳見程樹德：《論語集釋》（第一冊）（北京：中華書局，1997）
　　　　頁244～246。
〔註101〕周汝登：〈寄贈李檻山序〉，《東越證學錄》（台北：文海出版社，1970），頁
　　　　519～520。
〔註102〕周汝登：〈武林會語〉，《東越證學錄》（台北：文海出版社，1970），頁210。

氏曰：「良知，神明知覺也。有生滅，縱能透徹，只能與造化同運並行，不能出造化之外。」〔註103〕這表示鄧氏的良知是生滅的，生滅的東西，本身便足以消失，又怎能了脫使一切現象消失的「死亡」呢？

由以上可知，周海門走的其實也是陽明以往「良知了生死」的路數，但是在講學問題意識上已經偏離陽明，而以「生死起念」爲主了。陽明後學如欲解決生死問題的，大皆不出陽明途轍，底下再以海門弟子陶奭齡爲例。

陶奭齡和蕺山的生死觀念上差異頗大，不過目前學者幾不措意於此。〔註104〕當二人於證人社講學時，即有弟子問及生死之說。

> 司講王與安講「季路問事鬼神」章，以生死一事爲問，陶先生取〈繫辭〉「精氣爲物，游魂爲變」，并「原始反終」之道，娓娓言之。劉先生微示一語，曰：「臘月三十日，爲一年之事以此日終，而一年之事不自此日始，直須從正月初一日做起也。」（〈證人社語錄〉，《全集》二，頁681，54歲。）〔註105〕

在這引文中，奭齡是用〈繫辭上〉第四章的說法來回答生死之說，這和第二節中，陽明回答弟子的方式是相同的。由《劉宗周全集·會錄》中此事之相同的記載來看，蕺山會以臘月三十日爲例開示，其原因是因爲奭齡原本就以臘月三十日舉例來說明生死一事的。只不過蕺山顯然不甚同意奭齡如此說法，他不以死亡爲終點，如臘月三十日般，他要弟子往前看「生」，所以緊接著，他要提出「正月初一日」來「微示一語」。奭齡在此會之後，特提筆爲文〈知生說〉，如下：

> 學何事？窮理、盡性、致命焉已矣（按：依〈說卦傳〉第一章，致命當爲至命，奭齡原文爲致命，故依原文錄下）。窮理者，知生死者

〔註103〕見鄧豁渠：《南詢錄》，收錄在《中國哲學》（長沙：岳麓書店，1998），第19輯，頁380。亦見 http://www.confucius2000.com/confucian/nanxunlu.htm

〔註104〕探討陶、劉二人生死觀之差異者，目前僅一篇論文稍述之，但並不詳細，參楊正顯：《陶望齡與晚明思想》（台中：東海大學史研所2000年碩士論文），頁123～124。

〔註105〕在〈會錄〉中，亦有相近的紀錄，如下：
友以生死爲問，陶石梁先生取〈繫辭〉「精氣爲物，遊魂爲變」，及「原始反終」之道，娓娓言之。（一曰「以臘月三十日言之」。）先生微示一語曰：「臘月三十日，謂一年之事以此日終，而一年之事，不自此日始，直須從正月初一日做起也。」（〈會錄〉，《全集》二，頁596，54歲。）
這兩段相似的紀錄相對照，可知〈會錄〉中的「先生」指蕺山，而非石梁，有學者於此誤讀，而做出錯解，故稍說明之。

也；盡性者，善生死者也；致命者，無生死者也。吾命原無生死，而何以忽有生死，此理之不可不窮也；吾命原無生死而究竟不免生死，此性之不可不盡也。窮理而后知吾身與天地萬物之皆妄有終始而實無去來，盡性而后知吾身與天地萬物之皆真無住著而不遺利濟。窮理盡性以致於命，而後知天地之惟吾範圍，萬物之惟吾曲成，而吾身與天地萬物之晝夜惟吾通知。所寄似有方，而吾之神實無方也；所託似有體，而吾之易實無體也。有方故有往來，有體故有成壞。無方無體者，無往來無成壞，而又何生死之有？明乎此，而后識吾身與天地萬物始終於吾命，而吾命不隨吾身與天地萬物爲始終，迴然無對，超然獨存，至尊至貴，無首無尾，此吾儒生死之極談，無事假途於蔥嶺者也。雖使禪門之人具大辨才；雲興百問，瓶瀉千洲，亦烏能加吾之毫末哉！敢以此畢諸君子知生之說。（〈知生說〉，《全集》二，頁687。）

由於蕺山在回答弟子時，顯然是重「生」的，所以奭齡在此寫的不是〈生死說〉或〈知生死說〉，而是〈知生說〉，不過很明顯的，奭齡的關切點是「生死」，所以他說的「窮理、盡性、致命」全關連著「生死」來立論的，窮理不是窮個天理，而是窮生死之理，所以是「知生死者也」。在這段引文中，「吾身與天地萬物」有兩個意思，第一種意義是有始終的「吾身與天地萬物」；另一種是「無終始去來」的「吾身與天地萬物」，關鍵在此人能不能體認有一個「迴然無對，超然獨存，至尊至貴，無首無尾」的東西（勉強說有一個，嚴格說，因爲它是絕對的，所以無法用有一個東西形容它），如果不能，則如奭齡在此引文後段中所說「吾命不隨吾身與天地萬物爲始終」中的「吾身與天地萬物」，是有生滅的；如果可以體會到「吾之神、吾之易」之「無方無體」的絕對性，則這時「吾身與天地萬物」便也提升爲「無終始去來」的。因此如何才算窮理已完成了呢？便是達到「窮理而后知吾身與天地萬物之皆妄有終始而實無去來」的階段才是，所以這個「迴然無對」的「吾之神、吾之易」便很重要了。那這個作爲「吾儒生死之極談，無事假途於蔥嶺者也」的「吾之神，吾之易」到底是什麼？這個「神、易」指的就是「良知」。在陶、劉二人共同主持證人社時，奭齡就曾寫信給蕺山，要蕺山「頭路清」的「只提一字」，他說：

講學如指路，先要頭路清，頭路不清，將令行者迷所適從，……先正所以只提一字，或心、或性，或良知等，不多著字面，以知即是

> 心，心即是性，推而至於百千萬種名色，總是一物，隨從一處入，
> 皆可到家。……讀〈中庸首章義〉（引者按：即蕺山所著之〈中庸首
> 章說〉），已得聖賢大旨，性、道、教、中和、不睹不聞、獨等，總
> 是這個。天地萬物總在裡許，……。不識翁臺以爲何如？（〈附陶先
> 生與劉先生書〉，《全集》二，頁 671～672。）

奭齡讀了蕺山〈中庸首章說〉後，發現蕺山的思路和他不同，他建議蕺山不
必說那麼多，如性、道、教、中和、不睹不聞、獨等這些名色，這樣反而「頭
路」不清，容易使行者無所適從，不如單提一「良知」即可。所以奭齡是以
「良知」來總合一切，這「頭路」的確是很清楚的。「吾之神、吾之易」就是
「良知」，換言之，在了生死這問題上，奭齡也是主張「良知了生死」。

　　以上論述了從陽明一脈下來到陶奭齡的「良知了生死」之思路，接下來
本文要從劉蕺山評論高攀龍投水前的遺言開始著手，再說明以上皆屬於「本
無生死」形式，其解決的重點皆在「主體之永恆性」的悟見上，這和當時流
行的佛學中的禪之解決方法是相同的，無法區別儒釋，無法見出儒學中本有
的乾健精神，再引出蕺山之學以說明此必須有待蕺山來解決。

　　當閹黨欲逮攀龍時，攀龍爲了不使國體、此道、此學受辱，承襲著東林
人士的抗議精神，乃投水自沈，在自沈前，他寫下了兩篇文章，一篇是上給
崇禎的〈遺疏〉，一篇是給其友人華鳳超的〈別友人書〉。蕺山讀了這兩篇文
章後，寫下了他的感想：

> 閱先生〈遺表〉及〈別友人書〉，見先生到頭學力，庶幾朝聞夕死者。
> 顧其各有攸當，弗得草草看過。先生告君曰：「願效屈平遺則。」不
> 忘君也。其告友人曰：「得從李、范遊。」不負友也。先生蓋以數子
> 之義自審其所處則然，而非以數子自況也。至云：「心如太虛，本無
> 生死。」亦爲後人貪生者解惑云。然先生心與道一，盡其道而生，
> 盡其道而死，是謂無生死。非佛氏所謂無生死。憶先生往歲嘗遺余
> 書曰：「吾輩有一毫逃死之心，故害道；有一毫求死之心，亦害道。」
> 此金針見血語也。求先生於死生之際者，當以此爲正。又先生處化
> 時，端立水中，北向倚池畔，左手捧心，右手垂下帶，口不濡勺水。
> 人多異之者。先生平日學力堅定，故臨化時做得主張，如此攝氣歸
> 心，攝心歸虛，形化而神不化，亦吾儒嘗事。若以佛氏臨終顯幻之
> 法求之，則失矣。嗚呼！先生往矣。余懼後之學先生者，潛求之東

漢人物，又或過求二氏者，辜負先生臨岐苦心，因特爲表而出之。（〈書
高景逸先生帖後〉，《全集》三下，頁 834，51 歲。）

在此文中，爲何蕺山會有「懼」呢？原來，在攀龍之〈臨終與華鳳超〉的遺
書中，有「一生學力，到此亦得少力。心如太虛，本無生死，何幻質之戀乎？
諸相知統此道意，不能一一也。」〔註106〕的幾句話，這些話對深知儒釋之別
的蕺山來說，是頗爲吃驚的，因爲他發現攀龍此時是陷入類似佛學的思想中，
否則攀龍不會用「幻質」來形容世間，且對留於世間用「幻質之戀」來比喻，
對於生死也提出似於佛學無生之「心如太虛，本無生死」的話，所以蕺山必
須提筆爲文點提攀龍之死的意義，而大加著墨攀龍之說法和佛氏之不同，蕺
山的說明於下文再予論述之，於此先問攀龍爲何在臨終之際說出這些話呢？
「人之將死，其言也眞」，事實上，攀龍本身之思想與體驗本就近於遺世間的
「本無生死」論。我們可看他自述悟道之經驗即可得知：

> 手持二程書，偶見明道先生曰：「百官萬務，兵革百萬之重，飲水曲
> 肱，樂在其中，萬變俱在人，其實無一事。」猛省曰：「原來如此，
> 實無一事也」。一念纏綿，斬然遂絕。忽如百斤擔子，頓爾落地；又
> 如電光一閃，透體通明；遂與大化融合無際，更無天人內外之隔。
> 至此見六合皆心，腔子是其區宇，方寸亦是本位，神而明之，總無
> 方所可言也。平日深鄙學者張皇說悟，此時只看做平常，自知從此
> 方好下工夫耳。〔註107〕

攀龍此中說及他萬曆 22 年大悟的情形。在此我們可以知道幾攀龍當時猶如上
文之海門、奭齡般的體會到「與大化融合無際」、「無天人內外之隔」、「無方
所可言」、「六合皆心」之「主體的永恆性」。

所以對攀龍來說，在臨終前說出「心如太虛，本無生死」是有其生命經
驗在背後作支撐的，而這種「本無生死」的解決生死之法，也可概括地包含
上文所言之陽明、陽明後學周海門與陶奭齡之解決生死的型態，所以我們可
以把這一路型態爲之「本無生死」型態。他們都是屬於「良知了生死」之模
型。也許我們會懷疑，高攀龍屬於東林人士，東林人士鑑於左派王學的狂蕩，

〔註106〕高攀龍：〈臨終與華鳳超〉，《高子遺書》（四庫全書本，台北：台灣商務印書
館，1986），卷 8 下，頁 73。

〔註107〕高攀龍：〈困學記〉，《高子遺書》（四庫全書本，台北：台灣商務印書館，1986），
卷 3，頁 16。

積極攻擊陽明學說，而掀起明末的「性學大論辯」思潮，如何攀龍同陽明或陽明後學也是管歸一路呢？攀龍以「性善」來糾治陽明四句教中「無善無惡心之體」一句所引發出「無善無惡」之懷疑，標榜「一本程朱」之「格物」來對治陽明之「致良知」，但他的「格物」其實就是陽明的「致知」，這一點，明末黃梨洲便已見出，梨洲曾批評攀龍的學說：

> 先生之學，一本程朱，故以格物爲要。但程朱之格物，以心主乎一身，理散在萬物，存心窮理，相需並進。先生謂：「才知反求諸身，是真能格物者也。」頗與楊中立（時）所說「反身而誠，則天下之物無不在我」爲相近，是與程朱之旨異矣。先生又曰：「人心明即是天理」、「窮至無妄處方是理」。深有助乎陽明致良知之說。……言陽明之致知不在於格物。若如先生言「人心明即是天理」則陽明之致知即是格物明矣。先生之格物本無可議，特欲自別於陽明，反覺多所扞格耳。〔註108〕

容肇祖先生以爲梨洲這個批評是「很有理由的」〔註109〕。所以他們都可視爲同一模型。這種「親證主體之永恆性」的「本無生死」型態，在某些儒家來說，是有墮入禪學之嫌的，也很難見出儒與釋之別的。因爲佛學中禪宗也是如此的解決方法的。禪也是以悟見主體之永恆性、絕對性而了脫生死的，在著名的《六祖壇經・行由品》中，即有一段：

> 次日祖潛至碓坊，見能腰石舂米，與曰：「求道之人，爲法忘軀，當如是乎？」乃問曰：「米熟也未？」惠能曰：「米熟久矣，猶欠篩在。」祖以杖擊碓三下而去。惠能即會祖意，三鼓入室；祖以袈裟遮圍，不令人見，爲說《金剛經》，至「應無所住而生其心」，惠能言下大悟：一切萬法不離自性。遂啓祖言：「何期自性本自清淨！何期自性本不生滅！何期自性本自具足！何期自性本無動搖！何期自性能生萬法！」祖知悟本性……〔註110〕

六祖惠能是中國祖師禪的主要奠基者，是禪學中的重要人物。在這段引文中，我們幾乎可以看到有如陽明龍場驛一悟「聖人之道，吾性自足」或攀龍「無

〔註108〕黃宗羲：《明儒學案》（台北：里仁書局，1987），頁 1402，（《黃宗羲全集》第八冊）。

〔註109〕見容肇祖：《明代思想史》（台北：台灣開明書店，1980），頁 307。

〔註110〕見演培法師：《六祖壇經講記》（中壢：圓光寺印經會，1994），頁 59～60。

天人內外之隔，六合皆心，總無方所可言」現象的翻版，只不過他的語彙是佛學式的，所以是「一切萬法不離自性」、「何期自性本不生滅、本自具足……」，換言之，惠能很明顯的也是體悟到「自性」的「永恆性、超越時空性、絕對性」。這對蕺山而言，兩者是無差別的，因為就他們解決的方法之形式言，皆如出一轍，尤其不免置世間之「器」或「氣」於無地，所以當高攀龍的《高子遺書》初出之際，蕺山便曾一邊翻閱，一邊告訴其弟子梨洲「其闌入釋氏者」，〔註111〕因此他必須寫〈書高景逸先生帖後〉予以救正，他不滿「本無生死」，而以「先生心與道一，盡其道而生，盡其道而死，是謂無生死。非佛氏所謂無生死。」糾正之。這「盡其道」顯然是其中關鍵，這「盡其道」的標出，不只是攀龍所忽略的「世教」上的意義，〔註112〕而且有其本體論之意義。

若依前文所述，要以體悟到我們生命中的「永恆性」和「絕對性」來消除生死的疑惑，或死亡的恐懼，則蕺山之解決法必然和陽明等人之將「永恆性」、「絕對性」至於「主體」上不同，蕺山將「永恆性」或「絕對性」置於當我們在此具體的存在情境中，這存在情境和吾人主體有一交會感通，而對吾人有一「存在的召喚」，於是主體便有其該實踐的行為的「盡其道」上，也就是人之「盡其道」此點便有永恆性與絕對性。但蕺山如何發現此點的？他就是發現「氣」（此有）的「永恆性」與「絕對性」。而這點正是他在「萬物一體」下的時空證量所發現的。

4.3.2.2 「此有」(氣) 親證永恆來解決死亡：生生不息

現在我們進入蕺山的「生生不息」的「生死觀」，首先我們說明在前一節4.3.2.1 中，既然陽明到攀龍的這些儒者，也是體會到「永恆性」、「絕對性」，何以蕺山對其仍然不滿？這是因為蕺山認為他們的「永恆性」、「絕對性」的「證量」有所不足、有所不真，仍欠向上一機，所以蕺山才要在攀龍的遺書上，趕快加以補正，否則這「良知了生死」一路所帶來的後遺症，就是「無世界論」，世界乃是幻質，這對於蕺山此類「肯定世界」、「肯定人倫」的儒者，

〔註111〕黃宗義：《明儒學案》（台北：里仁書局，1987），〈蕺山學案〉，頁 1507，（《黃宗義全集》第八冊）。

〔註112〕楊儒賓：〈死生與義理——劉宗周與高攀龍的承諾〉，收入鍾彩鈞主編：《劉蕺山學術思想論集》（台北：中央研究院文哲所籌備處，1998），楊先生此文即從高攀龍忽略世教上著手論之。

當然是無法忍受的一件事，以爲將使儒學淪爲佛學，蕺山說：「禪家有三絕：一絕聖學，二絕彝倫，三絕四民之業。」〔註113〕所說的就是此點，再看一遍我們在4.3.2「死亡意識：不必理會，但要知道」一節中引用過的文獻：

> 禪家以了生死爲第一義，故自私自利是禪家主意，而留住靈明，不還造化，當是其身驗，然看來只是弄精魂伎倆。吾儒之道，既云「萬物皆備於我」，如何自私自利得？生既私不得，死如何私得？夕死可以，分明放下了也。(〈答右仲二〉，《全集》三上，頁391，60歲。)

這段文獻，在4.3.2節我們注重的是它的前面兩句話，現在我們注重後面的「留住靈明，不還造化，當是其身驗，然看來只是弄精魂伎倆。」這幾句話，蕺山在此說到，「主體親證永恆來解決死亡：本無生死」這樣的了生死的方法至多只能留住靈明，雖然有所「身驗」，但只是「弄精魂」的伎倆，宇宙間只是剩一孤獨寂寞之靈明，而無法「還造化」，所謂「不還造化」正是證量上無法體證「萬事萬物莫不有理」之「物物一太極」而真正「當下即是永恆」，無法真的「鳶飛魚躍」、「生機盎然」，這樣體證的工夫仍不究竟，不足的地方是「其工夫顓究到無生一路，只留箇覺性不壞，再做後來人，依舊只是個貪生怕死而已。」〔註114〕由於無法體證到造化的永恆，因而骨子裡仍然是「貪生怕死」，所以不應走這條「本無生死」、「無生」的路，而應走上「生生不息」的「了生死」的方法，蕺山曰：

> 「一陰一陽之謂道」，即太極也。天地之間，一氣而已。……太極之妙，生生不息而已矣。……自無極說到萬物上，天地之終始也。自萬事反到無極上，聖人之終而始也。始終之說，即生死之說，……愚按〈太極圖說〉其要歸之知生死，何以故？此佛氏所謂第一大事因緣也。但佛氏向父母未生前討分曉，吾儒則向天地未生前討分曉，比佛氏因緣殊大。佛氏討過分曉，便以無生爲了義；吾儒討過分曉，便以生生不窮爲了義。以無生爲了義，只了得一身。以生生而不窮爲了義，並天地萬物一齊俱了。其爲大小之分，更爲天淵。夫佛氏了生死本小，而看得以爲極大，便是難了處。吾儒直作等閒看過，生順歿寧而已。(《聖學宗要》，《全集》二，頁268～269，57歲。)

在這段文獻中，蕺山正式將其「生生不息」和「無生」(「本無生死」) 對觀，

〔註113〕〈會錄〉，《全集》二，頁613，約60歲。
〔註114〕〈生死說〉，《全集》二，頁378～379，54歲。

而真正的身心安頓、寧靜而「生，吾順事；歿，吾寧也」正是在能目擊道存的「生生不息」上。這時並不像「本無生死」的「以無生為了義，只了得一身」，故要「三絕：絕聖學、絕彝倫、絕四民之業」，而是「以生生而不窮為了義，並天地萬物一齊俱了。」因為天地萬物一齊俱了，所以隨時隨地一言一行都是人生目的的達成，即過程即目的，即目的即過程，歷程即本體，本體即歷程，最後我們以蕺山的〈生死說〉來做總結：

> 自聖學不明，學者每從形器起見，看得一身生死事極大，將天地萬物都置之膜外，此心生生之機，早已斷滅種子了。故其工夫顓究到無生一路，只留箇覺性不壞，再做後來人，依舊只是個貪生怕死而已。吾儒之學，直從天地萬物一體處看出大身子。天地萬物之始，即吾之始；天地萬物之終，即吾之終。終終始始，無有窮盡，只此是生死之說，原來生死只是尋常事。程伯子曰：「人將此身放在天地間，大小一例看，是甚快活。」予謂生死之說正當放在天地間，大小一例看也。於此有知，方是窮理盡性至命之學。藉令區區執百年以內之生死而知之，則知生之盡，只是知箇貪生之生；知死之盡，只是知箇怕死之死而已。「然則百年生死，不必知乎？曰：「奚而不知也。子曰：『朝聞道，夕死可也』是也。如何是聞道？其要只在破除生死心，此正不必遠求百年，即一念之間，一起一滅，無非生死心造孽。既無起滅，自無生死。」又曰：「盡語默之道，則可以盡去就之道；盡去就之道，則可以盡生死之道；生死非大，語默去就非小，學者時時有生死關頭難過，從此理會，天地萬物便是這裏，方是聞道。」（〈生死說〉，《全集》二，頁378～379，54歲。）

這段話，如果對蕺山沒有足夠的背景知識是不容易了解的，所以即使在當時（崇禎4年，蕺山54歲），蕺山說出此段話時，馬上就有約於此年師事蕺山的弟子章明德（晉侯）[註115]提出疑惑，表示不解，[註116]不過，我們已經有了前面的「天理流行」、「萬物一體」的時空證量：「當下就是過去、現在、未來；當體就是十方」；「天理流行」下的時間觀：音樂性；歷程即本體：萬物統體一太極，物物各具一太極幾個觀念做基礎的背景知識，因此還可以理

〔註115〕參詹海雲：《劉蕺山的生平及其學術思想》，台北：台灣大學中研所1979年碩士論文，頁144。

〔註116〕〈與章晉侯問答〉，《全集》二，頁385～386，54歲。

解。這一段「生死說」整個的意思就是「生死不必理會，但要知道」，所以一開始，就說明當時的學者，不明「不必理會」之理，把「一身生死事極大」，因而斷滅「生生之機」，最終只有「覺性不壞」的到「無生」狀態，還是怕「再來爲人」的「貪生怕死」（就蕺山此處之「無生」的解脫生死而言，蕺山的理想顯然不是永遠不再來世界的不生不滅的涅槃狀態，而是「自由自在的出入生死而無所畏懼擔心」的意思，對生死眞正的放下，如果對生死眞正的放下，就不會執著地不再來，所以蕺山此處才有再來還是「貪生怕死」之論），因此蕺山的意思是不要從生前死後去體證生死，而要從天地萬物之前去體證生死，從天地萬物之前去體證生死，就可知道孔子所做〈繫辭〉中的「原始反終，故知死生之說」，蕺山解生死最重要的依據就是這句「原始反終，故知死生之說」，〔註117〕這樣我們就可「天地萬物一體處看出大身子」，這是在蕺山萬物一體的時空證量下，必然有的結論，因此所看到的時空是音樂性的「終終始始，無有窮盡」，當下即是過去、現在、未來，當體就是十方，所以才能把生死眞正放下，隨時隨地都是永恆，而自由出入生死，而體證「原來生死只是尋常事」，本來就是一件如明道所說的「本分事」，所以從「原始反終」自然就可以知道「生死」，而不必是理會生死才知道生死，那反而有後遺症。所以眞了生死就在當下一念中的起滅終始，而體證「一統萬、萬統一」的終始互相攝受箝入，終中有始，始中有終，這才是眞正的「既無起滅，自無生死」，所以「生死非大」，而當下一念的「語默去就非小」，因而「天地萬物便是這裡，方是聞道。」死亡不是結束、不是斷滅，而仍是「生機之不容已」的「生生不息」。

〔註117〕所以他常常強調這句話，參見：《證學雜解・解二十四》，《全集》二，頁322～323，66歲。

第五章　作為外王學的歷史性實踐

5.1　前　言

　　現在將進入蕺山學中的最薄弱部分。

　　這一部分籠統來說是一般所謂外王學部分，但不限於此。標題「作為外王學的歷史性實踐」中的「外王學」指的是和狹義的內聖學相對比的外王學。就廣義的內聖學，在道德實踐者的「仁心」（獨體）潤澤的前提下，不容已地要求自己經世致用，自然的，外王學是被包括在內聖學裡面了，盡倫盡制的做道德實踐，用蕺山的習慣語來形容就是「內聖外王互藏而為一機」，但本文此章，要採用狹義內聖學的區分，而論蕺山外王學的歷史性實踐。

　　因此所謂的「作為外王學的歷史性實踐」包括幾個意思：一是指蕺山經世的治績之陳述；二是指其客觀制度（盡制）上的構想與設計；三是指其史論、史觀。蕺山這三方面的功業，比起其內聖學上的成績，是小巫見大巫的，也因此許多研究蕺山的學者，都忽略了這一方面，甚至有負面的批評，姚才剛先生曰：

> 他（引者按：蕺山）雖然使心學變得極為精微、幽深，但卻走向極端，使人覺得他的學說有過於緊縮之感，尤其是他的工夫論，讓人望而生畏，讀後陡增幾分抑鬱之情，難以有「鳶飛魚躍」的和樂境界。這種過緊的內聖之學，不利於制度層面的建構。而且，劉蕺山異常嚴謹的個人氣質使得他無法對所處社會的時代精神加以回應，

他的過份強烈的道德使命感也使他無法體認到當時思想解放潮流所
應具有的價值。〔註1〕

姚先生的說法幾乎每一點都無法成立。首先，關於工夫論的「精微、幽深而
過於緊縮」部分，依照本文前兩章的敘述，姚先生顯然只注意到蕺山早年工
夫「嚴毅清苦」相，卻忽略了中晚年後的「光風霽月」，只注意到其嚴密的
「次第」相，缺忽略了蕺山「惟玄惟默」的「無次第」相，尤其是姚先生說
的：「尤其是他的工夫論，讓人望而生畏，讀後陡增幾分抑鬱之情，難以有
『鳶飛魚躍』的和樂境界。」這段話，恐怕更令人非議，因爲除了姚先生忽
略的蕺山圓融玄妙的存有論與工夫論外（一眞既立，群妄皆消地無次第之天
理流行狀態），如果眞切地想做道德實踐的話，蕺山這樣的「精微、幽深而
過於緊縮」（用姚先生的話）的工夫論，讀後應充滿「幾分感激之情」，感謝
蕺山指出許多病痛，讓道德實踐者能清楚分辨其中的理欲之介，這樣才對，
怎麼會「望而生畏」、「讀後陡增幾分抑鬱之情」呢？除非道德實踐者犯上了
蕺山所說的：「好高而欲速者，蹶也。」〔註2〕、「急於求達也，學必躐等，
雖得之，必失之。」〔註3〕之病。

其次，關於「這種過緊的內聖之學，不利於制度層面的建構。而且，劉
蕺山異常嚴謹的個人氣質使得他無法對所處社會的時代精神加以回應，他的
過份強烈的道德使命感也使他無法體認到當時思想解放潮流所應具有的價
值。」上文說到蕺山在外王學的功業，比起他內聖學上的業績來說，是「小
巫見大巫」，但並不是沒有，還是有「小巫」的，並非「不利於制度層面的建
構」，這正是本章所要處理的主題之一，詳下文，至於對於時代精神的回應，
姚先生的「時代精神」就是指「當時思想解放潮流所應具有的價值」，這也沒
有見到蕺山在《證學雜解·解十六》中所說的「性即氣，氣即性」思想，而
由此來說財色「未嘗非性」的命題，而對「欲」有「勝義欲」的看法，〔註4〕
姚先生所見甚偏，剛好可以作爲忽視蕺山外王學成績的一個例證。

底下就以這三方面的議題來展開討論。

〔註1〕 姚才剛：〈論劉蕺山對王學的修正〉，《武漢大學學報·人文社會科學版》，第
53卷第6期2000.11，頁758。
〔註2〕 見〈做人說〉〔二〕（示兒），《全集》二，頁341，50歲。
〔註3〕 見《曾子章句·立事第一》，《全集》一，頁658，42歲。
〔註4〕 參見4.3.1「在『欲』中現身」一節。

5.2　蕺山的「經世治績」舉隅

在蕺山的經世治績上面，蕺山雖然為官的時間很短，蕺山「通籍四十五年，在仕版者六年有半，實際立朝僅四年，而被革職為民三次。」〔註5〕卻是頗有成就的，和一般人以為的「迂腐、迂闊的劉蕺山」印象是不同的，這是崇禎常說其「迂闊」卻又屢屢起用的原因。

茲將蕺山任官之經歷列表如下：

表 5-1　「蕺山任官一覽表」

任別	紀　年	官名	就去職年月	去　職　原　因	簡　要　紀　事
1	萬曆32年 1604，27歲	行人司行人	6月任職，萬曆33年3月告歸	沈一貫、錢夢皋朋邪亂政，蕺山欲劾，友人見之曰：「君亦曾為老親計乎？」祖父兼峰公年老，念「身非我有」，告終歸養。	行人，冷曹也。此司多書，蕺山乃研究明朝典故與名臣言行，探討治亂否泰、邪正消長之機。
2	萬曆41年 1613，36歲	行人司行人	4月任職，萬曆42年5月請假閉門讀書	東林黨論方興，蕺山以為病在學術未明，請假閉門讀書	
3	天啓元年 1621，44歲	禮部儀制司主事	3月詔起本職，10月就任	改任新職	就任甫9日首參劾魏忠賢，皇帝乳母客氏，在部五月，數上疏，直聲動天下，遇大刑政，公卿咸俯躬下詢，依以衡斷。
4	天啓2年 1622，45歲	光祿寺寺丞	6月陞本職	未就任，陞官	蕺山以未就任又陞官，義不自安，擬辭，友人謂「小臣無辭官禮」，乃止。
5	天啓3年 1623，46歲	尚寶司少卿	5月發布新職，8月就任	在任20餘日，陞官	
6	天啓3年 1623，46歲	太僕寺少卿	9月陞本職，11月15日獲准回鄉	蕺山以一歲三遷，義難受命，連上三疏，欲辭，同志曰「小臣無辭官禮」，蕺山曰：「廉恥在人，不因小臣而奪也。」因病告歸	時，士大夫急於競進，不知國恤為何。趙南星每言蕺山辭太僕寺少卿一節為不可及，以風屬士大夫。
7	天啓4年 1624，47歲	通政使司右通政	9月初4就職，11月17日請辭，天啓5年元月，革職	10月楊漣、左光斗被逐，蕺山不願出山，11月上疏辭（因病又因義），革職	天啓5年元月，通政司始將蕺山之疏上熹宗，聖旨：「劉宗周藐視朝廷，矯性厭世，好生恣放，著革了職，為民當差。仍追奪誥命。」

〔註5〕見《姚譜》67歲條，《全集》五，頁514。

8	崇禎元年 1628，51歲	順天府府尹	元年11月發布人事命令，2年9月就任，3年9月辭職	2年元月、3月上二疏因病欲辭，崇禎不准。3年7月、9月因病上三疏辭，獲准。	京兆尹本爲閒職，蕺山任之，則上疏「請重事權，要之以久任」。2年10月「己巳之變」，京師戒嚴，蕺山處理得宜，除夕滿洲兵退去。
9	崇禎9年 1636，59歲	工部左侍郎	元月24日發布，2月11日就任。6月辭職。	元月24日上疏因病欲辭。5月再上二疏因病欲辭，6月再上疏以病辭。	廷臣奉旨令推閣員，溫體仁恐蕺山入閣，耳語謗蕺山。 回籍時，9月上疏彈劾溫體仁，被革職爲民。
10	崇禎14年 1641，64歲	吏部左侍郎	11月發布，疏辭。	未就任，即升總憲，15年元月再因病疏辭，5月、7月各再以病疏辭	15年5月，蕺山患癰閉未解，忽聞滿清兵破松山、寧遠、錦洲，又聞流寇破歸德，奮起曰：「際此時艱，豈臣子言病日乎？一日未死，一日爲君父之身。」病得實在太嚴重，5月26日才又以病疏辭，又恐一旦病死，辜負聖恩，上「聖學三篇」。
11	崇禎15年 1642，65歲	都察院左都御史（總憲）	7月16日發布，11月29日免職	7月26日、10月初3，疏辭，10月12日報到，10月18日面對崇禎，仍辭職再三。救言官姜埰、熊開元得罪崇禎，免職。	先生掌憲68日，正色諤立，諸御史凜凜敬憚焉。每退食，慨然以天下爲己任，嘗曰：「使吾在事三年，而中外不肅清，請治溺職之罪。」及被放，深以不得行其志爲憾。
12	崇禎17年 1644，67歲（福王監國南京元年）	都察院左都御史	5月10日福王詔起原官，8月6日任職至9月11日	諫阻阮大鋮復出，彈劾馬士英、四鎮，9月11日拜疏固辭。	因劾四鎮，高傑、劉澤清遣刺客謀殺蕺山，刺客見蕺山主客三人，衫帶故蔽，愕然相與慨惜告謝而去。蕺山下野後，杜門引罪，每以身餘一死爲憾。「時命之窮，只合待死」。

說明：

1. 此表主要依據姚名達：《劉宗周年譜》（本文簡稱《姚譜》，在《全集》五內）而成，以詹海雲：《劉宗周的實學》中的「劉宗周任官表」，〔註6〕及其他諸文爲輔而成，但詹文「劉宗周任官表」錯字稍多，〔註7〕此則必須以《全集》爲主。

〔註6〕收入鍾彩鈞主編：《劉蕺山學術思想論集》（台北：中央研究院中國文哲所籌備處，1998），頁435～437。

〔註7〕如阮大鋮寫成元大鋮，幾不知爲誰人，見「劉宗周任官表」，收入鍾彩鈞主編：《劉蕺山學術思想論集》（台北：中央研究院中國文哲所籌備處，1998），頁

2. 此表之編訂與《姚譜》、詹海雲「劉宗周任官表」或蕺山孫劉士林所編「蕺山歷任始末」〔註8〕最大的不同是離職原因的判定。蕺山離職會因病或因義，但亦有其他理由，如第二任萬曆41年36歲任職「行人司行人」離職原因，《姚譜》所記爲「以群小在位，黨禍將興，申文吏部，請給假放歸。」〔註9〕詹海雲先生記爲「東林黨議起，宗周一再請假」、「以群小在位，復請假閉門讀書」〔註10〕，這些紀錄都沒有抓到重點，以《姚譜》所記，還會令讀者以爲蕺山是因「避黨禍」而一再請假讀書，蕺山並不是要「避黨禍」而請假，否則他就不會在兩方爭論不休時，也上疏〈修正學以淑人心以培國家元氣疏〉來仲裁呢？蕺山一生非常重視「剛骨」的挺立，這來自於其母章太恭人（章爲淑）的教導，其母常與其曰：「人須有剛骨，方能自立」〔註11〕而蕺山也並不畏死、或畏小人，也不避禍，這是很明顯的，否則他怎會是當時第一個彈劾魏忠賢者，在奏疏中，也常直言崇禎的缺失。〔註12〕蕺山請假的根本的原因是因爲他在萬曆42年元月所上的「揭」中所說的「近日世道交喪，黨論方興，其病乃在學術未明。」〔註13〕因爲蕺山以爲雙方的爭議焦點最重要原因是因爲「學術未明」，所以蕺山才要請假讀書，將學術研究明白，於是才有後來爲學重心的轉移。

在「蕺山任官一覽表」中，可以得知，蕺山爲官的時間實在都很短，蕺山任官在實際爲官的四年之中，最長的兩個職位是第二任（一年兩個月）和第八任（一年一個月）。第八任是從崇禎二年九月任職至崇禎三年九月去職的「順天府府尹」（首都市長），而治績亦最顯著，勤政愛民，百姓呼曰「劉順天」（順天愛民之意），〔註14〕尤其表現其經世才幹的是面對晚明史上有名的「己巳之變」，

437。

〔註8〕 參《全集》五，頁634～637。

〔註9〕 《姚譜》36歲條，《全集》五，頁148。

〔註10〕 收入鍾彩鈞主編：《劉蕺山學術思想論集》（台北：中央研究院中國文哲所籌備處，1998），頁435。

〔註11〕 《姚譜》24歲條，《全集》五，頁108。

〔註12〕 詹海雲先生曰：「劉氏在任的時間都不長，這與他的問政風格有關。劉氏所問的政都是當時最重大的事件，如：首先抨擊魏忠賢亂政，又魏東林黨人請命，批評宦官典軍，指出崇禎弊政（求治太急，鼓勵告訐之風，不辨君子小人，以詔獄取代國法），怒責馬士英居功自重，四鎮武力割據。他言人所不敢言，且語語中要害。而且所批的人不是皇帝，就是權相（溫體仁、馬士英），大宦官（魏忠賢），隨時都要賠上身家性命的。」見詹海雲：《劉宗周的實學》，收入鍾彩鈞主編：《劉蕺山學術思想論集》（台北：中央研究院中國文哲所籌備處，1998），頁439～440。

〔註13〕 〈妄言被糾據疏質明以彰公道揭〉，《全集》三上，頁332～333，37歲。

〔註14〕 《姚譜》53歲條，《全集》五，頁293。詹海雲：《劉宗周的實學》，收入鍾彩

崇禎二年十月，蕺山任職甫月餘，便面臨滿洲兵自大安口入塞，直逼京畿，流民竄入北京，糧食不足，人心惶惶，蕺山立保甲法，設粥恤軍，崇禎也害怕而暗中準備糧馬，準備他遷，蕺山一方面穩定帝心，一方面穩定民心、軍心，一方面要對付諸官員「各爲妻孥計，漫無可否」，終於渡過「己巳之變」，說明他有治事的才幹。〔註15〕在第11任上，蕺山雖在職僅68天，卻也頗有嚴厲風行之風效，此乃因「明末憲度陵夷，都御史率依阿諸御史意。」蕺山到任卻不然，「正色謇立」，馬上使得「諸御史凜凜敬憚焉」。〔註16〕蕺山自己對其治事能力也是頗有自信的，所以在第11任「都察院左都御史（總憲）」職位時，說出「使吾在事三年，而中外不肅清，請治溺職之罪。」的話。〔註17〕

事實上，在蕺山一生中，「經世」的熱情是非常強烈的，他既認爲「學以持世教之謂儒，蓋素王之業也。」〔註18〕儒者的本質就是「世教」、「素王」，也認爲「既爲儒者，若定要棄去舉業爲聖學，便是異端。只要體勘我爲舉業念頭從何起見。」〔註19〕儒者的本質就是「世教」、「素王」、「舉業」（舉業是爲了「持世教」，不是爲了功名富貴。）因此對於「經世」就非常重視，這點在「蕺山任官一覽表」也可以看出來，例如他在27歲第一任「行人司行人」時，行人是個「冷板凳」的閒差事（冷曹），蕺山卻不浪費時間，但他並沒有把心思只放在道德實踐的心性之學上，而是放在「研究明朝典故與名臣言行，探討治亂否泰、邪正消長之機。」這是重視經世的表現之行爲；又如第8任的「順天府府尹」，此職原本亦是「閒職」，蕺山甫上任，便上疏皇上「請重事權，要之以久任」，馬上要求擴大職權。蕺山顯然不是一個「平日袖手談心性，臨危一死報君王」的儒者，在第11任「都察院左都御史（總憲）」職位時，「慨然以天下爲己任」「及被放，深以不得行其志爲憾。」換言之，從年輕到年老，「經世」一直是他的實踐重點，詹海雲先生在研究蕺山的仕宦經歷後，得到一個結論：「劉氏一生治學之基調不是專在純學術上，而是在『學以致用』的經世實學上。」〔註20〕這個結論顯然是非常正確的。

鈞主編：《劉蕺山學術思想論集》（台北：中央研究院中國文哲所籌備處，1998），頁438。
〔註15〕 參《姚譜》52歲條，《全集》五，頁255～265。
〔註16〕 《姚譜》65歲條，《全集》五，頁474～475。
〔註17〕 《姚譜》65歲條，《全集》五，頁475。
〔註18〕 《論語學案・君子儒》，《全集》一，頁402。
〔註19〕 見〈會錄〉，《全集》二，頁622，66歲。
〔註20〕 詹海雲：《劉宗周的實學》，收入鍾彩鈞主編：《劉蕺山學術思想論集》（台北：

5.3 「盡制」上的構想

5.3.1 人心與制度的先後辯證

現在要進入蕺山學中有關於制度面上的意見。

蕺山在爲學的初期，重心其實都是在「制度」上的建立。如 24 歲「會墨」著作，三場考試，以其中的〈策〉來說，均注重客觀化制度的建立，如「第一問（主權）」重視百官的分權之實來行皇權統一之名；「第二問（官守）」則重視因事因職來設官，而非由《周官》中理論體制的研究而設定；「第三問（忠諫）」則強調「反躬積慮」（深思熟慮）與「大庭廣眾」（公開）兩原則；「第四問（和衷）」則強調朋黨對於體制的影響；「第五問（憂盛）」則說明宦官的禍害，認爲應由「法令」來解決。〔註21〕27 歲任行人司行人時，「研究明朝典故與名臣言行，探討治亂否泰、邪正消長之機。」對於重視經世的態度，還沒有具體的改變，所以在早期的奏疏中，第一、二本奏疏，是有關於「告終歸養兼峰公」的奏疏（第一本奏疏原本應該是彈劾權相沈一貫等人，後因友人見之曰：「君亦曾爲老親計乎？」只好無奈地因祖父兼峰公年老，念「身非我有」，告終歸養。）28 歲外祖父南洲公（章穎）和祖父兼峰公相繼去世，36 歲復職時（顯然這個時候，蕺山認爲「身已我有」了，對於道德實踐之外王經世而言，不會再有任何的葛藤來牽絆了。）第一本奏疏〈敬循使職諮陳王政之要懇祈聖明端本教家推恩起化以裨宗藩以保萬世治安疏〉開頭就以「臣聞《周官》之制」起始，而以六議以獻，「一曰議爵，二曰議祿，三曰議官，四曰議教，五曰議養，六曰議制，皆原先王封建井田之制以權之，洋洋六七千言，人以爲經世之文。」〔註22〕但經蕺山人生的實踐心得，他發現單純「制度」上的重視，並不足夠，還要重視「學術」，重視「人心」，這其中的轉折關鍵也在 36 歲開始反省東林黨論之產生因素時，蕺山雖然受東林人士（如劉永澄、高攀龍）影響很大，但在反省東林人士與崑山顧天峻、宣城湯賓尹之論爭時，並沒有站在東林這一邊，劉汋在紀錄此段歷史時，寫著「先生上疏，發明顧先生之學。疏入不報。」〔註23〕這個「發明顧先生之學」一句，雖然

中央研究院中國文哲所籌備處，1998），頁 440。

〔註21〕 參「會墨」中的〈策〉，見《全集》三下，頁 1244～1251，24 歲。此處以〈策〉爲例是因較容易見出蕺山的意見。

〔註22〕 〈劉譜〉36 歲條，《全集》五，頁 132。

〔註23〕 〈劉譜〉36 歲條，《全集》五，頁 133。

是源自蕺山的話，劉汋這樣的引用卻有斷章取義之嫌，容易使讀者以爲蕺山是站在東林人士這一邊，蕺山並非如此，蕺山是兩邊各打五十大板，這樣的立場，恰好得罪兩邊（而非討好兩邊，不過蕺山也非從「討好」的鄉愿立場出發，是衡情論理立場），得罪君子，君子知道蕺山衡情論理立場，比較無所謂，得罪小人，則糟糕了，尤其崑、宣人士還用「賄賂」、「省籍」手段，《姚譜》36 歲條云：

> 先是，黨崑、宣者多浙人，要先生爲助，先生不少動。時選授銓曹，浙東眾論屬先生。同籍商周祚來晤曰：「無談時事，旦晚吏部矣。」先生不答。及拜疏，群小猖狂，而浙人恨之尤深。〔註24〕

從這段文獻，可知崑、宣人士還用出「吏部」職位來攏絡蕺山，而且條件是「不要對此事發言」（無談時事）就好了，並非要蕺山支持他們，這種人眼中並沒有「是非」可言，只有「選邊站」（黨同伐異）可言，所以「恨之尤深」。爲何要引此段文獻，因爲在這段文獻中，說明崑、宣人士多浙人，浙人當時學問正是陽明後學周海門、陶望齡當道之時，明瞭此點，才容易瞭解蕺山在奏疏中，爲何要評論陽明，蕺山曰：

> 臣聞之：「世之治也，君子袁於和；及其亂也，小人尚同。」今天下非不和之患。尚同之念，牢不可破。勢不能強君子以苟同，則不得不黨小人以伐異。臣勸諸臣反其所以攻人者而自訟焉，……交反而兩得其平，亦庶乎而可以遠怨矣。……王守仁之學良知也，無善無惡；其弊也，必爲佛、老頑鈍而無恥。憲成之學朱子也，善善惡惡；其弊也，必爲申、韓慘刻而不情。佛、老之害，自憲成而救，臣恐一變復爲申、韓，自今日始。夫救世者，如調琴瑟焉，緩則進之，急則反之而已矣。〔註25〕

顯然這裡的「救世者」，蕺山是自視如此的身分的，因此採取的是「緩則進之，急則反之」的立場。蕺山是不講客套話的，有時便直言傷人，蕺山一開始，就說現在真是個「亂世」，因此風潮是「小人尚同」，所以就會流於「強君子以苟同」，或是「黨小人以伐異」，蕺山勸諸臣反躬自省而遠怨。進而評論陽明和憲成之學之弊，一流爲佛、老，「頑鈍而無恥」，一流爲申、韓，「慘刻而不情」，蕺山這兩個評論，實很諦當，崑、宣人士是用「權位」來賄賂蕺山，

〔註24〕《姚譜》36 歲條，《全集》五，頁 142。

〔註25〕〈修正學以淑人心以培國家元氣疏〉，《全集》三上，頁 23，36 歲。

東林人士「與世爲體」，流而爲「與世爲敵」〔註26〕，正是這兩個評論下的見證。因此蕺山在 37 歲的結論是：

> 竊見近日世道交喪，黨論方興，其病在學術未明。因發明東林顧憲成之學，以見攻之者與學之者俱不能無過。職區區朴忠，自信從世道起念，雖觸時忌而不顧，職且席稿靜聽出位之誅。（〈妄言被糾據疏質明以彰公道揭〉，《全集》三上，頁 332～333，37 歲。）

蕺山此處便明言他是不站在任何一邊的，對於顧憲成來說，攻之者與學之者，都有過錯，而蕺山歸結論爭的主要原因是「學術未明」，所以他日後的重心都在「學術」、或是「講學」上。一直維持到絕食之際，都未曾改變，68 歲臨終之年《中興金鑑錄》中檢討朱元璋的《祖訓》時，率然指出：

> 臣愚以後世之亂，亦非區區創制立法之可得而銷弭也。蓋法非不善，而守法者存乎人，所謂有治人無治法也。……今不推本於〈關雎〉、〈葛覃〉之教，而徒恃有《周官》之法度，欲以預卜世卜年之業，難矣哉！皇祖所謂睹其一未睹其二也。故奸臣之勒，遂遺請難以口實，而家法早已蕩然。不特此也，《祖訓》罷丞相，而閣權即重於永樂；《祖訓》懲宦官，而土木基禍於正統；《祖訓》斥荒淫，而遊幸大開於正德；《祖訓》謹兵政，而驕兵悍將種種跋扈於先帝之世。乃知祖宗之法有不可專恃者，盍亦反其本而已矣。（《中興金鑑錄一》，《全集》四，頁 157，68 歲。）

制度和人來比，人有優先性，但並不是說制度不重要，只是實踐上，有先後次序的差別，這就是蕺山此處「推本」、「反其本」的意義。但要注意，蕺山在人心與制度上的反省，還是很一條鞭的直接關係，並沒有如當代新儒家唐君毅先生強調的「間接」關係，或是牟宗三先生強調「良知坎陷」以突出政統的挺立。〔註27〕

蕺山所謂的「人心」包含帝心、士心、軍心、民心等等，例如在〈再申人心國勢之論以贊廟謨疏〉中，認爲「天下之大計，中不外乎人心」，而安人心之要就在於「安民心」、「安君心」、「安士心」、「安大小臣工之心」、「安遠

〔註26〕岡田武彥著、吳光、錢明、屠承先譯：《王陽明與明末儒學》（上海：上海古籍出版社，2000），頁 366。

〔註27〕參唐君毅：《人文精神之重建》（台北：台灣學生書局，1988），頁 419～425。牟先生之說請參考「1.1 前言」中第五點的說明。

近地方之心」、「而其本尤在皇上自安其心」。〔註28〕

而「人心」升降的關鍵，就是蕺山36歲反省的「學術」，蕺山曰：

> 夫宇宙之所以綱維而不毀者，恃有人心以爲之本；而人心之淑慝，
> 則學術之明晦爲之也。（〈極陳救世第一要義以祈聖鑒疏〉，《全集》
> 三上，頁80，52歲。）

蕺山的邏輯就是學術（含學術而來的世教）→人心→國勢。

5.3.2　蕺山關於外王學的整體設計

蕺山關於外王的整體設計，在《全集》中，非常缺乏，這是因爲蕺山的道德實踐學非常重視歷史性，因此也就容易「因位因事而言理」，他既重視「學術」、「世教」，因此對於制度上的設計，也就偏於「學約」、「鄉約」，對於整體的外王學上的設計，當較缺乏，這是可理解的，但這並不是說就是無法發展，蕺山自己就有發展出來，在63歲《古小學集記》完成之後，就有人批評其「有體而無用」，蕺山曰：

> 予既集爲《小學記》，以示學者有日矣。或病其有體而無用也，與聞
> 之唯唯。既而曰：「天下有無用之體乎？」因復本小學之意而推之，
> 以極其至，得古人全體大用之說，著《古小學通記》一書，凡分四
> 編，編若干卷。首〈政本〉，仍言學也；次〈問官〉，即以官學也；
> 次進以〈入官〉，即學而即政也；終之以〈王道〉，則學之大成也。
> 然則治天下國家，又何以加於學乎？……爰本孔門論政之說，以類
> 而推，上嘉唐虞，下述近代，舉宇宙間一切典章文物，盡收之學問
> 中，歸之素王之的，醇如也。如有用我，執此以往，庶幾乎！（〈古
> 小學通記序〉，《全集》三下，頁746，64歲。）

蕺山在這篇序中，對他所集的《古小學通記》是頗有信心的，所以他說「宇宙間一切典章文物，盡收之學問中，歸之素王之的，醇如也。」此處的「素王」是蕺山用來形容「儒者」的，「素王之的」就是儒者的內聖外王之目標，蕺山以爲歷來的典章制度文物都可以收在此學問當中，因此如果有經世致用的機會，以這套學問爲基礎，持此以往，在實踐上是有如反掌折枝之易的。但可惜的是，蕺山此書並沒有編完，所以蕺山在臨終之際，還告訴劉汋說：

> 《易抄》一書有心得之解，再錄楊止菴精者，〈彖傳〉、〈小象〉俱降

〔註28〕〈再申人心國勢之論以贊廟謨疏〉，《全集》三上，頁76～79，52歲。

一字書之。《人譜雜記》屬垂絕之筆，尚多殘闕、宜輯補完之。《小
學集記》亦有未盡處，若《通記》、《大學參疑》，削之可也，慎勿以
示人。凡人作書輒以示人者，此即浮誇，浮誇即欺罔也。（〈劉譜錄
遺〉，《全集》五，頁 566，68 歲）

在這段引文中，蕺山要劉汋把《古小學通記》和《大學古文參疑》都刪掉，
刪掉的原因在蕺山的《全集》中，並沒有說明，可能的原因也和《古小學集
記》一樣「有未盡處」，但爲何《古小學集記》不刪，而《古小學通記》卻要
刪，難道是因爲沒有編完嗎？還是因爲戒「浮誇」之病？不得而知。不過因
爲蕺山在〈古小學通記序〉中，頗有自信，所以還是可以從其中觀其一二，
目前可看到的篇目依劉汋的記載如下：

〈集記〉既成，或謂有體無用。先生復輯《通記》一書，明治天下
之大經大法。凡分四編：首〈政本〉，（首〈大學石經〉、次〈務學篇〉、
次〈知本篇〉、次〈誠意篇〉、次〈正心篇〉、次〈修身篇〉、次〈齊
家篇〉、次〈治國篇〉、次〈平天下篇〉。）次〈問官〉，（首〈孔子問
官〉，次〈周官〉，曰〈天官〉、〈地官〉、〈春官〉、〈夏官〉、〈秋官〉、
〈冬官〉，次〈歷代六官考〉，曰〈官制〉、〈土田〉、〈典禮〉、〈兵制〉、
〈刑法〉、〈平準〉。）；次〈入官〉，（首〈子張入官〉、次〈春秋諸臣
尚論〉、次〈戰國諸臣列傳〉、次〈邑宰列傳〉、次〈守宰列傳〉、次
〈監司列傳〉、次〈文學侍從列傳〉、次〈諫議列傳〉、次〈師儒列傳〉、
次〈九卿列傳〉、次〈宰相列傳〉、次〈將帥列傳〉、次〈五等世家〉、
次〈天王本紀〉、次〈逸民外紀〉。）終之以〈王道〉。（〈歷代詔書奏
議〉。）赴少宰任，尚攜書編輯，大體具者十八九，未及成書而罷。
（〈劉譜〉64 歲條，《全集》五，頁 431～432，64 歲。）

由這些篇目，配合留下的〈古小學通記序〉與〈古小學通記小序〉，可以大略知
道蕺山的明體大用之學，整體來看，仍然是蕺山慎獨學的展開，所以〈政本〉
仍以「學」爲主，然後再以「學」來貫串〈問官〉、〈入官〉、〈王道〉三編。

古之君子言學而政在其中，故曰：「政者正也。」又曰：「其身正，而
天下歸之。」而莫備於《大學》一書，約言之，曰「修身爲本」而以。
程子曰：「有天德然後可以語王道，其要只在於慎獨。」尤得《大學》
之旨。（〈古小學通記小序‧政本〉，《全集》三下，頁 747，64 歲。）

蕺山的政治哲學基本上還是奠基在《大學》之上，尤其是「有天德然後可以

語王道,其要只在於慎獨。」更是蕺山政治哲學的出發點,所以他在奏疏上也常常引用。〔註29〕換言之,蕺山整個的政治哲學就是其慎獨學的發用,包括《古小學通記》其後的三編。

〈問官〉主要探討典章制度,蕺山雖然是從《周官》著手,但並不拘泥、迂腐,強調要「能學古而師其意」。〔註30〕

〈周官〉注重典章制度,〈入官〉則注重用典章制度的人,故以歷代在某職務上之人物列傳為主,強調「官不同,事亦不同」,但「事不同,而所以事事之道同」,再將「所以事事之道」歸結到「自天子以至於庶人,壹是皆以修身為本。」之「有官君子,其尚各敬爾身,而無自隕其天地萬物一體之身,庶幾乎!」換句話說,重點還是在「修身」上。〔註31〕

最後再將前面三編統攝起來,歸之於更具體的實際政治操作,而以〈王道〉編做壓軸,故其內容以〈歷代詔書奏議〉為主。

從以上可以得知蕺山並非所有的政治事務全都歸諸修心養性的「修身」之上,也有制度上的注意與設計,以及在制度下實施的具體操作。

5.3.3 鄉保與鄉約

5.3.3.1 鄉 保

由於蕺山曾任順天府尹,因此他對於地方自治也頗有用心。崇禎二年十月,蕺山任職甫月餘,便面臨滿洲兵自大安口入塞的「己巳之變」,直逼京畿,流民竄入北京,糧食不足,人心惶惶,「流移日眾,姦盜叢生」,其他的「當事者」擔心滿洲奸細混了進來,「致生他變」,所以主張「置之郊關」,不讓進城,蕺山強烈反對,劉汋記曰:

> 先生力爭不可曰:「民心一失,何恃以守?此京兆事,無煩諸君過慮也。」乃分遣僚佐於城外,籍難民姓名里業,給篆符入。先生驗符,躬慰撫之。有親戚者,令書親戚名居,聽其往。無依者,分插入大蘭若中,並聯於保甲,委寺僧稽察之,給贖鍰。兩縣設粥場數十處,收養饑民。自此,來者就食如流水,反側以安。(〈劉譜〉52 歲條,

〔註29〕 如〈痛切時艱直陳轉亂為治之機以仰紓宵旰疏〉,《全集》三上,頁 136,59 歲。〈再申皇極之要以端治本疏〉,《全集》三上,頁 144,59 歲。〈微臣不能以身報主敬竭報主之心終致於堯舜疏〉,《全集》三上,頁 183,65 歲。
〔註30〕 見〈古小學通記小序‧問官〉,《全集》三下,頁 748,64 歲。
〔註31〕 引號者皆出自〈古小學通記小序‧入官〉,《全集》三下,頁 749,64 歲。

《全集》五，頁 239，52 歲。）

這種時機，一處理不好，便釀巨變，所以其他的「當事者」主張「置之郊關」，不讓進城，捨小（一些百姓的生命）而救大（京城的安全），是有道理的；反之，如果一時之仁，放之入京城，處理失當，便生巨禍，蕺山還是由他的理念出發，認爲「民心」是非常重要的，所以問題是如何處理難民（包含奸細）進城後的狀況，這也有幾種處理方法，一種是寧願錯殺一百，也不願放過一個，蕺山是個儒者，當然不會用這種方法；一種是寬柔以教，但這太危險；一種是嚴格盤查，但不能失於繁瑣苛細，蕺山顯然是用此法，在此便可見其才幹。蕺山設下幾道關卡，一是先登記姓名住址，再給入城證，入城之後，有親戚者，依親，沒親戚者，統一管理，並和已經實施的「保甲法」一同聯防，設粥場數十處。蕺山這樣的處理方法證明非常有效，底下便來看他所設計的「鄉保」。

　　蕺山顯然認爲就地方的保甲而言，是以「鄉」爲單位最適宜，因此他皆以「鄉」爲單位來設計（但這點他並沒有討論），到了晚年蕺山 65 歲時，還在奏疏上討論「鄉保事宜」，崇禎的評語是：「這所奏鄉約、保甲事宜，有裨風紀，兼資防禦，著嚴飭城坊官設誠舉行。」〔註32〕可見連常常評蕺山「迂闊」的崇禎都認爲其鄉保的設計是不錯的。茲以其 52 歲順天府尹任內之〈保民訓要〉舉例如下：

表 5-2　「保民訓要一覽表」

類別	內　容　概　要	簡　要　說　明
保甲之籍	民（土著、流寓）：士、農、工、商、庶人在官、道、僧、優人、樂戶、流乞軍：屯軍、營軍（二軍除戰守有事外，皆聽有司節制。）	十戶爲甲，甲有長；十甲爲保，保有長；十保爲鄉，鄉有長。聚鄉爲坊，坊有官；五坊爲城，城有司；五城爲畿，畿有天子之守臣與院臣。城外爲郊，郊外爲都鄙，各有長。 妖道、遊僧、合班梨園、土娼有禁。奸細有查。
保甲之政	火燭相誡、盜賊相禦、憂患相恤、喜慶相賀、德業相勸、過惡相規	一戶有事，九戶趨之；一甲有事，九甲趨之；一保有事，九保趨之；一鄉有事，各鄉趨之。小事聽鄉長處分，大者聞於官。匿不以聞者，罪坐其長廢之。
保甲之教	孝順父母、尊敬長上、和睦鄉里、教訓子孫、各安生理、毋作非爲	此〈聖諭〉六條，每日各甲一申斥，簡其不肖者教之。凡鄉，旌善有錄，記過有錄，月朔會於眾而宣之。凡鄉，立鄉學。忠臣、孝子、義夫、節婦表著者，特請朝命旌之。

〔註32〕〈遵奉明旨疏〉，《全集》三上，頁 232，65 歲。

保甲之禮	冠、婚、喪、祭、飲、射、讀法	冠、婚、喪、祭皆參文公家禮。 家庭尚親、公庭尚賢、鄉社尚齒、講約尚賢。
保甲之養	農田：稻、黍、稷、麥、菽。（隨土所宜） 樹宅：桑、麻、木棉、棗、楊。（蔬果隨土所宜）	凡開水田，先講水利以備旱澇。北地水田事宜，備載徐尚寶《潞水客談》中。每甲、保、鄉推一二戶，預蓄雜糧。每州縣各社常平倉，積穀待賑。凡鰥、寡、孤、獨及有殘疾不能自養者，鄉長報名入養濟院。
保甲之備	每戶備兵器一件、木棍一條（貧者止備木棍）。每甲備鑼一面，每保備牛三隻、驘三頭，每鄉備馬四匹、弓矢二十副。每甲選健丁三名，每保選藝士二名，每鄉選韜略士一名。	凡郊以外遇警，士民各備資糧運入城，隨寄所親。無親屬則寄官府。
保甲之禁	不許：私自宮刑、停喪娶妻、同性為婚、私娼賣姦、婦女入廟、宴集梨園、聚會說法、教唆詞訟、容留面生、窩藏賭盜、盛行齋醮、越境燒香。	一戶犯禁，九戶舉之。一甲容奸，九甲舉之。一保容奸，九保舉之。一鄉容奸，各鄉舉之。司坊容奸，上官舉之。

說明：

1. 此表依〈保民訓要〉而編成，〈保民訓要〉見《全集》三下，頁 1128～1145，52 歲。
2. 此表乃是簡編，並沒有涵蓋〈保民訓要〉所有內容。

　　從「保民訓要一覽表」可以看出蕺山的〈保民訓要〉包含非常廣闊，不只是一時清兵入侵的「權宜措施」，也含社會福利（如養濟院）、社會教化（如鄉學）等等，難怪蕺山在〈保民訓要〉的一開始就表現的很有信心，蕺山曰：

> 順天府為通行保甲以安地方事，照得弭盜安民，莫善於保甲。而一切教化，即寄於其中，古之君子，常熟講而施行之。邇者京師戒嚴，一時城守之際頗恃以無恐，然第龐舉其端，於法未悉也。今特再為申飭，仰該司坊官以下一一遵守，要於可久。（〈保民訓要〉，《全集》三下，頁 1128，52 歲。）

在此蕺山認為對於照顧到「弭盜安民」的目的而言，最好的方法就是「保甲」，不止如此，「一切教化」也包含在其中，而這套保甲方法，蕺山也認為是「可久」的一個方法。

5.3.3.2　鄉　約

　　鄉約在上小節「5.3.3.1 鄉保」中已略有提及，但詳略不同，鄉約也包含部分鄉保範圍，「鄉保」是以「保甲制度」為主體來設計，「鄉約」則是以「鄉」為主體來設計，依蕺山的經歷來看兩者是互相補足參酌的。

　　當蕺山 65 歲被免職後返鄉，66 歲居於山陰越地（今浙江紹興），國勢動

盪不安，鄉中「當事諸君子」爲確保地方安寧，由於蕺山有順天府尹化解「己巳之變」的經驗，乃商於蕺山，蕺山乃設計制定「鄉約」。〔註33〕

　　茲以其〈鄉約事宜〉表示如下：

表 5-3　「鄉約事宜簡表」

類　別	內　　容　　概　　要	簡　要　說　明
約　訓	孝順父母、尊敬長上、和睦鄉里、教訓子孫、各安生理、毋作非爲（含：賭、盜、私娼、容留來歷不明等人、訛言、搶火、台戲、營神賽會、縱婦女入廟燒香、溺女、錮婢、健訟、鬥毆、行使假銀。）	每坊立一鄉（或兩坊，隨宜），鄉有長，統其眾保；保有長，統其十甲；甲有長，統其十戶。
約　法	德義相長（孝、敬、睦、訓、生理）、過失相規（不孝、不敬、不睦、不訓、不安生理）、禮俗相交（春秋社、賀正、賀冬、致賻、賀娶妻、賀生子、賀高年、賀進取）、患難相恤（水火、盜賊、疾病、死喪、誣枉、災荒）	德行，凡一戶有聞，一甲舉之；一甲有聞，一保舉之；一保有聞，鄉約長舉之。過端亦然。
約　禮	講約公會、講約私會	公會序爵，私會序齒。私會訖，約長公舉各戶勸懲事件，書諸勸懲冊。
約　備	每戶限田二十畝以上，歲積穀二石有差。每甲備燈籠一盞、器械十件、水缸二隻。每保備鑼一面、銃五門、弓箭五副。每鄉備木鐸一具、更鑼一面。	
附　錄	城守事宜（七條） 鄉勇團練事宜（十六條）	

說明：此表按〈鄉約事宜〉簡編而成，見《全集》三下，頁 1166～1178，66 歲。

　　從〈鄉約事宜〉中，可以得知，蕺山所設計的「鄉約」是屬於政府與民間之中的組織，所以其中也出現「量治軍法」的字眼，〔註34〕最可注意的是，蕺山對於個人的道德實踐是強烈反對「功過格」的，認爲會導人以功利，而「病於道」，故主張用「紀過格」，只記過不記功，以遠利，〔註35〕這是他從〈聖學喫緊三關〉中的第一關「人己關」而來的「義利之辨」的主張。可是在〈鄉約事宜〉上，對於外王的「鄉」的「教化」上，他並不反對類似「功過格」的方法，在〈鄉約事宜〉上，蕺山把它稱爲「勸懲格」，而有獎善罰惡的效果，但並不完全仿之，重點是並不在功過上計算加加減減的分數，蕺山顯然是非常務實的。

〔註33〕參〈約言〉，《全集》三下，頁 1164～1165，66 歲。

〔註34〕〈鄉勇團練事宜〉，《全集》三下，頁 1174，66 歲。

〔註35〕參〈人譜・自序〉，《全集》二，頁 1～2，57 歲。蕺山在早期的教學中，也是重視「善則相傳，過則相規，……美惡必書於冊。」見〈學戒四箴・氣箴〉，《全集》三下，頁 1096，39 歲。

5.3.4 學 約

蕺山從 30 歲起開始教書，便重視學生的言行，故常立下一些規約來約束學生的言行，現存蕺山所立的學約如下：

30 歲，〈劉譜〉30 歲條有部分紀錄，《全集》五，頁 121。

38 歲，〈劉譜〉38 歲條有部分紀錄，《全集》五，頁 152。

39 歲，〈學戒四箴〉。

55 歲，〈家塾規〉、〈小學約〉。

63 歲，〈古小學約〉、《古小學集記》

其中以 55 歲的〈家塾規〉、〈小學約〉和 63 歲的《古小學集記》較有體系性，但兩體系的相異性很高，〈家塾規〉分「考德之要」14 條與「修業之要」7 條；〈小學約〉則是散列的 27 條條文。相較起來，《古小學集記》的體系性更高，因此底下便以《古小學集記》來做說明。

在「5.3.2 蕺山關於外王學的整體設計」一節中，有提到蕺山在臨終之際告訴劉汋《古小學集記》此書「有未盡處」，但蕺山並沒有把此書像《人譜雜記》一般叫劉汋輯補完成，他也沒有說明「未盡處」何處？不過此書和《古小學通記》一樣，都沒有存留下來，只有篇目和諸篇的〈序〉今仍可見，因此也只能由此來立論。

茲將其體系列表如下：

表 5-4 「古小學集記一覽表」

項　目	內　　容　　概　　要
學　的	學以學爲人、學爲聖人。述語錄若干條，并其淵源所自，以示訓。（語錄今不見）
躬　行	學以敬爲入門，立天下之大本，本立而道生，乃授之以行。爰仿朱子嘉言善行之意，斷自鄉人之賢者若而人（按：「而」疑爲「千」之誤），備錄之以爲景行資。（今亦不見）
禮　學	禮者，躬行之地也。學禮者宜從《曲禮》而入，即子所謂「執禮」者也。但三千之文，未能盡述，今姑取其切於小子者，約爲一篇如下。（今亦不見）
樂　學	禮、樂非二事也。凡禮之登降上下、節文度數之間，雖若出於至嚴，而莫不有和樂之意以將之，是即所謂樂也。典樂之職，皆舉以教胄子及學士，而尤爲小學所不廢。（今亦不見）
射　學	鄉射必於序，故曰序者射也，此小學之主教也。《儀禮》具載，其文頗近煩，謹節略如下。（今亦不見）
御　學	黃帝不廢車戰之利，中古頗矜騎射之能，大抵皆御學也。則君子之有志於當世之務者，胡可不講求有素，而於御學一加之意乎？今略載禮家諸御說於前，而附以近儒車制馬政之說，使學者有所考焉。（今亦不見）

書　學	六書爲創立文字之祖，學者誠不可不童而習之。讀書必先折衷於孔氏。孔門之教，盡在《四書》；而刪述大業，乃在《六經》。學者本《大學》以求其端，參之《論》、《孟》以肆其說，進之《中庸》以約其旨，而後乃旁通曲暢於《六經》以要其至，則窮理之法隨在裕如，而心亦可以不放矣。又以暇及古今諸史，惟《綱目》集其大成，稱史中之經，經世之道具焉。（今亦不見）
數　學	數學肇於黃帝之臣隸首，與曆律一時並做，佐書契以代結繩，傳之後世，遂有《九章算法》，爲萬事萬化彰往察來之權輿。數即理也，言理而不言數，理亦不立。理不立，數不行，乾坤或幾乎息，而人事中廢，雖聖人亦無以效範圍天地之用。（今亦不見）
聖　統	學者誠緣諸儒以求聖人之道，溯流窮源，遞而進之，殆庶幾乎？述先儒之言以闢異端也。與其頓也，寧漸。必言漸者，亦小子之學云爾。（今亦不見）

說明：此表依〈劉譜〉63 歲條與〈古小學集記序〉、〈古小學記小序〉而編成。

　　由此表可知，蕺山對於小學的設計，並不是只有講究倫理性的教育，而是還有和大學相接軌的，所以如御學中，也含有「車制馬政」的研習，若和朱子的《小學》一書相較，其範圍顯然廣闊得多，是故蕺山說：「此所以小學大學通爲一貫，而卒馴至於聖人之域，當世收成才之用也。」〔註 36〕換言之，外王的經世之學也略含於其中的。

5.4　天理在歷史中的現身

　　此節籠統的說就是蕺山的史觀。蕺山的史觀可以用一個名詞「天理史觀」來形容，所謂「天理史觀」就是歷史基本上是天理在其中現身的過程，蕺山在個人的道德實踐上所持的是「天理人欲同體依」的詭譎關係，在史觀上，天理的現身也是會暫時隱藏，或說用另一種方式（隱蔽的方式）來現身，所以蕺山在史論上，有時也用「天理滅矣」來形容歷史中的某些狀態，例如：

> 臣（引者按：蕺山也）謹按：趙鼎去而秦檜復相，和議成，天理滅矣，宋不可爲國矣。（《中興金鑑錄二》，《全集》四，頁 225～226，68 歲。）

> 必欲成和議，屈膝稱臣於虜，至忘大仇而不執，天理滅矣。（《中興金鑑錄二》，《全集》四，頁 243，68 歲。）

這兩段引文所指涉的事件，是南宋高宗、秦檜與金人的和議，蕺山在此以「天理滅矣」來形容此和議中所呈現的「屈膝稱臣於虜」、「忘大仇」（徽、欽二帝被擄），正是天理在此以隱蔽的方式來呈現，蕺山這種判斷比較偏向於牟宗三

〔註 36〕〈古小學集記序〉，《全集》三下，頁 738，63 歲。

先生所謂的「道德判斷」，[註37] 就是在理上先論其是非，而置成敗爲第二義。
這個立場放在君王和士上，都是一樣的，所以蕺山說：

> 見得是非後，又當計成敗，如此方是有用學問。(〈應事說〉，《全集》
> 二，頁 360，55 歲。)

成敗當然是要考慮的，但前提是在合是非的原則下，因此蕺山的立場是「正
其誼而後謀其利，明其道而後計其功」，但如果兩者有衝突，怎麼辦？蕺山的
原則是先後關係一定要先掌握住，這時就要「論是非，不論成敗」，[註38] 所
以道義上的是非不該去做，那麼即使不該做的下場是「死」，也不該去做；或
道義上該去做，下場是「無法成功」，那也要去做（道之不行已知之矣），蕺
山在此特重方孝孺、少康等人正是如此。蕺山曰：

> 天之生聖賢何爲也哉？……天生聖賢，以爲天下世也，而聖賢生於
> 其時，亦遂以天下萬世爲己任，以善成天心，不敢有一毫自私自利
> 之心。……忠臣之事君也，服勤至死已耳，甚者殉以妻子。若乃死
> 而殉以十族者，千古以來，自本朝方遜志先生始（引者按：即方孝
> 孺）。說者謂靖難之役非易姓比，在三楊固可以不死。即死矣，王元
> 采、周是修諸君子非乎？而先生必以十族也！則亦未知天所以篤生
> 先生之意矣。天之生斯民也，至宋替而亂極已，臣弒其君，子弒其
> 父，胥天下而淪於□□□□者□年，倫類之滅亦已久矣。……天其
> 能無意於先生乎？……將一死以救天下之亂，何恤此十族，不以殉
> 一身？惟先生以十族爲一身，而後能以一身易天下，使天下盡化爲
> 忠臣、爲孝子，庶幾克承天意云耳。……我知其必無幸矣，則先生
> 眞能以天下萬世爲己任也。……孔孟之轍環，而先生之禍十族也，
> 其趨一也。一者何也？天之心，而堯、舜以來相傳之道也，又何疑
> 乎？(〈方遜志先生正學錄序〉，《全集》三下，頁 701～703，47 歲。)

蕺山如此論方孝孺甚美善矣。經蕺山如此點題，方孝孺之死而有「天下萬世」
之意義於其中矣。蕺山認爲就「宋替」之際，「倫類之滅」已久，天理隱蔽，

〔註37〕 參牟宗三：《政道與治道》（台北：台灣學生書局，1980），第十章「道德判斷
與歷史判斷」，頁 221～269。此中道德判斷以理性原則爲首出，歷史判斷則以
非理性的生命氣質之自然鼓蕩原則爲首出，論歷史道德判斷重是非，歷史判
斷重成敗，所以對於殘手足、性醜聞卻創造「貞觀之治」的唐太宗就有截然
不同的判斷。蕺山的立場是先論是非再論成敗，詳下文。

〔註38〕 《中興金鑑錄四》，《全集》四，頁 269，68 歲。

但天意、天心、天理並沒有消失，只是隱微地在某些個人的身上呈現出來，由此人而擴大集許多人於一身的（以十族爲一身），天理就在此呈現，這些人正以「天下萬世爲己任」的，也因此這些人才能「克承天意」、「善成天心」，而保留天地間的元氣。〔註39〕而「國家之有賢人、君子，猶人之有元氣也。元氣削，而其人未有不立槁者。」〔註40〕因此對於國家的長治久安而言，個人在此還是有其天理的意義存在，雖然這個天理意義他是用「死」來達成，雖然在當下目前的時空，看起來，好像沒有一點作用。〔註41〕

不過，蕺山雖然認爲就歷史的長流而言，天理時現時隱（所謂天理隱時，是就整體情勢而言，天理此時呈現於個人之一身，而存於一線）。但主要還是君王身上，蕺山在「天理」（強調其理份曰天理）、「天命」（強調其命限曰天命）的觀念，認爲人並非不能掌握，尤其主要是君王以「德」來掌握，「德」的最初的象徵本就是「天命」，因此必須以敬謹之德來掌握上天之德（天命），〔註42〕就此而言，還是從周朝以來強調「憂患意識」的老傳統，蕺山曰：

> 臣聞：「皇天無親，惟德是輔；皇天無德，惟好生是德。」故人主之代天而理天下也，首法天心，務以元氣長養成就天下，而一毫胶刻之私不得而設焉，所以受天明命也。雖有秋肅，不廢春生；雖有雷霆，不勝雨露，天道然也。（〈敬陳祈天永命之要以回阨運以鞏皇圖疏〉，《全集》三上，頁101，53歲。）

「皇天無親，惟德是輔」，蕺山的解讀是以內在的德性來掌握天之明命，所以人君自己的修爲元氣長養，是可以成就天下的，這裡顯然有「德性決定天命論」，再由此決定其國勢，其論帝王皆是如此，例如論宋高宗趙構曰：

> 惑於秦檜而殺岳飛與趙鼎，必欲成和議，屈膝稱臣於虜，至忘大仇而不執，天理滅矣。推原其故，總爲不敢以其身爲二帝之續，寧處小朝廷以偷旦夕之安，而賊檜遂得以身家富貴之見中帝心，而相得

〔註39〕事實上，蕺山對於他自己的歷史地位，恐怕也是自視如此的，在上文，曾經說過蕺山在奏疏中，就明言當時是個亂世，他因爲病重無法出仕，但終其一生，講學不輟，也正是這個原因，蕺山曰：「天地晦冥，人心滅息，吾輩惟有講學明倫，庶幾留民彝於一線乎！」見〈劉譜〉48歲，《全集》五，頁206，48歲。

〔註40〕〈修正學以淑人心以培國家元氣疏〉，《全集》三上，頁21，36歲。

〔註41〕令人想到蕺山絕食而亡的意義。

〔註42〕參謝大寧師：〈儒學的基源問題——「德」的哲學史意涵〉，《鵝湖學誌》第16期1996.6，第三節，頁8～12。

益章有以也。然溫厚謙恭，猶有人君之度焉，故亦得傳國百年。豈《易》所謂「貞吉，恒不死」者乎？仍錄其小善如左，已見南渡之業亦非可以悖致也。（《中興金鑑錄二》，《全集》四，頁243，68歲。）

雖然宋高宗欲富貴偷安而主和議，殺岳飛、趙鼎，屈膝稱臣於虜，幾至「天理滅矣」之地步，可是還能維持百餘年，爲何還能維持百餘年？如果由史學家來回答，恐怕是會由當時的政治、經濟、軍事等情勢來判斷，蕺山的答案是很傳統的唯心式的回答，他認爲能夠維持百餘年的原因是因宋高宗「溫厚謙恭，猶有人君之度」的「小善」，因此蕺山在原本要獻給弘光帝以作爲弘光中興明朝的藉鑑的《中興金鑑錄》中，便強調所謂的「心法」，如堯的心法是「欽明文思安安」、〔註43〕舜的心法是「十六字心傳」、〔註44〕禹的心法是「克艱」、〔註45〕湯的心法是直承虞廷的「惟一」、〔註46〕武王的心法是「敬勝」，而最後統攝在其「誠意」之學下，蕺山曰：

> 今詳觀〈典〉、〈謨〉以下文字，言聖學者皆本之誠意，如堯言「欽明」，武言「敬勝」是也。至〈說命〉言「學古」，正是學古人之學，與夫子好古意同，則《大學》「格致」之說亦即是誠意之爲本而格之致之耳，非別有一項窮理工夫也。（《中興金鑑錄七》，《全集》四，頁331，68歲。）

換言之，由萬變不離其宗的「誠意」出發，便可掌握天理、天心、天命，再配合「崇經術、重民事、求賢納諫」等「治法」，〔註47〕弘光的中興明朝之業便可成就。蕺山的這些「治法」還是很唯心的，所以也可以納入其所謂的「心法」之內，這其中的關係也是一條鞭的直接關係，凡合理（天理），皆存在。

有德之君，而有其理（天理、天命），而有其勢、其用，蕺山這樣的論法，最大的問題便是讓人容易有「因其事而知其德」的印象，好像由勢定理、由成敗來論是非。蕺山在評論周宣王、殷高宗、夏少康時，即明顯的如此說，蕺山曰：

> 中興之業，至漢、唐而盛，猶然季世之雄耳。進之爲三代之盛，若

〔註43〕《中興金鑑錄七》，《全集》四，頁330，68歲。
〔註44〕《中興金鑑錄七》，《全集》四，頁335，68歲。
〔註45〕《中興金鑑錄七》，《全集》四，頁340，68歲。
〔註46〕《中興金鑑錄七》，《全集》四，頁345，68歲。
〔註47〕參陳剩勇：〈補天之石——劉宗周《中興金鑑錄》研究〉，收入鍾彩鈞主編：《劉蕺山學術思想論集》（台北：中央研究院中國文哲所籌備處，1998），頁425。

> 周宣王、商高宗、夏少康，其王風之灼然者與！昔人論霸，如碔砆
> 之於美玉，故石而瑜，不無其玉之瑕也。宣王之業雖不終，以視光
> 武，猶然玉也。商高則純乎純者也。少康間關百折，愓乎艱哉！因
> 其事而知其德，進退古今者遞焉師之。（《中興金鑑錄六》，《全集》
> 四，頁 297，68 歲。）

按前面的論述，蕺山的主張都是「因其德而有其事」，這話他是對弘光說的，
認爲要中興大業正要先從「誠意」的德開始做起。可是把眼光放到過去歷史
中的人物，便容易有「因其事而知其德」的立論出現，蕺山在此對於周宣王、
商高宗、夏少康的評論便不經意的透露出他觀看歷史的方法「因其事而知其
德」，凡存在，皆合理，所以在論他所詬病的宋高宗時，蕺山也論其何以在開
始能成就南宋偏安之局，此乃因高宗能用賢臣李綱，上文有引用蕺山所說的
「國家之有賢人、君子，猶人之有元氣也。元氣削，而其人未有不立槁者。」
〔註 48〕因爲宋高宗能用李綱，正是國家之有元氣，故能成就南宋，蕺山屢引
朱子所說的「李綱入而成朝廷」的原因也在於此。〔註 49〕所以在這段引文中，
一開始就說中興之業至漢、唐而盛，雖然蕺山以「季世之雄」來形容，但對
比於朱子用「架漏過時、牽補度日」來形容漢、唐來說，〔註 50〕其評價已高
出許多。

> 或曰：「大抵聖賢學問，從自己起見；豪傑建立事業，從勳名起見。
> 無名心，恐事業亦不成。」先生（引者按：蕺山也）曰：「不要錯看
> 了豪傑。古人一言一動，凡可信之當時，傳諸後世者，莫不有一段
> 眞至精神在內。此一段精神，所謂誠也。惟誠故能建立，故足不朽。
> 若稍涉名心，便是不誠。不誠則無物，何從生事業也？（〈會錄〉，《全
> 集》二，頁 600～601，約 56 歲。）

蕺山的弟子認爲，許多的豪傑建立事業，都是因爲「名心」促使他們去實現事
業，這種論法，如果提到天理的層次，便是黑格爾所謂的「理性的狡計」（Cunning
of Reason）、「偉大的情慾、熱情」，〔註 51〕或是王船山（夫之，1619～1692）所
謂的「秦以私天下之心而罷侯置守，天假其私以行其大公，存乎神者之不測，

〔註 48〕〈修正學以淑人心以培國家元氣疏〉，《全集》三上，頁 21，36 歲。

〔註 49〕見《中興金鑑錄二》，《全集》四，頁 191、201，68 歲。

〔註 50〕參牟宗三：《政道與治道》（台北：台灣學生書局，1980），頁 239。

〔註 51〕黑格爾著、王造時譯：《歷史哲學》（台北：里仁書局，1984），頁 69。

有如是夫！」〔註52〕但是蕺山並不同意這樣的看法，他認為如果只是「名心」
便是虛假，便是不誠，是無法生出事業的，如果這些豪傑當時的行為，「可信之
當時、傳諸後世者」，一定有一段「誠」的「眞至精神」在內，否則他也建立不
起事業，這還是蕺山的「德性決定論」的翻版，換言之，就由勢定理、「成敗決
定是非」而言，有事業者必有某些德性來做基礎。蕺山此論，必須小心解讀，
否則必變成「事業大者，德性必高」、「官階越高，道德越佳」的結論，如果是
這樣看的話，那麼在春秋當時沒什麼事業的顏淵之德性大概是很差勁的了，這
個判斷任一位儒家都是不能同意的，因此在論蕺山所說的「因其事而知其德」
時，一定要把前文中蕺山所說的「先論是非，再論成敗」擺在「因其事而知其
德」的前面當前提，否則便無法如同蕺山所說的看出方孝孺之死的天理意義了。
換句話說，經過這樣的思辯後，結論還是要回到蕺山所說的「因其德而有其事」、
「德性決定論」的命題，只是要小心，「因其德而有其事」中的「有其事」的意
義不一定是指「一時」之有其事（如秦檜、魏忠賢權傾一時，一時之事業也是
很大的，但剛好是無德的「天理滅矣」狀態），而要像在論方孝孺處的將此「有
其事」放在「天下萬世」的背景上來看，這樣才不會有「官階越高，道德越佳」
的謬論，蕺山在評論豪傑的一言一動時，強調這些一言一動事業之有一段「誠」
的眞至精神時，加了一句「可信之當時、傳諸後世者」來限定其事業的意義，
其理由正在於此也。

　　蕺山這樣的立場是站在朱子與王船山之間，凡眞有德必能得其天理而有
其事，凡有不朽之事者必有其德。

〔註52〕王船山：《讀通鑑論》，《船山全書》第十冊（長沙：嶽麓書社，1996），頁68。

第六章 結 論（回顧與展望）

6.1 前 言

　　現在，要進入本論文的最後一章「結論（回顧與展望）」，標題「結論」
表示是最後一章，括號（回顧與展望）表示分成兩部分來進行。在回顧部分，
本文要稍微闡述過去五章的論述進程，看其理論成果，與其限制之所在。在
展望部分，本文一方面要將此蕺山的理論成果放在明末清初的哲學史上來
看，說明蕺山在此恰有一承先啓後的地位；另一方面，本文要將此蕺山的理
論成果放在現代的生活世界中來看（此「現代」一詞是屬於時間意義），說明
蕺山的理論恰能給混亂失序的「後現代」世界一個既自由又貞定的生活基礎
（此「後現代」一詞非時間意義乃價值意義）。

6.2 回 顧

　　在第一章說明了爲何要寫本文的理由，這個理由分成兩部分，一是蕺山
的詮釋問題，在這方面，普遍的充滿對於蕺山的責難：「矛盾」、「混亂」、「無
實義」，這責難現象普遍地到達讓人似乎可以心安的地步，本文以爲這在詮釋
上是不合理的，一個思想家其思想充滿矛盾，正表示這思想家的思想有任意
性、隨意性，是不值得研究的，對於一個詮釋者來說是不應該的，對於一個
思想家而言也是不公平的。二是蕺山學在現代生活世界中還可展現其生命
力、活力，這在當代台灣社會中的「生死學」、「生命教育」上都還可以發展。

此即筆者關注的是蕺山學在現代世界中是否還可有一種「生命力」？而不是被當作「博物館中的屍體」。〔註1〕

接著，介紹了本文的名稱《道德實踐與歷史性——關於蕺山學的討論》，認爲海德格的「歷史性」概念，是進入蕺山的道德實踐學的一個相契的途徑。因爲海德格的「歷史性」概念有兩個很基本的區分，一個是「存有者」與「存有」的區分，由此海德格以爲必須從一個具體時空中的「此有」去探索存有，一個在世界中的「此有」是有存有論的優先性，第二個區分是「本眞的」與「不是本眞的」的區分，由靜聽良知的召喚而隨時隨地準備做「決斷」來確定本眞與否。這兩個區分恰巧和蕺山重「氣」這當下的具體存在出發，和重視「天理人欲，同行而異情」而來的「戒愼恐懼」、「戰兢惕厲」臨深履薄的道德實踐學相應，所以是個適合的切入點。

然後介紹本文的研究方法「德之象徵的憂患現象學」，是詮釋者與對象文本不二不一的在「德」上交互辯證，彼此潤澤而相互提升。〔註2〕在這個觀點下，所有的蕺山論述全部被關聯到「道德實踐」上，在一種與經典沒有主客對立下，進行一種「在場的存在之思」，並由此體會「德」、「無德」、「畏命」和「冒犯」之種種心理狀態。

第二章站在消極的立場來闡述蕺山學。試圖用「契機說」、「階段論」、「辯證觀」來解決一般人認爲蕺山學充滿「混亂」、「矛盾」、「無實義」的現象，本文認爲這可以給蕺山學一個很好的起點，所謂很好的起點是就詮釋者詮釋文本時，抱著「同情的理解」態度，而不輕易、草率地對對象下一個「矛盾」、「混亂」的判斷。在「2.2 契機說」中描述了晚年蕺山在說法上非常圓融，常能相應於當下的處境而做出適當的回應，這又表現在對個別學生的問學上，而更重要的是表現在對於陽明學派上的契機接引。「2.3 階段論」描述了蕺山學思發展的三個階段：48歲前的早年奠基期、49～58歲的中年成熟期、59～68歲的晚年擴大深入期。然後在「2.4 辯證觀」小節中，取得了詮釋蕺山學的一個基點：「天理人欲同行而異情」的「天理人欲同體依」。這是因爲他重視當下具體實存的「氣」之緣故，由這同體依的氣，蕺山展開他「『一本而萬殊，會眾以合一』之辯證綜合」的圓融性思維模式。這一番摧陷廓清工夫，本文

〔註1〕 事實上，筆者重視後者遠勝於前者，只是在詮釋上，不得不先面對基本的文獻處理。

〔註2〕 文本的提升就是觀點的提升、或說變化。

認為是有功於蕺山學的。

　　在第二章的基礎上，配合熊十力先生的「證量」、「證量相傳」的概念，第三章正面地闡述蕺山學。首先，說明以往「歸顯於密、以心著性」的觀點無法有效的解決陽明後學的流弊，蕺山用「要求證量」的方法可以解決陽明後學「情識而肆，虛玄而蕩」的流弊。然後就展開蕺山整個道德實踐學的「證量要求」；「無次第中有次第」、「有次第中無次第」，而兩者又圓融地結合在一起。前者集中在〈聖學喫緊三關〉、《人譜》與《人譜雜記》的闡述，後者集中在「體認親切法」的敘述。在「3.3.2　無次第中有次第」小節中，用「十字打開」的方式，去論述蕺山認為就道德實踐的次第而言，有縱貫與水平兩個面向，其「十字打開」的縱貫面向可以以〈聖學喫緊三關〉為代表，其「十字打開」的水平面向可以以《人譜》與《人譜雜記》為代表。在「3.3.3　有次第中無次第」小節中，闡述了「天理人欲同體依」的蕺山學是如何用在當下的道德實踐，而能展開一套修養方法。這第三章有關蕺山的道德實踐工夫論，本文以為對於蕺山整體的工夫論的研究而言，是有提升的，對於現代的儒者想要以傳統的工夫作為道德實踐的途徑而言，也提供一個切實可行的梯子。

　　第四章，進入蕺山的存有論部分，分成「4.2　天理流行下的存有論」與「4.3　人欲作用下的存有論」來闡述，這樣的區分是奠基在蕺山「天理人欲同體依」的觀點下而做的。在 4.2 小節中，介紹了蕺山認為「天理流行」下的「音樂性時間觀」，這是前輩學者中沒有提過的，並提出「天理流行」、「萬物一體」的時空證量：「通天下為一體，聯萬古為一息。」由此人進入一個永恆的時空狀態：「時間就在當下，空間就在當體」，時間在當下，但有過去、現在、未來；空間在當體，但有廣大無邊的十方。當下就是過去、現在、未來；當體就是十方。然後論述了蕺山關於「此有」的存在相貌：在欲中現身、存養、世教，在「需要」與「欲望」的區分下，說明了蕺山對於「欲」（勝義欲）的肯定。然後在當代喧囂的「生死學」中，介紹了蕺山的「盡其道而生、盡其道而死，是謂無生死」的「生生不息」的生死學，由這可以了解到蕺山「不必理會，但要知道」的特殊生死學觀點，而不是由「人死問題來解決人生問題」。〔註3〕

〔註3〕　錢穆先生曰：「世界上一切宗教，似乎都想根據人死問題來解決人生問題，孔子則認為明白了人生問題，才能答覆人死問題。」見錢穆：《中國思想史》（台北：台灣學生書局，1988），頁8，意思是一般宗教都是由「人死」來決定「人生」，孔子是由「人生」來決定「人死」，蕺山的生死學恰可以是明顯的例證。

在第五章「作為外王學的歷史性實踐」，進入蕺山學中最薄弱的部分，就是外王學和史論、史觀部分。說明蕺山在經世上的治績，以及蕺山一些制度上的設計論述，和蕺山的「天理史觀」，在這裡，整理數表來呈現蕺山的成績：「蕺山任官一覽表」、「保民訓要一覽表」、「鄉約事宜簡表」、「古小學集記一覽表」。關於第五章這一部分，蕺山的經世治績目前僅有詹海雲先生有專文研究，本文相關的闡述，可以做一些補充。而關於蕺山在外王學上的整體設計與鄉保、鄉約、學約的構想，則沒有人提及過，本文雖是首次提及，但也構成了本文最大的限制與缺陷，由於筆者對於世務與制度上的懵懂，因此在這一方面，僅能述而不論、描而不議。

6.3　承上啓下的蕺山學

此節的目的在說明在蕺山的「『一本而萬殊，會眾以合一』之辯證綜合」的圓融性思維模式，及其「辯證綜合的起點：氣（此有）」觀點下，在明末清初儒學的發展當中，實具有承上起下的地位，不可忽略，容肇祖所編六鉅冊《中國歷代思想史》其中第五冊《明代卷》〔註4〕詳論明末諸儒，卻無劉蕺山部分就是一個缺失。為什麼這樣說呢？因為蕺山在重視「辯證綜合的起點：氣（此有）」下，上可承濂溪、明道、五峰、王廷相（浚川，1474～1544）、吳廷翰（蘇原，1491～1559）下可開梨洲、船山、戴東原（震，1724～1777），〔註5〕以迄清代經學。就上承而言，蕺山的內聖學在「要求證量」的原則中，卻沒有以往重「氣」哲學的困擾，而能成就內聖學的圓成，成為內聖學史中的壓軸。山井涌先生曰：

> 大體説來，持氣的哲學立場的人，最感苦心的一點（即對他們來説是最到難以説明的一點），似就在於人性論和情欲論的調和。一方面，性善説的傳統很強；與此同時，情欲否定論的通常觀念也強烈地存在著，而如果要用氣來説性的話，無論如何也不能不把情欲作為來自於性之物（因為把情欲作為氣的運動也是常識性的一般觀念），但這樣的話，就不得傾向於情欲的肯定論，所以，既要持性善説而又要不涉

〔註4〕容肇祖：《中國歷代思想史——明代卷》（台北：文津出版社，1993）

〔註5〕蕺山在從王廷相到船山、戴東原這條譜系參余英時：《論戴震與章學誠》（北京：三聯書店，2000），外篇二〈戴東原與伊藤仁齋〉，頁220～233。

足情欲肯定論的人必然就大爲困難。因此即使用氣來說明性，卻又作
「性爲氣之靈」，或「義理之性爲氣質之性」（劉宗周《劉子全書》卷
11〈學言〉）這樣的說明，把性與情欲分離開來的人也就出現了。王
廷相由於捨棄了性善說也就擺脫了這一點。〔註6〕
山井涌先生所說的這個困擾，蕺山利用「天理人欲同體依」的觀念，以及「在
欲中現身」（勝義欲），心之持存得恰當處即天理，心持存不好而「過與不及」
論過與惡（劣義欲），恰能解決，既不會流於王廷相性善說的否定，也不會流
於情欲解放之論，且展開其中細密的成聖歷程的正反兩面的描述，內聖學至
此乃爲圓成。

　　換言之，就內聖學的工夫論部分，蕺山的「無次第中有次第」與「有次
地中無次第」的工夫實踐，恰能細密地呈現出整個工夫實踐的歷程，就工夫
論的整個歷程及歷程中所可能產生的病痛過惡而言，歷來的學者，幾乎是語
焉不詳，而蕺山卻能詳細展開，而更難得的是蕺山雖然非常重視道德實踐的
細密歷程，卻也不妨礙呈現其在內聖學上的本體論部分的圓融玄妙，相較於
陽明學來說，其本體論之圓融不遑多讓，卻能更包含「氣」或是「器」的這
一部分。就此內聖學的工夫論與本體論而言，儒學內聖學至蕺山而達圓成。

　　而在啓下方面，蕺山在圓成內聖學之際，對於「欲」的論述，也能下起船
山之「於天理達人欲，更無轉折；於人欲見天理，需有安排：只此爲仁恕之別。」
〔註7〕之「理寓於欲中」理論、〔註8〕東原「達情遂欲」的道德哲學。〔註9〕其
史觀亦在朱子的只重視「道德判斷」下，主張「有德者必有其理、其事；有不
朽之事者必有其理、其德」向重視「歷史判斷」移動，下啓梨洲之經史之學而
至船山「道德判斷」「歷史判斷」兼並雙美的歷史哲學。〔註10〕

〔註6〕 見小野澤精一、福永光司、山井涌編著、李慶譯：《氣的思想——中國自然觀
　　　 和人的觀念的發展》（上海：上海人民出版社，1999），頁355～356。
〔註7〕 見王船山：《讀四書大全說》，《船山全書》第六冊（長沙：嶽麓書社，1996），
　　　 頁639。
〔註8〕 參袁爾鉅：《王夫之》（長春：吉林文史出版社，1997），頁256～262，在此數
　　　 頁中，可以發現船山和晚期蕺山的理欲命題非常類似。
〔註9〕 參牟宗三：《周易的自然哲學與道德涵義》（台北：文津出版社，1988），〈附
　　　 論戴東原的道德哲學〉，頁143～167，牟先生稱之爲「達情遂欲的道德哲學」。
〔註10〕 參牟宗三：《政道與治道》（台北：台灣學生書局，1980），第十章「道德判斷
　　　 與歷史判斷」，頁221～269。及牟宗三：〈論「凡存在即合理」〉，收入《生命
　　　 的學問》（台北：三民書局，1989），頁181～194。蕺山史觀與船山最大的不
　　　 同是對於「私欲」（蕺山以爲的過與惡、劣義欲）的歷史作用之肯定不同。

這條哲學史上的線索，仍有待開發。〔註11〕

6.4　現代生活世界中的蕺山學

　　上節是從哲學史上來看，現在要從現代的生活世界中來看蕺山學，以下用列舉的方式，來說明其中的可能性，以作為筆者日後努力的重點。

　　一、關於後現代思潮的接引與融攝〔註12〕：現代社會是個「後」（post）的時代，從普遍流行的「後OO」語彙就可以知道，例如：後殖民、後革命、後工業社會、後結構主義、後資本主義、後馬克思、後民族主義、後東方主義、後哲學文化、後新儒學、後牟宗三……。

　　儒學的經世性格當然關心世務，當然不可能忽略這個現象，而要使一個學問持續保有生命力的展現也正是要不停地參與當代的世務之中。那麼，儒學如何與後現代思潮間產生互動的關係？這個問題乍看是突兀的，因為儒學幾乎是講究「秩序性」、「體系」、「世界大同目的」、「階級的」（如士的啟蒙優位）的……，而後現代的一個特色就是「無序」、「偶然」，「反體系」、「反目的」、「去中心」、「反二元對立」……的，〔註13〕後現代幾乎是儒家欲去之而後快的某種「失序」、「混亂」的「周文疲弊」現象，為何還要跟她互動？但誠如蔡源煌先生所說：

> 持平而論，後現代的許多狀況都可以說是某種病態文化，但是此時此地，一味地抗拒，或者是重拾理想主義、人文主義的論調，以為只要嘶聲力竭地吶喊，便可改變這些令人不愉快的現狀，恐怕也是

〔註11〕　在此，本文並不想涉入蕺山學是否為「氣本論」的爭論之中，參李明輝：〈劉蕺山對朱子理氣論的批判──兼論蕺山學的定位問題〉，「朱子與宋明理學」學術研討會（台北：鵝湖月刊雜誌社，2000.12.23～25），或吳幸姬：《劉蕺山的氣論思想──從本體宇宙論的進路談起》（嘉義：中正大學中文所2001年博士論文）第一章，頁1～18。因為本文認為用「氣本論」與否來形容蕺山學，對於蕺山學來說，恐怕是個不恰當的「假問題」，氣本論的爭議建立在一個前提：「經驗層與超經驗層」的區分上（「本」是建立在經驗層還是超經驗層），而這個區分對於蕺山來說，是不成立的。

〔註12〕　就儒學教化的本質來說，說「揚棄」也是適合的。

〔註13〕　關於後現代主義的定義問題，還在眾聲喧嘩當中，本文並不想加入這個泥淖中（因為這是屬於最後一章「結論」），只引用一般稍有共識者。關於上述後現代特色請參哈桑（Ihab Hassan）：〈後現代主義轉換〉，收入王潮編：《後現代主義的突破》（甘肅：敦煌文藝出版社，1996），頁27～28。

　　枉費力氣。〔註14〕

蔡先生所說甚爲有理，因爲後現代「反目的」，故以某種體系的目的來斥責她，她根本是無動於衷的，尤其「反目的」，所以便以「遊戲」爲出發點（好玩、有趣比較重要），因而對於儒家莊嚴的吶喊不屑一聽，連嗤之以鼻的嗤之一聲也懶，忽略了這種情形，儒家的情景只能「寂寞」，〔註15〕筆者在研讀蕺山文獻時，卻深深感到一種與後現代通郵的可能，這種通郵的可能不能放在論辯、論證，而只能放在「呈現」某些對方沒有注意到的事實，而使其發現這也蠻有意思、蠻有趣的。筆者在第二章說到蕺山「辯證綜合」特色的哲學，論證分析比較不適合，會覺得充滿「矛盾」、「混亂」，比較適合「描述」，因爲蕺山基本上就是屬於「呈現」的哲學，蕺山說服當時王學末流的方法，就是重編《陽明傳信錄》呈現出他們沒有看到的部分（如陽明說過的「良知即天理」、「良知只是獨知時」）。因爲後現代的「無序」、「偶然」，「反體系」、「反目的」、「去中心」、「反二元對立」與蕺山的存有論中的「小大互統」、「一統萬、萬統一」、「『一本而萬殊，會眾以合一』之辯證綜合」（反二分）、「當下即是永恆」等等，都有異曲同工之妙，因此蕺山便可以作爲接引後現代的一個「契機」的引子。〔註16〕舉例來說：蕺山學實深具後現代性，以本文的詮釋來說，恰可見出一二。德希達（Derrida Jacques，1930～）的解構思想（deconstrution）正是後現代思潮的巨擘，德希達利用「延異」（différance）的概念對文本進行雙重閱讀（double reading），所謂雙重閱讀是德希達在〈人文科學話語中的結構、符號和結構〉中所做的兩種區分，第一種是傳統的閱讀（重複性閱讀），是尋求譯解文本中的眞理，重視文本是可讀的、可理解的，讀者可以與作者對話溝通；第二種是解構的閱讀（批評性閱讀），不再關注眞理，只肯定閱讀的遊戲，無意與作者對話，他們實際上都具有讀者與作者的雙重身分。德希

〔註14〕 蔡源煌：〈後現代的因惑〉，收入蔡源煌：《當代文化理論與實踐》（台北：雅典出版社，1992），頁127。

〔註15〕 不少人認爲當代新儒家是寂寞的，甚至以此爲書名，如周博裕主編：《寂寞的新儒家》（台北：鵝湖出版社，1992）、黃克劍、周勤：《寂寞中的復興——論當代新儒家》（江西：江西人民出版社，1993）。不過寂寞的原因很多，不只如此。

〔註16〕 蕺山和後現代接筍乍看也是不可思議的，因爲蕺山是那麼「戰戰兢兢」、「戒慎恐懼」的，由此，所以要運用蕺山晚年神氣圓融時的材料。關於儒學和後現代的相接，筆者原先的構想是放在龍溪的「無善無惡」思想或泰州王艮、顏鈞的「百姓日用是道」概念，這也還可以保留一種可能的發展性。

達的解構批評常常就建立在這兩個區分的實踐上，先說第一種閱讀，接著說第二種閱讀，利用「延異」（延擱與差異），將一方往對立的一方延擱並區別，這樣雙方就不是完全的對立。〔註17〕在本文的蕺山學詮釋中，第二、三章重視的正是德希達所謂的第一種閱讀，在第四章中，本文所呈現的正是類似第二種閱讀，蕺山的種種概念向對立面的概念進行延異，所以在第四章會出現所謂的「獨體連串等式」，其中可以看到蕺山的「中即是和」。蕺山常說「果復藏仁、仁復藏果」、「小大互統」、「一萬互統」、「知藏於意」、「存發總是一機，故中和渾是一性」都是這樣的表現。

二、後現代思潮中「性」（sex）、「身體」的重視：由於後現代強調「無序」、「反目的」，可是人在當下的這個生命中，他還是要做些事，後現代雖然強調反目的，可是他也不能安於他的無事可做的狀態（無聊），因此人生中「身體」的一些需求便被擴大，這種需求表現在生理上最大宗的就是「性」（sex），這尤其在傅柯（Michel Foucault，1926～1984）基於他自己經驗的寫下《性史》第一冊（1976年出版），讚揚「同性戀」、「sm」（甚至包含吸迷幻藥），認為「sm」是「一種創造性的事業」後，達到高峰。但人們很少注意到傅柯在愛滋病去世的前一年接受訪問說到的「性是很沉悶的」，以及《性史》第二、三冊（去世那年出版，距第一冊出版8年）中強調的性和倫理道德產生關聯（而非性和權力的關聯）。〔註18〕筆者覺得傅柯如此歷程的性論述，就儒學中，蕺山恰可以用他的「天理在欲中呈現」及「性即氣，氣即性」來涵攝，有如在第四章「4.3.1 在『欲』中現身」現身所做的初步處理，而發展儒家在現代生活中的「性學」，這也是仍有待去開發的。

三、關於儒學如何參與台灣目前發燒的新時代運動、新興宗教、佛教等講究身心靈成長之熱潮，蕺山也可以其在明末三教合一思潮下的背景，而給當代台灣的生活教育一個可行的管道，這筆者已在第一章初步論述過了，但仍有待開發。

現在，筆者綜合蕺山思想的某些特點，配合著以上第二點與第三點的敘述，加上其他的觀點〔註19〕，發展一種可能的自我成長方式，其大略步驟如下：

〔註17〕參楊大春：《解構理論》（台北：揚智出版社，1994），頁43、82～85。
〔註18〕參黃瑞祺：〈自我修養與自我創新——晚年傅科的主體／自我觀〉，收入黃瑞
　　　　祺主編：《後學新論》（台北：左岸文化公司，2003），頁22～30。
〔註19〕如唐君毅先生在《人生之體驗》及《人生之體驗續編》二書中所呈現的「書
　　　　寫治療」、曾昭旭先生在《人生書簡》中回答學生與友人的策略，以及晚近流

　　1. 由於蕺山認為過惡乃是天理呈現時，道德實踐者持存不好，而產生的，也就是天理在勝義欲中（需要）中呈現時，道德實踐者掌握不好，而產生過惡。因此當人有任何的過惡感時，人要在其中體會到我們要實現的天理意義為何。

　　2. 如何體會出來？要透過一個「在場的存在之思」的描述事情的經過，也就是蕺山的「訟過法」。蕺山的「訟過法」（透過口說、或是書寫方式）要注意兩個要點，一是正面的，天理到底要我在現在這件事情實現哪些「需求」；二是消極面，而我現在對這些「需求」掌握不當（或過或不及），而變成「劣義欲」、「過惡」。

　　3. 蕺山的「勝義欲」就是人的「需要」，「需要」的意義就是當下那個人的「本質」需要，如果沒有正常管道滿足（或說實現這個價值），他的生命必然扭曲變形（這就是「需要」之所以為「需要」的意義，和慾望不同，「需要」的缺乏和「慾望」的存在，都會使生命混亂），而有「過惡」產生。就蕺山而言，他發現天理在我身上呈現，而為我的良知時，最主要的本質不只是陽明的「知善知惡」，而是「知愛知敬」〔註20〕，愛與敬是不同品質而相通的辯證綜合在蕺山的「良知」之中，愛是將對方納入自己生命中，而為一體，敬是將對方推出而尊重自我與其皆為獨立個體，此兩者辯證綜合地在一起，換言之，蕺山的愛必有敬（不會因愛而「近之則不遜」），敬必有愛（不會因尊重而冷漠）。用現代話來說，蕺山認為當天理在我身上呈現時，主要有兩個本質的需求：「愛」（萬物一體、或說與對方一體）、「敬」（獨立自由的個體）。

　　4. 現在的問題是如何去實現「愛」與「敬」的需求，而不會產生不當的過惡，這就要回到蕺山的《人譜》或《人譜雜記》上了。

　　茲以台灣近年流行的「偷窺癖」為例說明。

　　1. 首先，描述偷窺時的「在場」現象：當一個人有偷窺癖時，偷窺當然是侵犯他人隱私的不當行為，問題是人又在此樂此不疲，因此要體會的是，人在偷窺時得到什麼，這必須透過一個「在場」的描述，包含在蕺山「訟過法」的第一步。

　　2. 偷窺如果偷窺到對方都是正面的、可公開的行為，這個偷窺當然不會

　　　　行的「敘事治療」（narrative therapy）。
〔註20〕蕺山之重視「知愛知敬」以與陽明「知善知惡」區別，其有多次論及，如《全集》二，頁372～374、425、576、664，《全集》三上，頁364、616等處。

持續，因此一定是負面的、不可公開的，這樣偷窺者才會有「獲得」的感覺，而持續之。

3. 那人在這偷窺的行為中，要體現什麼「天理」？偷窺是在人不敢正面的和對方接觸，而又要知道對方的負面、不可公開的生命現象。換言之，是在人不敢和人接觸而又想和人接觸，而這想和人接觸的，又是接觸對方不可公開、不可告人的部分。就蕺山來說，就是想要和人有一聯繫的關係（愛），可是又不敢正面的去碰觸（沒有信心、不能獨立自主，缺乏「敬」），因此在偷窺中，一方面我保持看起來的主動性、獨立自主性，一方面我又和對方取得了一種聯繫，而這種聯繫又要建立在對方的不可公開處，因此人可以更增加他的獨立自我感，因著看到對方不可公開的一面而更增加他的自信心，而提高自我確定感。

4. 換言之，現在，人了解到，人在偷窺中，要實現的價值是他想要「愛」但是他也要保持一種「獨立自主」（敬），當這樣的需求無法在正常管道滿足時，他只好用一種不正常管道來滿足。

5. 於是現在的問題轉換到，人如何用一種理性的、正常的管道（如蕺山在〈證人要旨〉中所說的「敦大倫以凝道」，在人倫中）來實現愛與敬，這就牽涉到蕺山整個的實踐工夫，從「凜閒居以體獨」的建立基本自信開始，而從其「訟過法」開始了。〔註21〕

〔註21〕關於這點，筆者希望發展一個可具體操作且詳細描述其歷程的步驟，這裡只
　　　　是簡要的敘述。

參考書目

一、**典籍部分**（依時間先後）

1. 《摩訶止觀》，智者述、灌頂記，《大正藏》冊 46。
2. 《周子全書》，清，董榕輯，臺北：武陵出版社，1990。
3. 《張載集》，張載，臺北：漢京文化公司，1983。
4. 《二程集》，程顥、程頤，臺北：漢京文化公司，1983。
5. 《五燈會元》，普濟，臺北：文津出版社，1991。
6. 《胡宏集》，北京：中華書局，1987。
7. 《四書章句集注》，朱熹，臺北：里仁書局，1999。
8. 《朱熹集》，朱熹，成都：四川教育出版社，1996。
9. 《朱子語類》，黎德靖編，北京：中華書局，1999。
10. 《洪範皇極內篇》，蔡沈，臺北：臺灣商務印書館，四庫全書珍本四集，無出版年代。
11. 《象山先生全集》，陸九淵，臺北：臺灣商務印書館，1979。
12. 《王陽明全集》，王守仁，上海：上海古籍出版社，1995。
13. 《困知記全譯》，羅整庵著，閻韜譯注，成都：巴蜀書社，2000。
14. 《王廷相集》，王廷相，北京：中華書局，1989。
15. 《王龍溪語錄》，王畿，臺北：廣文書局，1986。
16. 《王龍溪全集》，王畿，臺北：華文書局，1970（影印道光二年刻本）。
17. 《王心齋全集》，王艮，臺北：廣文書局，1987。
18. 《顏鈞集》，顏鈞，北京：中國社會科學出版社，1996（此書附有《韓貞集》）。
19. 《盱檀直詮》，羅近溪，臺北：廣文書局，1978。

20. 《李溫陵集》，李贄，臺北：文史哲出版社，1971。

21. 《東越證學錄》，周汝登，臺北：文海出版社，1970。

22. 《小心齋箚記》，顧憲成，臺北：廣文書局，1975。

23. 《高子遺書》，高攀龍，臺北：臺灣商務印書館，1986。

24. 《小柴桑喃喃錄》，陶奭齡，明崇禎間吳寧、李為芝校刊本（國家圖書館藏）。

25. 《劉子全書及遺編》，劉宗周，京都：中文出版社，1981。

26. 《劉宗周全集》，劉宗周，臺北：中央研究院中國文哲研究所籌備處，1997。

27. 《人譜附類記》，劉宗周，臺北：臺灣商務印書館，1971 年影印康熙 38 年傅彩刻本。

28. 《人譜類記》，劉宗周，臺北：廣文書局，1996 年影印嘉慶 19 年刻本。

29. 《劉氏人譜》，劉宗周，臺北：廣文書局，1975 年影印 1841 和刻本。

30. 《朱舜水集》，朱舜水，臺北：漢京文化公司，1984。

31. 《陳確集》，陳確，臺北：漢京文化公司，1984。

32. 《宋元學案》，黃宗羲，北京：中華書局，1986。

33. 《明儒學案》（《黃宗羲全集》第七、八冊），黃宗羲，臺北：里仁書局，1987。

34. 《船山全書》，王夫之，長沙：嶽麓書社，1996。

35. 《周易・四書禪解》，藕益著、陳德述注，北京：團結出版社，1996。

36. 《道家修丹秘法大全》，劉一明著、李豐楙等編，臺北：氣功文化出版社，1994。

二、近人專著（依姓氏筆劃）

1. 丁國順、王鳳賢《浙東學派研究》，杭州：浙江人民出版社，1993。

2. 于化民《明中晚期理學的對峙與合流》，臺北：文津出版社，1993。

3. 中國哲學史學會編《論中國哲學史──宋明理學討論會論文集》，杭州：浙江人民出版社，1983。

4. 中國哲學史學會編《論宋明理學──宋明理學討論會論文集》，杭州：浙江人民出版社，1983。

5. 尹協理《宋明理學》，北京：新華出版社，1992。

6. 元音老人《佛法修證心要》，臺北：法爾出版公司，1996。

7. 方克立《中國哲學史上的知行觀》，北京：人民出版社，1997。

8. 方東美《新儒家哲學十八講》，臺北：黎明文化公司，1989。

9. 方祖猷、滕復《論浙東學術》，北京：中國社會科學出版社，1995。

10. 方祖猷《清初浙東學派論叢》，臺北：萬卷樓圖書公司，1996。

11. 王健《中國明代思想史》，北京：人民出版社，1994。

12. 王煜《文哲心得與書評》，臺北：水牛出版社，1996。

13. 王一川《審美體驗論》，天津：百花文藝出版社，1999。

14. 王元化《思辨發微》，臺北：書林出版公司，1994。

15. 王立新《胡宏》，臺北：東大圖書公司，1996。

16. 王育濟《天理與人欲——理學理欲觀演變的邏輯進程》，濟南：齊魯書社 1992。

17. 王邦雄等《中國哲學史》，臺北：空中大學出版社，1998。

18. 王思治編《清代人物傳稿·上編第二卷》，北京：中華書局 1986。

19. 王瑞明《宋儒風采》，長沙：岳麓書社，1997。

20. 王壽南編《中國歷代思想家（十四）——高攀龍·劉宗周·黃道周·朱之瑜·黃宗羲·方以智》，臺北：臺灣商務印書館，1999。

21. 王曉興、李曉春《宋明理學》，上海：上海古籍出版社，1999。

22. 古清美《宋明理學概述》，臺北：臺灣書店，1996。

23. 古清美《明代理學論文集》，臺北：大安出版社，1990。

24. 古清美《慧菴論學集》，臺北：大安出版社，2004。

25. 田　浩《朱熹的思維世界》，臺北：允晨文化公司，1986。

26. 安延明《狄爾泰的歷史解釋理論》，臺北：遠流出版公司，1999。

27. 成中英《知識與價值》，臺北：聯經出版公司，1989。

28. 成中英《論中西哲學精神》，上海：東方出版中心，1996。

29. 成中英編《本體與詮釋》，北京：三聯書局，2000。

30. 朱建民《張載思想研究》，臺北：文津出版社，1989。

31. 朱建民編述《現代形上學的祭酒——懷德海》，臺北：允晨文化公司，1982。

32. 朱漢民《宋明理學通論》，長沙：湖南教育出版社，2000。

33. 牟宗三《人文講習錄》，臺北：臺灣學生書局，1996。

34. 牟宗三《中國哲學十九講》，臺北：臺灣學生書局，1989。

35. 牟宗三《中國哲學的特質》，臺北：臺灣學生書局，1990。

36. 牟宗三《心體與性體》，臺北：正中書局，1985。

37. 牟宗三《佛性與般若》，臺北：臺灣學生書局，1984。

38. 牟宗三《政道與治道》，臺北：臺灣學生書局，1980。

39. 牟宗三《從陸象山到劉蕺山》，臺北：臺灣學生書局，1984。

40. 牟宗三《圓善論》，臺北：臺灣學生書局，1985。

41. 牟宗三《認識心之批判》上冊，臺北：臺灣學生書局，1990。

42. 何　俊《西學與晚明思想的裂變》，上海：上海人民出版社，1998。

43. 余英時《中國思想傳統的現代詮釋》，臺北：聯經出版公司，1990。

44. 余英時《史學與傳統》，臺北：時報出版公司，1997。

45. 余英時《猶記風吹水上麟》，臺北：三民書局，1991。

46. 余英時《歷史與思想》，臺北：聯經出版公司，1986。

47. 余敦康《內聖外王的貫通──北宋易學的現代詮釋》，上海：學林出版社，1997。

48. 吳怡《中庸誠的哲學》，臺北：東大圖書公司，1976。

49. 吳明《陽明學的形成與發展》，南京：江蘇古籍出版社，2002。

50. 吳康《宋明理學》，臺北：華國出版社，1962。

51. 吳震《陽明後學研究》，上海：上海人民出版社，2003。

52. 吳乃恭《宋明理學》，長春：吉林文史出版社，1994。

53. 吳汝鈞《苦痛現象學》，臺北：臺灣學生書局，2002。

54. 呂妙芬《胡居仁與陳獻章》，臺北：文津出版社，1996。

55. 呂思勉《理學綱要》，北京：東方出版社，1996。

56. 岑溢成《大學義理疏解》，臺北：鵝湖出版社，1991。

57. 束景南《朱子大傳》，福建：福建教育出版社，1992。

58. 李元慶《明代理學大師薛瑄》，太原：山西高校聯合出版社，1993。

59. 李天命《存在主義概論》，臺北：臺灣學生書局，1986。

60. 李日章《宋明理學研究》，高雄：復文出版社，1985。

61. 李明友《一本萬殊──黃宗義的哲學與哲學史觀》，北京：人民出版社，1995。

62. 李松玉《至尊理學》，瀋陽：遼海出版社，1998.7。

63. 李紀祥《兩宋以來大學改本之研究》，臺北：臺灣學生書局，1988。

64. 李振綱《證人之境──劉宗周哲學的宗旨》，北京：人民出版社，2000。

65. 李書增等著《中國明代哲學》，鄭州：河南人民出版社，2002。

66. 李甦平《朱之瑜評傳》，南京：南京大學出版社，1998。

67. 李超杰《理解生命──狄爾泰哲學引論》，北京：中央編譯出版社，1994。

68. 李聖華《晚明詩歌研究》，北京：人民文學出版社，2002 國古代思維方式探索》，臺北：正中書局，1996。

69. 李澤厚《中國古代思想史論》，臺北：漢京文化公司，1987。

70. 李錦全、馮達文編《中國哲學初步》，廣東：廣東人民出版社，1996。

71. 杜維明、東方朔《杜維明學術專題訪談錄——宗周哲學之精神》，上海：復旦大學出版社，2001。

72. 杜維明《一陽來復》，上海：上海文藝出版社，1997。

73. 杜維明《人性與自我修養》，臺北：聯經出版公司，1992。

74. 杜維明《東亞價值與多元現代性》，北京：中國社會科學出版社，2001。

75. 杜維明《現代精神與儒家傳統》，臺北：聯經出版公司，1996。

76. 杜維明《論儒學的宗教性》，武漢：武漢大學出版社，1999。

77. 杜維明《儒家自我意識的反思》，臺北：聯經出版公司，1990。

78. 杜維明《儒家思想》，臺北：東大圖書公司，1997。

79. 杜維明《儒家思想新論》，南京：江蘇人民出版社，1996。

80. 杜維明編《儒學發展的宏觀透視的宗教性》，臺北：正中書局，1997。

81. 步近智、張安奇《顧憲成 高攀龍評傳》，南京：南京人民出版社，1998。

82. 周志文《晚明學術與知識分子論叢》，臺北：大安出版社，1999。

83. 宗志罡編《明代思想與中國文化》，合肥：安徽人民出版社，1994。

84. 東方朔《劉宗周評傳》，南京：南京大學出版社，1998。

85. 東方朔《劉蕺山哲學研究》，上海：上海人民出版社，1997。

86. 林安梧《中國宗教與意義治療》，臺北：明文書局，1996。

87. 林安梧《王船山人性史哲學之研究》，臺北：東大圖書公司，1991。

88. 林安梧《存有·意識與實踐》，臺北：東大圖書公司，1993。

89. 林安梧《現代儒學論衡》，臺北：業強出版社，1987。

90. 林安梧《論語——走向生活世界的儒學》，臺北：明文書局，1995。

91. 林繼平《王學探微十講》，臺北：蘭台出版社，2001。

92. 林繼平《明學探微》，臺北：臺灣商務印書館，1984。

93. 林繼平《陸象山研究》，臺北：臺灣商務印書館，1983。

94. 侯外廬、邱漢生、張豈之主編《宋明理學史》，北京：北京人民出版社，1987。

95. 侯外廬主編《中國思想通史》（第四卷下冊），北京：人民出版社，1995。

96. 姜國柱《吳廷翰哲學思想探索》，安徽：安徽人民出版社，1990。

97. 姜廣輝《走出理學》，遼寧：教育出版社，1997。

98. 姜廣輝《理學與中國文化》，上海：上海人民出版社，1994。

99. 施忠連《靈犀和覺悟——心性的智慧》，臺北：國際村文庫書店，1993。

100. 苗潤田《中國儒學史——明清卷》，廣州：廣東教育出版社，1998。

101. 韋政通《中國思想史》（下冊），臺北：水牛出版社，1986。

102. 唐大潮《明清之際道教「三教合一」思想論》，北京：宗教文化出版社，2000。

103. 唐君毅《人文精神之重建》，臺北：臺灣學生書局，1988 全集版。

104. 唐君毅《中國哲學原論——原教篇》，臺北：臺灣學生書局，1984 全集版。

105. 唐君毅《中國哲學原論——導論篇》，臺北：臺灣學生書局，1986 全集版。

106. 唐君毅《生命存在與心靈境界》，臺北：臺灣學生書局，1986 全集版。

107. 唐君毅《哲學概論》，臺北：臺灣學生書局，1989 全集版。

108. 唐君毅《哲學論集》，臺北：臺灣學生書局，1990 全集版。

109. 夏乃儒編《中國哲學三百題》，上海：上海古籍出版社 1988。

110. 孫振青《宋明道學》，臺北：千華出版社，1986。

111. 容肇祖《中國歷代思想史——明代卷》，臺北：文津出版社，1993。

112. 容肇祖《明代思想史》，臺北：開明書局，1982。

113. 徐洪興《思想的轉型——理學發生過程研究》，上海：上海人民出版社，1996。

114. 徐梵澄《陸王學述》，上海：上海遠東出版社，1996。

115. 徐復觀《中國思想史論集》，臺北：臺灣學生書局，1988。

116. 秦家懿《王陽明》，臺北：東大圖書公司，1992。

117. 袁爾鉅《王夫之》，長春：吉林文史出版社，1997。

118. 袁爾鉅《蕺山學派哲學思想》，濟南：山東教育出版社，1993。

119. 郝勤《龍虎丹道——道教內丹術》，臺北：大展出版公司，2000。

120. 馬浮《馬一浮集》第一冊，杭州：浙江古籍出版社，1996。

121. 高令印、樂愛國《王廷相評傳》，南京：南京大學出版社，1998。

122. 高柏園《中庸形上思想》，臺北：東大圖書公司，1991。

123. 張亨《思文之際論集——儒道思想的現代詮釋》，臺北：允晨文化公司，1997。

124. 張永儁《二程學管見》，臺北：東大圖書公司，1988。

125. 張立文、李甦平《中外儒學比較研究》，北京：東方出版社，1998。

126. 張立文《中國哲學範疇發展史》（人道篇），北京：中國人民大學出版社，1995。

127. 張立文《天》，臺北：七略出版社，1996。

128. 張立文《心》，臺北：七略出版社，1996。

129. 張立文《朱熹評傳》，南京：南京大學出版社，1998。

130. 張立文《宋明理學邏輯結構的演化》，臺北：萬卷樓圖書公司，1993。

131. 張立文《性》，臺北：七略出版社，1997。

132. 張立文《氣》，臺北：漢興書局，1994。

133. 張立文《理》，北京：中國人民大學出版社，1991。

134. 張其成主編《易經應用大百科》，南京：東南大學出版社，1994。

135. 張祥浩《王守仁評傳》，南京：南京大學出版社，1997。

136. 張德麟《程明道思想研究》，臺北：臺灣學生書局，1986。

137. 張學智《明代哲學史》，北京：北京大學出版社，2000。

138. 梁紹輝《太極圖說通書義解》，海口：海南出版社，1991。

139. 梁紹輝《周敦頤評傳》，南京：南京大學出版社，1994。

140. 畢誠《儒學的轉折》，北京：教育科學出版社，1992。

141. 郭齊勇《熊十力與中國傳統文化》，臺北：遠流出版公司，1990。

142. 郭齊勇《儒學與儒學史新論》，臺北：臺灣學生書局，2002。

143. 陳來《有無之境》，北京：北京人民出版社，1991。

144. 陳來《朱熹哲學研究》，臺北：文津出版社，1990。

145. 陳來《宋明理學》，臺北：洪葉文化公司，1994。

146. 陳來《陳來自選集》，桂林：廣西師範大學出版社，1997。

147. 陳谷嘉《儒家倫理哲學》，北京：人民出版社，1996。

148. 陳俊民《張載哲學與關學學派》，臺北：臺灣學生學局，1990。

149. 陳健民《沐恩錄》，臺北：圓明出版社，1994。

150. 陳健民《漢譯佛法精要原理實修之體系表》，臺北：圓明出版社，1993。

151. 陳健民《禪海塔燈》，臺北：圓明出版社，1993 。

152. 陳榮捷《中國哲學文獻選編》（下），臺北：巨流圖書公司，1995。

153. 陳榮捷《王陽明傳習錄詳注集評》，臺北：臺灣學生書局，1983。

154. 陳榮捷《王陽明與禪》，臺北：臺灣學生書局，1984。

155. 陳榮捷《朱子新探索》，臺北：臺灣學生書局，1988。

156. 陳榮捷《朱學論集》，臺北：臺灣學生書局，1982。

157. 陳榮捷《朱熹》，臺北：東大圖書公司，1990。

158. 陳榮捷《宋明理學之概念與歷史》，臺北：中研院文哲所，1996。

159. 陳榮捷《近思錄詳注集評》，臺北：臺灣學生書局，1992。

160. 陳榮捷《新儒學論集》，臺北：中研院文哲所，1995。

161. 陳福濱《晚明理學通論》，臺北：環球書局，1983。

162. 陳遠寧《中國佛教與宋明理學》，長沙：湖南人民出版社，1999。

163. 陳鍾凡《兩宋思想述評》，北京：東方出版社，1996。

164. 陸玉林《陸九淵評傳》，南寧：廣西教育出版社，1996。

165. 陶　清《明遺民九大家哲學思想研究》，臺北：洪葉文化公司，1997。

166. 傅小凡《晚明自我觀研究》，成都：巴蜀書社，2001。

167. 傅偉勳《生命的學問》，臺北：生智出版社，1998。

168. 傅偉勳《死亡的尊嚴與生命的尊嚴——從臨終精神醫學到現代生死學》，臺北：正中書局，1998。

169. 勞思光《中國文化要義》，香港：香港中文大學崇基書院，無出版年月。

170. 勞思光《文化問題論集新編》，香港：中文大學出版社，2000。

171. 勞思光《思光人物論集》，香港：中文大學出版社，2001。

172. 勞思光《思辯錄》，臺北：東大圖書公司，1996。

173. 勞思光《哲學問題源流論》，香港：中文大學出版社，2001。

174. 勞思光《新編中國哲學史》，臺北：三民書局，1987。

175. 勞思光《儒學精神與世界文化路向》，臺北：時報文化公司，1986。

176. 喬清舉《湛若水哲學思想研究》，臺北：文津出版社，1993。

177. 嵇文甫《晚明思想史論》，北京：東方出版社，1996。

178. 彭剛《精神、自由與歷史——克羅齊歷史哲學研究》，北京：清華大學出版社，1999。

179. 曾昭旭、王邦雄、楊祖漢《論語義理疏解》，臺北：鵝湖出版社，1985。

180. 曾昭旭《孔子和他的追隨者》，臺北：漢光文化公司，1993。

181. 曾昭旭《王船山哲學》，臺北：遠景出版社，1983。

182. 曾昭旭《永遠的浪漫愛》，臺北：張老師出版社，1993。

183. 曾昭旭《在說與不說之間》，臺北：漢光文化公司，1992。

184. 曾昭旭《道德與道德實踐》，臺北：漢光文化公司，1985。

185. 曾昭旭《論語的人格世界》，臺北：漢光文化公司，1991。

186. 馮契《中國古代哲學的邏輯發展》（下冊），上海：華東師範大學出版社，1997。

187. 馮炳奎等《宋明理學研究論集》，臺北：黎明文化公司，1983。

188. 馮耀明《中國哲學的方法論問題》，臺北：允晨文化公司，1989。

189. 黃明同《陳獻章評傳》，南京：南京大學出版社，1998。

190. 黃俊傑《孟學思想史論》卷二，臺北：中央研究院中國文哲所籌備處，1997。

191. 黃敏浩《劉宗周及其慎獨哲學》，臺北：臺灣學生書局，2001。

192. 黃進興《優入聖域——權力、信仰與正當性》，西安：陝西師範大學出版社 1998。

193. 楊祖漢《中庸義理疏解》，臺北：鵝湖出版社，1986。

194. 楊祖漢《宋元學案》，臺北：時報文化公司，1998。

195. 楊祖漢《當代儒學思辨錄》，臺北：鵝湖出版社，1998。

196. 楊祖漢《儒學的心學傳統》，臺北：文津出版社，1992。

197. 楊祖漢《儒學與康德的道德哲學》，臺北：文津出版社，1987。

198. 楊國榮《心學之思》，上海：三聯書店，1997。

199. 楊國榮《王學通論》，臺北：五南圖書公司，1997。

200. 楊國榮《理性與價值》，上海：三聯書店，1998。

201. 楊國榮《善的歷程》，臺北：五南圖書公司，1996。

202. 楊維傑《中醫學概論》，臺北：志遠書局，1994。

203. 楊儒賓、黃俊傑編《中國古代思維方式探索》，臺北：正中書局，1996。

204. 楊儒賓《儒家身體觀》，臺北：中央研究院中國文哲所，1996。

205. 楊儒賓編《中國古代思想中的氣論與身體觀》，臺北：巨流圖書公司，1997。

206. 溫偉耀《成聖之道》，臺北：文史哲出版社，1996。

207. 葉秀山《思・史・詩——現象學和存在哲學研究》，北京：人民出版社，1995。

208. 董玉整編《中國理學大辭典》，長沙：暨南大學出版社，1996。

209. 詹海雲《陳乾初大學辨研究》，臺北：明文書局，1986。

210. 貫銳《湛甘泉、劉蕺山二先生學術思想之研究》1964 國科會報告。

211. 鄒永賢《朱熹思想叢論》，福建：廈門大學出版社，1993。

212. 熊十力《十力語要》，臺北：明文書局，1990。

213. 熊十力《十力語要初續》，臺北：明文書局，1990。

214. 熊十力《原儒》，臺北：明文書局，1988。

215. 熊十力《新唯識論——熊十力論著集之一》，臺北：文津出版社，1986。

216. 管敏義編《浙東學術史》，上海：華東師範大學出版社 1993。

217. 蒙培元《中國心性論》，臺北：臺灣學生書局，1990。

218. 蒙培元《中國哲學主體思維》，北京：人民出版社，1997。

219. 蒙培元《心靈超越與境界》，北京：人民出版社，1998。

220. 蒙培元《理學的演變》，臺北：文津出版社，1990。

221. 蒙培元《理學的範疇系統》，北京：人民出版社，1998。

222. 趙北耀《薛瑄學術思想研究論文集》，太原：山西古籍出版社，1997。

223. 趙吉惠、趙馥洁、郭厚安、潘東主編《中國儒學史》，鄭州：中州古籍出版社，1993。

224. 劉人鵬《近代中國女權論述——國族、翻譯與性別政治》，臺北：臺灣學生書局，2000。

225. 劉又銘《理在氣中》，臺北：五南圖書公司，2000。

226. 劉宗賢、謝祥皓《中國儒學》，成都：四川人民出版社，1998。

227. 劉宗賢《陸王心學研究》，濟南：山東人民出版社，1997。

228. 劉述先《朱子哲學思想的發展與完成》，臺北：臺灣學生書局，1984。

229. 劉述先《黃宗羲心學的定位》，臺北：允晨文化公司，1986。

230. 劉夢溪編《中國現代學術經典——張君勱卷》，河北石家莊：河北教育出版社 1996。

231. 劉蔚華、趙宗正《中國儒家學術思想史》，濟南：山東教育出版社，1996。

232. 潘富恩編《中國學術名著提要·哲學卷》，上海：復旦大學出版社，1992。

233. 蔣年豐《文本與詮釋（一）——儒家思想的當代詮釋》，臺北：桂冠圖書公司，2000。

234. 蔡仁厚《中國哲學史大綱》，臺北：臺灣學生書局，1984。

235. 蔡仁厚《孔子的生命境界》，臺北：臺灣學生書局，1998。

236. 蔡仁厚《王陽明哲學》，臺北：三民書局，1983。

237. 蔡仁厚《宋明理學——北宋篇》，臺北：臺灣學生書局，1989。

238. 蔡仁厚《宋明理學——南宋篇》，臺北：臺灣學生書局，1989。

239. 蔡仁厚《新儒家的精神方向》，臺北：臺灣學生書局，1984。

240. 蔡方鹿《一代學者宗師——張栻及其哲學》，成都：巴蜀書社，1991。

241. 蔡源煌《當代文化理論與實踐》，臺北：雅典出版社，1992。

242. 鄭志明《台灣當代新興佛教——禪教篇》，嘉義：南華大學宗教文化研究中心，1998。

243. 鄭志明《明代三一教主研究》，臺北：臺灣學生書局，1988。

244. 鄭志明《當代新興宗教——修行團體篇》，嘉義：南華大學宗教文化研究中心，2000。

245. 鄭宗義《明清儒學轉型探析——從劉蕺山到戴東原》，香港：中文大學出版社，2000。

246. 鄧立光《陳乾初研究》，臺北：文津出版社，1992。

247. 賴賢宗《體用與心性——當代新儒家哲學新論》，臺北：臺灣學生書局，2001。

248. 錢穆《中國近三百年學術史》，臺北：臺灣商務印書館，1983。

249. 錢穆《中國思想史》，臺北：臺灣學生書局，1988。

250. 錢穆《中國學術思想史論叢（五、六、七）》，臺北：東大圖書公司，1986。

251. 錢穆《中國學術通義》，臺北：臺灣學生書局，1988。

252. 錢穆《史學導言》，臺北：中央日報社，1981。

253. 錢穆《宋明理學概述》，臺北：臺灣學生書局，1987。

254. 錢穆《論語新解》，臺北：東大圖書公司，1991。

255. 錢穆《學術思想遺稿》，臺北：蘭台出版社，2000。

256. 錢穆等《中國哲學思想論集——宋明篇》，臺北：水牛出版社，1991。

257. 謝大寧《儒家圓教底再詮釋》，臺北：臺灣學生書局，1996。

258. 謝國楨《增訂晚明史籍考》，上海：上海古籍出版社，1981。

259. 鍾彩鈞主編《劉蕺山學術思想論集》，臺北：中央研究院中國文哲所籌備處，1998。

260. 韓鍾文《中國儒學史——宋元卷》，廣東：廣東教育出版社，1998。

261. 嚴正《儒學本體論研究》，天津：天津人民出版社，1997。

262. 釋印順《佛在人間》，臺北：正聞出版社，1992。

263. 釋演培《六祖壇經講記》，中壢：圓光寺印經會，1994。

264. 釋靜權《天台宗綱要》，臺北：佛陀教育基金會，1998。

265. 龔杰《張載評傳》，南京：南京大學出版社，1996。

266. 龔鵬程《文化符號學》，臺北：臺灣學生書局，1992。

267. 龔鵬程《晚明思潮》，臺北：里仁書局，1994。

268. 龔鵬程《飲食男女生活美學》，臺北：立緒出版社，1998。

269. 龔鵬程《儒學反思錄》，臺北：臺灣學生書局，2001。

三、期刊及會議論文（依姓氏筆劃）

1. 尹文漢〈濂溪《太極圖》與蕺山《人極圖》比較略論〉，《嘉應大學學報》（哲學社會科學）第 20 卷第 1 期 2002.2。

2. 仁博士〈以工夫樹立本體之尊嚴：劉宗周〉參香港人文哲學會網頁網上宋明理學論文索引

http://www.confucius2000.com/confucian/liuzongzh.htm。

3. 少翁〈氣節凜然的劉宗周〉,《浙江月刊》第 8 卷第 2 期 1976.2。

4. 方同義〈劉宗周與黃宗羲政治哲學比較〉,《複印報刊資料──中國哲學與哲學史》1996 年第 12 期 1997.2。

5. 王道〈劉宗周論政〉,《人生》第 320 期 1968.3。

6. 王汎森〈心即理說的動搖與明末清初學風的轉變〉,《歷史語言研究所集刊》第 65 本 1994.6。

7. 王汎森〈明末清初人譜與省過會〉,《歷史語言研究所集刊》第 63 本 1993.7。

8. 王汎森〈明末清初思想中之「宗旨」〉,《大陸雜誌》第 94 卷第 4 期 1997.4。

9. 王汎森〈清初的講經會〉,《歷史語言研究所集刊》第 68 本 1997.9。

10. 王汎森〈清初思想趨向與《劉子節要》──兼論清初蕺山學派的分裂〉,《歷史語言研究所集刊》第 68 本 1997.9。

11. 王涵青〈從「主靜」論劉蕺山的慎獨理論〉,「輔仁大學第三屆哲學系校際研究生論文發表會」,2002.4.26～27（臺北：輔仁大學哲學系）。

12. 王開府〈由《中庸》探討儒家倫理的基本信念〉,《鵝湖學誌》第 5 期 1990.12。

13. 王瑞昌〈劉蕺山「虛無」思想論略〉,《北京行政學院學報》2000 年第 1 期 2000.1。

14. 王瑞昌〈劉蕺山格物致知說析論〉,《中國哲學史》2000 年第 2 期。

15. 王瑞昌〈論劉蕺山的無善無惡思想〉,《孔子研究》總第 62 期 2000.6。

16. 王鳳賢〈論劉蕺山對理學傳統觀念的修正〉,《孔子研究》第 22 期 1991.6。

17. 古清美〈劉蕺山的儒釋之辨〉,《佛學研究中心學報》第 2 期 1997.7。

18. 古清美〈劉蕺山對周濂溪誠體思想的開展及其慎獨之學〉,《幼獅學誌》第 19 卷第 2 期 1986.1。

19. 甲凱〈劉蕺山的慎獨之學〉,《中央月刊》第 5 卷第 5 期 1973.3。

20. 朱義祿〈黃宗羲與劉宗周思想異同的比較〉,《黃宗羲論──國際黃宗羲學術討論會論文集》浙江古籍出版社 1987.12。

21. 牟宗三〈劉蕺山誠意之學──陸王一系之心性之學（三）〉,《自由學人》第 1 卷第 3 期 1957.3。

22. 何俊〈劉宗周《人譜》析論〉《中國哲學史》1998 年第 1 期。

23. 何俊〈論東林對陽明學的糾彈〉,《浙江大學學報（人文社會科學版）》第 30 卷第 4 期 2000.8。

24. 何明穎〈明末清初程朱學派儒者張履祥〉,《孔孟月刊》第 28 卷第 6 期（總 330 期）1990.2。

25. 余英時〈士商互動與儒學轉向〉，收入郝延平主編：《近世中國之傳統與蛻變》（臺北：中央研究院近代史研究所，1998）。

26. 吳光〈論黃梨洲對陽明心學的批判繼承與理論修正〉，《鵝湖》第 223～4 期 1993.12～1994.1。

27. 吳汝鈞〈周濂溪的誠的形而上學與工夫論〉，《鵝湖》第 233 期 1994.11。

28. 呂妙芬〈儒釋交融的聖人觀：從晚明儒家聖人與菩薩形象相似處及對生死議題的關注談起〉，《中央研究院近代史研究所集刊》第 32 期 1999.12。

29. 李兵、袁建輝〈劉蕺山「中和觀」探微〉，《船山學刊》2002 年第 2 期。

30. 李明輝〈劉蕺山對朱子理氣論的批判〉，《漢學研究》第 19 卷第 2 期（總 39 期）2001.12（此文和下文標題不同，無副標題，內容有些微不同）。

31. 李明輝〈劉蕺山對朱子理氣論的批判——兼論蕺山學的定位問題〉，「朱子與宋明理學」學術研討會（臺北：鵝湖月刊雜誌社，200012.23～25）。

32. 李明輝〈「情欲解放」乎：論劉蕺山思想中的「情」〉，收於熊秉眞、張壽安合編《情欲明清——達情篇》，臺北：麥田出版社，2004。

33. 李相勳〈陽明「知行合一」論之探討〉，《鵝湖》第 230 期 1994.8。

34. 李紀祥〈清初浙東劉門的分化及劉學的解釋權之爭〉，收入文化大學文學院主編《第二屆國際華學研究會議論文集》文化大學出版部 1992.5。

35. 李振剛〈道德理性本體的重建——蕺山哲學論綱〉，《哲學研究》1999 年第 1 期。

36. 李興源〈劉蕺山「誠意之學」探析〉，《中國國學》第 17 期 1989.11。

37. 步近智〈劉宗周的思想矛盾和「慎獨」、「誠敬」之說〉，《浙江學刊》第 38 期 1986.8。

38. 谷瑞照〈劉蕺山慎獨小識〉，《文藝復興月刊》第 55 期 1974.9。

39. 辛錫〈劉宗周學術討論會述要〉，《浙江學刊》第 55 期 1989.3。

40. 周志文〈鄒守益與劉宗周〉，《佛光人文社會學刊》第 1 期 2001.6。

41. 林月惠〈劉蕺山「慎獨」之學的超越向度〉，「兩岸青年學者論壇——中華傳統文化的現代價值研討會」，2002.9.16～17（臺北：法鼓人文社會學院）。

42. 林月惠〈劉蕺山對《大學》〈誠意〉章的詮釋〉，「朱子與宋明理學」學術研討會（臺北：鵝湖月刊雜誌社，200012.23～25），後再發表於《中國文哲研究集刊》第 19 期 2001.9。

43. 林月惠〈劉蕺山「慎獨之學」的建構：以《中庸》首章的詮釋爲中心〉，《臺灣哲學研究》第四期 2004.3。

44. 林安梧〈論劉蕺山哲學中「善之意向性」——以「答董標心意十問」爲核心的展開〉，《國立編譯館館刊》第 19 卷第 1 期 1990.6。

45. 林志欽〈王龍溪四無釋義〉,《鵝湖》第 184 期 1990.10。

46. 林家民〈論胡五峰之「天理人欲同體而異用」〉,《鵝湖學誌》第 3 期 1989.9。

47. 林聰舜〈劉蕺山與黃梨洲——從「理學殿軍」到「經世思想家」〉,收入淡江大學中文系主編《晚明思潮與社會變動》弘化有限公司 1987.12 初版。

48. 南相鎬〈論蕺山的治念說〉,(台大)《哲學年刊》第 4 期 1987。

49. 姜國柱〈吳廷翰思想探索〉,《鵝湖學誌》第 4 期 1990.6。

50. 姚才剛〈論劉蕺山對王學的修正〉,《武漢大學學報・人文社會科學版》,第 53 卷第 6 期 2000.11。

51. 夏清瑕〈晚明王門後學的思想革新運動〉,《世界弘明哲學季刊》2000 年 3 月號。

52. 夏瑰琦〈從孟子師說看黃宗羲的唯心主義思想〉,《中國哲學史研究》第 36 期 1989.4。

53. 孫寶琛〈朱子的理氣學說〉,《孔孟學報》第 49 期 1985.4。

54. 徐惠隆〈從陸象山到劉蕺山〉(牟宗三著),《明史研究專刊》第 3 期 1980.9。

55. 袁爾鉅「即物求知」、「離物無知」——論蕺山學派的認識論〉,《浙江學刊》第 51 期 1988.8。

56. 袁爾鉅〈論劉宗周的哲學思想〉,《中國哲學史研究》第 3 期 1981.4。

57. 袁爾鉅〈論蕺山學派的學術思想〉,《甘肅社會科學》1986 年第 6 期 1986.6。

58. 袁爾鉅〈蕺山學派的慎獨學說〉,《文史哲》第 174 期 1986.5。

59. 馬振鐸〈王學的罅漏和劉宗周對王學的補救〉,《浙江學刊》第 78 期 1992.12。

60. 崔大華〈劉蕺山與明代理學的基本走向〉,《中州學刊》1997 年第 3 期 1997.9。

61. 張申〈劉宗周「慎獨之說」淺議〉,《社會科學戰線》第 50 期 1990.1。

62. 張踐〈劉宗周慎獨哲學初探〉,《中國哲學史研究》第 21 期 1985.10。

63. 張灝〈新儒家與當代中國的思想危機〉,收入氏著:《幽暗意識與民主傳統》,臺北:聯經出版公司,1989。

64. 張永儁〈明末大儒劉宗周之人生價值觀——從「敬身以孝」以釋之〉,《哲學與文化》第 201、202 合期 1991.2。

65. 張永儁〈蕺山心學之特質及其歷史意義〉,《哲學與文化》第 27 卷第 11 期 2000.11。

66. 張克偉〈王門四句教評議〉,《哲學與文化》第 14 卷第 3～4 期 1987.3～4。

67. 張建葆〈儒家的慎獨思想〉,《玄奘學報》(人文專刊)第 1 期 2000.1。

68. 張豈之〈論劉蕺山學派思想的若干問題〉,《西北大學學報》第 28 期 1980.11。

69. 張學智〈論劉宗周的意〉,《哲學與文化》第 238 期 1994.3。

70. 張學智〈論劉蕺山「慎獨」之學〉,《中國文化月刊》第 170 期 1993.12。

61. 張懷承〈蕺山心論及其對傳統心學的總結〉,《中國文化月刊》第 128 期 1990.6。

72. 莊永清〈王陽明與劉蕺山思想比較略論——牟宗三《心體與性體》讀後,兼論劉蕺山的思想史地位〉,《雲漢學刊》創刊號 1993.12。

73. 許珠武〈海峽兩岸劉蕺山思想研究綜述〉,《中國文哲研究通訊》第 11 卷第 4 期（總第 44 期）2001.12。

74. 陳立驤〈劉蕺山義理性格之衡定－從「兩型四系說」中兩型的區分標準談起〉,《高苑學報》第八卷 2002.7。

75. 陳美玲〈劉蕺山論《中庸》首章——蕺山哲學的慎獨論〉,「輔仁大學第二屆哲學系校際研究生論文發表會」（臺北：輔仁大學哲學系，2001.5.25～26），或《哲學與文化》第 341 期 2002.10。

76. 陳郁夫〈劉蕺山與黃梨洲對禪佛的批評〉,《師大國文學報》第 17 期 1988.6。

77. 陳訓慈〈劉蕺山學成姚江解〉,《史學雜誌》第 2 卷第 6 期 1931.4。

78. 陳寒鳴〈劉宗周與晚明儒學〉,《複印報刊資料——中國哲學》2000 年第 9 期 2000.9。

79. 陳榮捷〈論明儒學案之師說〉,《幼獅月刊》第 307 期 1978.1。

80. 傅小凡〈論劉宗周的自我觀〉,《複印報刊資料——中國哲學》2000 年第 9 期 2000.9 或《廈門大學學報・哲學社會科學版》,2000 年第期（總第 142 期）。

81. 傅振照〈劉宗周小考〉,《浙江學刊》第 55 期 1989.3。

82. 曾春海〈二程哲學思想述要〉,《哲學與文化》第十卷第 8、10 期 1983.8、10。

83. 曾錦坤〈從劉蕺山的慎獨之學看明末學風的轉變〉,收入淡江大學中文系主編《晚明思潮與社會變動》弘化有限公司 1987.12 初版。

84. 湯一介〈為自己找個安身立命處〉,《鵝湖》第 210 期 1992.12。

85. 程梅花〈劉宗周的意本論及其儒學特質〉,《阜陽師院學報》（哲社版）第 50 期 1994.6。

86. 賀嚴〈走進碩儒心宅——《證人之境——劉宗周哲學的宗旨》評介〉,《燕山大學學報（哲學社會科學版)》第 2 卷第 3 期 2001.8。

87. 黃文樹〈泰州學派的特徵〉,《鵝湖學誌》第 20 期 1998.6。

88. 黃甲淵〈朱子「格物致知」工夫論的義理背景與其過程〉,《鵝湖》第 225
～6 期 1994.3～4。

89. 黃甲淵〈儒家道德形上學體系中「實然」與「應然」問題〉,《鵝湖》第
219 期 1993.9。

90. 黃敏浩〈由劉宗周闢佛看儒佛異同〉,收入劉述先、鄭宗義、馮耀明編輯:
《天人之際與人禽之辨》,香港:中文大學新亞書院,2001。

91. 黃敏浩〈劉宗周「四句」的詮釋〉,《中國文哲研究通訊》第 8 卷第三期
1998.9。

92. 黃瑞祺〈自我修養與自我創新──晚年傅科的主體／自我觀〉,收入黃瑞
祺主編:《後學新論》,臺北:左岸文化公司,2003。

93. 楊國榮〈從王陽明到劉宗周──志知之辯的歷史演進〉,《孔孟月刊》第
347 期 1991.7。

94. 楊國榮〈儒家人格學說發微〉,《鵝湖》第 227 期 1994.5。

95. 楊儒賓〈一位東林黨人的仕隱故事──定遠齋舊藏劉宗周文震孟五封書
信書後〉,《故宮學術季刊》第 12 卷第 4 期 1995 年夏季。

96. 楊儒賓〈理學家與悟──從冥契主義的觀點探討〉,收入劉述先主編《中
國思潮與外來文化》(臺北:中央研究院中國文哲研究所,2002)。

97. 董平〈論劉宗周心學的理論構成〉,《孔子研究》第 24 期 1991.12。

98. 廖俊裕〈作爲宗教修持次第的儒學實踐──以蕺山學爲例〉,第四屆紀念
涵靜老人學術研討會,2001.12.21～23(南投:中華民國宗教哲學研究
社)。

99. 廖俊裕〈作爲終極關懷的儒學實踐途徑〉,2002 年全國關懷研討會,
2002.5.3(高雄:輔英技術學院)。

100. 廖俊裕〈從本無生死到生生不息──論晚明理學如何解決生死問題〉,第
八屆全國中文研究所研究生論文研討會,2001.12.8(中壢:中央大學)。

101. 廖俊裕〈論唐君毅哲學的合法性起點與發展性〉,《研究與動態》第二輯
2000.1(彰化:大葉大學共同教學中心)。

102. 廖俊裕〈論儒學在當代台灣的生命教育之實踐方式〉,2002 生命教育與
終身學習研討會,2002.1.6(臺北:台北商業技術學院)。

103. 熊琬〈明代理學與禪〉,《國文天地》第 74 期 1991.7。

104. 劉人鵬〈聖學論述中的道德問題──以劉宗周人譜爲例〉,收入林慶彰、
蔣秋華主編《明代經學國際研討會論文集》,臺北:中研院文哲所 1996。

105. 劉述先〈論王陽明的最後定見〉,《中國文哲研究集刊》第 11 期 1997.9。

106. 劉哲浩〈劉蕺山之性有無善惡論〉,《哲學與文化》第 124、125 期 1984.9、
10。

107. 蔡仁厚〈王陽明「致良知」的意旨〉,《中國文化月刊》第 110 期 1979.11。

108. 蔡仁厚〈宋明理學的殿軍——劉宗周〉,《中國文化月刊》第 192 期 1995.10。

109. 蔡方鹿〈儒家傳統理想人格和價值〉,《鵝湖》第 227 期 1994.5。

110. 蔡德貴〈宋元明清儒家學派的類型〉,《孔子研究》總第 60 期 2000.4。

111. 鄧耀秋〈劉宗周卓絕倫表〉,《暢流》第 55 卷第 9 期 1977.6。

112. 賴賢宗〈朱子哲學論易體與心統性情的交涉及劉蕺山的心之性情對此的批評〉,《世界中國哲學學報》第 2 期 2001.1。

113. 賴賢宗〈論劉蕺山「心之性情」反對朱子「心統性情」之理論根據〉,《鵝湖》第 222～3 期 1993.12～1994.1。

114. 錢明〈王學主意說論要〉,《浙江學刊》第 58 期 1989.7。

115. 鮑博〈簡論劉宗周的心性思想〉,《孔子研究》第 12 期 1988.10。

116. 戴君仁〈心學家論意〉,《大陸雜誌》第 44 卷第 4 期 1972.4。

117. 謝大寧〈「詮釋」與「推證」——朱子格物說的再檢討〉,「朱子與宋明理學」學術研討會（臺北：鵝湖月刊雜誌社,2000.12.23～25）。

118. 謝大寧〈中國的美感境界及其存有論的意涵〉,收入淡江大學中文所主編:《文學與美學》第五集,臺北:文史哲出版社,1995。

119. 謝大寧〈比興的現象學——詩經詮釋進路底再檢討〉,發表於「孔學與二十一世紀」國際學術研討會（臺北：政治大學文學院,2001.9.28～29）,10 月 27 日集結成書出版,政治大學文學院編輯:《「孔學與二十一世紀」國際學術研討會論文集》（臺北：政治大學文學院,2001）。。

120. 謝大寧〈言與意的辯證——先秦漢魏易經詮釋的幾種類型〉,發表於「中國傳統經典詮釋研討會」（北京：國際儒學聯合會,2000.4.4～5）,後收入李明輝編:《中國傳統經典詮釋傳統（二）儒學篇》,臺北:喜瑪拉雅基金會,2002。

121. 謝大寧〈儒學的基源問題——「德」的哲學史意涵〉,《鵝湖學誌》第 16 期 1996.6。

122. 鍾彩鈞〈陳白沙的自然與自得之學〉,發表於「明清文學與思想中之主體意識與社會國際學術研討會」（臺北：中央研究院中國文哲所,2002.10.22～24）。

四、譯　著

1. C.J.Brokaw（包筠雅）著、杜正貞、張林譯:《功過格:明清社會的道德秩序》,杭州:浙江人民出版社,1999。

2. G.W.F.Hegel（黑格爾）著、王造時譯:《歷史哲學》,臺北:里仁書局,

1984。

3. G.W.F.Hegel（黑格爾）著、賀麟、王太慶譯：《哲學史講演錄》第一冊，臺北：谷風出版社，1987 。

4. G.W.F.Hegel（黑格爾）著、賀麟、王玖興譯：《精神現象學》，臺北：里仁書局，1984。

5. Hans～Georg Gadamer（高達美）著、洪漢鼎譯：《真理與方法》第一卷，臺北：時報出版公司，1999。

6. Ihab Hassan（哈桑）：〈後現代主義轉換〉，收入王潮編：《後現代主義的突破》（甘肅：敦煌文藝出版社，1996）。

7. Martin Heiddgger（海德格）著，王慶節、陳嘉映譯：《存在與時間》，臺北：桂冠圖書公司，1998。

8. P.Ricoeur（里克爾）著、翁紹君譯：《惡的象徵》，臺北：桂冠圖書公司，1992。

9. W.T.Stace（史退思）著、楊儒賓譯：《冥契主義與哲學》（臺北：正中書局，1998）。

10. 小野澤精一、福永光司、山井涌編著、李慶譯：《氣的思想——中國自然觀和人的觀念的發展》，上海：上海人民出版社，1999。

11. 宇野哲人著、馬福辰譯：《中國近世儒學史》，臺北：文化大學出版部，1992.10。

12. 岡田武彥著、吳光、錢明、屠承先譯：《王陽明與明末儒學》，上海：上海古籍出版社，2000。

13. 酒井忠夫：〈功過格研究〉，收入《日本學者研究中國史論著選譯》（北京：中華書局，1993）第七卷。

五、學位論文（依姓氏筆劃）

1. 王俊彥《劉蕺山之成學經過》，臺北：文化大學中研所 1984 年碩士論文。

2. 王涵青《劉蕺山對王學的反思與批判之研究》，臺北：輔仁大學哲研所 2003 年碩士論文。

3. 王瑞昌《劉蕺山理學思想研究》，北京：北京大學哲學系 1997 年博士論文。

4. 余建中《劉蕺山哲學研究》，中壢：中央大學哲研所 1992 年碩士論文。

5. 吳幸姬《劉蕺山的氣論思想——從本體宇宙論的進路談起》，嘉義：中正大學中文所 2001 年博士論文。

6. 李振剛《證人之境——劉宗周哲學的宗旨》，中國人民大學哲學系 2000 年博士論文。

7. 李興源《劉蕺山教育思想之研究》，高雄：高雄師大教研所 1988 年碩士論文。

8. 杜保瑞《劉蕺山功夫理論與形上思想》，臺北：臺灣大學哲研所 1989 年碩士論文。

9. 林宏星《劉蕺山哲學研究》，上海：復旦大學哲學系 1995 年博士論文。

10. 林炳文《劉蕺山的慎獨之學之研究》，臺北：文化大學哲研所 1990 年碩士論文。

11. 柯正誠《劉蕺山「盈天地間一氣」思想研究》，臺北：文化大學中研所 2003 年碩士論文。

12. 胡森永《從理本論到氣本論》，臺北：臺灣大學中研所 1991 年碩士論文。

13. 孫中曾《劉宗周的道德世界》，新竹：清華大學史研所 1991 年碩士論文。

14. 徐成俊《劉蕺山「慎獨說」及其道德形上學基礎之研究》，臺北：臺灣大學哲研所 1990 年碩士論文。

15. 袁光儀《晚明之儒家道德哲學與世俗道德範例研究──劉蕺山人譜與了凡四訓、菜根譚之比較》，臺北：臺灣師大國研所 1997 年碩士論文。

16. 康雲山《劉蕺山及其理學》，高雄：高雄師大國研所 1977 年碩士論文。

17. 張萬鴻《從劉蕺山評議先儒管窺其慎獨之學》，香港：新亞研究所哲學組 1995 年碩士論文。

18. 梁世惠《宋明人論危微精一執中十六字及其證偽》，臺北：臺灣大學中文研究所 1989 碩士論文。

19. 莊淇芬《王陽明與劉蕺山工夫論之比較》，臺北：臺灣師範大學國文研究所 1993 年碩士論文，《台灣師大國文研究所集刊》第 38 號 1994.6。

20. 陳玉嘉《劉蕺山誠意之學研究》，嘉義：中正大學中研所 1998 年碩士論文。

21. 陳立驤《劉蕺山哲學思想研究》，台南：成功大學中研所 2003 年博士論文。

22. 陳拓環《基督宗教與儒家的會通問題──以保羅與劉蕺山的心性論爲中心的初探》，中壢：中央大學哲研所 1997 年碩士論文。

23. 陳建明《從《人譜》看劉蕺山之存理過欲》，嘉義：中正大學中研所 2005 年碩士論文。

24. 陳美玲《劉蕺山道德抉擇論研究》，臺北：輔仁大學哲研所 2004 年博士論文。

25. 陳啓文《劉蕺山之「道德主體理論」分析》，臺北：臺灣師範大學國文研究所 2000 年碩士論文。

26. 曾文瑩《劉蕺山心性學研究》，中壢：中央大學中文研究所 1996 年碩士

論文。

27. 曾光正《東林學派的性善論與工夫論》，新竹：清華大學史研所 1989 碩士論文。

28. 曾錦坤《劉蕺山思想研究》，臺北：臺灣師大中研所 1983 年碩士論文，或《台灣師大國文研究所集刊》第 28 號 1984.6。

29. 楊正顯《陶望齡與晚明思想》，台中：東海大學史研所 2000 年碩士論文。

30. 詹海雲《劉蕺山的生平及其學術思想》，臺北：臺灣大學中研所 1979 年碩士論文。

31. 廖俊裕《唐君毅的真實存在論》，中壢：中央大學中研所 1992 碩士論文。

32. 廖俊裕《道德實踐與歷史性──關於蕺山學的討論》，嘉義：中正大學中研所 2003 年博士論文。

33. 劉哲浩《劉蕺山的理學思想研究──以性善、主靜、慎獨說為主》，臺北：政治大學中研所 1981 年碩士論文。

六、外文論著

1. B. Croce（克羅齊）：What is Living and What is Dead of the Philosophy of Hegel. Ainslie D. tr. London: Macmillan &Co. Ltd. 1915。

2. Dilthey：《狄爾泰全集》第 6 卷（Gesammelte Schriften, VI.Band, Leipzig Berlin ,1924）。

3. Dilthey：《狄爾泰全集》第 7 卷（Gesammelte Schriften, VII.Band, Leipzig Berlin 1927）。

4. Dilthey：《詩歌與體驗》英譯本（Rudolf Makkreel and Frithjof Roid ed ,Poetry and Experience, New Jersey：Princeton University Press, Princeton, ,1985）。

5. Handlin,Joanna.：Action in Late Ming Thought：The Reorientation of Lu K' un （呂坤）and Other Scholar–Officials . Berkeley and Los Angeles：University of California Press , 1983.

6. Peele, Thomas Benjamin,Jr：."Liu Tsung-chou's Jen-pu. "（《劉宗周的《人譜》》）M . A . thesis, University of California at Berkeley, 1978.

7. Tang Chun-i （唐君毅）：("Liu Tsung-chou's Doctrine of Moral Mind and Practice and His Critique of Wang Yang-ming"），收入狄百瑞編：《新儒學的開展》（Wm.Theodore de Bary et al. eds. ,The Unfolding of Neo-Confucianism, New York：Columbia University Press,1975）

8. Tang Chun-i （唐君毅）："The Criticisms of Wang Yang-ming's Teachings as Raised by His Contemporaries , "Philosophy East and West23 （1973）

9. 山本命：〈劉蕺山の儒學〉，收入《明時代儒學の倫理學研究》，東京：理想社，1974。

10. 安部道明：〈陽明思想の展開と劉蕺山〉，《滿蒙》第 19 卷第 11 期，1938 年。

11. 岡田武彥：〈劉念台の許敬庵〉，《宇野哲人先生白壽祝賀東洋學論叢》（東京：宇野哲人先生白壽祝賀記念曾，1974 年 10 月 1 日）頁 369～375；收入《中國思想にずける理想と現實》，東京：木耳社，1976 年。

12. 岡田武彥：〈劉念台の思想〉，《宋明哲學の本質》（東京：木耳社，1984），頁 235～237。。

13. 岡田武彥：〈劉念台の誠意説意いついて〉，《哲學年報》第 14 期，1953 年 10 月；收入《中國思想にずける理想と現實》，東京：木耳社，1976。

14. 岡田武彥：《劉念台文集》，東京：明德出版社，平成 2 年（1990）。

15. 松代尚江：〈劉宗周の慎獨説〉，《東方宗教》第 74 期，頁 39～58，1989 年 11 月。

16. 荒木見悟：〈意は心の存する所——劉念台思想の背景〉，《中國にずける人間性の探究》，1983 年。

17. 荒木見悟：《明代思想研究》，東京：創文社，1972。

18. 荒木見悟：《陽明學の開展と佛教》，東京：研文出版社，1984。

19. 酒井忠夫：《中國善書の研究》，東京：弘文堂，1960。

20. 難波征男：〈明末の新陽明學者——劉念台いついて〉，收入岡田武彥編著《陽明學の世界》，東京：明德出版社，1986。

21. 難波征男：〈劉念台思想の形成——王學現成派批判に即しへ〉，《九州中國學曾報》第 20 期，1975 年。